Inhalt

Mystik und Vernunft

Kurze Einführung in Geschichte und Gegenwartsstand ihrer Beziehungen

Es gehörte lange Zeit zum «guten Ton» in der Gesellschaft und ganz sicher zu den «Dogmen» der Intellektuellen, Mystik und Vernunft, Spiritualität und Wissenschaft, Religion und Aufklärung als einander ausschließende unüberbrückbare Gegensätze anzusehen. Langsam aber dämmert es vielen in Wissenschaft und Gesellschaft, daß diese Gegensätze vielleicht gar nicht so fundamental sind, ja, daß man nicht leben und überleben kann, ohne diese vermeintlichen Gegensätze miteinander zu versöhnen und einer neuen Synthese zuzuführen.

Zu diesem Zweck lohnt es sich auch, die Geschichte der neuzeitlichen Aufklärung neu zu überprüfen. Denn für viele scheint es festzustehen, daß sie eindeutig gegen die Religion, also auch gegen jede Art von Mystik und Spiritualität gerichtet gewesen sei. Aber genau das ist ein Vorurteil. Denn tatsächlich gibt es fast keinen klassischen Aufklärer, der kein positives Verhältnis zur Religion gehabt hätte. Alle wenden sie sich zwar gegen die Offenbarungsreligion und gegen die institutionalisierten Formen von Religion, weil sie die Selbständigkeit des vernünftigen Selbstbewußtseins betonen, weil sie die Überzeugung vertreten, daß die menschliche Vernunft in sich selbst das «natürliche Licht» trage, aufgrund dessen sie die ganze umfassende und grundlegende Wahrheit über Gott, Mensch und Welt finden kann. Weder die «Heiligkeit» der geoffenbarten Religion noch die «Majestät der Gesetzgebung», d.h. des Staates, dürften sich der Kritik der aufklärenden Vernunft entziehen. Weder irgendeine Tradition noch irgendeine Autorität, weder Gewohnheit noch Konvention könnten von der alles durchleuchtenden Vernunft einfach als selbstverständliche und feste Größen akzeptiert werden. Die Entscheidung, «sich seines Verstandes zu bedienen», ist die Entscheidung, alles Soziale und alles Moralische allein auf das intellektuelle Gewissen zu gründen. Die vernünftige Wahrheit kann keine sanktionierten Dogmen anerkennen. Sie ist immer in aller Öffentlichkeit aller Kritik geöffnet.

Insofern bedeutet die aufklärerische Vernunft natürlich die Lösung des menschlichen Denkens von jeder Bindung an die Offenbarungsreligion und an jede religiöse Ideologie, wie sie sich jede religiöse Organisation als theoretischen Überbau schafft. Aufklärerische Vernunft ist also auch immer Religionskritik.

Aber, wie gesagt, alle großen Aufklärer sind fast ohne Ausnahme der Überzeugung, daß die Vernunft selbst religiös ist, daß der Mensch eine ihm immanente vernünftige Religiosität besitzt. Das behaupten Voltaire, Rousseau, Reimarus, Lessing, Newton, Descartes, Spinoza, Leibniz usw. Die humanistischen Aufklärer Rousseau und Voltaire bekämpften zwar, teilweise überaus heftig, die kirchliche Religion, aber sie versuchten, eine natürliche Religion in den Grenzen der Aufklärung zu begründen und hielten diese für absolut notwendig.

Alle diese Aufklärer sind sich zwar bewußt, daß negative Vorbedingung der vernünftigen Autonomie die Kritik der Offenbarung und die Einschränkung ihrer positiven Autorität ist. Die autonome Vernunft findet in sich selbst die Maßstäbe wahrer Religiosität, wahren Wissens und das ethische Vermögen, gemäß diesen Maßstäben zu handeln. Deshalb entwickelte die aufklärerische Vernunft auch die Lehre von der natürlichen Religion und vom Naturrecht, die beide zusammenhängen und auf die großen Lehrer des Naturrechts im 16. und 17. Jahrhundert, wie Bodin, Althusius und Grotius, zurückgehen. Dabei ist auch der Einfluß der stoischen Philosophie und ihrer Lehre vom «consensus gentium» zu konstatieren. Beim Vergleich der verschiedensten Kulturen – das ist eine Überzeugung der Aufklärer – lassen sich Allgemeinbegriffe herausarbeiten, denen unabhängig von aller Offenbarung feste Normen des Rechts und die undogmatischen Grundsätze einer vernünftigen Religion entnehmbar sind. Ein Grundsatz ethisch-religiöser Art ist die Toleranz (vgl. in England die Toleranzakte von 1689, auf dem Kontinent die Regierungen Friedrichs II. von Preußen und Josephs II. von Österreich, die den aufgeklärten Wohlfahrtsstaat in Gesetzgebung und Wirtschaft durchzusetzen suchten).

Dem Rationalismus der neuzeitlichen Aufklärer entsprach der Deismus. Danach erscheint Gott als der Ingenieur, der den mechanischen Weltablauf einmal in Szene gesetzt hat, der aber danach nach der ihm immanenten Gesetzlichkeit abläuft und kein spezielles Heilshandeln Gottes noch irgendwelche Wunder mehr braucht. Man kann den Deismus als eine zeitgeschichtliche Variante der Notwendigkeit der Religiosität in jeder Epoche der Aufklärung betrachten. Selbst Philosophen wie Leibniz und Kant, die aus moralischen Gründen den theistischen Charakter der Metaphysik bewahren wollten, vertraten im Hinblick auf den Naturablauf deistische Positionen.

Die vielleicht interessanteste Verkörperung der Zusammengehörigkeit von Aufklärung und Religion, Vernunft und Mystik ist in der Neuzeit Gotthold Ephraim Lessing (1729–1781). Dieser Dichter und Philosoph kritisiert zwar auch in schon recht fortgeschrittener historischer Denkweise die Berichterstattung der Bibel, weil er überzeugt ist, daß der Religion eine selbständige Gewißheit eignet, die durch keine historische Dokumentation bewiesen werden kann. Notwendige Vernunftwahrheiten könnten durch zufällige Geschichtswahrheiten wie Wunder oder Auferstehung niemals bewiesen werden. Der Beweisgrund der religiösen Wahrheit liege in dem Vernunftvermögen, der Wahrheit des Herzens und des Gefühls den Charakter klarer Einsicht zu geben und dadurch ihren ursprünglichen Sinn

vor Schwärmerei und Konventionen zu bewahren. Dazu brauche sie aber nicht die Stütze des Dogmas. Lessing schränkt allerdings ein, der dogmatische Glaube habe im Gange der Geschichte und in der Erziehung des Menschengeschlechtes seine vorläufige Berechtigung. Menschen noch nicht ganz aufgeklärten Bewußtseins könnten ohne die christlichen Dogmen nicht zur aufgeklärten Reife gelangen. Man kann dies heute nachträglich als eine Konzession an das herrschende Christentum betrachten, obwohl es Lessing mit seinem göttlichen Erziehungsplan, der das Dogma einschließe, mit Sicherheit subjektiv ernst war. Aber Lessing hat auch selber den Autoritätsanspruch der christlichen Offenbarungsreligion durch den Hinweis auf die Notwendigkeit ihrer moralischen Bewährung relativiert (s. Nathan der Weise, Ringparabel). Es gibt nach Lessing sowieso keine andere Entscheidung über die Wahrheit geoffenbarter Religion als ihre Bewährung in praktischer Ethik und Humanität.
Entschiedener als Lessing brechen die französischen Aufklärer mit dem Schema der christlichen Heilsgeschichte, z. B. Voltaire. Und Condorcet stellte eine positivistische Gesellschaftslehre mit dem Glauben an die unbegrenzte Vervollkommnung des Menschengeschlechts auf und hat damit den Grundzug des Aufklärungsdenkens freigelegt, wonach die freie Vernunft nicht anders kann als im selbsterzeugten Fortschritt der Wahrheit Ziel und Maß der Geschichte zu sehen.
Selbstverständlich kann nicht geleugnet werden, daß es auch große Aufklärer gab, die sich als religionslose Atheisten empfanden. Aber ihre Zahl ist verschwindend gering gegenüber den Aufklärern im Gang der menschlichen Geschichte, die die Vernunft in ein positives Verhältnis zur natürlichen Religiosität setzten. Selbst David Hume (1711–1776), der bedeutendste Philosoph der englischen Aufklärung und von vielen als eigentlicher Begründer des Positivismus und Psychologismus angesehen, war der Ansicht, daß gerade die Einsicht in den Wahn geoffenbarter Religion zur natürlichen Religion befreie.

Die radikale Skepsis seiner Erkenntnistheorie läßt trotzdem noch Raum für eine persönliche Anerkennung metaphysischer Wirklichkeit. Hume kritisiert zwar jede Art von positiver Offenbarungsreligion. Religion entstehe aus der überwältigenden Erfahrung der Abhängigkeit von übermächtigen Gewalten. Der Monotheismus entwickle sich aus dem Polytheismus als der Sieg eines Nationalgottes über die anderen Götter. Trotzdem meint er, der Anblick der vernünftigen Zweckmäßigkeit der Natur lege es nahe, an einen vernünftigen Urheber zu glauben. Hume konzediert aber, daß diese Annahme nicht zwingend sei, daß auch der Atheismus als Lösung erwogen werden könne.

Hume ist ein Grenzfall im Problemfeld des Verhältnisses von Religion und Aufklärung. Denn wenn er alles, d. h. viele Grund- und Höchstbegriffe wie die Kausalität, den Substanzbegriff, die Gottesidee und die moralischen Ideen auf der Grundlage wiederholter Erfahrungen, auf der Basis des sich Gewöhnens an Erfahrungen entstehen läßt, dann könnte ein Atheist sagen, daß Humes positive Ausführungen zur Religion Konzessionen seien, die nicht in der Logik seines Systems lägen.

Nehmen wir jedoch die großen Aufklärer aus dem Bereich der Naturwissenschaft von Galilei über Kopernikus, Kepler, Giordano Bruno, Newton bis hin zu den Physikern des 20. Jahrhunderts, dann ist jeder dieser Aufklärer über das Wesen der Natur zugleich ein tiefreligiöser Mensch. Insbesondere vertreten die großen Aufklärer über das Wesen der Materie im 20. Jahrhundert Ansichten von geradezu mystischer Tiefe. Das gilt für Max Planck, Sir James Jeans, Albert Einstein, Max Born, Sir Arthur Eddington ebenso wie für Niels Bohr, Erwin Schrödinger, Wolfgang Pauli, Pascual Jordan, David Bohm und Werner Heisenberg. Sie alle haben jeweils verschiedene, aber unerhört aufschlußreiche und interessante Verbindungslinien zwischen Physik und Metaphysik, zwischen Natur und Transzendenz gezogen.[1] In diesem Zusammenhang ist vielleicht das Denken Albert Einsteins, des Begründers der Allgemeinen und Speziellen Relativitätstheorie ganz besonders aufschlußreich.[2] Einstein lehnt die Furcht-Religion und die Moral-Religion als zwei niedere Stufen der Religion ab. Auch die Moralreligion ist Einstein zufolge noch eine Furchtreligion, wenn auch höheren Grades. «Es ist der Gott der Vorsehung, der beschützt, bestimmt, belohnt und bestraft.» Den beiden ersten Religionsarten «gemeinsam ist der anthropomorphe (durch menschliche Vorstellungen geprägte) Charakter der Gottesidee». Aber im Gegensatz zu diesen beiden Religionsarten wußte der Begründer der Relativitätstheorie um eine Form höherer Religiosität, die er als «kosmische» bezeichnete und für die wahre hielt. Sie läßt sich ihm zufolge «demjenigen, der nichts davon besitzt, nur schwer deutlich machen, zumal ihr kein menschenartiger Gottesbegriff entspricht». Charakteristisch für sie ist das Bewußtsein von der «Nichtigkeit menschlicher Wünsche und Ziele» und das Ergriffensein von der «Erhabenheit und wunderbaren Ordnung, welche sich in der Natur sowie in der Welt des Gedankens offenbart». Die kosmische Religiosität will über das individuelle Dasein als «eine Art Gefängnis» hinaus, «will die Gesamtheit des Seienden als ein Einheitliches und Sinnvolles erleben». Auch wenn sie «zu keinem geformten Gottesbegriff und zu keiner Theologie führen kann», waren doch «die religiösen Genies aller Zeiten... durch diese kosmische Religiosität ausgezeichnet, die keine Dogmen und keinen Gott kennt, der nach dem Bild des Menschen gedacht wäre. Es kann daher auch keine Kirche geben, deren hauptsächlicher Lehrinhalt sich auf die kosmische Religiosität gründet. So kommt es, daß wir gerade unter den Häretikern (d.h. Ketzern) aller Zeiten Menschen finden, die von dieser höchsten Religiosität erfüllt waren und ihren Zeitgenossen oft als Atheisten erschienen, manchmal auch als Heilige. Von diesem Gesichtspunkt aus betrachtet, stehen Männer wie Demokrit, Franziskus von Assisi und Spinoza einander nahe.»

Nach Einstein besteht nur zwischen den beiden ersten Religionsarten und der Wissenschaft ein unversöhnlicher Gegensatz. «Wer von der kausalen Gesetzmäßigkeit allen Geschehens durchdrungen ist, für den ist die Idee eines Wesens, welches in den Gang des Weltgeschehens eingreift, ganz unmöglich... Die Furcht-Religion hat bei ihm keinen Platz, aber ebensowenig die soziale bzw. moralische Religion. Ein Gott, der belohnt und bestraft, ist für ihn schon darum undenkbar, weil der Mensch nach äußerer und innerer gesetzlicher Notwendigkeit handelt, vom Standpunkt Gottes aus also nicht verantwortlich wäre.»

Keinen Gegensatz sieht dagegen Einstein zwischen Vernunft und Wissenschaft auf der einen und kosmischer Religiosität auf der anderen Seite. Im Gegenteil: Die kosmische Religiosität ist nach ihm «die stärkste und edelste Triebfeder wissenschaftlicher Forschung». Sie verleiht die notwendige Kraft für die «ungeheuren Anstrengungen» und die «Hingabe», ohne die bahnbrechende wissenschaftliche Gedankenschöpfungen nicht entstehen können. «Nur wer sein Leben ähnlichen Zielen hingegeben hat, besitzt eine lebendige Vorstellung davon, was diese Menschen beseelt und ihnen die Kraft gegeben hat, trotz unzähliger Mißerfolge dem Ziel treu zu bleiben. Es ist die kosmische Religiosität, die solche Kräfte spendet.» Für Einstein steht fest, daß die ernsthaften Forscher in unserer im allgemeinen materialistisch eingestellten Zeit die einzigen «tief religiösen Menschen» sind, daß man «schwerlich einen tiefer schürfenden wissenschaftlichen Geist finden kann, dem nicht eine eigentümliche Religiosität eigen ist». Kosmische Religiosität liege «im verzückten Staunen über die Harmonie der Naturgesetzlichkeit, in der sich eine so überlegene Vernunft offenbart, daß alles Sinnvolle menschlichen Denkens und Anordnens dagegen ein gänzlich nichtiger Abglanz ist». Die religiös schöpferischen Naturen aller Zeiten seien von diesem Gefühl des Staunens ebenso erfüllt gewesen wie die großen Naturforscher.

Geradezu revolutionär wirkt es in Anbetracht der üblichen Entgegensetzungen von Religion und Wissenschaft, wenn der geniale Theoretiker der Physik recht verstandene kosmisch-mystische Religiosität zum eigentlichen Quellgrund echter Wissenschaft macht. «Das tiefste und erhabenste Gefühl, dessen wir fähig sind, ist das Erlebnis des Mystischen. Aus ihm allein keimt wahre Wissenschaft. Wem dieses Gefühl fremd ist, wer sich nicht mehr wundern und in Ehrfurcht verlieren kann, der ist seelisch bereits tot. Das Wissen darum, daß das Unerforschliche wirklich existiert und daß es sich als höchste Wahrheit und strahlendste Schönheit offenbart, von denen wir nur eine dumpfe Ahnung haben können – dieses Wissen und diese Ahnung sind der Kern aller wahren Religiosität... Meine Religion besteht in der demütigen Anbetung eines unendlichen geistigen Wesens höherer Natur... Diese tiefe gefühlsmäßige Überzeugung von der Existenz einer höheren Denkkraft, die sich im unerforschlichen Weltall manifestiert, bildet den Inhalt meiner Gottesvorstellung.»

Ausdrücklich möchte Einstein seine Gottesvorstellung als pantheistisch im Sinne von Spinoza verstanden wissen. «Es ist gewiß, daß eine mit religiösem Gefühl verwandte Überzeugung von der Vernunft bzw. Begreiflichkeit der Welt aller feineren wissenschaftlichen Arbeit zugrunde liegt. Jene mit tiefem Gefühl verbundene Überzeugung von einer überlegenen Vernunft, die sich in der erfahrbaren Welt offenbart, bildet meinen Gottesbegriff: man kann ihn also in der üblichen Ausdrucksweise als ‹pantheistisch› (Spinoza) bezeichnen.»

Wenigstens noch ein Biologe sei hier exemplarisch für den Zusammenhang von Aufklärung, Vernunft und Wissenschaft auf der einen und Mystik, Spiritualität und Religion auf der anderen Seite angeführt, nämlich Sir Julian Huxley. Sein atheistisches Ideensystem trägt unverkennbar spirituelle Züge.[3] Der berühmte Biologe, nach dem Zweiten Weltkrieg Generalsekretär des vorbereitenden Ausschusses der Organisation für Erziehung, Wissenschaft und Kultur der Vereinten Nationen (UNESCO), später Generaldirektor der UNESCO, konnte bedeutende Wissenschaftler der Gegenwart zu einer «Ideensystem-Gruppe» vereinigen, die «zu der Einsicht gelangte, daß die rasch zunehmende Erweiterung unserer Kenntnisse in den letzten hundert Jahren dem Menschen eine neue Offenbarung geschenkt hat, die ihm ermöglicht, sein Schicksal in einer neuen Schau zu erkennen». Diese aus den überwältigenden Erkenntnissen der letzten hundert Jahre resultierende «Offenbarung» sei ein neuer Humanismus, den Huxley als «evolutionären» bezeichnet. Er sei «nicht ein erstarrtes Lehrgebäude von Dogmen», sondern ein «offenes System, das einer unbegrenzten weiteren Entwicklung fähig» sei. Trotzdem biete es «einen festen Halt des Glaubens und der Lebensführung», wobei allerdings als Grundlage dieses Glaubens nur das «von menschlicher Phantasie beflügelte menschliche Wissen» gelten könne. Huxley glaubt, daß sein «neues verständliches Gerüst oder System von Ideen, von Glaubensüberzeugungen und Leitsätzen» für die gesamte menschliche Gemeinschaft «allgemeinverbindlich» sein könne, weil dieses universale System Geist und Materie in einem «Monismus» versöhne, «der doch ihren Dualismus nicht aufhob, und alle Phänomene – kosmologische und biologische, materielle und menschliche, kurz- und langfristige – in Verbindung mit dem allumfassenden Vorgang der Evolution brachte». Im Rahmen dieses Monismus «erschienen die Bereiche der Wissenschaft, der Kunst und Religion nicht mehr als voneinander unabhängige, sondern als eng miteinander verknüpfte Aufgabenbereiche unserer sich weiterentwickelnden Spezies». Dieses einheitlich monistische System schließt nach Huxley den Theismis prinzipiell aus: «Jeder Glaube an einen übernatürlichen Schöpfer oder Herrscher oder an Wesen, die natürliche oder menschliche Vorgänge beeinflussen, spaltet in nicht wieder gutzumachender Weise das Universum und hindert uns daran, seine wahre Einheit zu erfassen. Jeder Glaube an Absolutes, sei es an die absolute Gültigkeit sittlicher Gebote, die Autorität einer Offenbarung, eine innere Gewißheit oder eine göttliche Inspiration, richtet eine bedrohliche Barriere auf gegen den Fortschritt und gegen die

Möglichkeit einer ethischen, rationalen oder religiösen Vervollkommnung». Trotzdem sei «mit einem reinen Rationalismus nichts zu bewältigen. Was die Welt heute braucht, ist nicht nur eine rationalistische Verneinung des Alten, sondern eine religiöse Bejahung von etwas Neuem... Eines der wichtigsten Dinge, deren die Welt heute bedarf, ist ein einziges neues religiöses System, um die Vielfalt der miteinander im Streit liegenden und unvereinbaren religiösen Systeme zu ersetzen, die um die Seele des Menschen ringen».

Worin besteht nun aber die neue Religiosität im Sinne Huxleys? Sie besteht in einer neuen Schau des Universums und der Rolle des Menschen in ihm, wobei beide Sichten – und das ist das besondere Religiöse daran – «das Gefühl für ein heiliges Mysterium einschließen».

Ein besonderes mystisches Geheimnis innerhalb des grundlegenden Mysteriums des Universums stelle der Mensch dar. Die Hauptaufgabe, die sich ihm heute stelle und die zugleich «die erwünschte Richtung der Evolution» sei, ließe sich als «die Vergöttlichung der Existenz» bezeichnen. Demgemäß «müssen im Glaubenssystem jeder sich neu entwickelnden Religion Achtung und Ehrfurcht den Hintergrund bilden. Eine solche Religion muß den Sinn des Menschen für das Wunderbare und Ungewöhnliche, für alles, was hohe Anforderungen an ihn stellt, besonders dann stets lebendig zu erhalten suchen, wenn er sich mit dem allgemeinen Problem der Existenz befaßt». Religion läßt sich Huxley zufolge «am besten als angewandte spirituelle Ökologie» verstehen. Sie müsse ein umfassendes Leitsystem schaffen: für die Beziehungen der Menschheit zur umgebenden Natur, des individuellen Ich zu den Kräften seines Innenlebens und des einzelnen zu den anderen und der Gesellschaft. «Heiligung des Lebens» bleibe eine ständige Aufgabe auch in moderner Religion.

Trotz dieser schönen Aussagen führender Wissenschaftler und moderner Aufklärer, die sich übrigens beträchtlich vermehren ließen, muß leider die sehr negative Feststellung getroffen werden, daß die Aufklärung im Laufe ihrer eigenen Weiterentwicklung auf eine gefährliche Einbahnstraße eingeschwenkt ist, auf der sie immer mehr zur technokratisch-instrumentellen Vernunft verkam. Die glänzende, triumphal siegende Göttin Vernunft ist zur Sklavin der Technokratie geworden. Sie hat nur noch die Aufgabe, sozusagen ihre raison d'être, darin, Erfindungen für das gefräßige Wesen der Megatechnik zu liefern und deren vermeintliche Rationalität ideologisch zu rechtfertigen.

Daher stehen wir heute vor der Notwendigkeit einer neuen Aufklärung, d. h. vor der Entscheidung der ratio, sich aus dieser tödlichen Einbahnstraße der technokratisch-instrumentellen Vernunft herauszulösen, wieder dem eigenen universalen Wesen und Anspruch zu folgen, und das bedeutet in der gegenwärtigen Situation: «Ökologische Vernunft» zu werden. Gerade in der unabdingbaren heutigen Notwendigkeit einer «Ökologischen Vernunft», ohne die unser Planet nicht überleben wird, zeigt sich wieder das positive Verhältnis von Mystik und Vernunft, Spiritualität und Wissenschaft, Religion und Aufklärung. Denn in der rationalen Einsicht in die Notwendigkeit der ökologischen Rettung unseres Planeten, der Liebe zu ihm als unserer eigenen Wohnstätte und der Achtung vor den Werten und Eigengesetzlichkeiten der Natur gelangen ja gerade ratio und emotio, Vernunft und Spiritualität durchaus zur Harmonie.[4]

Mit ökologischer Spiritualität ist natürlich nicht irgendeine konventionelle Religion oder Konfession gemeint, sondern ein neues Lebensgefühl, ein spontaner, ursprünglicher Aufbruch des Mitfühlens und Mitleidens mit der Natur, ein neues Erleben und Erfahren von Kommunikation, Sensibilität für sie und Solidarität mit ihr, mit allen Lebenwesen auf dem Schicksalsschiff Erde. Es geht also ökologischer Spiritualität und Religiosität primär nicht um etwas rein abstrakt Philosophisches, sondern um etwas letztlich auch Effektiv-Praktisches, um die Synthese von Mystik und Vernunft als entscheidendem Fundament all unserer Lebensäußerungen und als Basis ethisch-ökologischer Aktion. Nur ein mystisch inspirierter Aufbruch der Tiefenschichten des Menschen kann überhaupt an den Negativitäten des Bestehenden etwas ändern und hat auch in der Geschichte der Menschheit je und je Veränderungen zustande gebracht, etwa bei der Entstehung des neuzeitlichen Humanismus, der in erster Linie nicht als akademische Wissenschaft, sondern als neues Lebensgefühl, als neuer vitaler Elan der Vernunft entscheidend dazu beitrug, die alten, beengenden Strukturen des Mittelalters und des Feudalismus zu überwinden. Ökologisch-kosmische Spiritualität mit ihrem unausschöpfbaren Energiepotential sollte verhindern, daß der Mensch zum gefühllosen Automaten, zum außengelenkten, vermeintlichen Sachzwängen blind folgenden Computermenschen wird, etwa im Sinne der makabren Vision vermenschlichter Computer einerseits und verdateter, automatisierter, computerisierter Menschen andererseits. Die mystisch getönte Ehrfurcht vor dem Leben wird der lebenszerstörenden, technokratischen Hybris des Menschen entgegenwirken. Nach Ludwig Feuerbachs anthropologischer, Karl Marx' sozioökonomischer und Sigmund Freuds psychoanalytischer Phase der Religion(skritik und -betrachtung) wäre jetzt die ökologische Phase der Religion an der Reihe. Sie würde – entsprechend ihrem Oberbegriff der Öko-Logik – den richtigen Haushalt, das Gleichgewicht wiederherzustellen versuchen zwischen Körper und Geist (die ja fast in der gesamten europäischen Geistes- und Religionsgeschichte dualistisch getrennt wurden), zwischen Psychischem und Geistigem, zwischen körperlichen und (echten) geistigen Bedürfnissen, zwischen Gefühl und Verstand, zwischen dem Menschen als Naturwesen und als Geistwesen, zwischen Aktion und Kontemplation bzw. Meditation, zwischen Spontaneität und Reflexion, zwischen dem Biorhythmus des Menschen und dem der Erde, zwischen psychischem Wohlbefinden und Ernährungsweise, global: zwischen Mensch und Kosmos. Aufklärung muß zu ihrem eigensten Wesen zurückfinden, indem sie heute eine *neue Synthese* von Vernunft und Mystik, von ratio und religio gestaltet. Einige Worte noch zu dieser Synthese, die auch das Überbewußtsein des Menschen wie sein Unterbewußtsein umfassen muß. Treffend hat man oft genug darauf hingewiesen, daß alle großen geistigen Leistungen der Menschheit in Wissenschaft, Philosophie, Kunst, Sittlichkeit und Religion ihren Quellpunkt im Überbewußtsein, in hellwachen und exzitierten Stufen der Bewußtheit haben. Das Unter- und Unbewußte ist dadurch keineswegs ausgeschaltet, denn eine Inkubationszeit, eine Verarbeitung, ein Ausgetragen-, gleichsam Ausgebrütetwerden jeder neuen großen Idee im Unbewußten bleibt stets notwendige Voraussetzung. Inkubation im Unbewußten und Illumination (Erleuchtung) im Überbewußtsein schließen sich nicht aus, sondern ein.

Überbewußtsein und Kreativität des neuen Vernunftbegriffs und der neuen Einstellung zur Wirklichkeit beinhalten zugleich eine neue Reflexivität und Sensibilität. Höchste Reflexion, intensivste Wachheit des Verstandes (Rationalität) und intimste Sensibilität schließen sich nur für eine vordergründige Betrachtungsweise gegenseitig aus. Daß aber das fast mystische, gefühlsmäßige Einswerden mit dem erforschten Gegenstand höchste Erkenntnis der Vernunft möglich machen kann, hat unüberbietbar Goethe zum Ausdruck gebracht: «Es gibt eine zarte Empirie, die sich mit dem Gegenstande innigst identisch macht und dadurch zur eigentlichen Theorie wird. Diese Steigerung des Vermögens aber gehört einer hochgebildeten Zeit an». Der wohl genialste Kopf der modernen theoretischen Physik, Albert Einstein, ist – wie wir sahen – ganz ähnlich überzeugt: «Das tiefste und erhabenste Gefühl, dessen wir fähig sind, ist das Erlebnis des Mystischen. Aus ihm allein keimt wahre Wissenschaft.»

Allerdings ist die schöpferische Synthese zwischen Rationalität und mystischem Elan, zwischen möglichst intensiver Reflexion und sensibelster Religiosität auch stets neu aufgegeben und in Angriff zu nehmen. Diese Synthese kann ja eventuell auch eine Umpolung, ja fast begriffssprengende Umidentifizierung herbeiführen, indem man von einer «mystischen Rationalität» und einer «rationalen Mystik» zu sprechen berechtigt sein wird. Nüchternste, kalte Reflexion also, die aber im Den-Dingen-auf-den-Grund-Gehen nicht nachläßt, weil sie von der glühend-heißen Lava der mystischen Energie vorangetrieben wird, wie umgekehrt enthusiastischste, heißeste Mystik, deren blinder Überschwang durch die kalte Ratio immer wieder abgekühlt und den wissenschaftlichen, kulturellen, sozialen, ökologischen Zielen zugeführt und nutzbar gemacht wird – das wäre die zu beachtende Leitlinie der Selbsterziehung der neuen Spiritualität als der Synthese von Mystik und Vernunft. Alle vergangenen Epochen der Geistesgeschichte zeigen ja, daß ohne die Ratio die Religio schwärmerisch, sentimental, schwülstig und blind-fanatisch wird; daß aber auch andererseits ohne Religio die Ratio zu trocken-abstraktem, kein Leben mehr weckendem Rationalismus, zu hölzernen oder knöchernen Begriffsgerippen in Theologie, Philosophie oder Wissenschaftstheorie verkommt. Auf die heutige Weltlage angewandt, hieße das, daß auch die globalsten und präzisesten psychologischen, anthropologischen, soziologischen, politologischen und ökologischen Analysen der gegenwärtigen Menschheitskrise durch die Ratio keine tiefgreifende Besserung herbeiführen können, wenn kein neues Lebensgefühl, kein neues Verständnis der Natur, keine neue Ehrfurcht vor ihr und ihren atemberaubenden Werten und Eigengesetzlichkeiten entsteht. Die Natur hat Eigenwerte (sozial-altruistische, ästhetische, mathematische, bewußtseinsmäßige, selbststeuernde sowie selbstorganisierende), die durch keine Mutations-Selektions-Theorie zu erklären sind und weit über das darwinistische und neodarwinistische Konzept der Natur hinausgehen.

Fassen wir den Gesamtsinn aller Ausführungen, die wir hier gemacht haben, abschließend in einem einzigen Satz zusammen: *Ohne Aufklärung ist jede Mystik, jede Spiritualität und Religiosität blind und dumm; ohne diese drei Größen aber ist jede Aufklärung, jede Art von Vernunfterkenntnis flach und schwachbrüstig, unfähig inspiratorisch zu wirken und nachhaltige Veränderungen einzuleiten.*

Jedes der zahlreichen Kapitel des vorliegenden Buches wird dies in sehr differenzierter und detaillierter Form noch stärker belegen und bestätigen und die heute akut notwendige schöpferische Synthese von Mystik und Vernunft in einem neuen, auch wissenschaftlich legitimen Bewußtseinsbegriff von sich aus eigenständig weiterführen und ausbauen.

I. Die Synthese von Mystik und Vernunft, Natur und Geist

1. Spiritualität und Bewußtsein

Wir wollen nicht gleich an den Anfang eine fertige Definition von Spiritualität stellen. Wir wollen auch nicht in den Fehler verfallen, Spiritualität einfach mit Geistigkeit zu übersetzen, weil das der Fülle der Bedeutungen nicht entspräche, die sich mit der Zeit im Begriff der Spiritualität versammelt haben. Besser erscheint es mir, die wichtigsten Merkmale der Spiritualität gleichsam induktiv zu erarbeiten. Denn nur so können die Leser dieses Buches das Erarbeitete Schritt für Schritt an ihren eigenen Lebenserfahrungen messen, mit diesen vergleichen. Und jede Leserin, jeder Leser wird zustimmen: Zur Spiritualität gehört auf jeden Fall *Bewußtheit.* Ich muß bewußt leben. Ohne waches Bewußtsein, ohne die Hinlenkung des Strahls meines Bewußtseins auf alle Ecken, Spalten und Schatten, Gründe und Abgründe in mir, in meiner Psyche, und ohne den bewußten Ausblick in die mitmenschliche Umwelt sowie in die Weiten der Natur und des Kosmos kann ich keine Spiritualität entwickeln, vermag ich kein spiritueller Mensch zu werden, bin ich auch nicht imstande, ein vollwertiges menschliches Leben zu führen.

An dieser Stelle aber werden Sie, liebe Leser, vielleicht Einspruch erheben, einen Einspruch, der etwa so lauten könnte: «Wenn ich lebe, intensivst lebe, dann will ich alles vergessen, dann will ich von keinem Bewußtsein gestört werden und nur die reine Lust des Daseins verspüren.» Sie sehen, der Einwand enthält bereits seine Widerlegung. Es ist zwar wahr, daß man gerade bei intensivsten Erlebnissen (und Er-*leb*-nisse enthalten ja das Leben in seiner schönsten und genußvollsten Form!) an nichts Negatives denken oder erinnert werden will, jedes Bewußtsein an außerhalb des Erlebnisses Liegendes stört. Aber die «Lust des Daseins», wie sie im Erlebnis gegenwärtig wird, die wollen Sie doch spüren, intensiv und mit aller Wachheit der Sinne! Ein solches Spüren aber ist Bewußtsein, der Psychologe würde sagen: erlebnisimmanente Bewußtheit. Ohne sie wäre Ihr Erlebnis kein Erlebnis, sondern irgendein anonymer, bewußtloser Vorgang. Sie wüßten nicht mal, worum es sich handelt. Hier sehen wir schon: Höchste Intensität, enormste Spannkraft des Lebens und wachste Bewußtheit des Lebens schließen sich nicht aus, sondern ein; sie bedingen einander wechselseitig. Ich kann auch nicht genießen, ohne mir diesen Genuß bewußt zu machen. Der Feinschmecker genießt deshalb eine Speise mehr als andere, weil er sie bewußter empfindet, weil er sie sich konzentrierter «zu Gemüte führt.»

Bewußtsein ist zweifellos jenes wunderbare Organ, welches uns ganz allein in die Lage versetzt, das Leben in seiner einzigartigen Größe und in allen seinen atemberaubenden Dimensionen wissend zu erfassen. Es ist nicht so, es muß jedenfalls nicht so sein, daß das Bewußtsein als Störenfried agiert, daß es die Lust des Lebens, die Freude am Leben behindert oder verringert. Eine Zeitlang, auch noch in den ersten Jahrzehnten unseres Jahrhunderts, gehörte dieses Vorurteil, daß das Bewußtsein das Leben beeinträchtige, seine Lebendigkeit und Spontaneität zerstöre, zu den Dogmen vieler Intellektueller. Ludwig Klages' dreibändiges Monumentalwerk «Der Geist als Widersacher der Seele» war sozusagen das psychologisch-philosophische Manifest dieser negativen Sicht des Bewußtseins, des Geistes, der die Seele als Prinzip des Lebens und damit dieses selbst von allem Konkreten und vom mütterlichen Nährboden der Erde abziehe und abtrenne. Aber Bewußtsein ist keineswegs nur das Bewußtsein des Abstrakten und Allgemeinen (so daß der Geist, das Bewußtsein hier – bei Klages und anderen – ganz willkürlich eingeschränkt wurde), und es ist ebenfalls nicht nur das Bewußtsein technischer Manipulationsmöglichkeiten, die das Leben, seine Spontaneität und Lebendigkeit, zu einem toten Mechanismus erstarren lassen. Bewußtsein ist, wie das lateinische Wort con-scientia das gut zum Ausdruck bringt: Mit-wissen, stets und treu begleitendes Wissen um das, was gerade geschieht, geschehen kann oder geschehen ist. Bewußtsein kann – je nach dem, worauf wir die Aufmerksamkeit lenken – Spüren, Empfinden, Erfahren, intimes Wissen des Konkretesten und Lebendigsten sein. Sicher, das Bewußtsein, daß etwas negativ oder gar tragisch ist, kann die Sache noch negativer bzw. tragischer erscheinen lassen. Aber umgekehrt ist es auch so: Das Bewußtsein, die Bewußtmachung eines positiven Tatbestands macht die Sache noch positiver, noch angenehmer u.ä. Das höchste Glück, die größte Seligkeit für den Menschen ist bewußt erlebtes Glück, bewußt erfahrene Seligkeit.[5]

Außerdem: Es gibt keinen Weg zurück. Auf die niedere Stufe des Bewußtseins der Tiere können wir nicht mehr zurückgelangen. Das bekannte Wort Teilhard de Chardins markiert eine nicht mehr rückgängig zu machende Grenze: «Sicherlich, das Tier weiß. Aber der Mensch weiß, daß er weiß.» Das Tier, zumindest die höher organisierten Arten, empfindet Freude und Schmerz, Angenehmes und Unangenehmes, Geborgenheit und Gefahr, Sättigung und Hunger usw. Aber der Mensch weiß noch einmal um diese Empfindungen, er verdoppelt sie, wodurch er sie vertieft, erhöht, intensiviert... Bewußtsein ist allerdings auch Bewußtsein von Negativem, und da das Negative dann doppelt schrecklich vor unserem geistigen Auge stehen kann, sehnen wir uns in solchen Augenblicken nach der sorglosen, unbekümmerten Einheit des Tieres mit der Natur zurück. Auch wir, die Menschen, sind ja in Wirklichkeit viel abhängiger von der Natur, viel gebundener an sie, als unser noch zum größten Teil herrschendes Weltbild das zugeben will.[6] Aber das Niveau der reflexionslosen, «paradiesischen» Einheit mit der Natur, auf dem sich das Tier ganz selbstverständlich befindet und bewegt, werden wir nie mehr zurückerlangen. Wir sollten das auch gar nicht wollen. «Wesentlich an der Existenz des Menschen ist die Tatsache, daß er sich über das Tierreich, daß er sich über die instinktive Anpassung erhoben hat und daß er die Natur transzendiert – obgleich er sie niemals ganz verlassen kann. Er bleibt ein Teil von ihr; und dennoch von ihr losgerissen, kann er nicht mehr mit ihr eins werden. Vertrieben aus dem Paradies, aus dem Stadium der ursprünglichen Einheit mit der Natur, versperren ihm die Cherubim mit dem Flammenschwert den Weg, falls er jemals versuchen sollte, dorthin zurückzukehren. Der Mensch kann nur immer weitergehen, indem er seine Vernunft entwickelt, indem er eine neue, eine menschliche Harmonie an Stelle jener vormenschlichen Harmonie findet, die unwiederbringlich verloren ist.»[7]

Aber dieser Verlust, von dem der Psychologe Fromm spricht, ist, wie gesagt und wie so oft im Leben, auch Gewinn. Der Gewinn besteht in der einzigartigen, alles umfassenden Gabe des Selbst- und Weltbewußtseins des Menschen, zu dem die Natur ihre Evolution auf diesem Planeten emporgetrieben hat. Deswegen kann Julian Huxley, der große Biologe und Humanist, sagen: «Der Mensch ist die zum Bewußtsein ihrer selbst gelangte Evolution.» Unübertrefflich hat Goethe die Art und Weise ausgedrückt, wie sich das Leben der Natur im Menschen zur Vollgestalt seines angestrebten Sinnes bringt. In ihm empfindet es sich tiefer als in irgendeinem anderen Lebewesen auf dieser Erde, in ihm weiß es erst so richtig von sich:

«Freue dich, höchstes Geschöpf der Natur!
Du fühlst Dich fähig, ihr den höchsten Gedanken,
zu dem sie schaffend sich aufschwang, nachzudenken!»[8]

Goethe hat auch sozusagen seinen eigenen ausführenden Kommentar zu diesem mehr spontanen Ausruf und Ausdruck der Freude geschrieben: «Wenn die gesunde Natur des Menschen als ein Ganzes wirkt, wenn er sich in der Welt als in einem großen, schönen, würdigen und werten Ganzen fühlt, wenn das harmonische Behagen ihm ein reines, freies Entzücken gewährt - dann würde das Weltall, wenn es sich selbst empfinden könnte, als an sein Ziel gelangt aufjauchzen und den Gipfel des eigenen Werdens und Wesens bewundern.»[9]

Zunächst einmal wird mancher von uns über diesen Text die Nase rümpfen: «Welch antiquierte, vollmundige Sprache und was für eine Romantik einer heilen, sorglosen Welt! Was sollen so schöne Anmutungen angesichts unserer heutigen, vor dem radikalen Umweltkollaps stehenden Situation?» Man sollte sich doch höchstens noch den ganz konkreten Gesellschafts- und Umweltproblemen widmen, alles andere sei doch leeres und nutzloses Pathos. Diese Einwände klingen überzeugend. Aber Vorsicht! Bewußtsein, mit dem wir das Leben in allen seinen Dimensionen empfinden, entdecken und reflektieren wollen, bedeutet auch immer den Imperativ, den Dingen möglichst auf den Grund zu gehen. Und was Goethe als Grundlage für alles weitere empfiehlt, ist - nüchterner ausgedrückt - ein ganzheitliches Erkennen, ein sich durch verschiedene Detailerkenntnisse nicht beeinträchtigen lassendes ganzheitliches Bewußtsein, das die Welt und das Leben zunächst einmals als großes und umfassendes Ganzes er-fühlt. Nur diese Entsprechung «ganzheitliches Bewußtsein - ganzheitliches Universum» weitet, wenn wir sie realisieren, unser Sein, unsere ganze Lebenseinstellung, läßt uns das Leben als etwas Unbegrenztes und durch die Weite seiner Horizonte Freimachendes erleben. Sie macht uns beschwingter, gelassener auch gegenüber den Tagesproblemen, den Alltagsschwierigkeiten. Sie suggeriert sie uns nicht weg, aber sie hilft uns, sie in einem umfassenderen Licht, einem weiteren Rahmen zu sehen und gibt uns damit auch die Kraft, sie leichter und besser zu bewältigen.

Und ein zweites: Goethe ist trotz der Sprache seiner Zeit ein größerer Realist als die, die gegen seinen oben angeführten Text Einwände erheben. Er weiß, was heute jeder Wissenschaftstheoretiker, Philosoph, Psychologe und Soziologe weiß, daß nämlich auch die kleinste Alltagshandlung eines menschlichen Individuums vom Gesamtgefüge seiner Persönlichkeit, vom Gesamtrahmen seiner Lebensüberzeugungen und -erfahrungen, von seinem unbewußten «Weltbild», wie primitiv dieses auch sein mag, mitgeprägt wird. Der Leser verzeihe dem Autor dieses Buches die gleich folgende triviale Ausdrucksweise, aber dadurch wird das Gemeinte ganz konkret: Selbst wenn einer mit Überzeugung sagt: «Alles ist Sch...», beweist er damit, daß er ein - wenn auch sehr simples - Weltbild besitzt, das in alle seine Handlungen einfließt. Er wird geneigt sein, die Welt und alles, was ihm so widerfährt, stets negativ, pessimistisch, skeptisch einzuschätzen.

Drittens: Goethes Text hält, wenn man so will, eine Meditationsanweisung für den bereit, der beginnt, sein Leben spirituell zu gestalten. Sie könnte etwa so lauten: «Schaue zuerst aufs Große, aufs Umfassende, aufs Ganze. Konzentriere dich darauf. Vergiß für einen Augenblick das Beengende, Bedrängende, Beeinträchtigende, Niederdrückende deiner jetzigen Situation. Laß dich im Augenblick durch die tatsächlich wichtigen Tagesprobleme in Politik, Industrie, Wirtschaft usw. nicht fixieren und bannen, durch Teilinteressen nicht verklemmen. Erhebe dich mit deinem Bewußtsein darüber. Überlasse dich ohne Krampf und Hektik dem Vertrauen darauf, daß das Universum, daß das Leben seinen durch nichts, durch keinerlei Tiefschläge, Umwege und Katastrophen, beirrbaren Gang geht, daß es sich entfaltet, wie es sich entfalten soll, daß es zu seiner ganzheitlichen Vollendung hindrängt und daß du einen rechtmäßigen, lebenswichtigen Platz im Gesamtplan dieses Universums einnimmst. Wenn du dich diesen Gedanken öffnest, dich in diese Überzeugungen einübst, wirst du mit einer ganz anderen, viel positiveren Einstellung zu deinen tagespolitischen Geschäften und deinen Alltagsproblemen und -sorgen zurückkehren, wirst du sie in einem ganz anderen Geist bewältigen und lösen können.» Der Leitspruch mancher Umweltschützer «Denke global – handle regional» meint in vielen Hinsichten genau dasselbe.

Sicher wird unser Leben größer und intensiver, wenn wir uns der Größe der Wirklichkeit, in der wir uns vorfinden, immer ganzheitlicher öffnen. Wem diese uneingeschränkte Öffnung zum Universum, zum Ganzen der Wirklichkeit überhaupt, zum Erlebnis wird, der sieht plötzlich das Leben mit neuen Augen, in einem strahlenderen Licht; er fängt sogar erst wieder von neuem zu leben an. «Denn wenn das Absolute wirklich eine integrale Ganzheit ist, wenn es zugleich Teil und Gesamtheit von allem ist, was existiert, dann ist es auch in allen Menschen vollständig vorhanden. Und im Gegensatz zu Felsen, Pflanzen oder Tieren haben menschliche Wesen – weil sie *bewußt* leben – die Fähigkeit, diese Ganzheit zu entdecken... Sie glauben nicht daran, sie entdecken sie. Es ist so, als werde sich eine Meereswelle plötzlich ihrer selbst bewußt und entdecke dadurch, daß sie eins ist mit dem Ozean und auch eins mit allen anderen Wellen, da sie alle aus Wasser bestehen. Das ist das Phänomen der... Erleuchtung oder Befreiung oder Moksha oder Wu oder Satori. Das meinte Plato, wenn er davon sprach, man steige aus der Höhle der Schatten nach oben und finde das Licht des Seins, oder wenn Einstein die Hoffnung äußerte, der Täuschung des Getrenntseins zu entkommen... In dieser geradlinigen Anschauung gibt es nichts Spukhaftes, Okkultes oder Fremdartiges» (der amerikanische Psychologe Ken Wilber.[10])

Ein gegenüber allem Religiösen sehr kritischer, ja skeptischer Denker, einer der scharfsinnigsten Logiker und bekanntesten Philosophen des 20. Jahrhunderts, Bertrand Russell, war sich stets bewußt, daß auch für einen humanistischen Atheisten eine Ganzheits-Spiritualität lebensnotwendig und lebenserhöhend ist: «In der Kontemplation», so ist er überzeugt, «gehen wir vom Anderen aus, und durch seine Größe werden wir selber zu etwas Größerem gemacht. Der betrachtende Geist gewinnt einen Anteil an der Unendlichkeit der von ihm betrachteten Welt... Er wird seine Ziele und Wünsche als Teile des

Ganzen betrachten... Vor allem aber werden wir durch die Größe der Welt, die die Philosophie betrachtet, selber zu etwas Größerem gemacht und zu jener Einheit mit der Welt fähig, die das größte Gut ist, das man in ihr finden kann».[11] Der Marxist Roger Garaudy, einst Chefideologe der französischen KP, drückt denselben Gedanken viel massiver aus: «Es ist charakteristisch für die Ideologie einer verfaulenden Klasse, daß sie nicht imstande ist, sich die Harmonie zwischen den Menschen und dem Weltall vorzustellen».[12]

Fassen wir das bisher Gesagte kurz zusammen: Spiritualität bedeutet ständige Entgrenzung und Erweiterung des eigenen Seins. Wahrhaft menschliches Leben braucht Weite, wird krank, siech und flach durch falsche Begrenzungen, Beeinträchtigungen, Hindernisse. Der Elan des Lebens selbst treibt uns von innen her, uns über alle kleinlichen Hemmnisse zu erheben, sie in Richtung auf immer größere Ganzheiten zu überschreiten. Auf jeder neu erreichten Ebene muß die «Subjekt-Objekt-Ganzheit» und «-Einheit» wiederhergestellt werden, d.h. die Harmonie zwischen Innen und Außen, Psyche und Umwelt, Ich und Gesellschaft. Höchstes Ziel des menschlichen Lebens ist die weiteste, umfassendste Ganzheit und Einheit, die Einswerdung mit dem Ganzen der Wirklichkeit («universales» oder «kosmisches Bewußtsein»). Wer diese höchste Ebene erreicht, der hat das Leben zu seiner höchsten Intensität gebracht, der ist in einem wieder ganz ursprünglichen Sinn heil, gesund, vollständig, der spürt eine permanente Lust des Daseins, eine Lust, die hoch über allen Augenblicksgelüsten steht und von der Nietzsche sagt: «Denn alle Lust will Ewigkeit, will tiefe, tiefe Ewigkeit».[13]

2. Spiritualität und die mystische Tiefe des Seins

Für viele ist die Tatsache des Seins, des Lebens eine nie hinterfragte, unreflektierte Selbstverständlichkeit. Sie zahlen für dieses Fehlurteil allerdings, ohne es zu wissen, einen hohen Preis: das Leben kommt ihnen wertlos, gleichgültig, grau vor. «Es bietet so wenig», hören wir sie oft sagen. Sie jagen den ganz großen Emotionen und Sensationen nach, weil die grundlegende, alles andere ermöglichende «Sensation»: die Tatsache, daß wir leben, daß wir überhaupt da sind, nicht als solche entdeckt, erkannt, bewußt gemacht wird. Ihnen müßte man das bereits zitierte Wort des größten theoretischen Physikers des 20. Jahrhunderts zurufen: «Wer sich nicht mehr wundern und in Ehrfurcht verlieren kann, der ist seelisch bereits tot»! (Albert Einstein[14]).

Allerdings ist es nicht ganz leicht, heute noch das «Wunder des Seins» zu erleben. Wir leben hauptsächlich in einer zweiten, künstlichen Welt, in der Welt der technischen Apparaturen, auf die wir so stolz sind, weil wir sie geschaffen haben, weil sie unsere «Kinder» sind, an deren tadellosem, perfektem Funktionieren sich schon unsere biologischen Kinder berauschen. Die «erste Welt», die Welt der alles, auch noch unsere technischen Spielereien ermöglichenden Natur, haben wir weitgehend zurückgedrängt, wiewohl dieser verdrängte Schatten heute wieder in negativer Form, d. h. in Gestalt immer schlimmerer Umweltkatastrophen übermächtig ins Bewußtsein dringt. Von den Gemächten der Technik umgeben, deren vermeintlich lückenlose Tragfähigkeit nur von Zeit zu Zeit durch diese Umweltkatastrophen kurz in Frage gestellt wird, fällt es uns schwer, zum Wunder des Lebens, des Seins vor- und durchzustoßen.

Dabei fing alles Philosophieren aller großen Denker der Menschheitsgeschichte immer mit dem Staunen darüber an, daß überhaupt etwas ist (und nicht nichts ist). Die klassischen Denker der griechischen Antike, Plato und Aristoteles, erblickten im Staunen, im Sichwundern den Anfang aller Philosophie, allen echten Nachdenkens über die Wirklichkeit. An diesem Punkt trennen sich eigentlich schon in fundamentaler Weise die Wege der Menschen und laufen dann in zwei Grund-

richtungen auseinander. Diejenigen, die das Rätsel des Daseins entdecken, erleben nach dieser Geburtsstunde ihres Tiefenbewußtseins die Erkenntnis der Wirklichkeit und alle weiter eindringenden Schritte in sie als tief beglückendes inneres, geistiges Wachstum. Die anderen verharren an der Oberfläche der Dinge, ihr Bewußtsein bleibt platt und naiv. Sie sind begierig, ständig Neues zu erfahren, über Welt und Leute in anderen Erdteilen etwas zu hören, weil ihr prinzipielles Defizit darin besteht, daß sie die grundlegende Seinserfahrung nicht gemacht haben. Sie sind geprägt von den ständig wechselnden Reizen der Umwelt, von denen sie wie ein Schilfrohr im Wind hin- und hergetrieben werden. Ihre Erfahrung bleibt horizontal, sie geht nie in die Tiefe. Einen Persönlichkeitskern konnten sie nicht ausbilden, weil dieser ohne das Bewußtsein der Geheimnistiefe des Seins nicht zustande kommt. So können sie auch nie einen inneren und zugleich höheren Standpunkt über den Wechselfällen und über den mal guten, mal schlechten Einflüssen der Außenwelt erlangen.
Diese zwei Klassen von Menschen gab es schon in der Antike. Sie gibt es ebenso heute. Da hat sich nichts geändert. Wenn Plato vor über 2300 Jahren sagt: «Offenbar seid ihr doch schon lange mit dem vertraut, was ihr eigentlich meint, wenn ihr den Ausdruck ‹seiend› gebraucht, wir jedoch glaubten es einst zwar zu verstehen, jetzt aber sind wir in Verlegenheit gekommen»,[15] so spielt er damit ebenso auf diesen grundlegenden Unterschied zwischen den Menschen an wie im 20. Jahrhundert der Philosoph Martin Heidegger, wenn dieser erklärt: «Haben wir heute eine Antwort auf die Frage nach dem, was wir mit dem Wort ‹seiend› eigentlich meinen? Keineswegs. Und so gilt es denn, *die Frage nach dem Sinn von Sein* erneut zu stellen... allererst wieder ein Verständnis für den Sinn dieser Frage zu wecken.»[16]
Zu welcher Klasse von Menschen gehören Sie, lieber Leser? Die Frage ist nicht diskriminierend gemeint, denn es gibt ja keine unübersteigbare Kluft zwischen diesen beiden Gruppen.

Die Tiefenerfahrung des Seins kann jeder machen, der sich nur der Mühe des Nachdenkens unterzieht. Aber ein großer Menschenkenner wie der Philosoph Arthur Schopenhauer (1788–1860) wußte nur zu gut, daß viele Menschen eben diese Anstrengung scheuen: «Das Rätselhafte des Daseins ergreift», wie er treffend urteilt, «nur wenige mit seinem ganzen Ernst... Wie das Tier dahinlebt, ohne umzuschauen weiter als nach seinen Bedürfnissen, und sich daher nicht wundert, daß die Welt da ist und so ist, wie sie ist, so sind auch die Menschen von geringeren Anlagen ohne merkliche Verwunderung über die Welt. Sie finden eben alles ganz natürlich: allenfalls überrascht sie irgendeine ungewöhnliche Erscheinung und macht sie auf deren Ursache begierig; aber das Wunderbare, was im Ganzen aller Erscheinungen liegt, das Wunderbare ihres eigenen Daseins werden sie nicht inne. Sie sind daher geneigt, diejenigen auszulachen, die sich darüber wundern, darüber nachsinnen, mit solchen Forschungen sich beschäftigen. Sie meinen, daß sie viel ernstere Dinge vorhaben, das Sorgen für sich und die Ihrigen und allenfalls das nähere Orientieren über den Zusammenhang der Erscheinungen untereinander zum nützlichen Gebrauch derselben.»[17]

Schopenhauer irrt allerdings, wenn er die «geringeren Anlagen» mancher Menschen für das mangelnde Problembewußtsein der Wirklichkeit verantwortlich macht. Es gibt ja hochintelligente Leute in nicht geringer Zahl, denen dieses Bewußtsein ebenso abgeht. So mancher Manager oder Funktionär oder Computerspezialist spielt gekonnt auf allen Apparaturen unseres hochtechnischen Zeitalters, was ihm das Gefühl, ja den Rausch unbegrenzter Macht- und Verfügungsgewalt über die Menschen, über Raum und Zeit vermittelt. In Wirklichkeit ist er ohne Tiefenbewußtsein und daher ohne Seinstiefe, ohne Selbst, ohne Innenraum, ohne Seele. Er geht in der Ruhelosigkeit, Betriebsamkeit, Geschäftigkeit, im pausenlosen Organisieren auf, weil er sonst seine innere Leere und die ständige Flucht vor sich selbst bemerken könnte. Aber selbstverständlich ist es auch bei diesen Menschen keine Frage der «geringeren Anlage», sondern eine solche der Bereitschaft, sich auf das Abenteuer des Lebens in seiner Bewegung hin zur Tiefe einzulassen. Sie spüren ja mitunter sehr heftig ihren Mangel an Tiefenbewußtsein und Seinstiefe. Dann stürzen sich nicht wenige von ihnen in den Alkohol. Denn «während der Alkoholiker langsam immer betrunkener wird, darf er sich seinen Trinkkumpanen nahe fühlen, nahe auch der Welt um ihn herum, ebenso wie seinem eigenen Selbst, das ihn nicht länger so sträflich mißhandelt. Die Aufgabe des Kampfes gegen sich selbst und die Welt um ihn herum wirkt als willkommene Befreiung.» In der «Oszillation zwischen Nüchternheit und Intoxikation»[18] springt dieser Mensch tatsächlich hin und her zwischen seinem gespaltenen, die Tiefe der Welt verdrängenden «Normalbewußtsein» und einem ganzheitlicheren Bewußtsein, das ihn diese Tiefe ahnen läßt und mit dem er sich im Alkoholrausch einigermaßen versöhnt und verbunden glaubt. Da es jedenfalls nicht von unseren Anlagen, sondern letztlich nur von unserem guten Willen, von unserer Bereitschaft, in die Tiefe vorstoßen zu wollen, abhängt, versuchen wir jetzt, uns einigermaßen systematisch bewußt zu machen, daß die Welt ist, daß wir sind, daß wir leben und daß dies alles keine pure Selbstverständlichkeit, sondern eine wunderbare Sache, eine beglückende Gabe und Aufgabe ist. Wenn wir diesen Bewußtseinseinstieg schaffen, haben wir das Tor zur Spiritualität, zur Vergeistigung unseres Daseins weit aufgestoßen. Und ohne eine solche Vergeistigung kann es echtes menschliches Leben nicht geben.

Lassen wir uns zuallererst auf den Gedanken ein, daß unser Dasein, unser Leben keine Selbstverständlichkeit ist. Vertiefen wir uns zu diesem Zweck z. B. in den Satz Nietzsches: «Die Welt ist tief und tiefer als der Tag gedacht» oder den Ausspruch Goethes: «Wir stecken in lauter Wundern». Solche Einsichten lebenserfahrener Denker vermögen uns empfänglich zu machen für das Geheimnis unseres Daseins, unseres Lebens. Vergegenwärtigen wir uns dann, daß wir vor soundso viel Jahren noch nicht da waren, zumindest nicht als diese spezifische körperlich-seelisch-geistige Individualität; daß wir, aus einem Dunkel, einem Geheimnis kommend, ins Leben traten und aus diesem individuellen Leben, dieser psychosomatischen Einheit, einmal wieder heraustreten werden. Das schärft unseren Blick dafür, daß das Leben nicht einfach unser Besitz, sondern uns gegeben ist, wir an ihm teilhaben dürfen. «Ich habe nicht das Leben aus mir selbst, ich habe es empfangen, es ward mir zuteil» – ist eine erste Stufe des Staunens, und dieses Staunen zieht immer weitere Kreise, weil ich weiß, daß auch all meine Mitmenschen und die ganze Mitwelt der Tiere und Pflanzen ihr Sein, ihr Leben jeweils ihren Vorstufen, Vorgängern, Eltern verdanken, welch letztere aber das Leben ebenfalls nicht aus sich, sondern von anderen haben. Ich betrachte gleichsam das Eigengewicht meines Seins und erkenne meine Daseinsohnmacht in dem Sinne, daß ich mein Leben mir nicht selbst verdanke, daß ich dazu nichts getan habe. Die Kehrseite dieser Daseinsohnmacht aber ist, wenn ich sie mir tief bewußt mache, das immer größere Staunen darüber, daß ich ja aber trotzdem lebe, daß das Leben zwar nicht mein Verdienst, meine Eigenleistung ist, aber ein wunderbares Geschenk darstellt, das ich ganz auskosten kann, weil es mir ganz zueigen gegeben ist. «Daß ich gerade in dieser Welt existiere, daß die Wirklichkeit so ist, wie sie ist, daß das Geschehen in ihr sich gerade nach diesen und nicht nach anderen Gesetzen abspielt, ist ... nichts Selbstverständliches. Es könnte alles auch ganz anders sein. Warum ist es gerade so? Und warum ist überhaupt etwas? Es könnte doch auch nichts sein. So erscheint das Seiende, das für den naiven Menschen etwas Selbstverständliches ist, als ein Rätsel, ein Wunder, ein Geheimnis. Dieses Wunder des Seins ist es zutiefst, das im Erlebnis des Staunens in unser Bewußtsein tritt.»[19]

Es muß nicht immer der Weg einer stufenweisen, systematischen Meditation bzw. Reflexion sein (wie ich ihn im vorigen

Absatz in etwa skizziert habe), der uns zur Entdeckung des Wunders des Seins und des Lebens führt. Zuweilen kann es ein blitzartiges Erlebnis sein, ein unmittelbares Erfahren dieses Wunders. Man lebt, genauer: man vegetiert seinsvergessen so dahin und plötzlich bewirkt eine Katastrophe, irgendein Schock die erlebnismäßige Einsicht in die Großartigkeit des Lebendürfens, des Lebenkönnens. In einem Augenblick erlebt man die Brüchigkeit und radikale Unsicherheit der eigenen Existenz, die schwankenden Säulen, auf denen das eigene Dasein, aber auch das Weltsein überhaupt ruht - und im selben Moment kommt einem die erleichternde und befreiende Erkenntnis: «Wie wunderbar: ich lebe, ich bin hier, und es gibt ein umfassendes Sein, das immer da war und immer sein wird, das durch und durch positiv ist und mein und alles Leben ermöglicht und trägt. Das Nichts, über dessen Abgrund ich zu stehen schien, gibt es im Grunde gar nicht, zumindest nicht als absolutes Prinzip. Das alles umfassende und tragende Sein ist das Absolute, das nie nicht war, weil nie etwas geworden wäre und leben könnte, wenn zuerst das Nichts und sonst nichts gewesen wäre, denn aus Nichts kann nichts entstehen. Aus diesem bergenden, mütterlichen Schoß eines absoluten Grundes entsteht und entwickelt sich also alles. Es gibt im Grunde nur das unvergängliche Sein, nicht das Nichts. Das Sein ist positiv, Leben spendend und absolut, das Nichts höchstens negativ, leblos und relativ, nämlich als dieser oder jener Mangel an dem einen oder anderen Seienden.»

Das klingt jetzt vielleicht doch etwas zu abstrakt. Aber ich möchte es durch ein eigenes Erlebnis konkretisieren. 1945, nach dem Zusammenbruch der deutschen Front in Schlesien und dem Einmarsch der Russen, hatten sich meine Eltern, meine Geschwister und ich tagelang in einer äußerst gefährlichen, unser Leben radikal bedrohenden Situation befunden. Wir rechneten gar nicht mehr mit dem Davonkommen. Alle Häuser in unserer Straße brannten schon und jeden Augenblick mußte auch das Haus, in dem wir waren, in Flammen aufgehen. Wir lagen mit dem Gesicht nach unten auf dem Fußboden und konnten vor lauter Qualm und Rauch kaum mehr atmen. Wir waren aber auch zu erschöpft, um uns dem drohenden Unheil des Verbranntwerdens entgegenzustemmen. Als wir dann doch gegen alle Wahrscheinlichkeit gerettet wurden,[20] die brennende Stadt verlassen konnten und hinter der Stadtgrenze die großflächigen, schneebedeckten Felder im Glanz der Wintersonne sahen, die den Blick bis an den Horizont freigaben, da bemächtigte sich unser aller eine so tiefe Freude und sprühende Lebenslust, daß wir selbst ganz erstaunt waren, weil doch diese grandiose Stimmung so gar nicht zu den bestehenden äußeren Umständen paßte. Ich muß von mir selber sagen, daß mich nur noch ein- oder zweimal in meinem Leben ein so berauschendes und erleichterndes Gefühl der überschäumenden Lebensfreude und -freiheit überkam. Wir fühlten uns alle so, als ob uns das Leben ganz von neuem geschenkt worden sei. Mir blieb als dauernde Erinnerung die Erkenntnis, daß intensive Lebensfreude, Lebenslust nicht vom Besitz abhängt. Eben hatten wir doch all unser Hab und Gut verloren und fühlten uns dennoch so lebensfroh, so leicht und so frei wie noch nie oder seit langem nicht mehr.

Mich hat diese Geschichte nie mehr ganz losgelassen. Viele Jahre später führte ich, immer noch von daher motiviert, eine Umfrage durch, in der es um das Bewußtsein und die Erfahrung verschiedenartiger Tiefenerlebnisse ging. Das Ergebnis dieser Umfrage bestätigte mir, daß gar nicht so wenige Menschen durch eine Erschütterung ihres sonst in gewohnten Alltagsbahnen ablaufenden Lebens zur Entdeckung des «Wunders des Seins» vorgestoßen, aus dem «Man der Uneigentlichkeit» (Heidegger) herausgefallen sind.[21]

«Kampf, Einsamkeit, Krankheit und Tod – soll das schon alles sein? Das Leben kann manchmal so chaotisch, so trostlos, so zermürbend sein.»[22] Das ist wahr und soll hier keineswegs geleugnet oder verkleinert werden. Aber wenn Sie, liebe Leser, Ihr Leben nicht in Pessimismus, Zynismus oder Resignation vollziehen und beschließen wollen, dann schauen Sie auf oder glauben Sie wenigstens an das Wunder des Seins, des Lebens überhaupt und ihres eigenen im besondern. Das macht Sie empfänglich für das Ihnen dann in Zukunft mit Sicherheit zuteil werdende *Erlebnis* dieses Wunders. Und dieses Wunder gibt, selbst wenn Sie es nur einmal erlebt haben sollten, Sinn, Vertrauen und Mut für die ganze Zeitspanne des Lebens; es gießt ein strahlendes, nicht mehr verlöschendes Licht über alle Begebenheiten, ja auch Trostlosigkeiten des Alltags.

Auch das eben Gesagte klingt für den, der es nicht erlebt hat, vielleicht wenig glaubwürdig. Aber so skeptisch wäre vorher auch die gestreßte Lehrerin gewesen, die danach voller Harmonie und innerer Ruhe war: «Als Mensch, der sich immer dreimal so viel vornahm, als er schaffen konnte, erlebte ich folgendes (in Stichworten): Vorbereitung einer Biologiestunde lag an. Gräser sollten verglichen werden. Also welche besorgen. Aufs Rad geschwungen und los. Das Gebiet, in dem ich schon mehrfach Gräser holte, lag nicht weit und war vielseitig. Ich hetzte von Ort zu Ort, um die verschiedensten Arten in genügender Anzahl zu pflücken. Da sah ich ein ausnahmslos schönes Kammgras von so seltener Regelmäßigkeit, daß ich, Ort und Zeit vergessend, mich daneben setzte und in seine Betrachtung versank. Was im eigentlichen geschah, kann ich nicht beschreiben. Ich stand wieder auf und kam mir wie verwandelt vor, war gelassen, hatte es nicht mehr eilig, suchte in Ruhe weiter und fuhr, ohne zu hetzen, nach Hause.»[23]

In diesem Erlebnis waren die Schönheit und bemerkenswerte Struktur des Kammgrases nur der Anlaß, des Wunders des Lebens überhaupt ansichtig zu werden, jenes Lebens, das alles zur Harmonie bringt, wenn es in seiner wunderbaren Sinnhaftigkeit und Schönheit tief genug erfahren wird.

Jede positive Tiefenerfahrung vermag aus diesem Gefühl erlebter Harmonie heraus ganz neuen *Lebenswillen* im Menschen zu erwecken. Eine alte Dame schreibt mir im Rahmen der oben erwähnten Umfrageaktion: «1945 erlebte ich in einem eiskalten Wirtshaus, frierend und hungrig, die d-Moll-Symphonie von Brahms, dirigiert von Keilbert. Wie ein heißer Strom durchpulste die Musik unsere Herzen. Zuhörer, Musiker und Dirigent wurden zu einer Einheit *neuen Lebenswillens.* Tränen und absolutes Schweigen waren der Dank an den Dirigenten. Eine andere Sternstunde erlebte ich in einem Zen-Garten in Japan, im sog. ‹Garten des Nichts›, wo man vor einem Meer aus Kies, der in nicht enden wollenden Ellipsen um zwei Kieshügel geharkt war und das Aufgehen des Lebens in die Unendlichkeit bedeutet, saß. Es gab nur noch Stille.»[24]

Eine Studentin, entlastet nach den Examina von ihrer Prüfungsangst, «saß in einer Steilwand über dem Meer, las und sann». Plötzlich überfiel sie das Wunder ihres Wirklichseins, das Bewußtsein, daß sie jetzt, in diesem Augenblick, richtig lebt. «Da gab es unerhörte Momente von ‹Gegenwart›. Der ‹Glanz des Seins›, ich kann es nicht anders sagen, lag über allem ...»

Es ist die Überzeugung mancher Naturvölker, wie der Sioux-Indianer, daß im Wind, im Sonnenaufgang und -untergang, in jedem Tier, jedem Baum, jedem Blatt, jedem Felsen die große Wahrheit des Seins ausgedrückt ist.[25] Wir Modernen müssen erst wieder lernen, das Leben, auch unser Leben, als etwas Wunderbares aufzufassen. Manche erkennen dieses Wunder erst, wenn ihr Leben gravierend beeinträchtigt wird: durch eine schwere Verletzung, Verlust des Augenlichts, Lähmung u.ä. Dann sehen sie erst, wie herrlich es allein schon ist, einen Spaziergang durch die lebenserfüllte Natur zu machen.

Lernen wir wieder allmählich, vom Teil aufs Ganze, von kleinen Gegenständen und Begebenheiten auf das große Wunder des Lebens zu schließen, durch kleine Lebensfreuden zur großen Gewißheit zu gelangen, daß das Leben etwas Positives ist, daß Lebensfreude, nicht Lebensverdruß und -überdruß, das eigentliche Gesetz und Ziel des Lebens ist. Lernen wir wieder, uns zu wundern! Wenn wir wieder intensiver und ehrfürchtiger das Leben betrachten, genauer: an ihm teilnehmen (partizipieren), dann verzaubert sich für uns von neuem die durch die Säkularisation und Technik entzauberte Welt,[26] ohne daß wir Abstriche an unserem Erkennen machen müßten, ohne daß wir deswegen wieder dem Irrationalismus anheimfallen würden. Schauen wir einen Baum in seiner strotzenden, Jahrhunderte überdauernden Lebenskraft an, das Getreide in seinem jährlich erneuerten Wachstum, das Fallen des bunt schillernden Regentropfens, die Glut der Sonne, ihr Leben spendendes Licht, die wogenden Felder, das rauschende Meer, den stillen, einsamen See, den erhabenen Sternenhimmel, die Blätter und Blüten, die Blumen, die «den leisen Anspruch auf jedermanns Wohlgefallen erheben» (I. Kant), die Augen eines staunenden Kindes – muß da nicht wenigestens in seltenen Augenblicken das Bewußtsein in uns aufkommen, daß das Leben doch Lust und Freude ist, daß das – und nicht Tragik, Schmerz und Traurigkeit – seine eigentliche Grundmelodie darstellt? «O das Leben hinfort zu besitzen wie ein Gedicht immer neuer Freuden! Tanzen, händeklatschen, jauchzen, hüpfen, springen, weiterrollen, weiterschwimmen! Ein Seefahrer der Welt zu sein, nach allen Häfen bestimmt! Selber ein Schiff (sieh, wie ich wirklich meine Segel der Sonne und der Luft entgegenschwelle!). Ein hurtiges, schaukelndes Schiff voll reicher Worte und Freuden! ... Nur diese stolzen Gesetze von Luft, Wasser und Erde, die mir beweisen, daß meine innerste Seele unerschütterlich ist!»[27]

Sicher, der Mensch hat in seinem technokratischen Wahn das Leben der Natur auf unserem Planeten schon weitgehend zurückgedrängt bzw. zerstört.[28] Aber von dem Gesetz des Lebens, seiner Lebensfreude und -kraft, dem Wunder seiner Existenz zeugt auch noch der Rest Natur, der bis dato übriggeblieben ist. Nur wer sich das Wunder des Lebens, des Seins, seine Größe, seinen Wert, zur inneren Anschauung und gleichsam «Anfühlung» bringt, wird auch bereit sein, engagiert in der großen ökologischen Bewegung für die Rettung des Lebens mitzuwirken!

Entschließen Sie sich, liebe Leser, für das Leben in seiner ganzen Größe und Tiefe! Schließen Sie sich der großen, keineswegs mit ganz festen Konturen oder gar mit Parteizugehörigkeit zu verwechselnden *Ökologischen Bewegung* an. Es gibt in der fundamentalen Krise der Gegenwart ohnehin im Grunde nur noch eine zweite Möglichkeit: den aktiven oder passiven Anschluß an die *Biotechnik,* an die immer raffiniertere technische Manipulation und Ausbeutung des Lebens. Bei der ersten Alternative, der spirituell-ökologischen, nehmen wir als Gleiche (und keineswegs als «Herren der Erde») am Leben, am Wunder des Lebens teil, werden wir in der Zugehörigkeit zum Leben, in der Sympathie für es zur Harmonie mit uns selbst und mit allem um uns gelangen, werden wir immer lebendiger werden und intensiver-beglückter leben. Bei der zweiten Alternative, der biotechnischen, aber werden wir das Leben als Material behandeln und damit entwerten. Wir werden dabei möglicherweise – und wenn alles optimal funktioniert – materielle Sicherheit und höchste Machtfülle erreichen, aber die Natur, das Leben, das wir gentechnisch simulieren, nachahmen, korrigieren und «verbessern», wird unter unseren emsigen Händen entschwinden, wird zu einem Schatten und Schemen werden. Wenn wir den Wiederanschluß an die kosmische Gemeinschaft allen Lebens nicht mehr wollen; die Entheiligung der Natur nicht rückgängig machen; allen nichtmenschlichen Lebewesen ein Recht auf Würde und Achtung absprechen; wenn wir uns dementsprechend radikal dafür entscheiden, die Evolution, die das Leben auf unserem Planeten durchlief, zu optimieren, zu «eugenisieren», den Prozeß des Werdens also in eigener Regie und Willkür und nach eigenem Gutdünken neu herzustellen, dann werden wir dafür allerdings auch selber den höchsten Preis entrichten müssen, der je in der Menschheitsgeschichte gezahlt worden ist: den Preis des Todes vor dem Tod, d. h. den Preis einer furchtbaren, niederdrückenden Eintönigkeit, Entwertung und Entleerung des Lebens in und um uns. «Wenn wir uns für die Macht des Demiurgen entscheiden, verzichten wir ein für allemal auf unseren kostbarsten Besitz, die Zugehörigkeit. Wenn die Biotechnik das weitverzweigte Reich des Lebens Stück für Stück erobert, einem Lebewesen nach dem anderen seine Identität raubt, die ursprünglichen Geschöpfe durch technisch gefertige Replikate ersetzt, dann wird die Welt beträchtlich öder sein. Statt lebendiger Fülle, Spontaneität, Unvorhersehbarkeit, dynamischem Werden und rhapsodischem Überschwang wird uns die Welt nur lebendige Apparate und Automaten zu bieten haben. Es wird eine perfekt funktionierende Welt sein, ein gut geöltes, reibungslos arbeitendes Räderwerk, aber eine Welt ohne Gefühl. Letztlich geben wir damit die Zugehörigkeit auf, die Zugehörigkeit zum Rest des Lebens, die zugleich unbeschreibbar und unverzichtbar ist und ohne die das Dasein nur noch eine bedeutungslose Pflichtübung ist. Es kann keinen öderen Ort geben als eine biotechnisch verplante Welt. Bliebe in einer Welt, die besetzt wäre von biologischen Faksimiles, nur ein einziges Lebewesen in seinem Urzustand, wir würden uns darauf stürzen, es in die Arme schließen, es berühren, es bestaunen und ein Maß an Rührung empfinden, das wohl alle Replikate nicht in uns hervorrufen könnten. Denn angesichts dieser Kreatur empfinden wir etwas, was die Produkte unserer technischen Kunstfertigkeit nicht in uns auszulösen vermögen – ein Zusammengehörigkeitsgefühl, das sich im Geheimnis unseres gemeinsamen Ursprungs verliert, dem wir beide verpflichtet sind und demgegenüber wir unsere Dankesschuld niemals werden abtragen können».[29]

Es hängt also sehr viel von unserer (offenen oder verschlossenen) Einstellung zum Leben, zur Wirklichkeit ab. Es ist ja nicht etwa so, daß nur manche Institutionen, Religionen und Ideologien ihre geschlossene Dogmatik haben. Auch viele Menschen neigen als Einzelpersonen dazu, sich in einem eigenen dogmatischen Schutzpanzer zu verkriechen und keine neuen Erfahrungen zuzulassen, durch die sie ja in Frage gestellt werden und ihre vermeintliche Sicherheit verlieren könnten. Ebenso steht die Wissenschaft – ihre verschiedenen

Disziplinen, die einen mehr, die anderen weniger – immer in der Gefahr, das jeweils Neue zu sehr an ihrer bisherigen Axiomatik und «Dogmatik» zu messen und damit manchmal zu verkennen. Wenn aber das Neue oder bisher nicht Bekannte bzw. Unbekannte sich als richtig, wirklich und echt bezeugt, erweist es damit das Alte, das sich dagegenstemmte, als blindes Vorurteil. Wir stecken oft voll von solchen Vorurteilen, man könnte manche Menschen geradezu als die Summe ihrer Vorurteile definieren. Das wohl größte und grundlegendste Vorurteil aber ist das Fixiertsein, das Eingeengtsein auf unser alltags- und gewohnheitsmäßiges sogenanntes Normalbewußtsein. Dieses schreibt einem dann vor, was ist und was nicht zu sein hat. Um die Offenheit für alles darüber Hinausgehende ist es dann unweigerlich geschehen.
Demgegenüber gilt es, offen, hellhörig zu sein für das, was über das bisher Gewußte und Erfahrene hinausgeht. Diese hellhörige Spiritualität setzt aber ihrerseits noch einmal etwas ganz Grundlegendes voraus: die Bereitschaft, das Leben immer schon mit einem «Hintergrund der Unerschöpflichkeit»,[30] mit dem Bewußtsein seiner unausschöpfbaren Werttiefe zusammenzusehen. Erst die Überzeugung, daß das Leben viel größer ist, als wir es uns in jedem gegebenen Moment unseres Daseins vorstellen, daß es noch unsagbar viele weitere Dimensionen hat, erst diese Grundüberzeugung macht ganz offen und befähigt uns, wirklich für die Entdeckung von Neuem gerüstet zu sein oder an den gewohnten Dingen und Begebenheiten das Ungewohnte, das Tiefere und wahrhaft Bedeutsame zu erschauen.

3. Spiritualität und Wahrnehmung der Natur

Auch *das Leben der uns umgebenden Natur* weist uns in eine Dimension des Wunderbaren, Geheimnisvollen, Rätselhaften und kann uns, wenn wir das erkennen und anerkennen, veranlassen, unser eigenes Leben ganzheitlicher, d. h. eingebettet in das kosmische Ganze des Lebens, damit auch solidarischer und spiritueller aufzufassen. Nur unsere Vorurteile und Gewohnheiten hindern uns daran, einer tieferen Sicht des Lebens um uns herum Raum zu geben. «Ach was», sagt uns ein Vorurteil, das nach und nach seit der Entstehung und Popularisierung des Darwinismus etwa ab der Mitte des vorigen Jahrhunderts fast alle Menschen infiziert hat, «das Schöne, Großartige, Erhabene in den Erscheinungen der Natur ist ja nur eine Täuschung, das zufällige Resultat des grausamen Kampfes aller Lebewesen gegen alle anderen.» Wenn einer diesem Vorurteil Glauben schenkt, wird er bald auch sich selbst und sein eigenes Leben als sinnloses Zufallsprodukt hochkomplexer Vorgänge der Materie auffassen. So sehr besteht hier eine Einheit und Wechselwirkung zwischen Außen und Innen, zwischen dem Bild, das wir uns vom Leben, von der Natur da draußen machen, und dem Bild, das wir von uns selbst haben. Und Bilder sind ja so wichtig! Man kann wohl mit Recht sagen: «Erzähl mir, was für Bilder für deine Psyche maßgebend sind, und ich erkläre dir, was du für ein Mensch bist.» Im Zeitalter des Fernsehens, des Kinos und der Video-Kassetten braucht man die Bedeutung der Bilder für die Gestaltung unseres Seelenlebens gar nicht zu beweisen, sie drängt sich geradezu ungeniert auf. Wäre unsere Psyche nicht plastisch, d. h. durch Bilder beeinflußbar, «bildbar», d. h. gestaltbar, dann könnten Film und Fernsehen und die mit raffinierten psychologisch eingängigen Bildern arbeitende Werbung «einpacken». Es geht daher nicht darum, sich von allen Bildern freizumachen, sondern die richtigen Bilder für eine ganzheitliche, vollmenschliche Spiritualität zu wählen. Und das umfassendste, universalste Bild, sozusagen das Bild, das alle anderen Bilder im Keim in sich enthält, ist die Natur, ihr sprudelndes, sprühendes, stets neue Überraschungseffekte und tiefe Weisheiten und Gesetze aufweisendes und darbietendes Leben. Es hängt also für unsere eigene Entwicklung wie für die Zukunft der

Gesamtmenschheit sehr viel davon ab, welches Bild wir uns von der Natur, vom Leben, das uns umgibt, machen.
Betrachten wir die Lebewesen, die Tiere und Pflanzen, damit aber im Endeffekt auch uns selbst als raffinierte, aber letztlich zufällige Produkte der Materie, als Mechanismen, als Maschinen bzw. heute schon mehr als genetisch programmierte «Informationsbündel» oder «-speicher», dann ist es um den selbständigen und unableitbaren Wert des architektonischen Aufbaus der Organismen, ihre Schönheit, Ganzheitlichkeit, den Adel ihrer aufsteigenden Gestaltungstypen usw. geschehen. Dann haben sie uns nichts mehr zu sagen und zu geben, dann sind sie graue Masse, konturloser Rohstoff, freigegeben an die Manipulationswollust des Menschen. Wenn wir aber keine Ordnungen und Strukturen, keine Weisheit und keine Gesetze, nichts Schönes und Erhabenes im Leben, in der Natur da draußen mehr sehen, dann werden wir unser Inseldasein mit eigenen, monadenhaften Ordnungen, Strukturen und Gesetzen in unserem Inneren auch nicht lange aufrechterhalten und beibehalten können. Dann läßt die Öde da draußen auch uns da drinnen veröden, das Chaos draußen wird über kurz oder lang das Chaos im Innern herbeiführen. Daher ist es so schlimm, daß der Mensch so viele Tier- und Pflanzenarten aussterben läßt bzw. direkt ausrottet. Denn mit jeder von ihnen stirbt ein Stück unseres Menschseins, noch ganz abgesehen davon, daß sie ihre eigenen, vom Menschen unabhängigen Werte und Rechte haben.
Die Gesamtanschauung, damit auch das Geheimnis der Pflanze, der Blume, das Geheimnis jedes Tieres müßte durch entsprechende Bilder den Kindern nahegebracht werden, ehe sie in der Schule kühl-nüchtern-analytisch zerlegend lernen, aus welchen Teilen diese «Naturobjekte» bestehen und wozu sie brauchbar, verwendbar, verwertbar sind. Hat doch die Denk- und Sprachpsychologie eindeutig erwiesen, daß das bildhafte Denken, das Symboldenken nicht nur das eigentliche Denken der Kindheit ist (ebenso wie in anderer Hinsicht das

des Dichters und wie in wieder anderer das des psychisch Kranken), sondern daß es die Sprache und das logische bzw. diskursive Denken überhaupt vorbereitet und begleitet. Bis an unser Lebensende sind wir nie nur rein rationale Verstandeswesen, vielmehr ist unser Denken immer in Erfahrungen, Gefühle und Bilder eingebettet. Man betont zwar, daß das Denken der theoretischen Physik im Bereich der subatomaren Strukturen nur noch zu unanschaulichen Sachverhalten gelange, aber selbst die Physiker müssen stellvertretend Modelle, also Bilder bereitstellen, um sich diese Sachverhalte anschaulich und verständlich zu machen. Bilder sind unersetzlich! Daß gerade die Bilder der Natur, also von Landschaften, Bergen, Seen, blühenden Wiesen, blauem Himmel usw. für die positiven Stimmungen der menschlichen Seele von unersetzbarer Bedeutung sind, beweist die Werbung für die verschiedensten Produkte, vor allem im Fernsehen. Den Hintergrund bildet fast immer ein Stück Natur, weil ihre Anschauung die Stimmung hebt und damit die Hemmschwelle senkt, die den potentiellen Käufer von der käuflichen Erwerbung dieses Produkts abhalten könnte.

Machen wir uns also einmal innerlich frei für das Einwirken der Bilder der Natur auf unsere Psyche. Der Mensch hat schon so viel Natur zerstört. Aber daran wollen wir jetzt einen Augenblick lang nicht denken, weil dieses negative Denken in der Sache nicht weiterhilft und unsere Seele verdüstert und schwächt. Nur das Positive, das in uns zur maßgebenden, tonangebenden Größe geworden ist, vermag dann auch das Negative in seine Schranken zu weisen oder zu überwinden. Denken wir jetzt also nur an das in der Natur, was noch da, noch nicht zerstört bzw. auf noch lange Sicht unzerstörbar ist. An die Sonne zum Beispiel! Das Alltags- oder Normalbewußtsein zuckt gleichsam mit den Achseln und sagt: «Na und?! Sie geht doch jeden Tag auf, und wir sehen sie halt, wenn nicht gerade Wolken oder die rauchenden Fabrikschlote die Sicht versperren.» «Nichts mehr?», fragen wir vielleicht. «Na ja», kommt möglicherweise die etwas verlegen wirkende Antwort, «da kann sich noch manches daran anschließen, aber im Grunde sind das ja nur unverbindliche, rasch verfliegende Stimmungen.» Aber gerade diese Stimmungen, die der neuzeitliche Mensch systematisch und immer mehr und mit der Geste des nüchtern-überlegenen Wissenschaftlers wegrationalisiert hat, sind bedeutsam, weil sie auf viel tiefere Zusammenhänge hinweisen. Wir können seit längerer Zeit einen Sonnenaufgang oder einen Sonnenuntergang wissenschaftlich sehr genau erklären. Aber haben diese Erklärungen diesen Vorgängen etwas von ihrer geheimnisvollen, die Seele erhebenden und belebenden Schönheit genommen? Es bedarf eines Gewaltaktes, ich muß meine Seele gewissermaßen dazu «hinpressen», wenn ich nur noch in der Überzeugung leben will, daß die Erklärung eines Naturobjekts oder -vorgangs schon das Ende seines wunderbaren und geheimnisvollen Charakters ist. Nein, «weil sich etwas erklären läßt, ist es nicht weniger wunderbar und geheimnisvoll! Wir können die Folge der Gezeiten fast bis auf die Sekunde berechnen. Wir können die Wanderungen der Zugvögel und Wale datieren. Es gibt sogar Menschen, welche die Oberfläche des Mondes betreten haben. Aber schmälert das die Herrlichkeit der Ozeane, die Magie des Vogelzuges oder die Pracht der Planeten?»[31]

An diesem Punkt, an der Frage, wie einer dazu steht, entscheidet sich, ob das Leben sinnvoll wird und zu immer größerer Erlebnistiefe heranreift oder als sinnloses, banales Geschehen einfach absurrt, sich bedeutungslos abspult. Eine Grundoption, eine Grundentscheidung und ein inneres Ja-Sagen zu Sinn ist notwendig, um die Bedeutungstiefe der Bilder der Natur zu entdecken. Das ist jene grundlegende Geistigkeit oder Spiritualität in einem Menschen, ohne die ein Sonnenaufgang oder -untergang lediglich ein physikalisch-chemisches und elektromagnetisches Geschehen ist. Ganz grundsätzlich bitte ich Sie, liebe Leser, an dieser Stelle, sich zu fragen, ob Sie glauben, daß letztendlich alles einen Sinn hat, oder ob Sie überzeugt sind, daß die Welt eine Summe von Zufällen und Sinnlosigkeiten ist. Wenn Sie das letztere glauben, können Sie – das will ich nicht ausschließen – Ihrem Leben vielleicht doch einen Sinn innerhalb des Sie umgebenden Meeres der Sinnlosigkeiten geben, aber es wird eine heroisch-tragische Existenz, bei der Sie sich ständig gegen die Grundmelodie und den Grundrhythmus des Lebens auflehnen müssen, denn dieses flüstert Ihnen in den Tiefen Ihrer Person ständig zu, daß das Leben doch einen Sinn hat und zu einer letzten Vollendung und Harmonie drängt.

Aber wie auch immer, auch die Entscheidung für das Nichts, die Überzeugung, daß letztlich nichts in der Welt einen Sinn hat, ist nicht die Konsequenz eines wissenschaftlichen Beweises, weil die Wissenschaft, auch alle Wissenschaftszweige zusammengenommen, in ihrer heutigen wissenschaftsmethodologisch festgelegten Form und Norm die Sinnebene gar nicht erreichen, sie höchstens berühren, aber auf dieser Ebene gar nichts Endgültiges auszusagen oder gar festzulegen vermögen. Nein, diese Entscheidung wird in jene Lücke hinein getroffen, die für jeden einzelnen Menschen und jeweils ganz allein für ihn offengehalten wird, die er mit noch so viel Wissen nicht ausfüllen kann, weil es hier um die über sein Menschsein und seine eigentliche Selbstwerdung entscheidende Grundstellungnahme geht. Es ist gleichsam eine meta-physische Entscheidung, ein freier Entschluß in der verborgenen Tiefe des Selbst eines Menschen zum Glauben an den Sinn oder an die Sinnlosigkeit.

Die Dinge der Natur zwingen uns zu nichts. Die positive oder negative Entscheidung kommt von uns. Sie laden uns aber ein, an ihren Sinn im Rahmen des Ganzen, an ihre über sich hinausweisende Schönheit, Harmonie oder Erhabenheit zu glauben. Sie stellen dafür sehr viel bereit, bieten oft eine Menge auf, so daß es für uns eigentlich nicht schwer sein dürfte, den Sprung in das Reich des Sinnes und der Harmonie zu wagen. Aber oft sind wir zu tumb, zu «besetzt», zu gestreßt oder aber

zu abgestumpft und schläfrig, so daß wir ihren Ruf nicht vernehmen.
Es bedarf des Zusammenspiels zwischen unserer positiven Grundentscheidung und dem Sein der Dinge der Natur um uns herum. Dann beginnen sie zu leuchten, zu faszinieren, dann sind ihre Farben intensiver, ihre Gestalten klarer, markanter und ihre Kräfte, ihre Energien gehen auf uns über. Dann hat jede Tannen- und Fichtennadel und jede Blume ihren unverwechselbaren Duft, ihr Aroma, das ich einatme, das meine Seele frischer, froher und weiter macht. Dann merke ich, daß Geist in allen Dingen ist, der mich anspricht und mit mir kommunizieren will; daß alles in einem großen Prozeß des Werdens und des Wandels begriffen ist, der mich mithineinziehen und mittragen möchte zu einer ungeahnten und doch nicht unwirklichen Einheit des ganzen Lebensstromes, zu einer umfassenden Vollendung und Einswerdung allen Lebens. Denn «der Zweck des Lebens ist das Leben selbst»![32]
Dann erlebe ich auch die Leben und Licht spendende Sonne, ihre Aufgänge und Niedergänge als herrliches, stets neues Geschenk des Daseins. Neuere astrophysikalische Forschungen haben gezeigt, welch unwahrscheinliche Konstellation einer ungeheuren Menge günstiger ökologischer «Zufälle» notwendig war, damit die Sonne als Energiespender und Lebensermöglicher für unsere Erde überhaupt «brauchbar» werden konnte.[33] Man kann das, wie gesagt, als Zufallsgeschehen einstufen, aber die innere Stimme des Lebens in uns flüstert uns da doch unüberhörbar zu, daß eine solche Unsumme günstiger Zufälle, die alle zusammenkommen und harmonisch ineinandergreifen mußten, um das ökologische Wunderwerk «Sonne–Erde» zu ermöglichen, doch ihrerseits kein Zufall, kein sinnloses Konglomerat sein konnte.
Ein noch größeres Wunderwerk aber ist die Gesamtkonstellation der Elemente, Grundkräfte und Naturgesetze des Universums, die auf die Entstehung makromolekularer Verbindungen, damit auf die Ermöglichung von Leben und Intelligenz im

Weltall, in den zahlreichen Planetensystemen innerhalb der einzelnen Galaxien hingearbeitet hat bzw. noch immer darauf hinarbeitet. Astrophysiker sind diesbezüglich geneigt, von einem «erkennenden Universum», d.h. von einem Weltall zu sprechen, dem es wesentlich daran gelegen zu sein scheint, Intelligenz hervorzubringen, in der und durch die es sich (wieder-)erkennt.
Der «gestirnte Himmel über uns» und «das Gewissen in uns», von denen der große Immanuel Kant sprach, sie sind beide Tiefengeheimnisse des Lebens, und sie haben mehr miteinander zu tun, als es zunächst scheint. Das Universum da draußen, die Natur, die uns umgibt, und das «Universum da drinnen» (Goethe) benötigen einander wechselseitig, korrespondieren miteinander. Sie sind wie zwei Hälften, die zusammengehören und – im Fall ihrer Trennung – nacheinander rufen. Man kann die großen und schönen Bilder, die man sich von seiner Außen- und seiner Innenwelt und ihrem Zusammenhang macht und machen sollte, als Projektionen und Selbstsuggestionen hinstellen. Aber sobald man glaubt, diese Bilder seien *nur* Projektionen und Autosuggestionen und nichts mehr, wirken sie nicht mehr, bewirken sie nicht mehr die Ganzwerdung, das harmonische Ganze einer menschlichen Psyche.[34] Dies scheint ein Hinweis auf die tiefere Wahrheit zu sein, daß unsere Seele auf die großen und schönen Bilder von der Natur da draußen nicht verzichten kann. Man könnte ironisch dagegen halten, daß wir ringsum ja nicht mehr von Natur, sondern von der technischen Wunderwelt künstlicher Apparaturen umgeben sind, so daß der Tod der Bilderwelt der Natur ohnehin programmiert oder bereits Tatsache ist, die Menschheit aber immer noch lebt. Aber die gewaltigen Touristenströme jedes Jahr in den Sommer- und Winterferien zum Meer, in die Berge, die Wälder, zu einsamen Inseln, ja sogar schon von etlichen in die Wüsten, deren Stille und Weite die erhabene Gewalt der Natur symbolisiert, beweisen, daß ein Urimpuls der Seele zur Natur in ihrer wenigstens noch relativen Ursprünglichkeit hinstrebt.

Ohne den Reichtum der vielfältigen Bilder des Lebens in der Natur da draußen wird ein reiches Innenleben der Psyche jedenfalls nie möglich sein. Auch wenn unsere Wahrnehmungsrezeptoren durch unsere künstliche Umwelt bereits geschwächt bzw. verkümmert sind, kann es jedem von uns passieren, daß plötzlich ganz instinktiv ein Unmuts- und Unlustgefühl in ihm aufsteigt, wenn er in eine industriell verschandelte Landschaft kommt. Ein instinktiver Schönheitssinn steckt in uns, und wir sollten ihn stärken und vertiefen, weil er wie ein ökologischer Gradmesser wirken kann, der uns unbeirrbar die Wunden anzeigt, die von Technik und Industrie dem Leben schon geschlagen worden sind.
Wir können den Sinn für das Leben, seine Schönheit, seine innere Harmonie, seinen Glanz, seine Pracht, seine Macht, seine Größe und Geheimnistiefe einüben, gleichsam trainieren. Und wir werden sehen, wie durch unsere spirituelle Aufmerksamkeit für die Besonderheiten der Außenwelt unser eigenes Leben an Bedeutung gewinnt. Je absichtsloser wir dabei jedoch vorgehen, je weniger egozentrisch wir dabei an den Gewinn für uns selbst denken, je gesammelter wir der atemberaubenden Vielfalt der Phänomene da draußen in der Natur zugewandt sind, um so erfüllter wird unser Leben. Denn es ist eine tiefe Weisheit des Evangeliums Jesu, daß der Mensch von sich weggehen, sich «verlieren» müsse, um sich zu gewinnen.
Es kann jetzt nicht die Aufgabe dieses Kapitels sein, die ganze Mannigfaltigkeit der wunderbaren Phänomene des Lebens der Natur hier auszubreiten. Ganz abgesehen davon, daß das von der Sache her unmöglich ist, würde es selbst in einem bescheideneren Maße der Ausführung den Rahmen des vorliegenden Buches sprengen.[35] Nein, es sollen nur einige Anregungen, Anstöße gegeben werden, um den Reichtum und die überraschend große Vollkommenheit des Lebens in der Natur anzudeuten. Diese großartigen Eigenschaften des Lebens können dann zusammen mit dem eben dargestellten Glauben an die Sinnhaftigkeit des Ganzen in uns den Boden für ein Gefühl,

mehr: für eine tragende spirituelle Gestimmtheit unserer eigenen Psyche bereiten. Es handelt sich um den Sinn für das Mysterium, für die Geheimnistiefe des Lebens, um die «Ehrfurcht vor dem Leben». Ohne diesen Sinn gibt es kein Menschsein. Darin stimmen alle großen Geister der Menschheit überein. Wir hörten bereits Albert Einstein: «Wer sich nicht mehr wundern und in Ehrfurcht verlieren kann, der ist seelisch bereits tot.»[36] Aber auch Albert Schweitzer, der so viel dazu beigetragen hat, daß nachdenkliche Menschen in unserer Zeit wieder Ehrfurcht vor dem Leben empfinden, ist überzeugt: «Ethisch ist der Mensch nur, wenn ihm das Leben als solches, das der Pflanze und des Tieres wie das des Menschen, heilig ist.»[37] Teilhard de Chardin meint sogar, daß es «für diejenigen, die sehen können, auf dieser Erde nichts Profanes gibt. Im Gegenteil, alles ist heilig.»[38] Am schönsten hat wahrscheinlich der Philosoph Max Scheler die Ehrfurcht und ihre unabdingbare Notwendigkeit für unser Wahrnehmungsvermögen beschrieben. Sie ist ihm zufolge «die Haltung, in der man noch etwas hinzu wahrnimmt, das der Ehrfurchtslose nicht sieht und für das gerade er blind ist: das Geheimnis der Dinge und die Werttiefe ihrer Existenz». Jedes Seiende in der Natur erstrecke sich «mit zarten Fäden» in das Reich des Unsichtbaren. Wo die Ehrfurcht ausgeschaltet wird und somit diese «Fäden» nicht mehr gesehen werden, «da nimmt die Welt... einen Charakter der Flächenhaftigkeit an und einen Charakter der All-Verschlossenheit, die sie entleeren und die zugleich jeden *Reiz* zum Fortleben und zum Eindringen in die Wertewelt, jeden Reiz des Fortentwickelns unserer Existenz im tieferen Eindringen in die Welt vernichten. Wir vermögen nur wahrhaft zu leben, indem wir das jeweilig Sicht-Fühl-Greifbare unserer Umwelt von einer in tausend Stufen sich abdunkelnden Sphäre von Gestaden umschwebt fühlen, die uns zur Entdeckung reizen und locken... Die Welt wird sofort ein flaches Rechenexempel, wenn wir das geistige Organ der Ehrfurcht ausschalten. Sie allein gibt uns das Bewußtsein der *Tiefe und Fülle* der

Welt und unseres Ichs und bringt uns zur Klarheit, daß die Welt und unser Wesen einen nie ausdrückbaren Wertreichtum in sich tragen; daß jeder Schritt uns ewig Neues und Jugendliches, Unerhörtes und Ungesehenes zur Erscheinung bringen *kann.*»[39]

Das Leben der Natur trägt selbst den Sinn für sein Geheimnis, für das Wunder seiner Erscheinungen, ganz intensiv an uns heran. Das gilt besonders, wenn wir die Entstehung und das *evolutive Werden* des Lebens auf unserer Erde betrachten. Bei jeder Etappe dieser Evolution werden wir sozusagen vom Leben selbst zur Erkenntnis genötigt, daß das, was da geschehen ist, größer ist als unsere wie immer gearteten, wissenschaftlichen oder sonstigen Vorstellungs- und Begriffsmodelle. Nehmen wir z. B. die *erste Entstehung von Leben* auf unserem Planeten. Dieser Ursprung terrestrischen Lebens ist rätselhaft, geheimnisvoll, mit den Mitteln moderner heutiger Wissenschaft jedenfalls nicht erklärbar. Das große Geheimnis des Lebens scheint sich immer wieder unseren Händen zu entwinden, ohne Bild gesprochen, alle Versuche, es zu erklären, scheitern, ja sie nehmen sich ausgesprochen hilflos aus. Wie soll der erste einzellige Organismus entstanden sein? «Der ist doch ganz einfach strukturiert. Den zu erklären, kann doch nicht schwer sein», sagt unser Normalbewußtsein. Aber schon dieser Einzeller ist ein Wunderwerk der Organisation und Komplexität. Er besteht aus Tausenden von Organellen und aus zahllosen chemischen Stoffen, die alle miteinander in der großartigsten Weise vernetzt und koordiniert sind und durch ihr reibungsloses Funktionieren und Reagieren aufeinander den Nutzen des Ganzen, d. h. das Leben dieses Einzellers in seiner Umwelt ermöglichen. Die modernste chemische Fabrik ist im Vergleich zu diesem imposanten Lebensgefüge ein jämmerlicher simpler Kasten! Die Hoheit, die Majestät des Lebens – sie erfüllt uns schon auf dieser noch vergleichsweise einfachen Stufe mit Bewunderung. Aber diese Einfachheit des einzelligen Organismus ist in Wirklichkeit so komplex, daß nach der mathematischen Wahrscheinlichkeitsrechnung eine zufällige Entstehung dieses Organismus auf zirka $1/10^{78436}$ geschätzt wird. Das ist eine so immens große Zahl, daß man ruhig davon sprechen kann, daß die Chancen für die Entstehung eines Einzellers durch Zufallsmutationen gleich Null sind. Gilt doch auf dem Gebiet der Statistik bereits die Entstehung von Phänomenen als unmöglich, die im Bereich zwischen $1/10^{30}$ bis $1/10^{50}$ angesiedelt sind, also bei weit kleineren Zahlen.

Unser alles herunterdrückendes und vereinfachendes Normalbewußtsein raunt uns wieder zu: «Aber, aber, tu doch nicht so streng! Der Marsch der Evolution des Lebens ging doch von der einfachen Amöbe zum hochorganisierten Menschen. Also bei der Amöbe kann wohl der Sprung von der unbelebten zur belebten Materie nicht so groß gewesen sein.» Das scheint plausibel, ist es aber wieder nicht. Denn von jenem Stadium der unbelebten Materie, in welchem sie sich zu hochmolekularen («makromolekularen») Verbindungen als den «Vorläufern» des Lebens organisiert, bis hin zum Stadium des ersten «einfachsten» Lebens ist ein unvorstellbar langer Weg. Einer, der nicht im Verdacht steht, dem Leben einen besonderen Geheimnischarakter zugestehen zu wollen, weil er ein eingefleischter Neodarwinist ist, der bekannte Evolutionstheoretiker G. G. Simpson, gibt dennoch in seltener Freimütigkeit zu: «Oberhalb der Stufe des Virus ist die einfachste vollständige Lebenseinheit von fast unvorstellbarer Komplexität. Im allgemeinen spricht man über die Evolution von der Amöbe zum Menschen, als ob die Amöbe der einfache Beginn des Prozesses wäre. Doch wenn, wie es fast notwendig der Fall sein muß, das Leben als einfaches Molekularsystem beginnt, dann ist der Fortschritt von diesem Stadium zu dem der Amöbe mindestens so groß wie der von der Amöbe zum Menschen.»[40]

Diese Aussage wird noch konkreter, wenn wir uns vergegenwärtigen, was man bei dem einzelligen Bakterium E.coli mit Hilfe des Computers festgestellt hat, nämlich daß es eine Informationsmenge enthält, die einhundert Millionen Seiten der

Encyclopedia Britannica entspricht. Auch unter informationstheoretischen Gesichtspunkten ist also die Frage, ob auf dem Weg zufälliger Mutationen und daran anknüpfender Selektion «einfachstes» Leben und schließlich sogar die hochkomplexen Lebenssysteme in einem ausreichend langen Zeitraum entstanden seien, mit einem klaren Nein zu beantworten. Der Computerwissenschaftler M. Schutzenberger von der Sorbonne: «Wir halten es für unmöglich. Denn wenn wir versuchen, eine solche Situation durch Zufallsveränderungen auf der typographischen Ebene in Computerprogrammen zu simulieren, so stellen wir fest, daß wir keine Chancen haben (das heißt eine Wahrscheinlichkeit von weniger als $1/10^{1000}$), auch nur zu sehen, was das modifizierte Programm errechnet: es gibt nur Blockierungen.»[41]

Schon die Wahrscheinlichkeit der zufälligen Entstehung eines einzelligen Organismus ist, wie wir sahen, unvorstellbar gering. Bei den höher organisierten Lebensformen aber ist sie geradezu absurd minimal. Der neodarwinistische Evolutionstheoretiker J. Huxley hat z. B. für die statistische Wahrscheinlichkeit der Entstehung des Pferdes eine Zahl von $1/10^{3\,000\,000}$ berechnet. Wenn wir das Alter des Universums seit dem Urknall auf 10 bis 18 Milliarden Jahre schätzen, so hatte nach dem Astrophysiker Sir Fred Hoyle das Weltall «nicht genügend Zeit, um die Zufallsevolution der Nukleincodes für alle 2000 Gene zu ermöglichen, welche die Lebensprozesse der höher entwickelten Säugetiere steuern». Nach Hoyle ist die Wahrscheinlichkeit, daß in diesem Zeitraum durch Zufallsmutationen jene komplexe Ordnung von Beziehungen geschaffen worden ist, die durch die genetischen Codes zum Ausdruck kommen, mit der Wahrscheinlichkeit zu vergleichen, daß «ein Wirbelwind, der über einen Schrottplatz fegt, eine Boeing 747 zusammensetzt».[42]

Aber Zeit hin, Zeit her. Einige prominente Naturwissenschaftler sind heute schon der Meinung, daß selbst eine sehr viel längere Zeit als die angenommenen 10 bis 18 Milliarden Jahre des

Universums auch nichts erbracht hätte. So erklärt beispielsweise der Biochemiker und Nobelpreisträger A. Szent-Györgyi, daß er die in solchen Fällen gewöhnlich gegebene Antwort, es sei doch genügend Zeit vorhanden gewesen, um alles auszuprobieren, «noch nie akzeptieren konnte. Durch zufälliges Schütteln von Steinen kann niemals ein Schloß oder ein griechischer Tempel entstehen, ganz gleich, wieviel Zeit zur Verfügung steht.»[43]

Auch alle bisherigen Versuche, Leben künstlich im Labor aus nichtlebenden chemischen Substanzen herzustellen, sind gescheitert, wiewohl in der popularisierenden Literatur immer wieder gegenteilige Berichte zu lesen sind. Diese Experimente scheitern bisher stets an einigen offenbar fundamentalen Schranken, mit denen sich das Leben gegen seine künstliche Herstellung zur Wehr setzt.[44] Wenigstens eine dieser Schranken sei hier kurz dargestellt. Es ist bekannt, daß Leben nur entstehen kann, wenn sich aus Wasserdampf, Ammoniak, Stickstoff, Kohlendioxid und Methan Aminosäuren bilden, die sich wiederum spontan zu Polypeptiden verbinden müssen. Bekanntlich hat man auch Aminosäuren in einigen Experimenten erhalten. Aber die Typen von Aminosäuren, die man jeweils erhielt, sind gerade nicht die, die zum Aufbau des Lebens notwendig und tauglich sind. Das Leben auf all seinen Stufen und in allen seinen Erscheinungsformen baut durchgehend und allein auf *linksdrehenden* Aminosäuren auf. In allen Experimenten aber, in denen versucht wurde, z. B. durch elektrische Entladungen in nichtlebenden chemischen Substanzen Leben zu erzeugen, entstanden stets nur sogenannte Racemates, d. h. Kombinationen von links- und rechtsdrehenden Aminosäuren. Diese aber sind unter keinen Umständen imstande, «lebende Proteine oder lebenserhaltendes Protoplasma irgendeiner Art hervorzubringen ... Soll die Biogenese stattfinden, müssen *alle Bausteine* (Aminosäuren) des lebenden Protoplasmas linksdrehend sein ... Wenn auch nur eine kleine Anzahl von Aminosäuremolekülen des rechtsdrehenden Typus zugegen sind, entstehen Proteine von anderer dreidimensionaler Struktur, die für den Stoffwechsel des Lebens untauglich ist.»[45]

Die einen können es als «Geheimnis», die Agnostiker und Skeptiker müssen es zumindest als «Rätsel» bezeichnen – sicher ist, daß die Biogenese, die Urentstehung des Lebens sich bisher allen Erklärungsversuchen widersetzt hat. «Es gibt... kaum Beweise für die Biogenese, und bislang haben wir keinen Hinweis darauf, daß sie sich bewerkstelligen läßt. Deshalb ist es dem einzelnen Biologen überlassen, ob er an die Biogenese glaubt und welche biogenetische Methode ihm am meisten zusagt. Die Beweise für das, was wirklich geschehen ist, stehen nicht zur Verfügung.»[46]

Es ist nicht zuviel, nicht einmal zu mystisch gesagt, wenn wir behaupten, daß das Leben immer, gerade auch in seinem Ursprung, größer als unsere Vorstellung von ihm ist, vielleicht letztendlich sogar größer als unsere Begriffsmöglichkeiten, so daß ein unendlicher Erkenntnisfortschritt notwendig sein könnte, um hinter das Geheimnis des Lebens in seiner Gesamtheit zu kommen. Ich für meinen Teil sehe jedenfalls in der gewaltigen Größe des zu erklärenden Phänomens der Entstehung des Lebens einen tief überzeugenden Grund, höchste Achtung vor dem Leben insgesamt und vor jedem einzelnen Lebewesen zu hegen. Und ich glaube auch nicht, daß jemand ganz Mensch werden kann, wenn er diese Achtung nicht in seine Persönlichkeit aufnimmt. Wem das zu mystisch, zu religiös oder zu irrational-unwissenschaftlich erscheint, den möchte ich daran erinnern, daß gerade die großen Begründer der modernen Naturwissenschaft zwischen ihrer wissenschaftlichen Forschung und der Spiritualität, Religiosität bzw. Mystik keinen Gegensatz, sondern eine motivierende und befruchtende Verbindung gesehen haben. Allen voran der größte theoretische Physiker des 20. Jahrhunderts, Albert Einstein, der sich – wie wir schon in der Einleitung sahen – nicht scheute, zu bekennen: «Das tiefste und erhabenste Gefühl, dessen wir fähig sind, ist das Erlebnis des Mystischen. Aus ihm allein keimt wahre Wissenschaft.» An einer anderen Stelle seiner Schriften setzt er dieses Mystische mit einer «kosmischen Religiosität» gleich, zu der er sich bekennt und die nach ihm in der Achtung und der Wertschätzung des Universums besteht, weil sich in diesem «unerforschlichen Weltall ... eine höhere Denkkraft ... manifestiert». Von dieser kosmischen Religiosität sagt nun Einstein, daß sie «die stärkste und edelste Triebfeder wissenschaftlicher Forschung ist».

Etwas anders begründet der große englische Mathematiker und Astrophysiker Sir Arthur Stanley Eddington die Wichtigkeit des emotionalen, ästhetischen und mystischen Elements bei der Gesamtwahrnehmung der Natur. Er wurde aufgrund seiner theoretischen Untersuchungen über die innere Struktur, die Bewegung und Entwicklung von Sternen, wegen seiner Berechnung des Alters der Sonne und ihrer Innentemperatur, wegen der In-Beziehung-Setzung zwischen Masse und Leuchtkraft von Sternen sowie aufgrund der Untersuchung der Natur der sogenannten «weißen Zwerge» besonders bekannt. Auch war er einer der ersten, die die Relativitätstheorie Einsteins mit der Quantentheorie zu einer umfassenden Fundamentaltheorie zu verbinden suchten. Allein alle diese Forschungen, hier nur einmal nüchtern aufgezählt, hätten Eddington in der Auffassung des Durchschnittsmenschen von einem Vollblutwissenschaftler dazu prädestinieren müssen, der rationalen Wissenschaft in seinem Leben alles unterzuordnen. Er hat es trotzdem nicht getan. Vielmehr betonte er: «Es ist gut, daß es solche Augenblicke im Leben gibt, das kümmerlich und eng wäre, wenn wir kein Gefühl für jenen Sinn der Welt um uns hätten, der sich nicht in die Maße und Gewichte des Physikers fassen noch durch die Symbole des Mathematikers beschreiben läßt.»

In einem etwas anderen Zusammenhang fordert Eddington uns alle auf, «zuzugeben, daß es gut ist, eine Seele zu besitzen, die empfänglich ist für die Einflüsse der Natur, daß es gut ist, diese Empfänglichkeit in uns auszubilden und nicht jederzeit ohne Scheu unsere Umwelt mathematisch-physikalisch zu zerpflücken». Und dann folgt ein Satz, der in einfacher und doch einzigartiger Schönheit die Wechselwirkung der Natur da draußen mit unserem Seelenleben charakterisiert, einem Seelenleben, das sich ja bekanntlich auch in der Physiognomie äußert und ausgestaltet. Eddington sagt nämlich: «Die Schönheit und Harmonie im Anblick der Natur sind in der Wurzel eins mit der Heiterkeit, die das Gesicht des Menschen verklärt.»

Man sollte nach Eddington die zwei Betätigungsfelder der menschlichen Psyche, die wissenschaftlich-mathematische Aktivität und die mystische Erfahrung, durchaus zusammen wirken lassen, aber keineswegs die eine auf die andere reduzieren. Es gibt zwar, wie er anmerkt, «Stellen, die in mathematischen Symbolen geschrieben sind und sich in ihrer Erhabenheit durchaus mit ... Versen» großer Dichter über die Natur messen können. «Aber ich denke, darin werden Sie sicher mit mir übereinstimmen, daß man unmöglich zugeben kann, die eine Art der Auffassung lasse sich völlig durch die andere ersetzen.»

In einem Punkt allerdings überragt die mystische Erfahrungsweise noch die der exakten Naturwissenschaft. Die erstere stellt nämlich jene Brücke, jene Verbindungslinie zwischen unserer Psyche und der Welt zuallererst her, und sie ist im Grunde die stillschweigende Voraussetzung für die Kontakte, die dann die Wissenschaft in ihrem Erkenntnisstreben und -prozeß mit der Natur aufnimmt. Eddington deutet diesen Sachverhalt zumindest an, wenn er folgende Behauptung aufstellt: «Wollte ich versuchen, die wesentliche Wahrheit, die uns die mystische Erfahrung enthüllt, in Worte zu kleiden, so würde ich sagen, daß zwischen unserem Geist und der Welt keine scharfe Trennung besteht. Unsere Gefühle der Heiterkeit oder Melancholie und ebenso unsere tiefen Empfindungen sind nicht in uns allein beschlossen, in ihnen erhaschen wir den Schimmer einer Realität, die über die engen Grenzen unseres Einzelbewußtseins hinausgeht.»[47]

Die geheimnisumwobene Entstehung des Lebens auf der Erde hat ihre Entsprechung im weiteren evolutiven Werdeprozeß. Im Hinblick auf diese Evolution des Lebens könnte unser Normalbewußtsein nun wieder einwenden: «Eingestanden, die erste Entstehung von Leben können wir bisher nicht erklären. Aber wenn Leben einmal da ist, ist alles weitere nicht mehr so schwierig, stellt die Entwicklung weiterer und höherer Lebensformen im Grunde eine Selbstverständlichkeit dar.» Aber auch das ist wiederum ein Trugschluß. *Daß überhaupt Leben sich höherentwickelt,* daß es nicht auf der Stufe der – wie wir sahen – ja keineswegs einfach strukturierten Einzeller verharrt, sondern den Entwicklungsweg zu noch sehr viel höher organisierten Lebenwesen einschlägt, ist ein Geheimnis, ist ein keineswegs gelöstes Problem auch der modernsten Naturwissenschaft.[48] Ebenfalls unter diesem Gesichtspunkt besteht wieder eine Korrespondenz zwischen dem Leben da draußen und dem Leben in uns. Spüren wir nicht auch in uns, wenn wir nicht das Beste in uns vernachlässigen, vergessen oder gar niedertreten wollen, daß es in uns einen unerklärbaren, geheimnisvollen, dennoch realen Drang zur Vervollkommnung, zur Höherentwicklung, zur Veränderung unseres jeweiligen Ist-Zustands in Richtung auf einen besseren Soll-Zustand gibt?
Konrad Lorenz, der Altmeister der Verhaltensforschung, bezeichnet die Selbstüberschreitungsdynamik des Lebens als «die wunderbarste Leistung des Lebendigen» und zugleich als diejenige, «die einer Erklärung am meisten bedarf». In scheinbarem Widerspruch gegen die Gesetze der Wahrscheinlichkeit entwickle sich das Leben in der Richtung vom Wahrscheinlicheren zum Unwahrscheinlicheren, vom Einfacheren zum Komplexeren, von Systemen niedrigerer zu solchen höherer Harmonie.[49] Hier zeigt sich wieder, daß es sinnvoll für die eigene Lebensauffassung und -gestaltung ist, auf das Leben in der Natur zu schauen, von ihm zu lernen. Das Gesetz der Höherentwicklung in der Natur ist auch ein Gesetz des menschlichen Lebens! Die Lebens- und Vervollkommnungsgeschichte

des Menschen ist «in einer früheren und tieferen Schicht eine biologische Potenz, die reine Lebenskraft, der Vorrat kosmischer Energie im Menschen; nicht die gleiche Kraft, die das Meer bewegt, das Tier befruchtet, die Blüte treibt, aber ihr schwesterlich verwandt.»[50] Alles Leben hat einen Drang zur Selbstüberschreitung, zum Mehr-Sein, Höher-Sein, Schöner-Sein, zur Selbst-Transformation, d.h. zur Ausbildung neuer und höherer Formen. Wäre nur das Prinzip träger Selbsterhaltung des Lebens höchstes Gesetz, dann gäbe es keine Selbstüberschreitung des Lebens, keine Zunahme der Komplexität, keinen Erfindungsreichtum, keine Neuschöpfungen, keine Kreativität, keine Spontaneität der Neuaufbrüche, keinen Sprung des Lebens vom Einzeller zum Vielzeller, nicht den Schritt zu immer besser organisierten und nerval-gehirnmäßig höher strukturierten Gebilden. Das alles aber hat sich in der Evolution des Lebens der Natur zweifellos ereignet und stellt ebenso zweifelsfrei ein Vor-Bild, mehr: eine Vor-Struktur für die Richtung dar, in der sich unsere eigene Lebensgeschichte entwickeln und entfalten soll. Die gewaltige Aufwärtsentwicklung des Lebens auf unserem Planeten im Laufe von Jahrmillionen ist eine starke Grundlage für mich, an einen Richtungssinn des Lebens zu glauben. Ich füge mich im Grunde nur ein in die gewaltige Geschichte dieser Aufwärtsentwicklung, wenn ich meinem inneren Drang zur Selbstvervollkommnung nachgebe und folge. Dabei soll ich – wie das Leben in der Natur – Kreativität, Erfindungsreichtum, Spürsinn, Wachheit, Aufnahmefähigkeit, Lern- und Risikobereitschaft entwickeln, eben jene Eigenschaften, die eine ganzheitliche, hochentwickelte Spiritualität auszeichnen.
In jedem Menschenleben gibt es Tiefs, für einen selbst oft unerklärliche Momente der Kraftlosigkeit, des Chaos, des Nicht-mehr-weiter-Könnens, der radikalen Mutlosigkeit. Ringeln Sie sich in solchen Augenblicken – bildlich gesprochen – in sich zusammen, ruhen, schlafen, baden, warten Sie... Nur geben Sie die Hoffnung nicht auf, daß Ihnen neue Energieströme zuflie-

ßen werden, wenn Sie nur die Wartezeit nicht sinnlos vergeuden durch lebenszerstörendes Tun, durch Drogen- und Schmerzpillenkonsum, durch Verzweiflung und Haß gegen sich selbst, durch eigenes Einsuggerieren von Minderwertigkeitsgefühlen und ähnliches. Auch das Leben der Natur, an dem Sie teilhaben, dessen Teil Sie sind - mehr als Sie sich das überhaupt vorstellen können[51] -, hat in seiner (Stammes-)Geschichte ungeheure Tiefs und Katastrophen durchgemacht. Oft schien der Strom des Lebens zu versiegen, manchmal schien der Sieg des Todes über das Leben eine endgültig besiegelte Sache zu sein. Aber dann stand das Leben in kraftvoller Größe wieder triumphal auf, neue Energieströme führten das Leben auf ein höheres Niveau hinauf. «Eine Reise durch die geologischen Zeugnisse sollte auch den Skeptiker von der vollkommenen Unsinnigkeit der Annahme überzeugen, die Evolution (des Lebens) habe sich allmählich und schrittweise vollzogen.»[52] Nein, sie scheint nach Phasen oder Perioden des Fastnicht-Seins explosionsartig, «makromutativ», in neuen, höheren Formen weitergegangen zu sein.

Da treten z.B. - wie die Fossiliengeschichte zeigt - im Kambrium zahllose vielgestaltige, mehrzellige wirbellose Meerestiere auf: Weichtiere, Krebstiere, Schwämme, Quallen usw. in großen Mengen. Das sind zwar Wirbellose, aber ihre Komplexität ist doch schon so groß, daß man nach Expertenmeinung eigentlich eine ganze Milliarde Jahre voraussetzen müßte, damit sich das Leben von den einfachen Mikroorganismen bis zu ihnen hochentwickeln konnte. Aber die Zwischenstufen von Lebewesen, die man innerhalb dieser Jahrmilliarde annehmen und die man in den Gesteinsschichten vor dem Kambrium entsprechend finden müßte - sie fehlen vollständig. Paläontologen haben dieses Fehlen sogar als «das größte Geheimnis in der Geschichte des Lebens» bezeichnet.[53] Zumindest ist es zwar eines der großen ungelösten Probleme der Evolution des Lebens, aber auch ein Zeichen für die nicht klein zu kriegende Kraft des Lebens, das den geologischen Zeugnissen zufolge

immer wieder in höheren Lebensformen und Bauplantypen nach Phasen der Latenz, den sogenannten «weißen Flecken» der Evolution, neu und imposanter vor uns steht.
Das Problem des Auftauchens der wirbellosen Meerestiere in den Felsen des Unterkambriums ist aber keineswegs das einzige Geheimnis des Lebens auf seinem Entwicklungsgang. Im Grunde verhält sich das so mit allen Stämmen. Nehmen wir z. B. die Fische. Auch ihre Entstehung und Entwicklungsreihe ist geheimnisumwoben. «In den Sedimenten des späten Silur und des frühen Devon sind zahlreiche fischartige Wirbeltiere unterschiedlicher Art anzutreffen, und es ist offensichtlich, daß schon vor dieser Zeit eine lange evolutionäre Geschichte liegt. Doch von dieser Geschichte wissen wir so gut wie nichts.»[54] In bezug auf die Entstehung aller Bauplantypen überhaupt faßt einer der größten Kenner der Evolution, der Biologe Pierre P. Grassé, Herausgeber des achtundzwanzig Bände umfassenden «Traité de Zoologie» und Expräsident der französischen Akademie der Wissenschaften, die Problematik wie folgt zusammen: «Aus dem fast völligen Fehlen fossiler Anhaltspunkte für die Entstehung der Stämme folgt, daß jede Erklärung der Mechanismen, auf denen die schöpferische Evolution der grundlegenden Baupläne beruht, mit Hypothesen überfrachtet ist... Der Mangel an konkreten Beweisen führt zur Formulierung reiner Vermutungen über die Entstehung der Stämme. Wir haben keine Basis, um zu entscheiden, inwieweit diese Meinungen zutreffen.»[55]
Inzwischen neigen Evolutionsforscher, vor allem Paläontologen, immer mehr dazu, neue Entwicklungslinien des Lebens auf unserer Erde auf Ursachen wie «unterbrochenes Gleichgewicht» und «plötzliche Katastrophen» zurückzuführen. Unser Planet wurde immer wieder von solchen Katastrophen in Gestalt von Erdbeben, Epidemien, intergalaktischen Störungen, Vulkanausbrüchen, großen Überschwemmungen, Meteoritenhagel usw. heimgesucht. In den relativ langen Zeiträumen zwischen diesen Katastrophen veränderten sich die Arten wenig

oder gar nicht. Ereignete sich aber eine dieser Katastrophen oder mehrere zusammen, dann ging damit eine ganze Flut genetischer Mutationen einher, von denen die meisten zwar «letal», also tödlich waren, einige jedoch in der verhältnismäßig kurzen Zeit von nur etwa 50 000 Jahren zur Herausbildung einer völlig neuen Art hinführten. Aufgrund einer plötzlichen Katastrophe wird eine kleine Population neuer Mutanten einer bestimmten Art geographisch isoliert und entwickelt sich relativ schnell zu einer ganz neuen Art.

Das Bild, das wir uns entsprechend dieser neuen Theorie von der Evolution des Lebens machen müßten, wäre die Vorstellung großer Zeiträume eines relativ recht stabilen Gleichgewichts der sich nicht oder kaum verändernden Arten, bis dann durch plötzliche Katastrophen dieses Gleichgewicht ge- oder zerstört und so der Weg für neue Artbildungen und damit für die Errichtung eines neuen Gleichgewichts auf einem höheren Niveau freigemacht würde. Diese Vorstellung, «daß katastrophale Störungen das jähe Auftauchen völlig neuer Arten auslösen, entspricht der Idee, daß das Leben ein Prozeß plötzlicher Transformation ist. Frühere Evolutionstheorien gingen von der Annahme einer allmählichen Veränderung der Morphologie über lange Zeiträume aus. Einer transformativen Evolutionstheorie liegt dagegen die These zugrunde, daß es in relativ kurzen Zeiträumen tiefgreifende Veränderungen gegeben hat. Die Wissenschaft wird sich zunehmend an eine solche transformative Evolutionstheorie halten, wenn sie sich mit der Geschichte der Entstehung und Entwicklung der Arten beschäftigt».[56]

Aber ist nicht auch in dieser neuen Auffassung von der Evolution des Lebens eine Parallele zu unserem eigenen Dasein zu finden? Wir leben manchmal so dahin – tage-, wochen-, monatelang, vielleicht sogar jahrelang. Nichts scheint sich zu verändern, ja mitunter stemmen wir uns träge und auf unserem Status beharrend gegen jede positive Veränderung. Da bricht ein Ereignis über uns herein und löst einen Schock in uns aus, der unsere Versteifung und Verkrustung aufbricht und uns mit neuer Energie für einen neuen Anfang erfüllt. Plötzlich können wir wieder darauf vertrauen, daß das Leben einen Sinn haben könnte und wir diesen Sinn auch zu realisieren vermögen. Es verhält sich so ähnlich auch mit der *Intuition,* mit dem plötzlichen, erleuchtenden Durchblick durch ein Problem. Man hat da so eine Problemsituation, sei es eine theoretische, wissenschaftliche oder eine praktische des sorgenerfüllten Alltags. Man weiß nicht ein noch aus. Nichts scheint sich in einem zu bewegen, nichts öffnet sich in Richtung auf die Lösung des Problems. Und plötzlich, manchmal nach Wochen, hat man, vielleicht frühmorgens beim Aufwachen, die Lösung, sieht man sie ganz klar vor sich. Das Leben ist um das Gewicht ganzer Zentner leichter geworden, mit neuem Schwung kann es jetzt wieder bewältigt werden. Und auch wenn man vorher zornig über die lange Frustrationszeit war, man gibt jetzt dankbar zu, daß es eine notwendige Inkubationszeit, eine «Ausbrütungsphase» war, die unser Unterbewußtsein brauchte, um die Lösung zu finden.

Das organische Leben, über das wir uns gerade - wenn auch zwangsläufig nur fragmentarisch - unterhalten haben, ist uns jetzt vielleicht in einem neuen Licht erschienen, hat in uns möglicherweise eine neue Achtung vor dem Geheimnis dieses Lebens erweckt und uns gezeigt, daß wir unsere Spiritualität in dem vertieften Sinnzusammenhang des Gesamtlebens der Natur sehen und entfalten müssen. Wir können, das dürfte doch klargeworden sein, unser eigenes Leben nicht sinnvoll leben und erleben, wenn wir nicht am Leben der Natur engagiert teilnehmen, wenn wir es vergessen, unterschlagen oder gar an seiner Zerstörung mitwirken. Ohne ein einigermaßen umfassendes, von krassen Einseitigkeiten befreites, ganzheitliches Bild des organischen Lebens um uns, ohne ein neues Verständnis der und Verhalten zur Natur kann es keine echte Spiritualität geben. Diese Spiritualität, ja unsere ganze Lebensgestaltung hängt entscheidend davon ab, ob wir unser Lebensbild, unser

Bild vom Gesamtleben, das eine untrennbare Einheit darstellt, vertiefen, vervollständigen und eine neue Faszination des Daseins schaffen. Nur wenn wir uns einigermaßen fugenlos in das ökologische System «Mensch–Natur» einordnen, werden wir unsere Ortlosigkeit, unsere Verunsicherung in der Welt überwinden und wieder das uns durchströmende kosmische Leben mit aller Freude und Lust, mit allen Fasern und Poren verspüren.

4. Spiritualität und ihr Verhältnis zur Gesundheit und Leiblichkeit

Das Leben hat seine Evolution, seine Höherentwicklung, seine Metamorphosen. Es hat auf der Stufe des Menschen eine andere Qualität und einen anderen Umfang als auf der Ebene des Tieres und der Pflanze. Auf dem «humanen Niveau» der Evolution ist das Leben eine *geistig-psychisch-körperliche* Wirklichkeit. Dementsprechend kann auf diesem Niveau auch die Gesundheit keine rein körperliche, genauer: keine psychisch-körperliche Angelegenheit mehr sein (auch den Tieren und Pflanzen können wir ja eine Seele, also Psychisches, nicht absprechen, aber der Geist im Sinne von Selbstbewußtsein und Selbstbestimmung ist in ihnen offenbar noch nicht erwacht).[57]

Aus der Tatsache, daß das Leben im Menschen eine geistig-psychisch-körperliche Qualität hat, fließen weitreichende Konsequenzen für die Gesundheit. Die erste und umfassendste Konsequenz ist die: Wie der Geist, das Geist-Selbst im Menschen nicht einfach vorhanden und verfügbar ist, sondern erst fortschreitend erkannt, errungen und verwirklicht werden kann, so ist auch echte menschliche Gesundheit keine einfache Gegebenheit, kein unabwendbar mit der Geburt, den mitbekommenen Erbanlagen verhängtes Schicksal, kein statischer Zustand, sondern etwas Werdendes, Wachsendes, Reifendes.

Nur äußerst selten werden wir deshalb vollkommenen Menschen mit vollkommener Gesundheit begegnen, in der Regel ist man mit der Gesundheit auf dem Weg, man *wird* gesund oder man *wird* krank. Aber genau das ist wichtig: Ist einer auf dem richtigen Weg zur Gesundheit, dann fließt aus der Fülle des richtig angesteuerten Zieles schon Wesentliches in seine augenblickliche Gesundheitssituation ein.
Die Schlußfolgerung, daß der Mensch seine Spiritualität, die Möglichkeiten seines Selbst, in der Regel erst verwirklichen muß und daher auch mit seiner Gesundheit in einem Prozeß des Werdens steht, also hier und jetzt meist nie vollständig gesund ist, wird durch empirische Untersuchungen bestätigt. Untersuchungen und Interviews von bzw. mit Arbeitern und Angestellten im Betrieb, die als gesund galten, ergaben, daß bei ihnen körperliche und seelische Beschwerden fast ebenso häufig auftraten wie in einer Population von Krankenhauspatienten. Von 200 gesunden, medizinisch interviewten Angestellten klagten 43,5% über Verstimmungen, 37,5% über Magenbeschwerden, 26,5% über Angstzustände, 22% über häufige Halsentzündungen, 17,5% über Schwindel und Ohnmacht, dieselbe Anzahl über Schlaflosigkeit, 15% über Dysmenorrhöe, 14,5% über Obstipation, 14% über Schweißausbrüche, je 13% über Herzschmerzen, Herzklopfen bzw. Kopfschmerzen, 9% über Ekzeme, 5,5% über Globusgefühl und dieselbe Anzahl über rheumatische Beschwerden. E. Heim kommt in seinem Buch «Krankheit als Krise und Chance» zu dem Ergebnis: «Ein Erwachsener macht in fünfundzwanzig Jahren seines Lebens durchschnittlich eine lebensbedrohliche, zwanzig ernsthafte und etwa 200 mittelschwere Erkrankungen durch.» Und Th. Dethlefsen stellt sogar ziemlich kategorisch fest: «Den gesunden Menschen, dem nichts fehlt, gibt es allein in den Anatomiebüchern der Medizin. Im lebendigen Zustand ist ein solches Exemplar unbekannt. Es mag Menschen geben, die über Jahrzehnte keine besonders auffälligen oder schweren Symptome entwickeln – doch ändert dies nichts an der Fest-

stellung, daß auch sie krank und sterblich sind... Bei genauem Hinsehen staunt man dann auch, was den ‹Gesunden› alles fehlt.»[58]

Eine weitere wichtige Konsequenz aus der Tatsache, daß das Leben im Menschen eine geistig-psychisch-körperliche Wirklichkeit darstellt, lautet folgendermaßen: Wer nicht auf dem ethischen Weg der Lebensvervollkommnung zu seinem Geist-Selbst ist, der befindet sich auch nicht auf dem richtigen Pfad zur Gesundheit, der wird mit der Zeit nicht gesünder, sondern kranker. Gesundheit ist ein ganzheitlicher Werdeprozeß, dessen Ziel es ist, ganz heil zu werden, das heißt: die Harmonie von Geist, Seele und Körper im Menschen herzustellen. Wo der Geist bzw. Geist und Seele vernachlässigt werden, wo die geistige und/oder die seelische Ebene des menschlichen Lebens nicht gestaltet werden, dort kann Gesundheit im Sinne dieser Harmonie selbstverständlich nicht entstehen. Jede Einseitigkeit im Lebensvollzug schlägt sich früher oder später als Krankheit im menschlichen Organismus nieder.

Es gibt die Einseitigkeiten des Massen- und Rollen-Ichs, des Begierde- und Wunsch-Ichs, des Erfolgs-, Geltungs- und Macht-Ichs. Jede dieser Einseitigkeiten rächt sich irgendwann einmal und schlägt sich als Erkrankung eines Organs im menschlichen Körper nieder. Nur die umfassende ethische Lebensgestaltung, die alle Einseitigkeiten und Extreme vermeidet und dem geistigen, psychischen und körperlichen Bereich des Menschen volle Gerechtigkeit widerfahren läßt, führt im Prinzip auch zur harmonischen Entwicklung aller körperlichen Organe. Wie gesagt, das ist ein Weg zu einem Soll-Zustand, einem Ideal, aber schon der Weg dahin ist Gesund-Werdung, weil er der richtige ist, während alle anderen Holz- und Irrwege sind, die deshalb den schon immer bestehenden teilweisen Krankheitszustand des Menschen noch verstärken.

Das Pseudo-Ich bzw. das unterentwickelte Ich, das noch nicht zum «ethischen Ich» erwacht ist, verkrampft sich ständig durch die einseitige Ausrichtung auf irgendein untergeordnetes Ziel, das nicht auf dem Weg der Selbst-Werdung des Menschen liegt. In dieser Situation tritt unser «innerer ökologischer Ratgeber» in Aktion. Und da ihm keine andere Möglichkeit mehr bleibt, tritt er als Korrekturfaktor auf, der sich der Krankheit bedient. Krankheit ist also nicht etwas schlechthin Negatives, sie steht zunächst im Dienst des Lebens, sie will uns auf etwas in unserer Einstellung, unserem Sein, unserem Tun aufmerksam werden lassen, das wir seit einiger Zeit falsch machen. Die Krankheit kompensiert alle Einseitigkeiten schon allein dadurch, daß sie das aufgeblähte Schein-Ich hilflos und ohnmächtig werden läßt und so den Weg zum «ethischen Ich» und über dieses zum Selbst wieder eröffnen kann. Krankheiten bzw. ihre Symptome offenbaren uns die Wahrheit über uns selbst. Es kann eine relativ harmlose fiebrige Erkältung sein, aber die Apathie und Kraftlosigkeit, die sie mit sich bringt, zeigen dem bisher unaufhaltsam von Erfolg zu Erfolg eilenden Machtmenschen seine Grenzen auf und die Unmöglichkeit, das Leben könne unentwegt so wie bisher weitergehen. Es kann ein plötzlicher Hexenschuß oder eine momentane Potenzschwäche sein, die den Sexprotz möglicherweise zur Einsicht kommen läßt, daß er nicht ewig bis an sein Lebensende Eroberungs- und Bett-Triumphe feiern kann, daß das Leben doch wohl noch einen anderen Sinn haben muß. In der Krankheit bzw. ihren Symptomen liegt Wahrheit. Manche merken es zwar nie, aber andere werden durch die Krankheit zur Besinnung gebracht und fangen an zu erkennen, was sie bislang falsch gemacht haben, wie sinnlos ihr bisheriges Leben war, welche Einseitigkeit sie bis jetzt auf den Altar all ihres Strebens gehoben haben, was sie verdrängt, vernachlässigt, versäumt haben, wie ungerecht sie bisher mit ihrer eigenen Tiefe umgegangen sind.

Krankheit spielt demnach eine wichtige Rolle in unserer Spiritualität, und zwar vor allem dann, wenn diese in Gefahr gerät, von uns nicht verwirklicht zu werden. Wenn wir nicht bestrebt sind, unser Leben in seinem geistig-psychisch-körperlichen

Stufenbau harmonisch zu gestalten, sind wir im Grunde schon auf dem Weg zur Krankheit und deren leise, später immer stärkere Symptome werden alsbald auftreten. Krankheit zeigt uns, daß wir im Begriff stehen, das für das menschliche Leben charakteristische ökologische Gleichgewicht, die von unserem Lebensplan geforderte Harmonie zu verlieren. Krankheit will uns aber auch aufrütteln und dazu veranlassen, das gestörte Gleichgewicht wiederherzustellen. Krankheit steht also im Dienst unserer Spiritualität, denn sie kennt wie diese nur ein Ziel: die Ganzwerdung, das vollkommene und vollständige Leben eines Menschen. Sie will die Gesundheit als Umfassendes, Ganzheitliches, als «Heil» des Menschen. Die Weisheit aller alten Völker sprach es immer sehr deutlich aus, daß Gesundheit Heilsein des ganzen Menschen bedeutet, daß der Weg zur Gesundheit der Weg zur Heilung und Heiligung des Lebens ist. So ist der Weg des Menschen zum Geist-Selbst unter harmonischer Integration des Seelisch-Körperlichen gleichzeitig der Weg zur wahren Gesundheit. Im Grunde sind diese Wege gar nicht zwei, sondern nur einer. Und dieser Weg führt ja auch aus der Vielfalt, manchmal sogar dem Chaos gegensätzlicher Kräfte und Strebungen in uns heraus zur *Einheit,* zum Leben aus dem *einen* Prinzip unseres Geist-Selbst.

Keine dieser Kräfte und Strebungen ist an sich schlecht. Aber die einseitige Konzentration auf eine einzige Tendenz ohne Rücksicht auf die zu verwirklichende Einheit und Ganzheit des menschlichen Lebens ist etwas Krankes und Krankmachendes, wirkt sich dementsprechend in Seele und Körper als Krankheit aus. Diese Krankheit hat einen Namen: Sie heißt «Bindung an das Haben» und richtet sich gegen das spirituelle Gesetz in uns, das «Werden und Sein» heißt. Das Haben selbst ist an sich nicht schlecht, aber die süchtige Bindung daran ist es. Man kann alles haben und danach tendieren: Lebensmittel, Geld, Vermögen, Besitz, Einfluß, Geltung, Macht, Ruhm, Vergnügen, Genuß, Wissen, Kunstwerke usw. Aber die übermäßige Bindung an diese Dinge, das nicht Loslassenkönnen macht sie zum Hindernis auf der Suche nach unserem Lebensziel. Wenn wir bei ihnen verweilen, hört die Suche auf, und die *Sucht* beginnt. Dieses Suchen ist ja etwas Umfassendes, Unbegrenztes, Unendliches, weil es der Weg zum Geist-Selbst im Menschen ist, wo individueller und unendlicher, universaler Geist sich berühren und ineinanderübergehen. Diese Unendlichkeit wird nun aber in dem an das Haben Gebundenen auf ein (begrenztes) Ersatz-Gut gerichtet und sofort wird ihm der Schein, der Nimbus der Unbegrenztheit verliehen. Nun glaubt der Geldgierige, Geld sei die Quelle unendlichen Glücks, man müsse es nur ständig vermehren und unaufhörlich für neue Gewinne sorgen; verwechselt der Freßsüchtige seinen Lebenshunger mit dem ständigen Hunger nach immer raffinierteren Speisen oder immer größeren Essensmengen; sucht der Vergnügungssüchtige nach immer ausgesuchteren Amüsements; geilt sich der am sexuellen Genuß Klebende an immer perverseren Vorstellungen, Darbietungen und Handlungen auf, ohne das gesuchte Paradies des absoluten, wunschlos glücklichen Lustzustandes zu erreichen; versucht der «Kunstfreund» unentwegt und ohne Rücksicht auf die Moral alle nur möglichen Kunstwerke zu erwerben, zu ergattern, zu erschleichen oder zu ergaunern, weil er den Weg zum Leben, zu dem ihn auch sein inneres Gesetz ruft, mit dem ästhetischen Genuß inmitten seiner «stolzen Errungenschaften» gleichsetzt; vermag der Machtbesessene seinen Einfluß und seine Dominanz nur noch an der Zahl der Lakaien zu ermessen, die ihn dienernd umgeben; liest der Einflußreiche seine Fähigkeit, alles Mögliche «in die Wege zu leiten», an der Unfähigkeit zum aufrechten Gang derer ab, die er für seine Zwecke mißbraucht; ist dem extrem Wissensdurstigen jedes Mittel recht, um an neue Daten und Informationen zu kommen, auch wenn der Schutz und die Rechte anderer Personen dabei auf der Strecke bleiben. Der Fleißige steht unter dem Selbstzwang, noch immer mehr leisten, noch immer fleißiger werden zu müssen; der Ordentliche kann nicht einmal mehr den geringsten Anschein von Unordnung ertra-

gen und haßt alles Alternative und jeden Alternativler; der Erfolgreiche jagt unentwegt nach neuen Erfolgen; der Reinliche kann kein Stäubchen mehr sehen; der Alkoholiker säuft maßlos oder probiert immer «schärfere Sachen» aus, ohne die heile, konfliktfreie Welt der umfassenden, alle Schranken, Hemmungen und Standesunterschiede abbauenden Verbrüderung, sprich: Kumpanei zu erreichen; der Drogensüchtige nimmt immer härtere Suchtmittel, um ein Leben zu gewinnen, das ohne Härte und Schärfe weich und selig dahinfließt.
Doch alle Ersatz-Güter, an die der Mensch sich bindet, machen ihn nicht satt. Das Haben kann keinen befriedigen. Das Einnehmen der immer gleichen Ersatznahrung bewirkt immer nur größeren Hunger, macht aber auch eingleisig, blind für alles andere, verblendet, abgestumpft, bequem und unbeweglich, wenn's darum geht, Ziele anzusteuern, die auf einer anderen Ebene als der des Ersatzgutes liegen. Man ist wie erstarrt, «lebendig» nur noch in einer Richtung. Das Leben wird zur Einbahnstraße. Die Drogen-, Alkohol-, Freßsüchtigen werden immer unfähiger, etwas Sinnvolles zu tun. Die Leistungssüchtigen und Erwerbstüchtigen werden immer gestreßter, verkrampfter, gehetzter. Nach einer der neueren Statistiken klagen über 60% der Manager in der BRD über Krankheitssymptome wie Bluthochdruck, Magen- und Darmbeschwerden, Kreislauf- und Herzstörungen, Nervosität, Schlaflosigkeit, Kopfschmerzen und Konzentrationsschwäche.
Freilich werden all diese Symptome meist gar nicht mehr als Hinweis auf fehlende echte Gesundheit verstanden. Die meisten haben sich daran gewöhnt, den charakterlosen Schwebezustand, dieses Mittelding zwischen wahrer Gesundheit und schwerer Krankheit, für normal, für die normale Gesundheit zu halten. Innerhalb dieses Mitteldings gibt's die erwähnten Symptome, gibt's das eine oder andere Wehwehchen, aber im großen und ganzen «ist man ja gesund». Plötzlich oder chronisch auftretende Schmerzen «killt» man mit den verschiedensten Tabletten, Pülverchen, Tropfen oder Spritzen. Solange der organische

Befund negativ ist, also Krebs, Magen- oder Darmgeschwüre, Herzinfarkt oder Kreislaufkollaps usw. (noch) nicht festgestellt wurden, hält man sich für gesund. Die ganze pharmazeutische Industrie mit ihren Riesenumsätzen lebt davon, daß die meisten glauben, der Normalzustand von Gesundheit bestehe darin, gegen die vielerlei psychosomatischen Beschwerden, die man als moderner Zivilisationsmensch nun einmal habe, tagtäglich die Waffe der Arzneimittel einsetzen zu können. Im Zustand der Seinsvergessenheit, in der die Mehrheit der Menschen lebt, ist es geradezu konsequent und logisch, daß auch das Bild einer diesem Sein entsprechenden echten und vollständigen Gesundheit in Vergessenheit geraten ist, daß man das kümmerliche Surrogat eines «Halb-Krank-», «Halb-Gesund-Seins» als das Normale und Sein-Sollende ungeprüft akzeptiert.
Es ist interessant, letzten Endes aber tragisch, vielleicht auch nur tragikomisch, daß so viele Menschen «habensprogressiv», aber «seinskonservativ» sind. Kaum einer ist mit seinem Haben, seinem jetzigen Besitzzustand zufrieden, jeder will immer mehr haben und stellt immer größere Ansprüche. In bezug auf ihr Sein, auf die Verwirklichung eines sinnvollen Lebens aber sind die meisten erzkonservativ, beharren sie auf dem Niveau unreifer Halbwüchsiger. Hier fehlt jeder Fortschritt, jede Progression, jede Passion. Obwohl doch erst das ethisch gestaltete und verwirklichte Sein darüber entscheidet, ob ein menschliches Leben wertvoll und sinnerfüllt ist. Das Haben allein macht nur oberflächlich, banal, aufgeblasen, innerlich hohl und leer. Diese Leere kann auf die Dauer kein äußerer Glanz überdecken. Und die Krankheitssymptome aufgrund der Seinsminderung mehren und vertiefen sich. Aber da man sie nicht mehr als *Krankheits*symptome erkennt und verstehen will, können sie auch ihre Funktion als ökologische Ratgeber nicht wahrnehmen. Als solche würden sie uns signalisieren, daß in unserem Bewußtsein etwas falsch läuft, falsche Prioritäten gesetzt werden und diese Einseitigkeit sich im Körperlichen immer stärker negativ verdichten wird.

Krank ist man nämlich zuerst im Bewußtsein, dann wird der Körper krank. Und es ist ein Naturgesetz auf der Stufe der Humanevolution, daß das Sein vor dem Haben kommt. Deshalb ist das Bewußtsein krank, wenn es das Haben vor das Sein setzt. Denn das Haben trennt die Menschen, teilt sie in streitende Lager, entfremdet sie. Gemeint ist das materielle Haben. Was einer hier hat, kann der andere nicht haben. Bei geistigen Realitäten ist das anders. An einer guten Idee können Millionen teilhaben, gute Stimmung wirkt ansteckend und erhebend auf mehrere oder gar viele.

Materielles Haben aber dissoziiert und desintegriert, das heißt: es zer-streut uns, es nimmt uns die Gemeinschaft mit den anderen und die Integrität und Ganzheit unseres eigenen Lebens. Das Leben in der ungeheuren Mannigfaltigkeit und Vielfalt seiner Elemente, Kräfte, Neigungen, Strebungen, Zustände und Tendenzen ist und wird nur dadurch zur Einheit, daß es im Menschen auf den Weg zum wichtigsten Ziel, zum Selbst gebracht wird. Das ist jenes geistige Hochziel, das allem Einheit und Harmonie verleiht. Das Haben aber negiert diese Einheit, steht zu ihr im radikalen Widerspruch.

Damit ist der Konflikt im Bewußtsein programmiert. Denn dieses Bewußtsein ist ja so wie auch das Unterbewußte (d. h. das von uns Verdrängte und Vergessene, aber noch schattenhaft Mitgewußte) und das Unbewußte (d. h. die kollektiven Urbilder und Urtendenzen, die Urmuster des Menschseins) elementar auf umfassende Einheit aus. Bewußtsein, Unterbewußtes und Unbewußtes sind Teile des menschlichen Seins und partizipieren an dessen Gesamtausrichtung auf seine tiefste Mitte, das Selbst. Einerseits ist also das Bewußtsein seinsmäßig und naturgemäß auf Einheit und Harmonie ausgerichtet, andererseits werden von diesem Bewußtsein einseitige, die Einheit störende oder zerstörende materielle Güter (Haben-Ziele) begehrt und angesteuert. Wird der damit gegebene Konflikt nicht im Bewußtsein ausgetragen und gelöst, dann wandert er ins Körperliche herunter und verdichtet sich dort zum Krankheitssymptom. Schon ein harmloser Schnupfen, der aber infolge der weiterhin bestehenden Ungelöstheit des Konflikts chronisch wird, kann auf diesen hinweisen. Die Sprache mag diesbezüglich verräterisch sein. Einer sagt: «Ich habe die Nase voll!» (weil die Probleme, die ihm sein Konflikt beschert, immer zahlreicher werden und seine Psyche zu sprengen scheinen) und meint damit in Wirklichkeit nicht die Nase als Körperorgan, sondern seine gequälte, explodierende Psyche. Der tatsächliche «körperliche» Schnupfen ist dann nur die logische Folgeerscheinung. Ein anderer sagt: «Ich bin ab heute nicht mehr bereit, alles zu schlucken» und meint damit wiederum nicht den körperlichen Schluckvorgang, sondern die Ungelöstheit seines psychischen Konflikts, der darin besteht, daß seine Vorstellungen von dem, was er selbst haben möchte, mit dem, was die Umgebung, die Vorgesetzten, seine Frau usw. von ihm haben möchten, nicht ausbalanciert sind, vielmehr die letzteren letztlich immer die Oberhand behalten. Die tatsächlichen Schluckbeschwerden im Hals, das Anschwellen der Mandeln ist dann wiederum die logische Folgeerscheinung des in der Psyche nicht gelösten Konfliktes.

Alle Konflikte in der Psyche, die den «Habensprogressiven» entstehen, sind eben unökologisch, sind gegen das Gleichgewichtsgesetz des Lebens gerichtet. Leben ist Fließgleichgewicht. Das Leben fließt nur, wenn Haben (= Nehmen) und Geben sich in etwa die Waage halten. Der im Konflikt des unbedingten Habenwollens Stehende merkt nicht, daß das Leben eine Kette von Geben und Nehmen (Haben) ist, daß wer sein «Haben» nicht weitergibt, auf die Dauer auch nichts bekommt. Er hat den Fluß des Lebens, der Geben und Weitergeben heißt, willkürlich gebremst und braucht sich deshalb nicht zu wundern, daß sein Haben zusammenschrumpft, weil nichts mehr nachfließt. In einer solchen Konfliktsituation kann es zu noch schwereren Krankheitssymptomen kommen, als es ein Schnupfen oder eine Mandelentzündung meistenteils sind; zum Beispiel zum Asthma bronchiale. Keineswegs maßen wir uns hier ein Urteil über alle Asthmatiker an. Aber das Asthma bronchiale kann seine Quelle in einem psychisch nicht ausgestandenen Konflikt haben. Nicht wenige Asthmatiker gehören zur Kategorie der Geltungs- bzw. Machtmenschen. Sie würden das empört leugnen, wenn man es ihnen so direkt sagte. Aus ihrem Bewußtsein haben sie es ja auch verdrängt, deswegen gärt der ungelöste psychische Konflikt als Asthma in ihren Bronchien: als Anfälle von Atemnot, als beengte, deshalb pfeifende Ausatmung, als Verengung der kleinen Bronchien und Bronchiolen, als allergische Schwellung und Sekretion der Schleimhaut usw. Der folgende Text, von einem Psychologen und einem Mediziner gemeinsam verfaßt, zeigt anschaulich die psychische und die körperliche Seite des Asthmas: «Der Asthmatiker versucht, zu viel zu nehmen. Er atmet voll ein - es kommt zur Überblähung der Lunge und dadurch zu einem Ausatemkrampf. Man nimmt bis an die Grenze und ist dann randvoll - und wenn es nun darum geht, wieder hergeben zu müssen, kommt es zum Krampf... Der Atemfluß wird beim Asthmatiker gerade dadurch unterbrochen, weil er zu sehr ans Nehmen denkt und sich hierin übernimmt. Nun kann er nicht mehr hergeben und dadurch auf einmal auch nicht mehr neu nehmen von dem, was er so gerne hätte. Beim Einatmen nehmen wir Sauerstoff auf, beim Ausatmen geben wir Kohlensäure ab. Der Asthmatiker will alles behalten und vergiftet sich dadurch selbst, da er das Verbrauchte nicht mehr hergeben kann. Dieses Nehmen ohne Geben führt buchstäblich zum Erstickungsgefühl... Der Asthmatiker besitzt einen starken Dominanzanspruch, den er sich aber nicht eingesteht und der deshalb in den Körper hinuntergeschoben wird, wo er dann in der ‹Aufgeblasenheit› des Asthmatikers wieder zum Vorschein kommt. Diese Aufgeblasenheit zeigt eindrucksvoll seine Arroganz und seinen Machtanspruch, die er aus seinem Bewußtsein sorgfältig verdrängt hat.»[59]

Kein Zweifel: Das Haben (ohne Geben) macht krank. Vor über 2500 Jahren stellte das bereits der weise Lao-tse fest: «Wenn man nicht nach dem sieht, was begehrt werden könnte, bewahrt man das Herz vor Gärung.»[60] Dem unmäßigen, maßlosen Habenwollen entspricht auf der Stufe des Körpers die Freßsucht, obwohl selbstverständlich auch diese keine rein körperliche Angelegenheit ist, sondern ein Symptom ungelöster psychischer Probleme darstellt. Aber die Freßsucht kann sehr konkret-sichtbar zeigen, wie abstoßend-häßlich die Habgier ist. Der Freßsüchtige schaufelt alles Eßbare in Unmengen in seinen Körper, der Habgierige will alles besitzen, alles zusammenraffen, was auch nur von fernher einen Wert für ihn hat oder haben könnte. Und er klammert sich eisern daran fest, er gibt nichts weiter, er kann nichts loslassen, sich von nichts lösen. Deshalb wirkt er nicht gelöst, und diese Starrheit zeigt sich mit der Zeit auch in seinem Gesicht und seinem Körperbau. Er wird «habens-süchtig».

Eine moderne Variante dieser süchtigen Habgier ist das Glücksspiel, das immer mehr von der Kategorie des Habens dominierte, ja besessene Menschen in seinen Bann zwingt.

Auch hier ist wieder die Analogie zwischen Hab- und Freßsucht mit Händen zu greifen. Der Freßsüchtige übernimmt sich, nimmt zu viel Nahrung zu sich, überißt sich und wird (bzw. ist schon) krank. Der Hab- und Gewinnsüchtige tut auf anderer Ebene dasselbe. In beiden Fällen hilft nur das «*Fasten*». Fasten ist ein ganz wichtiges Teilelement echter Spiritualität. Und es geht ebenfalls wie die entgegengesetzte Freßsucht über die körperliche Ebene weit hinaus. Der Freßsüchtige ist zuerst in seinem Bewußtsein, seiner Psyche krank, danach äußert sich das Problem oder der Konflikt, mit dem er nicht fertig wird, im Körper als dem Spiegel der Seele. Fasten bedeutet dementsprechend auch weit mehr als körperliche Enthaltsamkeit von Speisen und Getränken. Es bedeutet die spirituelle Entscheidung, sich von der Bindung an alles Haben zu lösen, frei von der Habgier überhaupt zu werden. Fasten ist – zutiefst gesehen – ein sehr umfassender Vorgang und stellt ein Entleeren, ein «Enthaben», ein gegen das süchtige Haben überhaupt – nicht bloß gegen das habgierige Ergreifen von Speisen und Getränken – gerichtetes Handeln dar. Das Fasten hat also eine eminent geistige Funktion. Es befreit das Bewußtsein, die Seele vom habitus des Habens, von Süchten und erstarrten, klebrig anhaftenden Gewohnheiten. Dem «Über-Haben» wird als stärkere Kraft das «Ent-Haben» entgegengestellt. Dadurch erst wird der Konflikt im Bewußtsein gelöst, und diese Vergeistigung als Folgeerscheinung des Fastens bewirkt dann auch erst die Wieder-Gesundung des Körpers. Eine bekannte Folgeerscheinung des Fastens sind auch die glasklaren Intuitionen, neuen Ideen, ja selbst Erfindungen, die einem beim Fasten kommen. Bekannt ist ebenfalls, daß die großen Religionsstifter und ethischen Reformer der Menschheit große Abschnitte ihres Lebens mit ausgiebigen Phasen des Fastens begannen. Der große Mahatma Gandhi ist hierfür ein modernes Beispiel.

Deshalb bringt Fasten auch die Fähigkeit mit sich, über es zum Selbst vorzudringen, zu seinem geistigen Kern zu gelangen. Als «Massen-Ich» will ich ja das *haben,* was die Masse mir an Konsumgütern vorgibt und aufdrängt; als «Rollen-Ich» will ich das *haben* und machen, was mir die Gesellschaft an Ämtern oder Funktionen zuweist, mit denen ich mich gefälligst zu identifizieren habe; als «Begierde-Ich» will ich die Objekte der Triebwelt an mich reißen, *haben* und extensiv-intensiv genießen; als «Wunsch-Ich» wünsche ich mir, möglichst die Totalität aller materiellen Güter in paradiesischer Schönheit und Vollkommenheit zu *haben;* als «Geltungs-Ich» will ich Anerkennung, Ruhm, einen enorm hohen Bekanntheitsgrad, ständig neue Beachtung seitens meiner Mitmenschen, der Öffentlichkeit, der Presse usw. *haben;* als «Erfolgs-Ich» bin ich süchtig, immer neue Siege zu erringen, neue Gewinne zu verbuchen, neue Triumphe zu feiern, eben stets Erfolg zu *haben,* der die Mit- bzw. sogar die Nachwelt in Ehrfurcht erstarren läßt; als «Macht-Ich» vermehre ich ständig meinen Einfluß, meinen Reichtum, meine Beziehungen, mein Prestige, um mehr Gewalt über andere zu *haben* und auszuüben.

Gegen all diese Unterarten des Habens hilft nur das «ethische Ich» weiter, das sich in einem geistigen Willensakt zum «Fasten», d. h. zur Loslösung, zur Befreiung von der Habsucht in all ihren Formen entschließt. Ist dieser Entschluß gefallen, dann ist dies zugleich der erste Triumph des Seins über das Haben, des Geistes in uns über die Materie. Damit geht eine Seinsstärkung und ein Zuwachs an spiritueller Kraft einher, der auch unser körperlich-psychisches Immunsystem stärkt. Solche Akte der geistigen Seinsstärkung durch ein derart verstandenes Fasten sind überhaupt eine Quelle echter Gesundheit, weil man ja auf diese Weise auf dem Weg zum Selbst ist.

Hier zeigt sich auch, daß es im Unterschied zu fernöstlichen Systemen der Spiritualität nicht das Ich ist, das durch Fasten vernichtet werden soll. Es ist nicht das ganze Ich, das immer nur *haben will,* sondern nur das Schein-Ich, das unterentwickelte, verkümmerte oder unerleuchtete Ich. Das reife Ich ist durchaus in der Lage, zu erkennen, daß es durch die verschiedenen Formen des Habens nicht größer wird, sondern schrumpft, weil es sich durch das Habenwollen an die Dinge, die Objekte, die Umwelt, die Masse verliert und so gar nicht es selbst werden kann. In simpler Weise anschaulich wird diese Schrumpfung des Ichs an dem viele Zivilisationsmenschen fast unwiderstehlich ergreifenden Drang nach dem immer größeren, schnelleren, schnittigeren, eleganteren, komfortableren Prestige-Auto. Denn diese ganze Variante der Habsucht steht unter der Devise: «Du bist nicht, was du bist, sondern du bist, was du fährst!» Deutlicher kann es nicht werden: Hier ist das Auto an die Stelle des Ichs getreten. Daß dann kein Frieden in die Seele Einzug halten kann, ist verständlich. Denn auch eine noch so imposante Limousine als Statussymbol kann durch eine noch imposantere in den Schatten gestellt werden. So wird die Psyche hin- und hergerissen, weil ständig von irgendwoher das Signal kommen kann: «Da gibt's schon wieder etwas Neues und Besseres, als du hast.»

Freilich gehört ein echter Akt ethischer Wiedergeburt dazu,

daß das Ich seinen einzigartigen Wert als Entscheidungsträger, als Person, als Persönlichkeit, entdeckt und das Gesetz des Vorrangs des Seins vor allem Haben akzeptiert. In dieser Entdeckung und Akzeptanz liegt auch ein Kernpunkt der Lehre Jesu: «Was nützt es dem Menschen, wenn er die ganze Welt gewinnt, aber an seiner Seele Schaden leidet.» Oder: «Was für einen (Gegen-)Wert gibt der Mensch für seine Seele?» Manche Übersetzer ersetzen das Wort «Seele» durch den Ausdruck «Leben», was wieder genau den Sachverhalt trifft, nämlich, daß echt menschliches Leben durch Hab- und Gewinnsucht schwerstens beeinträchtigt und geschädigt wird.[61]

Das «ethische Ich» *bleibt* Entscheidungsträger, auch wenn es sich auf den Weg zum «Selbst» begibt, in dem das menschliche Ich alle selbstischen Wünsche und Interessen aufgegeben hat. Im Selbst ist ja die Kontaktstelle von individuellem und universalem Geist, in dem der erstere mit allem, was lebt und existiert, in tiefster Solidarität verbunden ist. Das Ich entäußert sich also zum Selbst hin, aber das Ich ist es, das diesen Akt der Entäußerung setzt und steuert; das Ich verliert sich nur in seinem (selbstischen) Habenwollen, steigert sich aber in seinem Seinswert. «Weniger selbstisch sein – um so mehr gelangt man zu sich selbst», sagt Lao-tse. «Der Weise... ent-äußert sich und bleibt doch ganz ver-innerlicht. Ist es nicht so, weil er sich ent-eignet, ward er ein Eigener?»[62] Wie ein moderner Kommentar zu diesen Worten Lao-tses klingt das, was ein Großer des 20. Jahrhunderts über «Ich-Bleiben» und «Selbst-Werdung» sagt: «Wem es bestimmt ist, der muß einmal im Leben so einsam, so vollkommen einsam werden, daß er in sein innerstes Ich zurückgezogen ist. Dann ist man plötzlich nicht mehr allein. Man findet: unser innerstes Ich ist der Geist selbst, ist Gott, ist das Unteilbare. Und damit ist man wieder mitten in der Welt, von ihrem Vielerlei unangefochten, denn man weiß sich im Innersten eins mit allem Sein.»[63]

Es ist nicht schwer einsehbar, daß auch die Gesundheit erst zu etwas ganz *Eigenem* im Sinne Lao-tses wird, wenn sich das Ich

in freier und existenzverändernder Entscheidung konsequent auf den Lebensweg zum Selbst aufmacht und dabei alle Formen des habsüchtigen Ichs hinter sich läßt. Es gibt ja eine diesen Formen entsprechende vordergründige Gesundheit. Es ist eine tumbe, einfach daseiende, unreflektierte, ungeistige Gesundheit, eine dumpfe, undurchsichtige Befindlichkeit. Kein Strahl des Geistes durchlichtet diese Befindlichkeit. Wer sie hat, sie einfach mit auf den Lebensweg bekam, kann sich mit ihr sehr gesund vorkommen. Aber von dieser Art Gesundheit gilt, daß nicht eigentlich der Betreffende sie als sein Eigentum hat, sondern daß sie ihn hat. Er ist nicht steuerndes Zentrum dieser Gesundheit, vielmehr ist sie ein Teilstück des launischen, wechselhaften Schicksals wie Regen, Sturm, Überschwemmung, Lawinen, Vulkanausbrüche, Hitze, Kälte usw. Er weiß nie, wo er mir ihr landet oder strandet, wohin sie ihn führen wird, ob sie bei Zerreißproben halten oder ihn im Stich lassen wird. Sie ist nicht die Gesundheit, die der Idee, dem Geist, dem Sinn des Menschseins entspricht, sondern eine Laune der Natur, die den einen beschenkt, den anderen leer ausgehen läßt. Auch Hermann Hesse spürte sehr richtig, daß es zwei Formen der Gesundheit gibt: eine höhere, eigentlich menschliche und eine niedere, «naive», wenn er diesbezüglich einmal sagt: «Die differenzierten Naturen ... ertragen das Unglaubliche, und es zeigt sich sogar häufig, daß der differenziertere Nervenmensch mehr aushält und leichter ein Drüberstehen findet als der ‹unverbrauchte› Naive.»[64]
Begeben wir uns also auf den Weg des Geistes, der Erweiterung und Durchlichtung unseres Bewußtseins, um unsere Gesundheit zu etwas ganz Eigenem zu machen, das wir dann auch stetig vervollkommnen können. Vielleicht wird aber manchem Leser dieses Kapitels schon längst der Einwand auf der Zunge liegen, warum denn hier im Zusammenhang mit der Gesundheit fast mehr vom Geist, vom Bewußtsein, vom Selbst die Rede ist als vom Körper. Sollte hier vielleicht nicht doch wieder eine versteckte Form von Körperfeindlichkeit am Werk

sein? Nun, die Wahrheit ist: Der Körper ist aus sich heraus nichts, er wird nur durch den Geist zu dem, was er sein soll. Er kommt zum Leben, zur Gesundheit, zur ganzen Intensität dessen, was er der Idee nach sein soll, zum Vollsinn auch und gerade seiner Körperlichkeit durch die geistigen und psychischen Energien. Die Alten, d. h. die Menschen des Altertums und des Mittelalters, wußten das in der überwiegenden Mehrheit immer sehr genau. Ein breiter Strang der alten Philosophie sah es als erwiesen an: «Anima forma corporis» (die Seele: das Formungsprinzip, der Gestaltungsfaktor des Körpers). Die neuzeitliche und moderne Schulmedizin hat diese tiefe Weisheit allmählich und dann immer weitgehender vergessen. Heute müssen ihr das Alternativ-Mediziner wieder ins Bewußtsein rufen: «Der Körper ist niemals krank oder gesund, da in ihm lediglich die Informationen des Bewußtseins zum Ausdruck kommen. Der Körper tut nichts aus sich selbst heraus, wovon sich jeder durch die Betrachtung einer Leiche selbst überzeugen kann. Der Körper eines lebenden Menschen verdankt seine Funktion ja gerade jenen beiden immateriellen Instanzen, die wir meist Bewußtsein ... und Leben ... nennen. Das Bewußtsein stellt dabei die Information dar, die sich im Körper manifestiert und in die Sichtbarkeit transponiert wird. Bewußtsein verhält sich zum Körper wie ein Radioprogramm zum Empfänger. Da das Bewußtsein eine nichtmaterielle, eigenständige Qualität darstellt, ist es natürlich weder ein Produkt des Körpers, noch von dessen Existenz abhängig ... So wie der Körper ohne Bewußtsein nicht leben kann, kann er ohne Bewußtsein auch nicht ‹krank› werden.»[65]

Aus diesem Sachverhalt ergeben sich weitreichende Konsequenzen, vor allem die, daß gerade die Stärkung des Geistes, des spirituellen Faktors in uns, den Körper und seine Gesundheit vervollkommnet. Der Körper wird nicht schwächer, sondern lebendiger, schöner, kraftvoller, leistungs- und widerstandsfähiger durch den Geist. «Stärke» – so könnte aufgrund dessen die Devise heißen – «das Geistige in dir, weil es die eigentliche Wurzel der Gesundheit deines Körpers ist!»

Aber diese Stärkung ist nun keineswegs leibfeindlich oder auch nur leibfern zu deuten. Hier geht es nicht um ausschließliche Arbeit am Geist, um Konzentration einzig und allein auf ein körperloses Denken, wie das etwa Descartes' berühmte Definition «cogito, ergo sum» (ich denke, also bin ich) nahelegt. Gesundheit spielt sich keineswegs bloß im Raum des Bewußtseins, im Bereich des menschlichen Geistes ab. Der Körper darf gar nicht draußenbleiben, er muß nachhaltigst eingebracht und einbezogen werden. Wie geschieht das? Nun, Geist ist für viele ein ziemlich abstrakter Begriff. Weiter kommen wir bei der Beantwortung dieser Frage, wenn wir daran denken, daß Geist im jetzigen thematischen Zusammenhang vor allem *Bewußtsein* bedeutet. Das Bewußtsein meines Geistes muß sich auf den Körper konzentrieren, soll ihm seine Aufmerksamkeit schenken, soll gleichsam in ihn herabsteigen, durch alle Adern und Organe des Körpers strömen, sie liebevoll mit dem Strahl der Bewußtheit umfangen. Das Bewußtsein muß den Körper erfühlen und erfüllen, es soll in diesem Sinne zur Körperwerdung des Bewußtseins kommen. Nichts im Körper soll in der Dunkelheit bleiben, alles in ihm soll vom Licht des Bewußtseins ergriffen und erhellt werden. In jede Körperzelle, gleichsam in jedes Atom des Körpers muß das Licht des Geistes einströmen, wenn die höchstmögliche Gesundheit des Körpers erreicht werden soll. Auf diese Weise wird auch der menschliche Körper mit Sinn erfüllt, er nimmt am Sinnstreben des Geistes elementar teil, er partizipiert an der Bewegung des Ichs zum Selbst. Nur in dieser Sinn-Bewegung befindet er sich auch auf dem rechten Weg zur Gesundheit. Diese Wahrheit meint möglicherweise auch die Psychoanalyse, wenn sie die Teil-Parole ausgibt: «Wo Es war, soll Ich werden!» Wo dumpfe, körperliche Befindlichkeit, wo höchstens das schläfrige, hindämmernde Körperbewußtsein des Tiermenschen in uns war, dort soll die Leichtigkeit und Beweglichkeit des von einem hellwachen Bewußtsein durchstrahlten Körpers entstehen.

Gemäß dem eben Gesagten kann mit allem Nachdruck jedem von uns empfohlen werden: Liebe deinen Körper, erlebe ihn, erfahre ihn, umfasse ihn wohlwollend mit deiner Aufmerksamkeit, senke dich von Zeit zu Zeit in ihn hinein. Schätze ihn, er ist ein hohes Gut, dir auf deinem Lebensweg nach deinem Lebensplan anvertraut. Er ist eine große Idee, die aus dem Geist stammt. Er ist die leibliche Erscheinungsweise des Geistes und soll zunehmend die Verkörperung geistiger Schönheit, Harmonie und Ganzheit werden. Sensibilisiere den Körper, aber tu das nicht mit den groben Reizen (Masturbation, sadomasochistische Praktiken), sondern mit einer subtilen, feinen, gütigen, geistigen Zärtlichkeit. Nicht rohe Sexualität ist hier gefragt, sondern Körper-Erotik im ursprünglichen Sinn des Wortes: Erotik als Beseeltheit vom Eros, der seine Heimat laut Plato im Geist hat. Vergiß nie: das Leben des Körpers kommt von oben her, vom Geist!

Ein Sinnbild dieses «von oben her» ist der *Atem.* Die ursprünglichen Yoga-Lehrer im alten Indien bestanden immer darauf, daß Atem mehr als Atem, als das Einatmen der physischen Luft sei. Mit dem bewußten Atem nehme man auch die Weltseele, den Geist in sich auf. Das indische Wort *atman* bedeutet sowohl Atem wie das Selbst im Menschen, das letztlich mit brahman, der Weltseele, identisch gedacht und erfahren wird. Weil der Atem für die Inder eine geistig-psychisch-körperliche Substanz ist, stellt er konsequent auch den Träger der eigentlichen Lebenskraft, des *prana,* dar. Die antiken Griechen hatten für das Wort Atem den Ausdruck *pneuma,* was wiederum auch Geist bedeutet. Aber auch ihr Wort für Seele, nämlich *Psyche,* bedeutet gleichzeitig den Hauch, den leisen Atem. *Spirare* im Lateinischen heißt atmen, und der davon abgeleitete Substantiv *spiritus* bedeutet Geist. Im Hebräischen ist *ruach* sowohl der Wind, der Sturm, der Atem wie der Geist, z. B. der «ruach Jahwe», der Geist Gottes, der über den Wassern schwebte, um die Schöpfung zu formen. Überhaupt gebrauchen viele alte Sprachen jeweils dasselbe Wort für Atem, Geist oder Seele. Tatsächlich ist der Atem für unser Bewußtsein ein Vehikel, auf dessen Rücken es in verschiedene Körperteile und ins Blut eindringen kann. Ich stelle mir vor, daß ich meinen Atem mit Bewußtsein begleite und in die einzelnen Organe meines Körpers hereinleite. Entsprechende Übungen finden sich schon bei den eben erwähnten Indern, aber auch im Alten China. Im Grunde wußten alle alten Kulturvölker um die geistige Bedeutung des Atems. Wie sehr das Leben mit dem Atem zusammenhängt, spürt ja auch unsere Sprache, wenn wir vom Lebensodem, vom Atem des Lebens reden. Denn Atem bedeutet in der Tat Leben. Der Atem ist der Motor all unserer Lebensfunktionen. Die eingeatmete Luft versorgt uns mit Lebensenergie. Aber schon rein körperlich geschieht beim Atmen noch viel mehr: «Die Muskelbewegungen beim Atmen unterstützen den Bluttransport im Körper, also auch die Herztätigkeit und sorgen so dafür, daß Blut wirklich bis in die feinsten Verästelungen der Blutbahn, der Kapillargefäße, vordringt, dorthin Sauerstoff bringt und auch dort Schadstoffe abtransportiert. Mehr noch: Eine tiefe Atmung, bei der nicht nur der Brustkorb und die Schulter leicht angehoben werden, sondern die Bauchatmung, ist eine entscheidende Unterstützung für alle Körperorgane, die unterhalb des Zwerchfells liegen: Leber, Nieren, Darm. Der Transport der für die Verdauung wichtigen Gallenflüssigkeit, die in der Leber gebildet wird, in die Gallenblase, wird gefördert. Ebenso wird die Darmtätigkeit angeregt. Die Verdauung hängt also auch von der richtigen Atmung ab.»[66]

Darüber hinaus aber geschieht im Zusammenhang mit dem Atem auch in seelisch-geistiger Hinsicht eine ganze Menge. Durch ihn wird nicht nur der funktionelle Austausch lebensnotwendiger Stoffe ermöglicht, so daß beim Einatmen Sauerstoff aus der Luft den roten Blutkörperchen zugeführt, beim Ausatmen Kohlendioxid abgegeben wird. Vielmehr versinnbildlicht *und* realisiert der Atem gleichzeitig auch *seelische*

Möglichkeiten und Gesetzmäßigkeiten. Wie das Atmen, so ist das Leben in seiner geistig-seelisch-körperlichen Ganzheit der Rhythmus und die Einheit von Spannung und Entspannung. Einatmen bedeutet Spannung, Ausatmen Entspannung. Goethe hat die seelische Seite des Atmens treffend in die Worte gefaßt:

«Im Atemholen sind zweierlei Gnaden,
die Luft einziehen, sich ihrer entladen,
jenes bedrängt, dieses erfrischt,
so wunderbar ist das Leben gemischt.»

Leben ist ein Aufnehmen von Stoffen und/oder geistigen Inhalten (Informationen) aus der Außenwelt, ihre Verarbeitung in der Innenwelt und ihre Weitergabe an die Außenwelt. Das symbolisiert und realisiert gleichzeitig auch der Atem. Er hält ständig die Verbindung von Innen und Außen aufrecht. Er zwingt auch den fanatischsten Egoisten, der sich gegen alle und alles, gegen jeden Einfluß aus der Außen- und Mit-Welt abschließen und verbarrikadieren möchte, mindestens dazu, sich minimal zu öffnen, weil er sonst erstickt. Der Egoist muß seine Grenzen wenigstens halbherzig aufmachen, muß die Luft einatmen, die auch der einatmet, den er nicht mag oder haßt, den er nicht riechen kann. Im Atemholen ist er, ob er will oder nicht, mit allem, was auf dieser Erde lebt, mit Menschen, Tieren und Pflanzen verbunden. Dieselbe Luft teilen alle, über das Atmen kommt man mit allem in Kontakt, denn selbst die toten Stoffe beeinflussen ja die Qualität der Luft. Der Atem verbindet uns alle in einer großen Gleichheitsdemokratie alles Seienden!
Und ich kann an meinem Atem geradezu ablesen, wie ich zum Nicht-Ich, zu allem, was ich nicht selbst bin, stehe. Ich halte den Atem an, wenn ich Angst vor jemandem habe; ich fange an, erregt zu schnaufen, wenn ich meinem Gegner, auf den ich wütend bin, begegne; ich atme ganz flach, wenn jemand in der

Nähe meinen Widerwillen erregt oder mir ekelerregend erscheint. Der Asthmatiker kann überzeugt sein, daß ihm jemand regelrecht die Luft wegnimmt. Er reagiert mit einem Spasmus beim Ausatmen. Die Angst schnürt einem den Atem ab.

So ist der Atem tatsächlich die Bewegung der Seele. Ihr harmonischer oder gestörter Rhythmus ist an der Art unseres Atmens zu erkennen. Deswegen horche man in seinen Atem hinein, wenn man etwas über seinen seelischen Zustand erfahren will, wenn man wissen will, wie es einem geht.

Aber was ist die richtige Atemmethode? Es werden von verschiedenen atemtherapeutischen Schulen diesbezüglich zahlreiche Konzepte entwickelt. Es werden Atemübungen im Stehen, im Sitzen, im Liegen, ja – bei der Rebirthing-Methode – sogar mit Unterbrechungen unter Wasser angeboten und verschrieben. Es ist im Rahmen eines Kapitels unmöglich, all diese Methoden genauer zu beschreiben.[67] Aber das ist auch nicht absolut nötig. Die besondere Nähe des Atems zur menschlichen Geistseele zeigt sich nämlich auch daran, daß es keine Atemübung oder -methode gibt, die für alle paßt. Wie die menschliche Geistseele ein einmaliges Individuum ist, so ist auch der Atem bei jedem Menschen etwas ganz Individuelles. Jeder muss seinen ganz speziellen und individuellen Weg zu seinem Selbst finden, und ebenso muß jeder diesen ganz persönlichen, ihm angemessenen Atem entdecken.

Selbstverständlich gibt es ein paar allgemeine Normen, an die sich jeder individuelle Atem halten sollte. Wichtig ist es vor allem, sich bewußt zu machen, daß der eigene Atem nicht nur ein körperlicher Vorgang, sondern ein Körper und Seele einbeziehendes Gesamtgeschehen ist, das einen jeden zur Ruhe, zur Sammlung, aber auch zur Entspannung, Entengung und damit Befreiung, zum Empfinden seiner selbst sowie zur inneren Läuterung (Reinigung) führen soll. Der Ruhe und Sammlung dient die Methode des langsamen Atmens. Dabei muß jeder selbst herausfinden, was für ihn langsam ist. Der eine wird von

18 oder 16 Atemzügen pro Minute auf zehn, der andere vielleicht auf acht, ein dritter vielleicht sogar auf nur fünf Atemzüge heruntergelangen. Hinzuzufügen ist, daß dieses langsame Atmen vor allem Bauchatmung ist und sein muß. Wer diese langsame rhythmische Bauchatmung praktiziert, wird nicht nur ruhig, gesammelt, konzentriert, er wird auch seinen Körper, dessen Bewegungen, Schwingungen, Vibrationen, das Fließen des Lebens in ihm deutlich und bewußt empfinden und in wundervoller Weise zur Meditation fähig sein, meditativ werden. Alle Unruhe, falsche Sorgen, lästige Gedanken, unangenehme Emotionen, Ängste vor den Entscheidungen, die wir morgen oder übermorgen zu treffen haben, fallen von uns ab. Ihre Unwichtigkeit für unser eigentliches Leben wird uns klar. Die «Leichtigkeit des Seins» wird uns wohlig bewußt. Wir fühlen uns freier. Richtiges Atmen ist ein Befreiungs- und Entengungsprozeß, ist ein spiritueller Akt.

Eine weitere allgemeine Norm, die für jeden individuellen Atem gilt, ist der Prozeß der Reflexion und der Selbsterfahrung, zu denen das Atmen einen jeden von uns bewegen sollte. Wir versuchen zuerst einmal, es in uns atmen zu lassen, den Atem willentlich nicht zu beeinflussen, sondern ihn frei, spontan, «bewußtlos», unwillkürlich fließen zu lassen, wobei wir ihn aber (scheinbar paradox) dennoch sacht beobachten. Es ist durch die eigene Erfahrung praktizierbar und bewahrheitbar: Weil wir eine Leitidee unserer Vollkommenheit und Ganzheit, unseres Weges zum harmonischen und alles umfassenden Selbst in uns tragen, merken wir nach einiger Zeit die Einseitigkeiten, Schiefheiten, falschen Schwerpunkte, Mängel und Fehler unseres spontanen Atmens. Auch hierbei ist wieder der Atem ein Spiegelbild unserer Seele, unseres Charakters, unseres ganzen Menschseins. Wieviele Einseitigkeiten, falsche Dressate und Angewohnheiten, zu starke Bindungen, Anpassungen und Anbiederungen, Konzentration auf falsche Werte, Vorbilder und Güter, mit einem Wort: wieviele Fehlformen haben wir doch im Vorgang unserer Erziehung, in der Auseinandersetzung mit den Gewalten und Tendenzen der Außen- und Innenwelt angenommen? Sie haben sich auch in unserem unkontrollierten Atem niedergeschlagen, so daß er reduziert, unserer wirklichen Persönlichkeit unangemessen, einseitig, «schwachbrüstig», hart, flach, zu schnell, falsch gerichtet ist. Die Psychologie geht davon aus, «daß wir als Baby noch einen ganz unverstellten Atem haben und daß im Laufe der Jahre durch die Erziehung und auch durch ein Angewöhnen bestimmter innerer und äußerer Haltungen Atemfehlformen entstehen».[68]

Eine dritte allgemeine Norm des Atmens, die eng mit der vorhergehenden zusammenhängt, ist die überhaupt höchste für jedes menschliche Individuum. Man kann sie geradezu als metaphysische Norm der Spiritualität bezeichnen, wie das der folgende Text sehr schön zeigt: «Der Atem gehört nicht zu uns, noch gehört er uns. Der Atem ist nicht in uns, sondern wir sind im Atem. Über den Atem sind wir ständig verbunden mit etwas, was jenseits des Geschöpften, jenseits der Form ist. Der Atem sorgt dafür, daß diese Verbindung mit dem metaphysischen Bereich (im wörtlichen Sinne: mit dem, was hinter der Natur liegt) nicht abreißt. Wir leben im Atem wie in einer großen Gebärmutter, die weit über unser kleines, abgegrenztes Sein hinausragt – sie ist das Leben, jenes letzte, große Geheimnis, das man nicht erklären, nicht definieren kann – man kann es nur erfahren, indem man sich ihm öffnet und es durch sich hindurchfluten läßt. Der Atem ist die Nabelschnur, durch die dieses Leben zu uns fließt. Der Atem sorgt dafür, daß wir in dieser Verbindung bleiben.» Erst der «göttliche Odem», der «Hauch, der aus dem Bereich jenseits des Erschaffenen kommt, macht den Menschen zu einem lebendigen, beseelten Wesen.»[69] Das «Jenseits», von dem dieser Text spricht, darf nicht räumlich als «über» oder «außerhalb» der Welt mißverstanden werden. In der Tiefe der Natur, in der Tiefe des Lebens ist die Unendlichkeit und Göttlichkeit, ist die unendliche Kraft. In der Tiefe unserer Seele ist das Geist-Selbst, zu dem unser Lebensplan uns hindrängt und das uns mit dem Universalen Geist, der alles belebt und beseelt, vereinigt. Jenseits ist dieser Geist nur im Verhältnis zu unseren oberflächlichen, vordergründigen, nur scheinbar wichtigen, in Wirklichkeit banalen und seinsvergessenen Aktivitäten, unserem Umgetriebensein ohne die Führung durch das «ethische Ich». «Mitten im Leben jenseitig» – mit dieser Formel hat deshalb der von den Nazis hingerichtete große evangelische Theologe Dietrich Bonhoeffer das Verhältnis des Göttlichen zu uns treffend umschrieben. Echte Atem- und Körpererfahrung, die der Linie unseres Lebensplanes folgt, führt uns jedenfalls immer tiefer in den Bereich unserer inneren Jenseitigkeit, in den geistigen Raum des Selbst und damit zur Erfahrung des Atems und Rhythmus des Gesamtlebens des Universums.[70]

Wir in der westlichen Zivilisation oft so geist- und sinnlos Dahinlebenden haben vergessen oder nie erfahren, was die westliche Mystik aller früheren Jahrhunderte immer wußte, was aber vielleicht stets noch stärker von der östlichen Mystik betont wurde, daß nämlich mit dem richtigen, richtig bewußtgemachten Atem «die innere Einswerdung wächst. Zen spricht vom Atmen durch jede Pore, und das ist buchstäblich wahr. Allmählich nimmt man wahr, daß der ganze Körper atmet und der ganze Körper meditiert ... Sodann kann man sich der kosmischen Dimensionen des Körpers, der Einheit des Selbst mit dem ganzen Universum und ‹des Atems des Universums› bewußt werden ... Die östliche Meditation von Joga bis Zen mißt dem Körper und dem Atem die größte Bedeutung bei. Der Buddhist oder Hindu erreicht die Erleuchtung nicht durch eine rein spirituelle Geistestätigkeit, sondern durch eine lange, harte Schulung des Atems, der Körperstellung und der Diät. Dieses Training schult nicht nur den Geist allein oder den Körper, sondern die Körper-Person, den Geist-und-Körper.»[71]

Diese Ausführungen über den Atem, die noch durch zahlreiche weitere Details ergänzt werden könnten, zeigen bereits sehr deutlich, daß der Atmungsvorgang in seiner ganzheitlichen

Bedeutung der beste Beweis dafür ist, daß Leib und Seele eine unendlich innige Einheit bilden, daß jede Theorie oder Philosophie, die von einer Spaltung, einem Dualismus von Körper und Psyche ausgeht, die Wirklichkeit verfehlt. Gerade die Ausführungen über den Atem zeigen darüber hinaus sehr anschaulich, wie sehr der Körper in den Selbstwerdungsprozeß des ganzen Menschen eingeschaltet werden kann, welch positive Rolle er dabei zu spielen vermag. Dennoch darf dabei eine Einsicht, zu der wir in diesem Kapitel bereits gelangt sind, nicht verdunkelt werden, die Erkenntnis nämlich, daß das geistige Bewußtsein in uns die führende Rolle im Prozeß der Selbsterfahrung und Selbstwerdung spielt, während der Körper «nur» das (allerdings sehr bedeutsame) Medium ist, in dem dieser Prozeß sich konkretisiert, verleiblicht, veranschaulicht und widerspiegelt, so daß man auch umgekehrt von der Erfahrung des Körpers her wichtige Schlüsse über die Beschaffenheit seines geistig-psychischen Lebens ziehen kann.

Der Körper wird hell und gesund durch den Licht- und Energiestrahl des Geistes, des spirituellen Bewußtseins. Aber das ist angesichts der innigen Verbindung von Geistseele und Leib in der Ganzheit Mensch nicht so zu verstehen, daß man den Körper zur Passivität verurteilt und auf das Geschehen der Heilung durch den Geist hofft und wartet. Auch rein theoretische Beschäftigungen ohne aktiven Einsatz des Körpers führen nicht zu ganzheitlicher Gesundheit. Das wäre ungefähr so, wie wenn man besten Wein in ein vermoderndes Gefäß hineingösse. In der Einheit Mensch braucht der Geist den Körper als ihm gemäßen, gleichberechtigten Partner. Das heißt: Aus den Kräften des Geistes heraus müssen wir unseren Körper aktivieren, beweglich und fit halten. Organe, die man nicht benutzt, verkümmern bekanntlich. «Der Geist ist willig», sagt Jesus, «aber das Fleisch ist schwach.» Es ist aus sich heraus träge, wenn es nicht durch die Energien des Geistes motiviert und mobilisiert wird. Diese geistige Energie muß zur körpereigenen

Bio-Energie werden. Je mehr das gelingt, um so stärker, widerstandsfähiger und gesünder wird der Körper.
Der Weg, die gewaltigen spirituellen Kräfte, über die jeder Mensch – meist ohne es zu wissen – verfügt, in Bioenergie umzuwandeln und dem Körper zuzuführen, heißt Übung, Training im besten Sinne des Wortes. Teile dieses Trainings sind Lockerungs- und Entspannungsübungen, Atemgymnastik, Stellungs- und Bewegungsübungen, Massagetechniken, Tanz, Sport, Balanceübungen u. ä. Ziel all dieser Übungsarten aber ist immer nur das eine: Den Fluß der Lebensenergie, die vom Geist über die Psyche ungehindert in den Körper einströmen will, zu ermöglichen. An unserem Körper können wir ablesen (body-reading), welche Körperteile bzw. Organe durch ihre Verspannung oder einseitige Belastung oder schiefe Stellung diesen Energiefluß behindern, einengen, minimalisieren. Durch Beobachtung, Selbsterfahrung und Nachdenken lernen wir dann aber auch immer besser zu erkennen, auf welche nicht bereinigten seelischen Konflikte oder ungelösten Probleme unseres Charakters diese Spannungs- und Haltungsfehler des Körpers hinweisen.
Schon unsere Vorstellung von uns selbst und von unserem Körper kann diesen unbeweglicher, starrer, «verknoteter» machen, so daß auch der freie und uneingeschränkte Fluß der Lebensenergie stockt. Wenn wir uns, wie die meisten in unserer Gesellschaft, daran gewöhnt haben, den Körper als bei Empfängnis und Geburt festgelegte, feste und undurchdringliche Masse oder als Maschine zu sehen, deren fixierte Anfangsbedingungen den weiteren Lebenslauf (sprich: «Körperlauf») entscheidend und ohne echte Eingriffsmöglichkeiten von unserer Seite bestimmen, wenn wir den allmählichen Verschleiß und Verfall unseres Körpers als unabänderliches Schicksal betrachten, dann wird unser Bewußtsein dem Körper auch nichts zutrauen und Haltungsschäden, Verspannungen, Krümmungen usw. als «gottgegeben» oder der eigenen Veranlagung entsprechend hinnehmen. Das Zwangskorsett unserer Bilder vom Körper,

wie es sich durch Erziehung, Schule, Moral der Gesellschaft und weitere Zivilisationsmechanismen zunächst in unserem Bewußtsein festgesetzt hat, läßt allmählich auch unseren Körper immer unelastischer und weniger flexibel werden, so daß er dann tatsächlich zu einem Kerker wird, der sich zunehmend stärker gegen den Strom der Lebensenergie verschließt. Er ist dann in der Tat zu einer verfestigten, starren Masse geworden, während er doch an sich ein offenes, bewegliches und fließendes Energiefeld darstellt,[72] das allen Einflüssen «von oben» zugänglich ist. Keiner sage also zu sich selbst oder zum Arzt, den er besucht, im Hinblick auf seine körperlichen Mängel und Beschwerden: «Das ist bei mir nun einmal so. Damit muß ich mich abfinden und froh sein, wenn ich schmerzmildernde Mittel dagegen bekomme». Denn damit legt er seinem Körper Fesseln an und fixiert ihn auf Enge, Beschränkung, Steifheit und Lebensunlust.

Wenn wir dagegen Vertrauen in unseren Körper hegen, ihm etwas zumuten, eine ganz positive Vorstellung von seinen enormen Möglichkeiten, seiner Ausdauer, Widerstandsfähigkeit, Frische, Beweglichkeit und Gesundheit in uns realisieren, dann ist diese Vorstellung, dieses Bild kein Phantom, sondern eine innere Kraft, die wie eine unsichtbare Substanz ständig auf unseren Körper einwirkt und ihn im Sinne dieser Vorstellung ummodelt und vervollkommnet. Natürlich handelt es sich – wie angedeutet – nicht um irgendeine unserer zahllosen Vorstellungen oder um irgendein Bild. Vielmehr muß dieses Bild der Gesundheit eine reale geistige Kraft werden. Das heißt: wir müssen es nicht nur denken und vorstellen, sondern lieben, also fühlen, wertschätzen, gefühlsmäßig damit einswerden. Das gelingt vor allem mit Hilfe von Betrachtung, Besinnung, Meditation. Erst dann wird ein bildhafter Gedanke unser wirkliches Eigentum und senkt sich in unseren Personkern, unser Selbst ein. Von da aus als dem tiefsten Quellpunkt unserer Kraft sendet er dann ständig positive Signale und Anregungen in den Körper.

Aber auch hier muß der Körper dazu etwas beitragen. Die Lebensenergie strömt nur dann frei und ungehindert in den Körper, wenn er vollkommen gelockert, entspannt, entstreßt und ausbalanciert ist. Es gibt eine ideale, ideal ausbalancierte Körperhaltung und ein ideales Verhältnis der Körperteile und -organe zueinander. Vielleicht gibt es eine solche Körperhaltung nur in der Idee, aber wenn diese Idee eine Kraft in unserem Bewußtsein wird, ist sie ja schon eine (mentale) Wirklichkeit und beginnt Motivationen und Energien in den Körper auszusenden, so daß dieser sich immer mehr zu einer idealen Balance hinentwickelt. Vielleicht ist es nur eine hilfreiche Hypothese, die von manchen Körpertherapieschulen verkündet wird, aber sie hat sich in der Heilpraxis schon tausendfach bewährt: die Hypothese, daß es ein ideales Gleichgewicht in der Körperhaltung gibt, bei der der Körper am allerwenigsten belastet wird und dementsprechend am optimalsten und ökonomischsten funktioniert. Jene Körpertherapieschule, die «Rolfing» oder «strukturelle Integration»[73] heißt, stellt sich die ideale Körperhaltung entlang einer Linie vor, die senkrecht durch Ohr, Schulter, Hüftgelenk, Knie und Fußknöchel geht. Jede Abweichung von dieser idealen Körperhaltung verbrauche unnötige Energie. Das klingt plausibel, wenn wir nur daran denken, wieviel Schmerzen und Energie zur Bewältigung dieser Schmerzen das einseitig belastete Knie von Fußballspielern, die chronisch-angespannte niedrigere oder höhere Schulter rechts- oder linkshändiger Schreibtischmenschen, der aus Angst vor Zivilcourage oder einer anstehenden Aufgabe permanent eingezogene Nacken hervorruft bzw. erforderlich macht.

Verschiedene Körpertherapie-Schulen versuchen nun, den in seinen Fehlhaltungen und Fehlfunktionen erstarrten Körper wieder «flüssig» zu machen. Die einen setzen beim «Muskelpanzer», die anderen beim «Bindegewebspanzer» an, denn Verspannungen des Körpers manifestieren sich in diesen beiden Bereichen am deutlichsten. Wichtig ist, daß man sich klarmacht, daß z. B. der «Muskelpanzer» zugleich ein «Charakterpanzer» (Wilhelm Reich) ist und daß beide den Lebensenergiefluß hemmen. Der Psychoanalytiker und -therapeut Wilhelm Reich mit seiner Orgontherapie[74] und die von ihm abhängigen Therapieschulen, wie z. B. die bioenergetische von A. Lowen[75] und J. Pierrakos, behaupten schlichtweg, daß die gesamten Spannungsmuster im Körper eines Menschen dessen Charakterstruktur ergäben, daß damit die Landkarte der Seele in der Struktur des Körpers zu lesen sei. Durch die Auflösung der Verspannungen des Körpers würden auch die erworbenen Einseitigkeiten des Charakters aufgehoben, die natürliche Beweglichkeit und Ausdruckskraft des Organismus wiederhergestellt und der freie Fluß der Gefühle wieder ermöglicht. Viele erleben es schon als ungeheure Befreiung, wenn durch die Auflösung der Verspannungen ihre chronischen Muskelschmerzen verschwinden.

Prüfen wir uns daher selbst und unsere Muskelverspannungen. Wo sitzen meine Verpanzerungen? Mehr in der oberen Kopfhälfte (z. B. sorgenvoll gefurchte Stirn, angespannter Blick oder halbgeschlossene Augen), oder in der unteren Kopfpartie (z. B. ein verkniffener Mund oder zu fest geschlossene Zahnreihen), im Nacken und Hals oder in der Brust und im oberen Rücken, in der Taille, im Bauch oder im Becken? Lehne ich mich mehr nach links oder nach rechts, wenn ich sitze oder liege, so daß die Muskeln einer Körperhälfte gespannter und härter als die der anderen Hälfte sind? Wie ist meine Kopf-, Nacken-, Schulterhaltung? Wie halte ich meinen Rücken, meinen Brustkorb? Vermag ich Verspannungen meines Bauchs, meines Becken- und Genitalbereichs oder Verkrampfungen in meinen Oberschenkeln, Beinen und Füßen auszumachen? Trainiere ich meinen Körper durch «Stretching», also durch Strecken und Dehnen, indem ich bestimmte Muskeln und Muskelgruppen anspanne und entspanne? Bei diesen Beweglichkeitsübungen durch Muskeldehnung geht es auch darum, dem Streß vorzubeugen, indem man dem Lebensgesetz der Po-

larität zwischen Spannung und Entspannung, die ausgewogen und genau aufeinander abgestimmt sein müssen, folgt.
Was immer wir aber auf der körperlichen Ebene tun, ob wir laufen, wandern, radfahren, schwimmen, tanzen, Körper-Yoga oder fernöstliche Kampftechniken (Karate, Teak-Wau-Do, Judo, Kung-fu, Jiu-Jitsu, Aikido usw.) üben, ob wir Körpermassage, Übungen für Wirbelsäule, Gelenke und Muskeln durchführen, ob wir Tai-Chi-Seminare[76] oder Körpertherapien wie Konzentrative Bewegungstherapie,[77] Eutonie,[78] Eurhythmik, Bioenergetik oder Atemtherapie in Anspruch nehmen, wichtig ist, daß wir das ganzheitliche Anliegen unseres Lebensplanes nie aus dem Auge verlieren. Dazu gehört, daß wir im Zusammenhang mit all diesen Aktivitäten unseren gesamten Körper durchtrainieren, kein Organ oder Körperteil vernachlässigen und zugleich die goldene Mitte zwischen Zuviel und Zuwenig einhalten, das heißt: uns nicht überfordern lassen, aber auch unserer Bequemlichkeit und Faulheit nicht nachgeben. Dazu gehört aber noch viel mehr, daß wir in und durch alle diese Aktivitäten immer stärker unsere körperlich-seelisch-geistige Einheit, Ganzheit, Dynamik und Lebendigkeit erfahren, daß wir erkennen: Der Körper ist in all diesen Aktionen und Übungen stets mehr als der Nur-Körper, vielmehr äußert sich in ihnen immer ein ungeheures bioenergetisches Potential, das Geist und Psyche einbezieht. Wer für diese Wahrheit blind ist (und der ganze moderne Körperkult sowie die Rekordmanie im Sport mit ihren immer gefährlicheren Dopingmitteln sind dafür blind), der führt am Ende nicht einmal seinen Körper zur Gesundheit. Wieviele Spitzensportler, die doch die gesündesten und stärksten zu sein schienen, erleiden Herzinfarkte, sind frühzeitig verschlissen oder sterben relativ jung? Die moderne Ersatzreligion des Körperkults, die Vergottung des schönen, kraftstrotzenden, muskelbepackten Körpers übersieht und verschweigt seine Bedrohtheit und Hinfälligkeit, sein Alt- und Krankwerden und seine Sterblichkeit. Sie ist blind für die nicht minder tatsächliche Kehrseite der Wirklich-

keit, wie sie der häßliche, verkrüppelte, zermürbte, unterernährte, verkümmerte, dahinsiechende, innerhalb einer Umwelt mit abnehmender Lebensqualität dahinvegetierende, schmerzgepeinigte, durch Not und Laster verbrauchte und dahinwelkende Leib darstellt. Dieser Biologismus ist auch blind für den durch die grauenhafte moderne Kriegstechnik zerstückelten, zerfetzten, den atomar oder chemisch verseuchten Leib; für den Leib als vermodernden Leichnam. Der eitle Kraftprotz und der naiv-optimistische Lebensanbeter verkörpern Fehlformen biologischen Wertverhaltens, die vor der tragischen Seite der Wirklichkeit klein beigeben müssen. Dieser Seite der Wirklichkeit läßt sich auch kein biologischer Sinn überstülpen.
In Wirklichkeit soll der Körper das Medium immer höherer spiritueller Erfahrungen werden, so daß mit und durch ihn die ganze Fülle und Intensität des Lebens erreicht wird. Durch den Körper, seine Haut, durch zärtliche Kontakte sollen Erotik und Sinnlichkeit wieder fühl- und erlebbar werden. Zugleich aber soll auf diesem Weg über die Sinnlichkeit der in ihr liegende tiefere geistige Sinn erschlossen werden. Gelungenes Leben ist Sinnlichkeit und Sinn. Auf dem Weg über den Körper, über die Lösung seiner Verspannungen, Verklemmungen, Verrenkungen und Verkrampfungen soll das in unserer verkopften Gesellschaft so unterdrückte Gefühlsleben wieder auferstehen und sich z. B. nicht mehr schämen müssen, Sensibilität für unterdrückte Mitmenschen, herzliches Mitleid für Tiere und Pflanzen offen und frei ausdrücken zu dürfen.[79] Jede Neurose und Psychose ist ja zugleich auch die Abspaltung, Unterdrückung, Verdrängung eines Teils unseres Gefühlslebens und -ausdrucks. So soll das Training mit dem Körper immer auch höhere Ziele fördern: eine größere Fähigkeit des Selbstausdrucks und der Selbstbeherrschung, die Erweiterung des Bewußtseins und die Stärkung des Selbst-Bewußtseins, die Wiederherstellung der ursprünglichen nichtneurotischen Natur des Menschen usw.
Der Stärkung des Selbstvertrauens und Selbstbewußtseins

dient in der Therapiemethode der Bioenergetik z.B. das «grounding», das «Fest auf der Erde Stehen» oder «Geerdetsein». Dafür gibt es ganz bestimmte Übungen, durch die man wieder den Zusammenhang seines Körpers mit dem Gesamtorganismus Erde zu fühlen lernt. Man spürt wieder, wie Energie und Gefühl durch die Beine frei in den Boden fließen und von dort wieder zurückkehren. Dadurch fühlt man sich als Teil eines Ganzen und erlangt neue Sicherheit über seine Stellung im Kosmos, seine Balance, seinen Stand im eigenen Lebensprozeß. Die Verwurzelung in der Mutter Erde ist ein wesentliches Element der Naturreligionen.[80] Der moderne Mensch ist und fühlt sich auch deshalb entwurzelt, weil er den Kontakt zur Erde, die die Tragfähigkeit des Seins überhaupt versinnbildlicht und konkret realisiert, nicht mehr spürt. Aber das ist eine Einheit: Ohne ein sich Verwurzeltwissen in seinem Körper und durch ihn in der Erde und im Universum kann ich kein letztes Vertrauen zu mir selbst und zu einem guten Kern in jedem meiner Mitmenschen haben. Nur so kann ich *radikales,* d.h. von der Wurzel («radix») emporströmendes, und *totales,* d.h. das Universum einbeziehendes Leben in mir haben, wobei nochmals darauf hingewiesen sei, daß auch der Organismus Erde und das Universum nicht ohne die Kräfte, die Intelligenz und die Gesetze des Geistes zu denken sind.[81]
Alles Training ist Bewegung, und Bewegung ist Anderswerden. Man fühlt sich bekanntlich schon anders, wenn man sich nicht im alten Trott, gemäß seinen bisherigen Gewohnheiten, sondern anders bewegt. Diese Bewegung soll aber immer ganzheitlicher und immer stärker mit Sinn angefüllt werden. Das heißt: durch die körperliche Bewegung soll zunächst einmal der freie, gelöste Energiefluß im Körper wiederhergestellt, die Körperhaltung berichtigt und das biopsychische Energieniveau zur Bewältigung des täglichen Lebens erhöht werden. Danach sollen die Sinnesempfindungen verfeinert, die sinnliche Wahrnehmungskraft verstärkt werden. Durch die Körperarbeit kommen aber auch längst vergessen geglaubte, verdrängte,

unverarbeitete Gefühls- und Erlebniskomplexe hoch. Ihnen muß man sich jetzt bewußt stellen, sich einen Durchblick durch sie verschaffen, sie durchleuchten, klären und durcharbeiten. Es geht hier um einen wichtigen Teil der Selbst- und Lebensgestaltung, der im Lernen eines maß- und sinnvollen Umgangs mit den eigenen Gefühlen besteht. Auf dieser Grundlage wird auch unser Denken zu einem neuen Denken umgeformt. Wir denken jetzt nicht mehr allein mit dem Kopf, sondern das Denken: genauer: ein umfassendes Bewußtsein ist jetzt der Lebensvollzug der Ganzheit Mensch, das, was Buddha den Vorgang der Erleuchtung nennt, der uns Licht und Lebensweisheit vermittelt. Der Mensch denkt in der gesammelten Kraft und Harmonie von Geist, Seele und Körper. Denn nur deren «Balance», deren Gleichgewicht, macht unser Denken wirklichkeitsentsprechend, wirklichkeitsgerecht. Gesundheit in der Situation des Zivilisationsmenschen von heute ist, idealtypisch gesehen, die Durchdringung des Körpers mit geistig-ethischen Bewußtseinskräften und die Durchdringung des Bewußtseins mit der neu erfahrenen Weisheit des Leibes und der Natur.

II. Glaube als Seins- und Wertvertrauen – Voraussetzung und Partner der Vernunft

Viele Menschen setzen Glauben mit Nichtwissen gleich. Auch der Durchschnittswissenschaftler sieht den Glauben einfach im Gegensatz zum präzisen Wissen, zur Wissenschaft. Oder man setzt Glauben mit kirchlichem Dogmenglauben gleich. Aber all das entspricht nicht dem Begriff des Glaubens in seiner ursprünglichen Form und Bedeutung. Glaube ist eine wichtige und unüberspringbare Form wissenden Vertrauens, wissender Intuition. Wie sehr diese notwendig ist, sahen wir auch schon im vorigen Kapitel, z.B. im Zusammenhang mit dem Problem des Gesundwerdens.

Deswegen stellen wir gleich an den Anfang dieses Kapitels eine These, um die sich alle folgenden Ausführungen bewegen werden und die so umfänglich wie möglich zu begründen sein wird. Sie lautet: *Glaube gehört zur Grundkonstitution des menschlichen Wesens, ist in der Struktur des Menschseins konstitutiv verankert, ist eine anthropologische Grundbefindlichkeit. Weil dem so ist, spielt der Glaube auch eine so große Rolle in Gesellschaft und Politik.*

Nur der vordergründigen Meinung nach ist nämlich Glaube etwas dem Wissen Entgegengesetztes, ein Nichtwissen oder Halbwissen. In Wirklichkeit ist Glaube eine Haltung der Existenz; ein existentielles Sich-Verhalten; die Weise, wie sich einer zum Ganzen des Seins bezieht. Glaube ist eine Ur-Haltung, eine Ur-Seins- und Daseinsweise. Er ist irrational, aber nicht antirational. Kein Mensch hat sich je nur rational verhalten. Ein Zutrauen, daß das Sein hält, daß sozusagen die Balken des *Universalen Seins* sich zwar unter seinem Schritt biegen, vielleicht auch ächzen, aber doch tragen werden, ist notwendig zur seelischen Gesundheit. Eine Ökologie, sozusagen ein äußerer und innerer Umweltschutz des eigenen Seins ist für den Menschen nicht ohne Glauben möglich. Wir teilen gern die Menschen etwas oberflächlich in Optimisten und Pessimisten auf. Mehr oder weniger ist ja auch jeder Mensch der einen oder anderen Kategorie zuzurechnen. Denn auch als sogenannter Realist sieht jeder Mensch die Wirklichkeit entweder mehr positiv oder mehr negativ. Beides aber – Optimismus wie Pessimismus – ist ein *Glaube*. Und das gilt auch für den Blick in die Zukunft.

Das fängt schon beim Kind an. Ohne Glauben an die bergende Kraft seiner Betreuer (Mutter, Vater usw.), also ohne ein gewisses Grundvertrauen kann es nicht gedeihen, sammelt es keine psychische Energie.

So betrifft Glaube den Menschen in seiner Totalität, er stellt einen ganz charakteristischen Komplex menschlicher Entscheidungen, Gesinnungen, Haltungen dar, die fundamental das Sein des Menschen bestimmen.

Allerdings ist der Glaube in jedem Menschen eine dynamische, keineswegs eine statische Wirklichkeit. Er wächst oder schwindet, nimmt zu oder ab. Nie kann sich ein Mensch als vollkommen gläubig, nie als radikal an nichts glaubend bezeichnen, ohne zu lügen. Nie wird er mit seinem Glauben fertig, weil der Glaube nicht der Kategorie des Habens, sondern des des Seins, der *Existenz*, angehört. Wie der Mensch seine Existenz nicht *hat*, sondern *ist*, wie sein letzter nackter, aber auch eigentlicher Existenzkern bleibt, wenn er alles, was er hatte, verliert oder abstreift, so hat man auch nicht den Glauben, sondern man *ist* gläubig oder ungläubig mindestens in dem Sinne, daß man einen letzten Sinn oder eine letzte Absurdität des Daseins annimmt. Wie aber oft gerade nach dem Verlust vieler Güter, die der Mensch *hatte* und an die er sich als vermeintlich unbedingt lebensnotwendige klammerte, die reine Existenz mit erneuerter Dynamik hervorbricht und Gewaltiges vollbringen kann, so vermag auch ein starker, enthusiastischer Glaube (zum Beispiel an die Wissenschaft, an eine technische Errungenschaft, an einen utopischen, durch Revolution herbeizuführenden Gesellschaftszustand) aus dem Menschen, der sich aus dem «*man*» des konventionellen Meinens und Denkens gelöst hat, der seinen Besitz an Wissen um das Gegenständliche, technisch manipulierbare Seiende nicht mehr für das Allerwichtigste hält, mächtige Energien hervorzulocken und ihn zu befähigen, gestaltend in die Wirklichkeit einzugreifen. So gesehen, wohnt dem Glauben als einer dynamischen Wirklichkeit eine Tendenz zur Klärung, Neuerschließung und Bereicherung des Menschenbildes, zur Vertiefung und Vereigentlichung, zur Um- und Neugestaltung des Menschseins inne.

Auch eine Weltanschauung ist nie das Resultat rein rationaler Überlegungen, geschweige denn rein empirischer Verifikationen von Sachverhalten; das letztere ist schon deshalb unmöglich, weil eine Weltanschauung immer auch nach dem letzten Sinn von Welt und Mensch fragt, der ja empirisch gar nicht greifbar ist, weil er nicht auf der Ebene der unseren Sinnen gegebenen Realitäten liegt.

Man kann ganz allgemein sagen, daß alle Menschen, sowohl die sogenannten Ungläubigen (wobei Unglaube nur Nicht-Glaube an Gott bzw. eine bestimmte Gottesvorstellung, kein Nicht-Glaube überhaupt ist) als auch die sogenannten Gläubigen (also die Anhänger der verschiedenen Religionen), eben *Gläubige* sind. Gläubig sind alle Menschen, weil alle Menschen sich ein Letzturteil über die kosmische und menschliche Gesamtwirklichkeit und ihren Sinn oder ihre Sinnlosigkeit bilden bzw. mehr oder minder bewußt nach einem solchen leben. Gehen doch diese Letzturteile als prinzipiell oder der Tendenz nach universale Gesamtdeutungen des Daseins, des eigenen wie der Welt, über das experimentell und empirisch-wissenschaftlich Nachprüfbare hinaus und sind daher im Sinne dieser Nachprüfbarkeit nicht beweisbar. Sie sind zumindest der Intention nach auf das Ganze bezogene Seins- und Sinnbejahungen oder -ablehnungen, also Glaubensurteile im weitesten

Sinne des Wortes. Die hier erwähnte Gesamtdeutung des Daseins kann eine fast unbewußte, sehr primitive, ja triviale sein, aber sie wird in dieser oder jener Form praktisch von jedem Menschen vollzogen. Wir können gar nicht erkennen, ohne sofort das Erkannte mehr oder weniger bewußt zu deuten und in den Gesamtrahmen unserer Erkenntnisse einzuverleiben. Sodann aber ist in allen Teilerkenntnissen von Fakten und Dingen in der Welt ein wenn auch sehr unvollkommener Urerfassungsakt der Gesamtwirklichkeit vorgeordnet, der nicht rein verstandesmäßiger Natur ist, sondern als ganzheitlich personaler Seins- und Werterkenntnisakt bezeichnet werden muß, der mit dem hier vorgetragenen Glaubensbegriff zum großen Teil identisch ist.
Wir wollen noch ein wenig eingehender zu zeigen versuchen, daß die eben erwähnte umfassende Sinndeutung des Daseins jeder Mensch in irgendeiner, wenn auch mitunter sehr primitiven Form vollzieht. Wenn einer mehr oder weniger bewußt beziehungsweise – wie es im weit verbreiteten Phänomen heutigen Massenmenschentums der Fall sein dürfte – fast ganz unbewußt nach dem Satz lebt, das Leben sei keinen höheren Werten verpflichtet; oder es habe keinen Sinn; oder es gebe nichts absolut Sicheres; oder alles hänge vom Standpunkt ab, den man einnimmt; oder es lohne sich überhaupt nicht zu leben; oder der Tod sei das absolute Ende; oder man könne nicht wissen, was nach ihm sei – so wird mit jedem dieser Urteile jeweils das Dasein auf seine Totalität hin gedeutet. Wenn einer das Leben in vollen Zügen genießt, ohne sich – wie man ein wenig oberflächlich sagt – irgendwelche Gedanken dabei zu machen, so hat doch praktisch auch er eine Daseinsdeutung vollzogen, in der die übersinnlichen geistigen Werte keinen Platz haben.
Es scheint eine Auswirkung der Wesensstruktur des Menschen zu sein, eine Interpretation von Welt und Leben wenigstens im Keim vollziehen zu müssen, mag dieser Vollzug auch auf ein Mindestmaß an Eigenaktivität, zum Beispiel auf gedankenlose Übernahme der Welt- und Lebensanschauung anderer oder auf sklavische Nachahmung ihrer Lebenspraxis, sich be-

schränken. Aber auch diese Übernahme bzw. Nachahmung muß noch als innerliche Aneignung gelten, wenn sie nicht unter Zwang geschieht, denn man übernimmt nur, was einem irgendwie zusagt.

Wir dürfen also sagen: *Glauben ist ein universales Phänomen in dem Sinne, daß jeder Mensch im Grunde immer schon mehr oder minder bewußt aus einer Gesamtinterpretation des Daseins heraus lebt, die experimentell bzw. empirisch in ihrer Gesamtheit nicht voll verifizierbar ist und geglaubt wird.*

Ganz im Sinne des soeben Gesagten konnte *Franz Kafka* sagen, der Glaube an die Wissenschaft sei die seiner Zeit entsprechende Form des Aberglaubens. Nicht umsonst spricht man ja auch von einem Wissenschaftsglauben, dies nicht nur deshalb, weil die Wissenschaft zu eng und ausschnitthaft ist, um das Ganze der Sinnfragen abzudecken und deshalb zur Eruierung eines Weltbildes tendiert, um dem Ganzen des Seins zu entsprechen (dem aber nur ein ganzheitlicher Glaube entspricht); sondern weil auch - zumindest bei wichtigeren Fragen und Ergebnissen, etwa der Naturwissenschaften - auch stets eine *geglaubte* Interpretationsweise hereinspielt. Ich erinnere an die Evolution. Das Phänomen der Evolution, einer auf Erden stattgefundenen Höherentwicklung trotz aller Um- und Irrwege dieser Entwicklung, muß jeder Wissenschaftler anerkennen. Aber die Kausalität? Heute wissen immer mehr Evolutionsforscher: Mikromutationen und Selektion allein können sie nicht bewirkt haben.[82] Die Schönheit einer Orchidee können sie nicht ausreichend erklären noch den Gesang eines Vogels, der nicht nur zur Balzzeit sein herrliches Lied schmettert. Aber trotzdem war jahrzehntelang jeder verpönt, der nicht dem neodarwinistischen Glauben oder Dogma anhing. Heute gewinnt der Glaube wieder an Boden, der neben all den analysierbaren Faktoren der Evolution doch auch ein dem Ganzen zugrunde liegendes geistig-psychisches Energieprinzip annimmt oder für möglich hält, etwa im Sinne *Albert Schweitzers*, der den tiefsten Grund seiner *Ehrfurcht vor dem Leben* als *«Ergriffensein von dem unendlichen, unergründlichen, vorwärtstreibenden Willen, in dem alles Sein gegründet ist»*, kennzeichnete.

Übrigens ist auch der Rationalist gläubig, glaubend an die Tragfähigkeit und tragende Logik seiner Begriffe als (mindestens in etwa) seinsmäßiger Entsprechung. Auch er muß ja einen gewissen Akt des Glaubens gegenüber den ersten Axiomen setzen, auf die sich sein ganzes Begriffssystem stützt, auf denen es aufbaut. Die *prima principia, die ersten Prinzipien und Axiome aller Wissenschaftsdisziplinen*, sind ja solche, die nicht mehr beweisbar und hinterfragbar sind, weil sonst der Prozeß des Beweisens *in infinitum*, ins Unendliche fortschreiten müßte. Alle weiteren Beweise fußen auf diesen Axiomen, die nicht mehr beweisbar, nur akzeptierbar und mehr oder weniger plausibel sind. Ein solches Axiom, das zugleich als Methode und Instrument allem Fortschreiten in den Naturwissenschaften zugrundeliegt, ist zum Beispiel das Kausalgesetz. Mit Recht sagt einer der berühmtesten Neodarwinisten, der Münsteraner Biologe *Bernhard Rensch: «Das Kausalgesetz selbst können wir niemals ‹erklären›, ebensowenig wie die Tatsache, daß die Welt so beschaffen ist, daß sie eine Differenzierung kausaler Spezialgesetzlichkeiten gestattet, zu denen auf einer besonderen Stufe auch die biologischen Gesetzlichkeiten rechnen.»*[83] Der Kybernetiker *Karl Steinbuch* meint zwar, es sei gar *«nicht mysteriös, daß sich auf dieser Erdoberfläche nach vielen vergeblichen Versuchen in Milliarden von Jahren Lebewesen mit der Organisationshöhe des Menschen entwickelt haben». Doch findet auch er es «sehr mysteriös, daß diese Erdoberfläche und dieses ganze physikalische System existiert».*[84] Das *Metaphysische* der Existenz der Welt betont auch der berühmte Sprachphilosoph *Ludwig Wittgenstein: «Nicht wie die Welt ist, ist das Mystische, sondern daß sie ist.»*[85] *Julian Huxley*, der Begründer des evolutionären Humanismus, äußert sich ähnlich: *«Dem klaren Licht der Wissenschaft, so sagt man uns oft, hat das Mysterium nicht standgehalten, und nur Logik und Vernunft sind übriggeblieben. Das ist völlig falsch. Die Wissenschaft hat den verhüllenden Schleier des Geheimnisses ... von vielen Phänomenen gelüftet; aber sie konfrontiert uns mit einem grundlegenden und universalen Geheimnis - dem Mysterium der Existenz überhaupt, und der Existenz des Geistes im besonderen. Warum existiert diese Welt? Warum ist die Welt so und nicht anders beschaffen? Warum weist sie geistige oder subjektive Aspekte ebenso auf wie materielle und objektive? Wir wissen es nicht. Wir können diese Tatsachen nicht deuten, wir können sie nur feststellen. Das heißt, daß wir das Universum als gegeben hinnehmen ... Wir müssen lernen, es richtig zu verstehen und seine sowie unsere eigene Existenz als das eine grundlegende Mysterium hinzunehmen ... Zwar vermögen wir hinsichtlich des Universums in seiner Gesamtexistenz nur eines: zu entdecken, daß es ein unantastbares Geheimnis ist ... doch die Einzelheiten dessen, was sich in diesem Universum abspielt und zur Welt der Erscheinungen gehört sowie die Beziehungen der mitwirkenden Teile untereinander lassen sich mit Verstand und Phantasie vom Menschen ... gewinnbringend aufklären.»*[86]

Auch alle heute so hoch im Kurs befindlichen Methoden der Selbstfindung, der Selbstverwirklichung, des Sich-zu-sich-selbst-Verhaltens, der Bewußtseinsklärung und -erweiterung, des Hinabsteigens in die Tiefenschichten der Psyche oder des Unterbewußten setzen ein Vertrauen voraus, den Glauben, daß man auf dem Grund der Psyche, des Ich, des Selbst die *Perle* seines echten Seins, seiner echten Identität findet. Denn man könnte ja ebenso annehmen, daß sich auf dem Grunde der Psyche nur ein Chaos von Empfindungen, Bedürfnissen, aggressiven und destruktiven Trieben vorfindet, aber nicht das hohe, eigentliche Selbst unter der Schale der Ichsucht, des Ego. Jede Meditation über mein Selbst, meinen Weg dazu, meinen Weg zur Selbstfindung und Selbstverwirklichung impliziert und enthält das Vertrauen, einen Glauben an die Gangbarkeit dieses Weges. So gesehen, gibt es nur die Alternative des

Glaubens oder des Nihilismus für die Menschen, zumindest gilt dies für das Gebiet der weltanschaulich letzten Fragen, der Fragen nach Sinn.
Aber selbst der Nihilismus bleibt als letzter Rest, als letzter Gegenpol zum Glauben als solcher nicht bestehen. Er kann sich als echtes Gegengewicht zum Glauben nicht behaupten. Auch er ist nämlich, zutiefst gesehen und analysiert, ein Glaube, wie das noch im nächsten Kapitel deutlicher zu zeigen sein wird.
Glaube ist also die Daseinsweise von Lebewesen, die nicht alles, d.h. das umfassende Ganze, sehen und wissen können. Nur ein konsequenter Agnostizismus, der alles in der Schwebe der Fraglichkeit beließe, könnte dieser Daseinsweise vielleicht entgehen. Aber er läßt die Hände schlaff herabfallen, er resigniert und bewirkt nur Resignation.[87]
Daß der Glaube als Zutrauen zum Sein, als Vertrauen, daß die Wirklichkeit trotz aller Widersprüche, aller Enttäuschungen, aller Widerstände dennoch das Feld für die Verwirklichung positiver Werte bleibt, daß sie positiven Sinngebungen des Menschen und der Menschheit auf die Dauer dennoch nicht absolut abhold ist, daß also Glaube in diesem Sinne absolut notwendig ist, beweist auch die Tatsache seiner gesellschaftlichen Deviationen und Fehlformen. Deshalb halten sich ja so viele so gern an einen Führer, einen Guru, der mehr Glauben, das heißt mehr Vertrauen zur Tragfähigkeit oder Stabilität des Seins ausstrahlt, mag diese Ausstrahlung nun real oder geheuchelt sein. Wie *Johannes Paul II.*[88] Millionen von Menschen zu Beginn seines Pontifikats anzog, das war doch nicht Resultat dessen, daß er neue wissenschaftliche Erkenntnisse gehabt hätte, sondern weil man ihm glaubte, daß er sozusagen mit den Urmächten des Seins tiefer verbunden sei als andere. Wer die frenetischen Beifallsstürme der Massen, die bis zu Ohnmachtsanfällen reichenden Ovationen der Nonnen, die überschwenglichen Sympathiekundgebungen auch von weiten Teilen der nichtkatholischen Presse bei allen öffentlichen Auftritten des neuen Papstes miterlebte, konnte kaum daran vorbei-

kommen, hier eine Massensehnsucht nach *Leadership* im Sinne von geistiger Führung und in einer Person verkörperter Daseins- und Wertorientierung anzunehmen. Der *Stalin*-Kult, der *Hitler*-Kult, der *Mao*-Kult, der *Jesus*-Kult in der Jesus-People-Bewegung, der Kult für eine patriarchalisch-autoritäre Vaterfigur in den sogenannten Jugendsekten, der *Wojtyla*-Kult und der *Khomeiny*-Kult - sie alle folgten und folgen der gleichen Gesetzlichkeit, wonach das tief im Menschen gegründete Vertrauen zur Wirklichkeit, zum Sein sich blitzschnell auf bestimmte Personen konzentrieren und fixieren kann, wenn diese eine größere Nähe zum Sein zu haben scheinen. Das ist besonders in Epochen und Situationen der Fall, die durch ihre Misere und ihren katastrophalen Charakter dieses menschliche Urvertrauen Lügen zu strafen scheinen. Dann klammert man sich um so lieber an eine Führerpersönlichkeit, die einen diesem Schein entgegengesetzten Eindruck macht.

Auch die positiven Auswirkungen des Glaubens (positiv im Sinne der Freisetzung großer psychischer Energien für positive Ziele) dürfen hier nicht unbeachtet bleiben. Mit Recht sagt der Volksmund: *«Der Glaube kann Berge versetzen.»* In die gleiche Richtung weist das berühmte Wort *Jesu: «Wenn du zu diesem Berg sagst: Versetze dich, und du nicht schwankst in deinem Herzen, dann geschieht es.»* Bekanntlich erklärt der Spiritismus dieses Wirkenkönnen mit Hilfe des Glaubens auf andere Dinge mit dem panpsychischen Element in allem, worauf wir hier aber nicht näher, auch nicht kritisch einzugehen brauchen. Tatsache ist: Wer glaubt, verändert die Welt, wenn auch vielleicht nur minimal, wenn auch vielleicht nur in seinem Bewußtsein. Aber auch dann hat die Welt eine andere Qualität bekommen. Die Welt ist dann nicht mehr dieselbe wie vorher. Es ist, als ob vom Glauben eines Menschen telepathische und telesomatische Einflüsse ausgingen. Man kann nicht einmal eine Wahrheit für richtig befinden ohne einen (mindestens unbewußten) Willensakt, einen Glaubensakt, denn zumindest bei wichtigeren Wahrheiten und Erkenntnissen ist immer auch

eine Entscheidung für diese Erkenntnis, für diese Wahrheit impliziert. Der Depressive, der Skrupulöse, der Schizophrene usw. können die Wahrheit nicht glauben. In der Psychologie nennt man sie dann realitätsuntüchtig. Sie haben kein Vertrauen zum Sein!
Jedenfalls: Gibst Du der Welt einen Sinn, dann hat sie (für Dich) Sinn. Dann veränderst Du sie im Sinne dieses Sinnes! Gibst Du ihr keinen Sinn, dann verleihst Du ihr gleichsam Unsinn, dann verbreitest Du das kalte und leere Nichts um Dich. *Luther* sagt direkt ketzerisch, der Glaube setze die Gegenstände des Glaubens, die Glaubenswahrheiten, die Dogmen. Ohne ihn existierten sie nicht, seien sie nicht da. Nur ist es so mit dem Glauben ganz allgemein, nicht bloß dem christlichen. Und es ist auch nicht so, daß erst jenseits der Grenzen des Wissens der Glaube begänne. Auch dem Wissen müssen wir Glauben im Sinne eines allgemeinen Vertrauens entgegenbringen.
Sodann steht der Glaube an die Durchführbarkeit, an die Realisierbarkeit einer Sache am Beginn jeder großen wissenschaftlichen, technischen, gesellschaftlichen Veränderung und Errungenschaft. Mit Recht sagte *Goethe*, alle Epochen seien groß gewesen, in denen der Glaube dominierte; alle Epochen klein, wo kleinlicher Köhlerglaube und Nichtglaube herrschten. Groß war natürlich nicht – und so meinte es auch *Goethe* nicht – die Epoche der Glaubensinquisition, denn sie war ja gerade der Mangel an Glauben, das Fehlen des Vertrauens daran, daß der christliche Glaube aufgrund seiner inneren Strahlkraft, also ohne äußere Machtmittel, die Welt verändern, die Menschen gewinnen könne. Nur ein gläubiger Aufbruch der Tiefenschichten des Menschen kann überhaupt an den Negativitäten des Bestehenden etwas ändern und hat auch in der Geschichte der Menschheit eh und je Veränderungen zustande gebracht, etwa bei der Entstehung des neuzeitlichen Humanismus, der nicht als akademische Philosophie, sondern als neues Lebensgefühl, als neuer *élan vitale*, als neues Zutrauen zum Sein entscheidend dazu beitrug, die alten, been-

genden Strukturen des Mittelalters und des Feudalismus zu überwinden.

Natürlich muß hierbei immer wieder daran erinnert werden, daß wir Glauben abweichend vom Normalverständnis nicht als Nichtwissen oder als falsches Wissen auffassen, sondern als ein letztes Dennoch-Vertrauen zur Wirklichkeit. Auch *Karl Jaspers' Philosophischer Glaube* im Sinne der existentiellen Erkenntnis und Realisierung der Wahrheit kommt unserem Glaubensbegriff nahe. Wo Glaube als Vertrauen, als Wissen im Sinne des ganzheitlichen Wissens bejahender Willensakt, als Entscheidung, dem Wissen ganz nahe ist, sich von ihm erleuchten, das Wissen sich aber vom Glauben stärken läßt, dort ist er eine grundlegende Größe im Menschen und verhilft diesem zu echter Selbstverwirklichung. Wo aber der Glaube sich vom Wissen entfernt, seine Erleuchtung in abstrus-okkulten Quellen sucht, dort geschieht - eben aufgrund der fundamentalen Wirklichkeit des Glaubens im Menschen - Diabolisches mit der menschlichen Existenz (siehe Hexenglaube, Inquisition usw.).

Nicht im Glauben als existentieller Grundhaltung kann also die Gefahr des Glaubens für die Gesellschaft liegen. Erst der Glaube, der sich über den Glauben des anderen erhebt, wird und wirkt gefährlich. Jener Glaube ist gefährlich, der seine Sichtweise zur einzig maßgeblichen erhöht oder erheben möchte. Jener Glaube ist gefährlich, der sich einer Gruppe oder größeren Anzahl von Menschen als unfehlbar und allein seligmachend aufdrängen möchte. Jener Glaube ist gefährlich, der seinen Charakter als Urhaltung und Urvertrauen zur Wirklichkeit verliert und sich reduziert zu einem Fürwahrhalten von Sätzen, von Thesen, von Meinungen, von ganz bestimmten fixierenden Urteilen, der also zu einer Dogmatik verkommt. Glaube als Vertrauen zur Wirklichkeit, daß sie letzlich doch heute oder in Zukunft Heimat und Geborgenheit trotz aller tragischen Zwischenfälle des Lebens geben kann oder könnte, weil - wie *Aristoteles* sagt - die Natur nichts umsonst

und nichts Sinnloses tue, dieser wahrhaft basale Glauben ist nämlich alles andere als das Fürwahrhalten und krampfhafte Festhalten einiger Sätze und Thesen, die auch gar nicht aus diesem Urvertrauen abgeleitet, deduziert werden können. Die Weite dieses Vertrauens duldet nämlich gar keine Fixierungen auf satzhafte, ausschnitthafte Wirklichkeiten.
Der sich über den Glauben des oder der anderen erhebende Glaube, der *seine* Sicht der Dinge zur einzig maßgebenden erhöhende Glaube, der sich einer Gruppe oder überhaupt allen Menschen als unfehlbar und allein seligmachender aufdrängende Glaube wird zugleich durch diese seine negativen Tendenzen zum *Aberglauben.* Aberglaube bedeutet ja falscher Glaube, Fehlglaube. Wer aber seine Sicht der Wirklichkeit, selbst wenn er sie auf eine Offenbarung zurückführt, zur einzig richtigen erklärt, der verabsolutiert seine individuelle Sehweise (selbst wenn wir als Individuum hier ein begrenztes Kollektiv annehmen, dem eine Offenbarung zuteil geworden sei). Jede Sicht der Wirklichkeit durch einen einzelnen oder durch einzelne Gruppen ist begrenzt, spezifisch bedingt, kann somit nicht die einzig richtige Sicht der Dinge, kann nicht die absolute Wahrheit sein. Somit kann auch ein Glaube als ganzheitliches Wissen um den Sinn der Wirklichkeit nur ein Beitrag eines Menschen oder einer Gruppe zur Gesamtwahrheit sein, die nur von allen Gruppen beigebracht, erbracht werden kann. Aberglaube ist also die Vereinseitigung, Verengung, Deformierung des ganzheitlichen Glaubens, und alle abstrusen «*Wahrheiten*», die wir so mit dem Wort *Aberglauben* verbinden (wie Hexenglaube, Dämonenglaube, Satanskult usw.), sind nur eine Folgeerscheinung des fundamentalen Aberglaubens, der darin liegt, daß man eine begrenzte Sehweise, einen auf eine Gruppe oder eine Institution oder eine gesellschaftliche Schicht bezogene und begrenzte Glaubensgestalt allen anderen oktroyieren, überstülpen möchte. Aber man versteht gerade aufgrund dessen, was wir hier über den Glauben als gewaltige Urkraft gesagt haben, daß auch der Aberglaube in gewissen Zeitaltern eine solche Macht haben kann.

Gerade aufgrund des Umstands, daß der Aberglaube als begrenzter, einseitiger, aber seine Macht auszubreiten trachtender Glaube sich gern die Gestalt einer Dogmatik gibt, wird die Möglichkeit der Machtausübung durch den Aberglauben einer Gruppe oder Institution größer. Denn wenn der Glaube zum Fürwahrhalten bestimmter Sätze, das heißt Dogmen, reduziert worden ist, können Menschen auf etwas ganz Bestimmtes fixiert, festgenagelt werden. Glaube ist dann die Ideologie einer (Macht-)Organisation, die durch diese Dogmatik ein Kontrollinstrument in der Hand hat, die an dem Bekenntnis zu den Dogmen den Glauben ihrer Anhänger mißt, ja ihn dadurch meßbar und kontrollierbar machen kann.
Man kann geradezu ganz allgemein sagen: Ideologie ist die von einer Organisation für ihre Mitglieder formulierte und organisierte Dogmatik, der theoretisch-emotionale Inhalt, die in fast allen Punkten fixierte Weltanschauung, die sie verinnerlichen und aufgrund welcher sie den Dienst an dieser Organisation, die Einfügung in sie für sinnvoll halten sollen. Diese komplexe Gesamthaltung aber ist ohne Schwierigkeiten als religiöser oder dem Religiösen analoger Glaube zu erkennen. Jede Organisation glaubt, sie könne ihre Anhänger nur durch diesen Glauben, durch die Organisierung eines solchen ideologisch-dogmatischen, theoretisch rechtfertigenden Elements im Zaum halten. Wird der Glaube zu den Dogmen eines Systems reduziert, dann gelangt die *«heilige Orthodoxie»* zur Vorherrschaft. Nicht nur in den großen religiösen Systemen, wie zum Beispiel im Katholizismus,[89] sondern auch in den großen nichtreligiösen Ideologien der Gegenwart, ganz deutlich etwa im orthodoxen Marxismus, gibt bzw. gab es diese *«heilige Orthodoxie»*; das heißt: es gab bzw. gibt *Kult* und *Ritual*, es gibt die *heiligen Schriften* der Klassiker des Systems, das *«heilige Büro» (C. Amery)*, also *Ämter*, die für die Festlegung, Absicherung und Kontrollierung des authentischen Textes dieser Schriften zuständig sind und die Abweichler herausfinden und bestrafen, und eine privilegierte Beamtenschicht, die für die

Aufrechterhaltung der bestehenden Verhältnisse und der der Ideologie dienenden Institutionen verantwortlich ist; es gibt einen mit religiöser Aureole umgebenen *Höchst-* und *Zentralwert* des ideologischen Systems, dem man Engagement und Opfer darbringt, wie sie die gläubigen Christen oder Mohammedaner Gott darbringen; es gibt abgestufte Formen der *Gläubigkeit* und der Hoffnung innerhalb der vom System beherrschten Massen in Bezug auf die Verwirklichung dieses Zentral- und Höchstwertes in der Zukunft; es besteht außerdem die Tendenz zur Apotheose, zur Ausstattung oder Ausschmückung des *«obersten Rates»* oder Führers oder *«großen Vorsitzenden»* mit göttlichen Eigenschaften, insbesondere mit dem Nimbus der *Unfehlbarkeit* und der *Allmacht*.

Glaube im allgemeinsten Sinn eines Grundvertrauens zur Wirklichkeit muß einem Menschen im Grunde gar nicht thematisch, gar nicht besonders reflex zum Bewußtsein kommen; er ist einfacher Lebensvollzug, er ist in diesen Lebensvollzug involviert. Erst wenn daraus ein Glaubenmüssen wird, etwa im Sinne des Wortes im Markus-Evangelium *«Wer nicht glaubt, der wird verdammt werden»*, erst dann wird das Ganze zu einem fixierenden und befohlenen Glauben und damit schlecht und gefährlich (Inquisition und Hexenverfolgung resultieren aus diesem Umstand eines durch göttliche Offenbarung befohlenen Glaubenmüssens). In einem ganz anderen Sinn ist allerdings das Axiom *«Wer nicht glaubt, der wird verdammt werden»* in etwa richtig. Wer nämlich nicht glaubt (nicht glaubt im Sinne eines dem Leben selbst letztlich innewohnenden Dennoch-Optimismus, der alle Hürden überspringt), der vollzieht das Leben mit seiner Kraft, seiner Intensität, seinem Schwung nicht, der kann nicht heil und ganz werden. Symbol für diesen gläubigen Dennoch-Optimismus ist der Frühling, der jedes Jahr den Wintertod überwindet. Und man wundert sich heute mehr als je zuvor, daß die mißhandelte und geschundene Natur dies jedes Jahr immer noch schafft.

Das Leben trägt auch seinen Unsterblichkeits- und Fortlebensglauben[90] in sich, es überwindet den Tod oder vielmehr es integriert ihn sich als selbstverständlichen Teil und nutzt ihn zum Weiterleben, baut auf ihm wieder auf. So ist die Natur eine sinnvolle, Leben und Tod umfassende Ganzheit. Insofern ist unser Leben auch ein ganzheitlich-sinnvoller Glaubensvollzug. Es liegt ihm ein ganzheitlicher Sinn zugrunde, den wir nicht reflektieren, sondern leben. Wir leben ja, das Leben lebt in uns, es lebt in uns weiter, obwohl wir doch eigentlich verzweifelt sein müßten angesichts des unausweichlichen Todes, der uns doch allen bewußt ist. Die Reflexionen, die wir über den Tod anstellen, sind im Grunde nur der Überbau über dem, was wir leben und was in uns lebt und wirkt. Die einen schaffen sich dann die Theorie von der Unsterblichkeit der Seele, die anderen von der Auferstehung der Leiber. Sicher ist in jedem Falle, daß wir als Körper, als Physis nach unserem Tod anderem Leben zum Leben dienen, während unser Geist mindestens durch die im Laufe unseres Lebens ausgeübten Wirkungen, durch seine Prägungen weiterlebt. Erst wenn zum Beispiel der christliche Auferstehungsglaube zum Dogma mit Himmel und Hölle und Fegefeuer usw. erhoben und als einziger heilbringender Weg und Glaube hingestellt wird, bringt er die gefährlichen Verirrungen hervor, die tausendfachen *Anathema sit*, die das kirchliche Lehramt über jede andere Meinung zu Tod, Auferstehung, Wiedergeburt, Reinkarnation, Himmel, Fegefeuer und Hölle ausgesprochen hat. Auch hier gelangen wir wieder zu dem Ergebnis, daß jeder spezielle Glaube, der sich als alleinseligmachender hinstellt, zur gesellschaftlichen Gefahr wird. (Wohlgemerkt: Wir sprechen hier keinem weltanschaulichen Wischiwaschi und Beliebigkeitsglauben, keinem irrelevanten Liberalismus und Relativismus das Wort. Der einzelne muß sich heute, nachdem man aus den großen Kollektivbezügen vor der Neuzeit herausgefallen ist, eine Weltanschauung für sich verpflichtend erarbeiten. Nur

kann sie nur für ihn nach bestem Wissen und Gewissen verpflichtend, verbindend sein, nicht für andere.)
Man kann sogar den religiösen Dogmen *par excellence*, wie sie die katholische Kirche aufgestellt hat, in einer philosophischen Sicht Sympathie abgewinnen, wenn man sie auf das Ganze des Seins, der Wirklichkeit und auf einen ganzheitlichen Glauben zurückführt. Allerdings stellen sie sich dann – eben in ihrer Spezialisierung, Spezifikation und Fixierung – als Aberglauben dar, teilweise auch als gesellschaftliche Gefahr, als Verneinung von Toleranz, dieser Lebensgrundlage pluralistisch-demokratischer Gesellschaften.
Das Dogma beispielsweise von der unberührt bleibenden Jungfrau Maria, ihrer gleichzeitigen Jungfräulichkeit und Mutterschaft, ihrer jungfräulichen Geburt und unbefleckten Empfängnis, ist – ganz abgesehen von der Herkunft aus vorchristlichen Quellen – eine (als solche furchtbare) Vereinseitigung des Gedankens vom stets jugendfrischen, in herrlicher Unberührtheit durch frevlerische Intelligenzen waltenden und wirkenden universalen Sein. Ebenso ist es ein Hinweis auf das Sollensmoment für uns in unserem Verhältnis zur Natur. Wir hätten nämlich gerade heute die Aufgabe, die Natur vor weiterem Frevel zu schützen.
Das Dogma von der Gottheit und dem gottmenschlichen Charakter Christi ist eine Vereinseitigung der göttlichen Fähigkeiten, die – allerdings neben den dämonischen – in jedem Menschen stecken. Es könnte hinweisen auf das noble Gottmenschentum, das jeder in sich selbst verwirklichen sollte; auf die göttliche Güte, die jeder von uns ausstrahlen sollte und könnte, wenn wir uns vom Daseins- und Konkurrenzkampf nicht immer wieder in die Niederungen von Mißgunst, Argwohn, Haß und Neid herabstoßen ließen.
Das Dogma vom Mystischen Leibe Christi ist die Vereinseitigung der Seinswahrheit, daß alles Sein konnatural und solidarisch, daß alles menschliche Sein mitmenschlich verbunden ist bzw. sein sollte, daß alles von allem, daß alle von allen abhän-

gen, alle durch andere funktionstüchtig werden, auch durch die, die vor uns gelebt haben (dialektischer Zusammenhang aller Dinge und Ursächlichkeiten).

Ein Wunder wie das von Lourdes oder irgendeiner anderen «*heiligen*» Quelle ist die Vereinseitigung der universalen Glaubenswahrheit von der wunderbaren Heilkraft des Seins, der Natur, wenn man sich ganz offen, gelassen und vertrauend auf sie einläßt.

Aber in seiner Vereinseitigung und gewissermaßen *Verunfehlbarung* durch eine Gruppe religions- und geschäftstüchtiger Heilsmanager ist jedes der hier kurz angesprochenen Dogmen natürlich Aberglaube. Einer der Umfrageteilnehmer meines Buches «*Religiös ohne Gott?*»,[91] hat den Dogmenglauben im Vergleich zum wuchernden Volksaberglauben mit seinen Gespenster-, Spukgeschichten usw. wohl zurecht als *kodifizierten Aberglauben* bezeichnet.

Zum Schluß noch eine Überlegung, die darauf hinweisen soll, daß auch Offenbarungsglaube Aberglauben sein kann. Im Grunde gibt es ja keine Offenbarung, sondern nur Inspirationen. Wenn sich ein Mensch von den höchsten Höhen, den tiefsten Tiefen der Wirklichkeit ergriffen fühlt (oder aber sich so benimmt, als ob das der Fall ist), dann zieht er das im tiefsten immer abergläubische Volk, dann zieht er die (mangels echter Information) immer wundergläubige Masse magisch in seinen Bann. Hier wirkt wahrscheinlich auch das Urvater-Syndrom im Sinne *Freuds* oder das archetypische Modell des großen Vaters, der großen Mutter im Sinne *Jungs* nach. *Gandhi* sagt mit Recht: «*Das Volk ergreift man nicht mit dem Verstand, sondern mit dem Herzen.*» Wie aber, wenn einer herzhaft heuchelt? Es gibt sicher – das soll nicht geleugnet sein – echte Inspiration (zumindest vom Subjekt her gesehen). Vom psychologischen Standpunkt aus gesehen, kann einer absolut überzeugt sein, vom Urgrund der Wirklichkeit selbst inspiriert zu sein. Es ist ein inspirierter Glaube, und das wäre keineswegs als Aberglaube zu bezeichnen. Bei *Khomeiny, Hitler, Stalin, Ho*

Tschi Minh, Mao Tsetung, Wojtyla usw. handelt es sich aber sicher um Leute, die ihre echte oder vermeintliche Inspiration – das lassen wir jetzt einmal dahingestellt – ausnutzten, um Einfluß auf die Massen zu gewinnen und auszuüben (wohlgemerkt auch: echte Inspiration ist nicht unbedingt mit wahrer Inspiration gleichzusetzen, das heißt, daß der Inspirierte nicht notwendigerweise neue Wahrheiten errungen haben muß).
Offenbarungsreligion führt dann im soziologischen Zusammenhang mit der Macht, die man über naive Gemüter gewinnt, wenn man sagt, einem Elitären, Auserwählten oder einer Elite sei eine Offenbarung zuteil geworden, zu einer immer weiteren Ausweitung der vermeintlich geoffenbarten Wahrheiten. Daß es Teufel und Hexen gibt, Dissidenten, Abtrünnige und Ketzer, die von der vermeintlich geoffenbarten Wahrheit der Glaubensinstitution (Kirche) abweichen, daß eine inquisitorische Wahrheitskontrollnotwendigkeit (der Kirche) besteht – all das wird dann mit der Zeit selbst zu einem Dogma, einer geoffenbarten Wahrheit erklärt.
Das vermeintliche Faktum einer ergangenen Offenbarung macht selbst auf Politiker einen solchen Eindruck, daß sie in abergläubischer Furcht vor der Kirche erstarren und ihr alle möglichen Kontrollfunktionen in der an sich (durch den Prozeß der Neuzeit und bei uns nach dem Grundgesetz) kirchenunabhängigen Gesellschaft einräumen. Vertreter der Kirche sitzen dann in jedem Fernseh- und Rundfunkausschuß, selbst bei der Ernennung von Intendanten der Fernseh- und Rundfunkhäuser haben sie neben den Parteien ein gewichtiges Wörtchen mitzureden; und wenn sie ihr Geschütz des Rufes nach personellen Veränderungen angesichts einer Sendung, die ihnen nicht gefallen hat, auffahren, erstarrt alles in Ehrfurcht und Furcht. Beispiele für die staatskirchlichen Vermengungen in unserer Bundesrepublik, die den ehemals katholischen Theologen *Horst Herrmann* von einem «unmoralischen Verhältnis» sprechen ließen, ließen sich zu Hauf anführen.

Aber wie gesagt: Das alles ist nur möglich, weil der *Glaube* als seinsmäßiges Urvertrauen eine so tiefe, so gewaltige, ja die *eigentliche Daseinsweise* des Menschen ist. Nur deswegen müssen sich alle Deviationen, alle Abweichungen, alle Irrwege, Vereinseitigungen und Verengungen des Glaubens zwangsläufig so katastrophal auswirken.

«Der Grundzustand des Geistes ist der Glaube, und das grundlegende Lebensgefühl ist das Gefühl des Sinnvollen» *(Václav Havel)*. Wie aber steht es mit dem Rationalismus, mit dem wir uns im nächsten Kapitel noch ausführlicher befassen wollen? Ist er nicht «chemisch rein» von jedem Glauben? Dazu sagt der Psychoanalytiker *E. Fromm* mit Recht: «Wenn man das Problem des Glaubens auch nur ansatzweise verstehen will, muß man zwischen dem rationalen und dem irrationalen Glauben unterscheiden. Unter einem irrationalen Glauben verstehe ich einen Glauben (an eine Person oder eine Idee), bei dem man sich einer irrationalen Autorität unterwirft. Im Gegensatz dazu handelt es sich beim rationalen Glauben um eine Überzeugung, die im eigenen Denken oder Fühlen wurzelt. Rationaler Glaube meint jene Qualität von Gewißheit und Unerschütterlichkeit, die unseren Überzeugungen eigen ist. Glaube ist ein Charakterzug, der die Gesamtpersönlichkeit beherrscht, und nicht ein Glaube an etwas ganz Bestimmtes. Rationaler Glaube ist in produktivem, intellektuellem und emotionalem Tätigsein verwurzelt. Der rationale Glaube ist eine wichtige Komponente des rationalen Denkens, in dem er angeblich keinen Platz hat ...»[92]

III. Der reine Rationalismus scheitert an der Hinterfragbarkeit alles Seienden

Der reine Rationalismus ist als Welterklärungsversuch ein *methodischer Atheismus*. Denn er will die Welt rein aus sich heraus, ohne Zuhilfenahme außerweltlicher, göttlicher Prinzipien oder Ursachen, allein mit Hilfe der autonomen Vernunft erklären. Als ein solcher methodischer Atheismus ist der Rationalismus eine durchaus legitime Form menschlichen Denkens. Er muß sich nur davor hüten, sich aus einem methodischen in einen *dogmatischen, statisch-absoluten Atheismus* zu verwandeln. Ein solcher kappt die Logik des Seins an einer bestimmten Stelle, indem er sich bei einem fertigen, abgeschlossenen Denk- und Weltanschauungssystem beruhigt. Aber eine derartige Beruhigung ist menschlichem Denken nicht gestattet. Denn alles Seiende befindet sich in Bewegung, in Entwicklung. Alles Seiende weist stets über sich hinaus, ist fraglich und hinterfragbar. Und zwar ist die Hinterfragbarkeit jedes Seienden stets unabgeschlossen, weil das Fragen nie an ein definitives Ende kommt.

Das hängt auch mit der spezifischen conditio humana, der Bedingtheit des menschlichen Erkenntnisvermögens zusammen. Ohne hier auf die speziellen Erkenntnistheorien der Neuzeit, insbesondere die für jedes moderne Denken von der Sache her unüberspringbare Erkenntniskritik Kants eingehen zu können, müßte vereinfachend gesagt werden: Unser Erkennen ist radikal weltlich und radikal menschlich. Gegeben ist unserem Erkennen in erster Linie Welt, aber auch nicht Welt als solche, sondern nur durch die Struktur der menschlichen Erkenntnisorgane bedingte Erscheinungswelt. Nur im Rahmen und im Ausgang von dieser Erscheinungswelt können wir durch verschiedene direkte und indirekte Methoden und den Vergleich der durch sie ermöglichten Ergebnisse in nie zum Ziel gelangender Annäherung schließen, wie die Welt an sich beschaffen ist oder sein müßte.

Ein Rationalismus, der dieser Struktur des menschlichen Erkennens gerecht werden will, kann und darf sich also gar nicht als statisch-aboluter Atheismus, als abgeschlossenes, dogmatisches Denk- und Seinssystem etablieren. Er kann und darf sich nur als *Denkbewegung*, gleichsam bloß als methodischer Atheismus konstituieren, als Bewegung, die alle Behauptungen, alle Setzungen auf ihr Recht hin prüft und nochmals hinterfragt. Ein solcher Atheismus lebt von der Grunderfahrung einer letzten Fraglichkeit alles dessen, was vom Menschen in bezug auf die letzten weltanschaulichen Sinn-Dimensionen erkannt wird. Diese Grunderfahrung ist im eigentlichen genau das, als was sich die Bedingtheit des Menschen in der Erkenntnissphäre darstellt.

Ein Atheismus, der sich in der angegebenen Weise versteht und aus den angeführten Gründen so verstehen muß, hebt sich aber als Atheismus im Sinne der apodiktischen Setzung der These: «Gott existiert nicht» auf. Denn er darf – und soll auch, wenn er sich als kritische Denkbewegung versteht – alles und jedes, auch die These: «Gott existiert», hinterfragen, aber er darf bei keinem Urteil stehenbleiben, so lange sich dieses nicht durch aufweisbar letzte Gründe als logisch zwingend erweist. Von solcher Art aber ist das Urteil «Gott existiert nicht» keineswegs.

Rationalismus ist also höchstens als methodischer Atheismus möglich, als systematische Absicht, alles so lange zu hinterfragen, bis sich die letzten tragenden, logisch zwingenden Gründe herausstellen bzw. mit letzter Sicherheit ausgemacht wird, daß es solche Gründe nicht gibt. Da es so aussieht, daß weder die eine noch die andere Gewißheit in der weltanschaulichen und der Sinn-Dimension erreicht werden kann, kann der Rationalismus sich nur als alles weiterhin hinterfragender *Schwebezu-*

stand in bezug auf die Urteile «Gott existiert» oder «Gott existiert nicht» eruieren.
Die dogmatischen Thesen: «Es gibt nichts Göttliches» oder «Es gibt keinen Gott» oder «Die Welt ist rein aus sich endgültig und total erklärbar» stehen also einem Rationalismus in keiner Weise zu, der sich verantwortlich an die Struktur des menschlichen Erkennens und die Struktur des Seienden als eines stets hinterfragbaren hält.
Auch der *Nihilismus* kleidet sich gern in das Gewand des Rationalismus, stellt seine Sicht der Wirklichkeit als die rationalste, ja im Grunde einzig und allein vernünftige hin. Wer die Dinge ohne Emotionen und Projektionen, allein nach den Maßstäben illusionslosen Denkens konsequent betrachte und bedenke, der lande unweigerlich beim Nihilismus. Lassen wir diesbezüglich zwei klassische Zeugen des Nihilismus zu Wort kommen. Für den berühmten französischen Existentialisten J.-P. Sartre ist der Mensch die letztlich unerfüllbare Begierde, Gott zu werden. Er ist eine «passion inutile» (nutzlose Leidenschaft), weil er nie wirklich zum Sein kommt, weil schon die Möglichkeit, nein zu sagen, beweise, daß das Nichts «ununterbrochen anwesend ist, in uns und außer uns, das heißt, daß das Nichts das Sein heimsucht», daß es «auf dem Boden des Seins nichtet... mitten im Sein selbst, in seinem Herzen, wie ein Wurm». Der Mensch nichtet als Fragender sich selbst, «indem er sich vom Sein losreißt». Fragend wird er «sich selbst zu seinem eigenen Nichts», «belastet er sich selbst mit Nicht-Sein» und läßt so «das Nichts in der Welt anbrechen».[93] Und auch für Nietzsches sogenannten «aktiven Nihilismus», der ihm sogar ein «Zeichen der gesteigerten Macht des Geistes» ist, sind die Wahrheiten und Werte, deren Quelle der Wille zur Macht ist, nur noch «perspektivische Scheinbarkeit», etwas, dem «keine Realität entspricht». Wahrheit ist ihm nur noch «die Art von Irrtum, ohne welche eine bestimmte Art von lebendigen Wesen nicht leben könnte».[94]
Gerade Sartre hat hellsichtig erkannt, daß Nihilismus darin

besteht, sich permanent von allem Sein loszureißen, denn der Nihilismus kann von seinem ganzen Wesen her keinerlei Grund gewähren. Er ist ja die völlige Abwesenheit jeden Halts, jeder Basis, jeder Stütze, jedes Absoluten. Nihilismus bietet keinen Ort, an dem man Halt machen oder sich aufhalten könnte, er ist kein Status, sondern nur als Prozeß des ständigen Weiterabfallens von allen Werten und Seinsbestimmungen zu verstehen. Das nihilistische Weggehen von allem im Sinne eines ziel- und sinnlosen Wanderns, d.h. – ohne Bild gesprochen – im Sinne einer ständigen Negation all dessen, was wir aufgrund einer inneren Lebensnotwendigkeit (als Wert) schätzen und (als Sein) erkennen, hört nie auf. Nihilismus ist totales Nomadendasein, Existenz im radikalsten Widerspruch des Geistes, der auf Sein ausgerichtet ist und dieses Sein und sich selbst in diesem Sein ständig verneinen muß. Der Nihilismus ist zwar die letzte Konsequenz des Atheismus, aber mit dem Nihilismus ist man nie am Ende, weil er kein definitives Ende hat. Viele naive Nihilisten klammern sich an das Nichts als ein hypostasiertes Etwas, als ein Pseudo-Sein, das für sie die Stelle Gottes einnimmt. Sie müssen erst noch lernen, die immanente Logik, die der Nihilismus von seinem Wesen her fordert, zu sehen. Diese Logik verbietet es ihnen sogar noch, die totale Sinnlosigkeit zu behaupten, denn damit würden sie ja noch eine Wahrheit und Gewißheit, die, daß alles sinnlos ist, bejahen. Der Glaube an die totale Sinnlosigkeit, der Glaube also an den Unglauben erweist sich noch als eine letzte Verabsolutierung. «Die Dialektik des Nihilismus ... muß auch noch diese letzte Verabsolutierung negieren», und zwar «aus dem negativen Wesen des Nihilismus selber heraus». Die nihilistische Absolutsetzung der Sinnlosigkeit und der Absolutheitsanspruch des Nichts selber müssen negiert werden. Das bedeutet dann: Der Nihilist muß zugeben, daß nichts gewiß ist, nicht einmal das Nichts und sein darauf aufbauender Nihilismus; daß nichts als wahr oder sinnvoll bekannt werden kann, nicht einmal die Sinnlosigkeit; daß an nichts geglaubt werden kann, nicht einmal an den Unglauben. Aber der seiner immanenten Logik folgende Nihilismus darf nicht einmal hier stehenbleiben. Denn selbst die in den «Weder-Noch-Urteilen» (z.B.: Weder der Glaube an Sinn noch der Unglaube sind gewiß) zum Ausdruck kommende Gewißheit ist als allerletztes Absolutum noch einmal nihilistisch zu negieren. Diese Negation auch noch der scheinbar äußersten Position des Nihilismus führt zu einer nicht mehr überbietbaren «Paradoxie der Dialektik der Fraglichkeit», die so umschrieben werden kann: «Wenn man sowohl an eines als auch an ein anderes glauben kann, kann man weder an das eine noch an das andere glauben; man kann aber auch nicht einfach an beides nicht glauben, beides schlechthin negieren. Das könnte man nur, wenn man ein Drittes hätte, an das man glaubte und von dem her man die Negation vollzöge. Da es aber kein Drittes neben dem Glauben und dem Glauben an den Unglauben gibt, werden Glaube und Unglaube fraglich ... Glaube wie Unglaube bleiben in der Schwebe ... In der Idee der Fraglichkeit sind Unglaube wie Glaube aufgehoben.» Der Nihilismus als die letzte Konsequenz und konsequenteste Form des Atheismus wird so durch das radikale Fragen und durch die von ihm selbst in Gang gesetzte totale und endlose Negation aufgehoben. «Das radikale Fragen ‹unterläuft› ... auch die Gewißheit über das Nichts; auch «die totale Sinnlosigkeit ... muß ... in den Wirbel der Fraglichkeit hineingeraten»; «Absturz und Auflösung erfolgen in die Fraglichkeit und nicht ins Nichts.»[95] Das radikale Fragen hat jede Absolutsetzung, auch die eines Nichts, hinter sich gelassen.

Wenn der Atheismus als kritischer, ernüchterter, durchreflektierter nichts mehr absolut setzen kann und die daraus resultierende universale Relativität des Seienden den erkenntnis- und werttheoretischen Skeptizismus und damit Nihilismus begründet; wenn der letztere das Nichts (an Sein, Sinn, Wert, Gewißheit) nicht zum neuen Absoluten erheben darf, sondern in immer neuen Ansätzen der Fraglichkeit und Hinterfragbarkeit alles Negierten ansichtig werden muß, dann hat sich der Atheismus selbst (als dogmatischer, apodiktisch behauptender) aufgehoben und in eine systematische Form des Fragens verwandelt. Dadurch aber öffnet er sich für alle Möglichkeiten nicht nur der Negation, sondern auch der Affirmation, denn das Fragen als Fragen setzt dogmatisch nicht voraus, ob es schließlich auf Wirklichkeit stößt, die durch letzte, nicht mehr hinterfragbare, weil durch sich selbst sich ausweisende Gründe Anerkennung erzwingt, oder ob der Prozeß des ständigen Hinterfragens nie zur Ruhe gelangt. «Gesagt werden kann immer nur: Nach den bisher gemachten Erfahrungen scheint alles fraglich, scheint die Fraglichkeit die eigentliche Wirklichkeit zu sein. Offen muß dagegen bleiben, ob die weitere Erfahrung dies bestätigt oder nicht; denn auch die Behauptung der Fraglichkeit von allem darf von ihrem Wesen her nicht zur unfraglichen These erstarren.»[96]

Mit dem Aufweis der Aporetik des Atheismus in seiner nihilistischen Konsequenz und Aufhebung ist selbstredend nicht die Wahrheit eines wie immer gearteten Theismus erwiesen. Denn daß Sinn, und damit – weil alle relativen Sinngebungen sich gegenseitig aufheben – absoluter Sinn sein muß, läßt sich nicht beweisen.

Freilich fällt noch in den Aufgabenkreis einer Philosophie des Fragens, die Tatsache zu erklären, daß wir in all unserem Tun ständig Sinn voraussetzen und setzen; daß wir unser Fragen und ständiges Hinterfragen für sinnvoll halten; daß wir die Struktur der Wirklichkeit als so geartet auffassen, daß wir es nicht von vornherein für sinnlos halten, Fragen an sie zu stellen; daß die Verneinung *aller* Wahrheit durch den Skeptiker zum Widerspruch mit «seiner» Wahrheit, daß nichts wahr ist, führt; daß der Nihilist in seinem praktischen Leben ständig Personen und Dinge wertschätzt und daß er theoretisch, den Druck der totalen Negativität nicht aushaltend, stets in Versuchung steht, irgendetwas, und sei es die Sinnlosigkeit und das Nichts, für absolut fest und endgültig sicher zu halten, ja, daß er schon, wenn er argumentiert, Sinn anerkennt. Der evangelische Theologe W. Pannenberg hat auf letzteres in einer Diskussion mit dem Philosophen W. Weischedel nachdrücklich hingewiesen: «Sie haben ganz recht, daß meine Argumentation auf der als selbstverständlich angenommenen Sinnhaftigkeit des menschlichen Daseins beruht ... Ich bin mir dabei darüber klar, daß diese Voraussetzung nicht selbstverständlich ist, sondern zweifelhaft werden kann. Auch der, der sich auf diese Voraussetzung einläßt (und das geschieht schon, indem man überhaupt argumentiert), wird das nur trotz solchen Zweifels in seiner eigenen Brust tun können, nicht in einer völlig unangefochtenen Sicherheit. Aber dafür, es mit der Annahme der Sinnhaftigkeit des Daseins zu versuchen, gibt es nun in der Tat kein Argument mehr, weil sie vielmehr die Voraussetzung allen Argumentierens ist. Daher scheint mir, der Nihilist, der argumentiert, befindet sich noch im Widerspruch zu seiner nihilistischen Haltung. In gewissem Sinne sehe ich hier die Problematik des Nihilismus als schwieriger an als Sie – zwar nicht als Denkproblem, weil sie schon hinter uns liegt, wenn wir zu denken und zu argumentieren beginnen, aber als Daseinsproblem von beklemmend weitreichendem Einfluß in der heutigen Welt. Ich teile nicht ihren Optimismus, daß man dem mit Argumenten beikommen kann. Beim Selbstmörder helfen keine Argumente mehr. Nur solange der Nihilist sich dem Zweifel an der Sinnhaftigkeit des Daseins noch nicht vollständig ergeben hat, bleibt es auch sinnvoll, mit ihm zu argumentieren. Ich bekenne mich also dazu, daß meine Argumentation auf der Voraussetzung der Sinnhaftigkeit des Daseins beruht. Allerdings scheint mir diese Voraussetzung implizit in allem Argumentieren zu stecken und insbesondere auch die Basis der Philosophie zu sein.»[97]

Wir wollen in diesem Kapitel aber auch das Scheitern jedes dogmatischen Rationalismus, und das heißt die Kontingenz, Fragwürdigkeit, Problematik und Unabgeschlossenheit der menschlichen Vernunft noch unter einem etwas anders gearteten Blickwinkel darstellen, nämlich indem wir von einigen Er-

kenntnissen bzw. Ergebnissen der modernen Physik und Psychologie ausgehen. Zunächst sei eine Einsicht vorangestellt, die man schon fast als eine Binsenwahrheit bezeichnen kann: Selbst wenn hier das ganze menschliche Wissen in all seinen Aspekten und unter den divergierenden Gesichtspunkten aller Wissenschaftsdisziplinen ausgebreitet worden wäre – eine Aufgabe, deren Ausführung nicht nur den Umfang dieses Kapitels, sondern auch den ganzer Bibliotheken überschreiten dürfte –, am Ende käme immer wieder dasselbe Ergebnis heraus, das da lautet: Auch wenn wir noch so viel über das Leben und die lebendige Wirklichkeit des Universums um und in uns in Erfahrung bringen, ist das, was wir nicht wissen, immer unermeßlich größer als das, was wir bereits wissen. Und zugleich bleibt das, was wir wissen, stets mit vielen Hypothesen und Vermutungen, mit Fehlern und Irrtumsmöglichkeiten belastet.
Einige Male frohlockten schon die Vertreter der Wissenschaft und prophezeiten siegessicher, daß nur noch einige wenige Entdeckungen und Forschungsergebnisse abzuwarten seien. Dann werde es so weit sein: vor der menschlichen Vernunft werde die gesamte Wirklichkeit all ihrer Geheimnisse beraubt, offen wie ein aufgeschlagenes Buch liegen. Vor allem die Physik, die exakteste Disziplin der Naturwissenschaften, glaubte, kurz vor der Lösung aller Welträtsel zu stehen. Die klassische Physik des 19. Jahrhunderts hatte ein umfassendes mechanistisch-deterministisches Weltbild konstruiert und war überzeugt, im Rahmen dieser mechanistischen Welterklärung, die sowohl das Universum wie alles Leben als eine Maschine auffaßte, vor der Lösung des Problems der Ursachen dieser Maschine zu stehen. Die Lenkung der universalen Maschine, für die die Gesamtwirklichkeit gehalten wurde, werde in Kürze mit rein rationalen Mitteln evident gemacht werden. Doch dann kam im 20. Jahrhundert die Revolution der Physik durch die Quantentheorie und warf alle sicheren Erkenntnisse und Vorhersagbarkeiten über den Haufen. Die großen Begründer der neuen Physik – Einstein, Planck, Born, Jeans, Eddington,

Bohr, Heisenberg, Bohm, Schrödinger, Pauli usw. waren bescheiden und – mystisch, weil sie die Wirklichkeit als das uns unendlich Übergreifende und Überschreitende erahnten oder erkannten. «Hatte man ursprünglich vermutet, daß das ‹Transzendente› im Laufe der Entwicklung der Naturwissenschaften immer weiter zurückgedrängt werden würde, weil letztlich alles einer rationalen Erklärung zugänglich sein sollte, so stellte sich nun im Gegenteil heraus, daß die uns so handgreiflich zugängliche materielle Welt sich immer mehr als Schein entpuppt und sich in eine Wirklichkeit verflüchtigt, in der nicht mehr Dinge und Materie, sondern Form und Gestalt dominieren. Das Höhlengleichnis Platons, in dem die von uns wahrnehmbare Welt nur als Schatten einer eigentlichen Wirklichkeit, der Welt der Ideen, aufgefaßt wird, kommt einem in diesem Zusammenhang unwillkürlich in den Sinn.»[98]
Das Weltall gilt den größten Physikern des 20. Jahrhunderts nicht mehr als Maschine, deren Einzelteile und Funktionsweise in absehbarer Zeit ergründet sein werden, sondern als «großer Gedanke». Die körperliche Materie erscheint als «eine Schöpfung und Offenbarung des Geistes».[99] Der Geist aber ist nicht auslotbar, ist grenzenlos, unendlich. Daher ist auch das Abenteuer des Lebens eine Entdeckungsreise ohne Ende. Wenn die Welt mehr einem großen Gedanken als einer kolossalen Maschine gleicht, dann hat sie auch die unbegrenzte Offenheit eines Gedankens, dann «wird Wissenschaft immer nur Stücke der Wirklichkeit sehen. Vielleicht wird sie niemals begreifen können». Der wissenschaftliche Erkenntnisprozeß wird sich dann, wie alles andere, immer weiter fortwälzen, aber «was passiert, ist offen».[100]
Wo aber von Geist die Rede ist, dort muß auch von Bewußtsein gesprochen werden. Deshalb besteht der große amerikanische Physiker David J. Bohm darauf, die Gesamtwirklichkeit mehr als einen «universellen Fluß», der sich nicht explizit erfassen lasse, als «ungeteilte Ganzheit in fließender Bewegung» aufzufassen. Sie sei mit dem Strom unseres Bewußtseins vergleich-

bar, der ja auch nicht unmittelbar erfaßbar sei. Was wir bemerken, sind gewisse Gedanken, Gefühle, Stimmungen, Wünsche, Willensregungen. Sie heben sich aus dem sie tragenden Bewußtseinsstrom einigermaßen deutlich heraus. Von ihnen her kann man dann mit mehr oder minder großer Wahrscheinlichkeit auf die Natur des zugrunde liegenden Bewußtseinsstroms schließen. Ähnlich verhält es sich nach Bohm mit der Gesamtwirklichkeit; sie ist ein umfassender ganzheitlicher, unendlicher Energiefluß. Aus ihm heben sich gewisse Wirklichkeitsteile - Atome und subatomare Partikel, Wellen, Wirbel, Strudel, Körper - heraus, die wir dann bemerken und die gewisse Wahrscheinlichkeitsschlüsse auf die Natur der zugrunde liegenden Wirklichkeit zulassen. Mehr ist nicht «drin». Die Physik in ihren führenden Entdeckern ist bescheiden, ja demütig geworden! Denn auch die Wirklichkeitsteile, die wir direkt erfassen können, sind nichts absolut Festes und Eindeutiges, es sind «Figuren» mit nur «relativer Autonomie und Stabilität».[101]

Die moderne Physik war ausgezogen, die Welt in einem durchgehenden, rein rationalen Netz durchsichtiger und exakter mathematischer Formeln einzufangen. Doch weiß sie heute, daß dieses Bestreben, dem sie sich teilweise weiterhin verpflichtet fühlt, zur Welt als Gleichnis, Bild und Spiegel einer transzendierenden, umfassenderen Wirklichkeit in keinerlei Widerspruch steht. Werner Heisenberg hat das am Beispiel der Quantentheorie prägnant zum Ausdruck gebracht: Diese Theorie ist, betont er, «so ein wunderbares Beispiel dafür, daß man einen Sachverhalt in völliger Klarheit verstanden haben kann und gleichzeitg doch weiß, daß man nur in Bildern und Gleichnissen von ihm reden kann. Die Bilder und Gleichnisse, das sind ... auch ‹Welle› und ‹Korpuskel›. Die passen nicht genau auf die wirkliche Welt, auch stehen sie zum Teil in einem komplementären Verhältnis zueinander und widersprechen sich deshalb ... Wir sind gezwungen, in Bildern und Gleichnissen zu sprechen, die nicht genau treffen, was wir wirklich mei-

nen ... aber wir können uns doch mit diesen Bildern dem wirklichen Sachverhalt irgendwie nähern ... ‹Im Abgrund wohnt die Wahrheit› ».[102]
Die moderne Atomphysik enthüllt uns eine Welt, die wieder offen und unbegrenzt weit, letztlich nicht festlegbar und nicht absolut bestimmbar ist. Das Erkenntnisabenteuer – freilich auch Risiko – der Ausfahrt aufs weite, offene Meer der Wirklichkeit ist wieder möglich und einladend geworden. Andererseits wirft die veränderte Situation in den Grundlagen der Physik auch einen Schatten auf die überdimensionalen Ziele unserer technokratischen Welt. Wir dürfen nicht alles, was wir wollen, weil die Zukunft nicht vorausberechenbar und nicht festlegbar ist. Nach der Quantentheorie wäre «davon auszugehen, daß die Katastrophen, die möglich sind, im Prinzip auch passieren». Und daraus folgt: «Wir dürfen uns nicht in immer mächtigere, komplexere und explosivere Systeme einlassen, bei denen der *letztlich unvermeidliche Fehler* zur großen Katastrophe führt ... Vollkommener Unsinn, sich vorzumachen, man könne überhaupt wissen, wo es langgehen müßte.»[103]
Was von der physikalischen Außenwelt gilt, die ja mit ihrem Tanz der Atome und Moleküle zugleich die materielle Grundlage unseres Daseins, auch unserer Psyche ist, das gilt ebenfalls von unserer Innenwelt. Auch sie ist ein grenzenloses Meer für unser Erkennen. Man hat auch hier fest daran geglaubt, die menschliche Psyche voll durchschauen, all ihre Probleme lösen, alle ihre Geheimnisse wegerklären zu können. Man hat sich schwer getäuscht. Das Ideal der Aufklärung, philosophisch wahrscheinlich von Descartes am exaktesten formuliert, bestand in dieser Hinsicht darin, die menschliche Vernunft allein auf unser Wach-Bewußtsein, auf unser rein logisches Denken zu gründen. Ausgerechnet der Aufklärer Freud versetzte diesem Ideal den Todesstoß, indem er (und in seinem Gefolge, aber mit mancherlei Abweichungen C.G. Jung, Alfred Adler und andere) die tiefere Wahrheit, die innere Gesetzmäßigkeit und ganzheitlich-existentielle Logik, sozusagen die hö-

here, umfassendere Weisheit unserer Traum-Vernunft, überhaupt des Unbewußten in die Waagschale warf und streng methodisch in die wissenschaftliche Diskussion einbrachte.[104] «Diesen Verstoß gegen die Regeln des ‹gesunden› Menschenverstandes hat ihm die ‹wissenschaftliche› Vernunft nie wirklich verziehen ... Wenn die Begriffe Feuer fangen und zu tanzen beginnen, dann – spätestens ist die Weisheit der Aufklärung ... bloß noch Schulbuchwahrheit ... die ‹Aufklärung› scheitert, wenn sie sich weigert, Erfahrungen anzuerkennen, die jenseits der Vernunft doch gültig bleiben.»[105] Gemeint ist hier – im letzten Satz – nur die dem Wach-Denken hörige Vernunft, die das von diesem Denken Erkannte irrtümlich für die ganze Wirklichkeit hält. Aber es gibt neben der «hellen» eben auch die «dunkle Vernunft», und die letztere kann erhellender als die erstere sein, wenn man sich auf ihr dunkles Drängen, das uns etwas sagen will, einläßt, es nicht unterdrückt. Diese dunkle Vernunft umfaßt auch die «Vernunft unseres Leibes», von der, wie wir sahen, Nietzsche so unnachahmlich gesprochen hat.

Soviel dürfte uns allen durch diese Überlegungen klargeworden sein: Leben ist zu einem nicht unbeträchtlichen Teil ein spannender Erkenntnisvorgang, der nie endet, weil die Gesamtwirklichkeit von Kosmos und Psyche stets größer ist als alles, was wir von ihnen bisher in Erfahrung gebracht haben oder bringen konnten. Diese Wirklichkeit zwingt aber wegen ihrer unermeßlichen Größe und Tiefe unseren Geist nicht nur dazu, sich ständig selbst zu überschreiten und auszuweiten, um ihr erkenntnismäßig irgendwie nachzukommen. Sie drängt ihm vielmehr obendrein nicht selten eine paradoxe Logik auf, die mit der hausbackenen Logik unseres gesunden Menschenverstandes nicht in Einklang gebracht werden kann. Gerade die Quantentheorie zeigt uns eine Welt (vielleicht sogar unendlich viele Welten[106]), die abgründig, paradox, ja verrückt ist, wenn wir von dem Maßstab des gesunden Menschenverstandes ausgehen und dem, was er für normal hält. Ein Elektron beispielsweise vermag gleichzeitig durch zwei Löcher zu fliegen oder gelegentlich eine Wand zu «tunneln», d.h. zu durchdringen, die gar keine Öffnung hat. «Nur im äußerst groben statistischen Durchschnitt verhält sich die Mehrheit dieser Mikroteilchen so, daß sie uns eine Fassade der stabilen Vorhersagbarkeit ihres Verhaltens vorspiegelt – die alltägliche Welt.»[107] Andererseits hat diese paradoxe Logik der physikalischen Welt nichts mit Unlogik oder einem Chaos zu tun. Elementarteilchenphysiker entdecken vielmehr immer neue Symmetrien, feinste zarteste Regelmäßigkeiten zwischen subatomaren Partikeln. Manche Physiker sprechen unverhohlen ihre Meinung aus, daß die Natur durch diese Symmetrien im allerkleinsten Maßstabsbereich der Wirklichkeit dem menschlichen Geist etwas zu sagen versuche. Deshalb haben z.B. die Atomphysiker Yuval Ne'eman und Murray Gell-Mann, als sie als erste in einer Gruppe von acht Mesonen eine verborgene Symmetrie erkannten, ihr neues Prinzip als den «achtfachen Weg» bezeichnet, und zwar, wie man sieht, in Anlehnung an Buddhas «heiligen achtfachen Pfad» zur Aufhebung des Leidens: rechtes Schauen, rechtes Wissen, rechte Gesinnung, rechte Rede, rechtes Handeln, rechtes Wandeln, rechtes Mühen, rechte Einsicht.

In der gesamten Wirklichkeit finden wir zwar immer wieder z.T. Rätselhaftes, Merkwürdiges, Geheimnisvolles, ja Paradoxes, aber nie die Spur von Unlogik oder Unordnung. Auf allen Stufen der Naturwirklichkeit sind wir mit durchgehender Ordnung konfrontiert. «Daß das Universum geordnet ist, scheint selbstverständlich. Wohin auch immer wir sehen, von den weit entfernten Galaxien bis in die tiefsten Winkel des Atoms, überall begegnen wir einer Regelmäßigkeit und einer verwickelten Organisation. Wir beobachten an keiner Stelle Materie oder Energie, die in ungeordneter Weise verteilt ist. Statt dessen finden sie sich in einer Strukturenhierarchie: Atome und Moleküle, Kristalle, Lebewesen, Planetensysteme, Sternhaufen und so weiter. Darüber hinaus ist das Verhalten physikalischer

Systeme nicht willkürlich, sondern gesetzmäßig und systematisch. Naturwissenschaftler erfaßt häufig Ehrfurcht und Staunen angesichts der vollendeten Schönheit und Eleganz der Natur.»[108]

Diese durchgehende sinnvolle Organisation ändert aber nichts daran, daß wir es hier mit einer Ordnung zu tun haben, die die Ordnung unseres gesunden Menschenverstandes oft in Frage stellt. «Ein wissenschaftliches Gesetz, welches den gesunden Menschenverstand befriedigt, ist überhaupt kein Gesetz» (Arthur Eddington). Und Erwin Schrödinger, wie Eddington eines der großen Genies der Physik des 20. Jahrhunderts, warnte nachdrücklich davor, von irgendeinem Modell, das wir uns von der Wirklichkeit machen, zu erwarten oder zu verlangen, daß es dieser wirklich gerecht werde: «Wir können sie uns vorstellen, doch wie immer unsere Vorstellung auch ausfallen mag, sie muß falsch sein. Vielleicht nicht ganz so sinnlos wie ein ‹dreieckiger Kreis›, aber weit sinnloser als ein ‹geflügelter Löwe›.»[109] Je tiefer wir ins Universum eindringen, um so fremdartiger und geheimnisvoller werde es. Allein das menschliche Gehirn ist schon «so komplex, daß keine Hoffnung besteht, es je ganz zu verstehen».[110]

Also das Meer der universalen Wirklichkeit ist und bleibt offen. Der Erkenntnis sind keine Grenzen gesetzt, außer denen, die es uns ethisch verbieten, die Dinge fortgesetzt zu manipulieren, um sie so vermeintlich besser erkennen zu können. Mit jedem echten und ethisch verantwortbaren Erkenntnisfortschritt weitet sich unser Geist; mit jeder neuen Ebene, die er erkennt und erklimmt, erfährt er eine neue Metamorphose. Doch müssen es nicht unbedingt die wissenschaftlichen Erkenntnisbereiche, die schwierigen theoretischen, wissenschaftsmethodologisch Schritt für Schritt zu analysierenden Probleme sein, durch die das Leben unseres Geistes Bereicherung und Vertiefung erfährt. Auch jedes praktische Problem unserer unmittelbaren Umwelt, jedes ernstgenommene Alltagsproblem kann uns in die grenzüberschreitende Tiefe der

Wirklichkeit führen. Man kann die universale Wirklichkeit sozusagen von jedem Punkt, von jedem individuellen Standpunkt aus angehen. Wenn man sich auf seine Meinung nicht versteift, offen und locker bleibt und auf das Phänomen, das einem da entgegentritt, hört, wird man von der Wirklichkeit und mit ihr in einen Prozeß gegenseitigen Kennenlernens einbezogen, der ins gemeinsame Zentrum aller Dinge führt. Es verhält sich dies, um ein Bild zu verwenden, wie mit der Erdkugel. Prinzipiell kann man sie an jeder Stelle anbohren und wenn man nur tief genug bohrte, käme man zum Mittelpunkt der Erde.
Zweifellos gibt es den kritisch-rationalen bzw. den wissenschaftlichen Weg der Erkenntnis. Aber er muß nicht unbedingt der bessere Erkenntnisweg sein, nicht besser als der andere, den es unbezweifelbar auch gibt und der vielleicht sogar direkter und näher an das «Herz der Dinge» heranführt.[111] Ich meine den Weg der Mystik, vor dem die großen Naturwissenschaftler des 20. Jahrhunderts im Prozeß ihrer Forschungen eine so große Achtung bekommen haben. Dieser Weg der Mystik ist auch ein Erkenntnisweg, der Weg der einfachen Einlassung auf die Dinge, ihren Geist, ihre Seele, auf das, was sie uns sagen wollen. Hinhören, Hinsehen, Hingabe und Meditation charakterisieren diesen Weg. Schon ein Musikstück kann uns bei richtiger Einstellung in überempirische Tiefen der Wirklichkeit geleiten. Einer der exaktesten, mathematischsten Geister unter den modernen Physikern, Werner Heisenberg, hat in aller Ehrlichkeit zugegeben, daß beide Wege, der rationale wie der ganzheitlich-meditative, echte Wirklichkeitsannäherungen darstellen, wobei er sogar andeutet, daß der zuletzt genannte Weg eben auch noch den für unser Menschsein so wichtigen gefühlsmäßigen Kontakt mit den Dingen herstelle. «Das bewußte Verständnis der rationalen Zahlenverhältnisse, die der musikalischen Harmonie zugrunde liegen, ist für den notwendig, der ein Instrument bauen oder Musik tätig hervorbringen will. Der eigentliche Inhalt der Musik aber erschließt sich uns

im unbewußten geistigen Aufnehmen jener rationalen Verhältnisse. In ähnlicher Weise ist die bewußte Kenntnis der mathematisch formulierten Naturgesetze die Voraussetzung für ein aktives, auf den praktischen Nutzen gerichtetes Eingreifen in die materielle Welt. Es gibt aber dahinter noch ein unmittelbares Verstehen der Natur, das diese mathematischen Strukturen unbewußt empfängt und im Geist nachbildet, und das sich allen den Menschen erschließt, die zu einer innigeren, aufnehmenden Beziehung zur Natur bereit sind.»

Der meditativ veranlagte Mensch, überhaupt jeder, der die reine Sehnsucht hat, die Wirklichkeit in ihrem wahren, von unseren Wünschen unabhängigen Ansichsein kennenzulernen, wird auch im Unscheinbaren, Kleinen das Große, das großartige Wunder der Existenz oder der Harmonie und Schönheit entdecken. In dieser Entdeckung, dieser Erkenntnis verweilen, ausruhen, sie genießen – das ist schon eine Art von Meditation und der Anfang des mystischen Erkenntnisweges. Der menschliche Geist braucht in der heutigen Hektik ganz besonders diese Oase der Muße, wie der Leib das tägliche Brot. Betrachtung, Meditation, Kontemplation ist die so wichtige Kehrseite der Medaille, wenn unsere Aktivität nicht inhaltslos und leer werden, nicht zur rein formalen Bewegtheit verkommen soll. Wer nicht blind neuen oder alten Propheten folgen will, braucht die reine, zwecklose, jedoch das empfängliche Gefühl einbeziehende Erkenntnis. Es handelt sich nicht notwendig um eine Vielzahl von Wissenselementen. Die kann auch ein Computer «ausspucken», sondern um Erkenntnis, die tiefer dringt, die nicht bloß im Kopf bleibt, um dann z.B. bei Quizfragen abrufbereit zur Verfügung zu stehen. Echte, meditativ angeeignete Erkenntnis in-formiert wirklich, das heißt: sie formt sich dem menschlichen Geist, der menschlichen Seele ein und vereigentlicht sie.

Rationalismus und der neuzeitliche Prozeß der Säkularisierung hängen aufs engste zusammen. Daher wollen wir uns im nächsten Kapitel mit diesem Prozeß befassen.

IV. Die totale Entmythisierung und Entmystifizierung der Vernunft endet in der Technokratie

Unter Säkularisierung verstehe ich den *Prozeß der Weltwerdung der Welt*. Eine solche Definition scheint eine Tautologie zu beinhalten. Schaut man jedoch auf die Geistesgeschichte der Menschheit, so stellt man fest, daß der weitaus längere Abschnitt dieser Geschichte (wenn man hier die Voraussetzung einer einheitlichen Geschichte einmal machen darf) dadurch gekennzeichnet ist, daß Welt als *Welt*, und das heißt als eigenständige, eine wahre Eigenbedeutung besitzende Größe gar nicht wirklich gesehen wurde. Unsere Definition ist also dahin zu explizieren, daß wir sagen: Säkularisierung bedeutet jenen *geschichtlichen Prozeß, in dem den Menschen die Eigenständigkeit und Eigenbedeutung der Welt immer stärker bewußt werden*.

Es sind, so scheint es, vor allem drei Faktoren gewesen, die über lange Zeiten hinweg verhindert haben – und zum Teil auch heute noch verhindern –, daß die Welt in ihrer Eigenständigkeit und Eigenwertigkeit gesehen wurde, Faktoren, die nicht ganz säuberlich voneinander getrennt werden können, weil sie in der Geschichte meist vermischt miteinander aufgetreten sind bzw. ineinander übergehen. Schlagwortartig und nicht unbedingt ganz präzis seien sie hier durch die Begriffe des *Magischen*, des *Sakralen* und des *Ontologisch-Metaphysischen* angezeigt.

Der magische Mensch lebt in einer verzauberten Welt. «Seine Täler und Höhlen sind voller Geister. In seinen Felsen und Bächen leben freundliche oder böse Dämonen. Der Wirklichkeit wird eine magische Kraft zugeschrieben, die da oder dort hervorbricht, um den Menschen zu bedrohen oder zu beglücken.

Wenn man in der rechten Weise damit umgeht, kann diese unsichtbare Kraft in Anspruch genommen, abgewehrt oder in die richtigen Bahnen gelenkt werden. Wenn echtes Geschick und höheres Wissen zusammenwirken, können die Kräfte der unsichtbaren Welt gegen Familienfeinde oder gegen den Stammesfeind in Dienst genommen werden ... Zauber bestimmt den Stil des vorsäkularen, im Stamm lebenden Menschen. Ja mehr noch, die Bäume und Tiere sind seine Brüder. Er begreift die Welt als ein umfassendes kosmologisches System, in dem sich seine eigene Verwandtschaft in Gruppen fortsetzt und schließlich jedes Phänomen so oder so einschließt.»[112] Man kann dieses magische Weltbild auch Totemismus nennen, wenn man darunter mit A.S. Radcliffe-Brown ein «ausgedehntes Netz verwandtschaftlicher Beziehungen» versteht, «durch die die Geschöpfe der natürlichen Welt einbezogen sind in die grundsätzlich familiäre Organisation des Stammes».[113]
Mit dem nicht eindeutig erfaßbaren Übergang vom Glauben an höhere Kräfte, Seelen, Geister und Dämonen zum Glauben an Götter ist der in gleicher Weise nicht präzis festlegbare Übergang vom Magischen zum Sakralen gegeben. Ein gewisser Unterschied des Sakralen gegenüber dem Magischen scheint darin zu liegen, daß dem Menschen der sakralen Auffassung der Welt die so gut wie vollkommene Ineins-Sicht und Vermischung von sichtbarer und unsichtbarer Welt, wie sie die Magie charakterisiert, nicht mehr möglich ist. Das Göttliche, die Götter sind von der sichtbaren Welt deutlicher abgetrennt und unterschieden, sie werden durchweg nicht mehr anonym, sondern stark anthropomorph in Analogie zum menschlichen Denken, Wollen, Fühlen und Handeln aufgefaßt, sie sind es, durch die gewisse Personen, Institutionen, Orte, Bereiche erst sakral werden, d.h. anläßlich bestimmter Ereignisse oder kultischer Handlungen als in besonderer Weise gottbezogen, gottgeweiht, ja göttlich gelten. dennoch gehören auch hier die Götter zur Welt, d.h. zu dem einen Wirklichkeitsraum, in dem alles geschieht.

Zugleich bereitet sich hier einfach aus praktischen Gründen der Lebenserhaltung (was sakral ist, ist allein den Göttern vorbehalten) eine gewisse Aussparung einer profanen Sphäre aus der an sich sakralen Welt ganz allmählich den Weg. Nur bestimmte Orte, Sachen, Personen und Zeiten gelten hinfort als sakral. Das Profane aber hat nur eine untergeordnete, abgewertete, ja oft dämonisierte Bedeutung. Wir können die Spuren sakraler Weltauffassung noch ziemlich deutlich im christlichen Volksglauben beobachten: «Die Kirche als Haus Gottes, die Sakralsprache, der Priester als sakralisierter Mensch, aber auch politische oder gesellschaftliche Ordnungen ... auch die sakrale Kunst, ja zum Teil sogar die Natur oder wenigstens Teile der Natur usw.»[114]

In der hier von mir nur schlagwortartig, daher nicht präzis so benannten ontologisch-metaphysischen Weltauffassung hat gegenüber der sakralen eine weitere Ausgrenzung der göttlichen Sphäre stattgefunden. Das Göttliche, Gott ist hier nicht mehr - wenn auch unterschiedener und überlegener - Teil der *einen* Wirklichkeit, sondern weltabgetrennt, (auch) räumlich weltüberlegen, «über der Welt» im räumlichen und qualitativen Sinne. Er hat zwar zumindest in dem Sinne mit der Welt zu tun, als er ihre erste Ursache ist, ihr «Grund», so daß hier der Ansatzpunkt für diejenigen gegeben ist, welche meinen, daß Gott hier noch immer nicht genügend göttlich, sondern verweltlicht erscheint, während die Welt, als dieser prima causa untergeordnet, noch immer nicht genügend in ihrer Eigenständigkeit und Eigenwertigkeit gesehen wird. Mit dem zuletzt Gesagten ist die dem Menschen der ontologisch-metaphysischen Weltsicht drohende Gefahr der Resakralisierung der Weltdinge angedeutet.[115]

Gegenüber den im Vorhergehenden kurz und unvollständig dargestellten drei Grundtypen vormoderner Weltauffassung bedeutet die säkularisierte Auffassung die zumindest methodische, wenn nicht sogar ontologische Tendenz, die Welt konsequent als eigenseiende, eigenständige und eigenwertige Größe, mit einem Wort als autonome Wirklichkeit zu betrachten und zu behandeln. Wir unterscheiden absichtlich zwischen einer nur methodischen und einer ontologischen Tendenz.

Die *methodische Säkularisierung* bedeutet den Versuch, die Welt so zu sehen und zu behandeln (bzw. mit ihr zu manipulieren), als ob Gott nicht existierte. Es ist der legitime Versuch, die Welt einmal nach dem Maß ihrer größten eigenen Tragweite und Tragfähigkeit mit allen zur Verfügung stehenden Mitteln zu befragen. Man könnte das Motto, unter dem dieser Versuch steht, so ausdrücken: «Mal sehen, wieviel die Welt hergibt, wenn wir sie einmal in allen Richtungen wissenschaftlicher und menschlicher Aktualisation abschreiten und auskosten.» In dieser Sicht enthält man sich eines endgültigen, abschließenden Urteils über die Existenz eines außerweltlichen Grundes der Welt.

Anders der *ontologische Säkularist*. Dieser leugnet die Existenz eines solchen Grundes und betrachtet die Welt als das einzige Sein. Diese Haltung mag angesichts einer säkularisierten Welt, Gesellschaft und Wissenschaft sehr naheliegen, logisch besehen ist sie eine metaphysische Setzung, die eine solche auch dann bleibt, wenn sie sich als reiner Empirismus deklariert. Denn ein reiner Empirismus, Positivismus, Phänomentalismus kann ohne inneren Widerspruch kein deklarierter Atheismus, sondern nur Agnostizismus sein, d.h. die Erklärung, daß es unmöglich ist, über Dinge, die außerhalb der Erscheinungswelt liegen, endgültige Urteile zu fällen.[116]

Die säkularistische Weltschau ist heute faktisch zur beherrschenden Weltauffassung geworden. Sie liegt allen Phänomenen des wissenschaftlichen, sozialen und privaten Lebens als allgemeinste Voraussetzung zugrunde, ohne daß dies den meisten Menschen bewußt wird. Damit ist natürlich nicht gesagt, daß Magisches, Sakrales oder Metaphysisches aus früheren Zeiten nicht noch anzutreffen wäre bzw. nicht immer wieder Neuauflagen erführe, wie beispielsweise in den zahlreichen totalitären Ideologien linker und rechter Prägung, exemplarisch im Hitlerismus, Stalinismus oder Katholizismus. Aber sobald diese magischen, sakralen oder metaphysischen Glaubenselemente als solche bewußt werden, genügt es meistens, einfach auf jene gleichsam wie die Luft uns umgebende und durchdringende Selbstverständlichkeit einer in sich geschlossenen Weltwirklichkeit hinzuweisen, in der es keinen Platz für Gott oder Götter gibt, um diese Elemente dadurch zu entwerten, ja der Lächerlichkeit preiszugeben.

A.E. Loen beschreibt die säkularistische Voraussetzung des modernen Bewußtseins treffend mit folgenden Worten: Die «Welt nach dem modernen Lebensbewußtsein ist nicht gottlos als negative Bestimmung, wider Gott, sondern sie ist gottlos als Nullbestimmung, ohne Gott. Gott spielt keine Rolle, ebensowenig positiv wie negativ. Diesem modernen Lebensbewußtsein zufolge gibt es auch keinen Gott außerhalb der Welt: ein Gott außerhalb der Welt würde die Welt noch mit dem negativen Charakter seiner Abwesenheit belasten. Statt ‹gottlose (gottledige) Welt› können wir besser sagen: ‹die Wirklichkeit!›.» Sie gilt dem modernen Bewußtsein als «das komplette Ganze der Wirkungen des einen auf das andere, oder besser gesagt, das komplette Ganze in gegenseitiger Wechselwirkung des einen auf das andere. Was das eine oder andere ist, können wir nicht genau sagen. ‹Dinge› wäre zu einseitig: ‹Dinge, Menschen, Tiere, Pflanzen› auch noch, denn jene sind alle noch komplexe Subganzheiten von Wirkungen; ‹Elektronen, Protonen, Neutronen usw.› kommt der Wahrheit schon näher, jene sind aber auch nur noch vorläufig. Das Substrat der Wirkungen innerhalb der ‹Wirklichkeit› bleibt somit unbestimmt. Aber worauf es ankommt, das sind jene Wirkungen. Sie bilden zusammen ein geschlossenes System, schließen die ‹Wirklichkeit› zu einem Ganzen zusammen und schließen die ‹Wirklichkeit› in sich ab, insofern als von außen keine Wirkungen auf dieses Ganze ausgeübt werden können ... Die Wirkungen, die sich und damit die Wirklichkeit zu einem in sich geschlossenen Ganzen zusammenschließen, sind untereinander gleichartig gedacht; sonst könnten sie nicht ein Ganzes bilden. Zu der ‹Wirklichkeit› gehört alles, was es gibt, alles, was wirklich ist, auch die Menschen mit ihren Gedanken ... Der Zement jenes Ganzen, der es zu einer Einheit zusammenschließt, sind die Wirkungen, die Kausalität. Das Ganze umschließt auch die Zeit. ‹Die› Wirklichkeit ist nicht in der Zeit, sondern die Wirklichkeit hat die Zeit in sich.» Diese «Wirklichkeit» ist der «vorwissenschaftliche Hintergrund des ganzen Lebens». Sie ist «der nichtbegriffliche ontologische Hintergrund nicht nur der Wissenschaft, sondern auch des Zusammenlebens in Gesellschaft und Familie».[117]

Wir gingen aus von der Definition der Säkularisierung als einem *Prozeß der Weltwerdung der Welt*. Wir explizierten dann diese Definition und gelangten zu dem Ergebnis, daß mit der Weltwerdung der Welt die *Bewußtwerdung ihres Eigenseins, ihrer Eigenständigkeit und Eigenwertigkeit* gemeint sei. Dem soeben über das Wirklichkeitsgefühl des modernen Menschen Ausgeführten zufolge müssen wir jetzt im Sinne einer weiteren Explikation unserer Ausgangsdefinition sagen: Säkularisierung ist *der geschichtliche Vorgang, in dem die Welt entgöttlicht wird*. Wer wie der vorhin zitierte A.E. Loen diese für uns erst eine Folgeerscheinung darstellende dritte These an den Anfang stellt und allen Überlegungen zur Säkularisation zugrunde legt, der begibt sich damit von vornherein der Möglichkeit, die Säkularisation auch positiv zu bewerten. Das legitime Bedürfnis, die Welt in ihrer Eigenständigkeit und Eigenbedeutung anzuerkennen und zu behandeln, kann dann im Rahmen der eigenen, zu engen Konzeption gar nicht auftauchen. Legt man es aber bereits in die Ausgangsposition des eigenen Überlegungsrahmens, wie wir dies taten, dann wird man nicht gezwungen, die Leugnung Gottes für eine notwendige Folge der Säkularisierung zu halten. Nur ein methodischer Säkularismus ist dann als Folge gegeben, der ontologische ist legitim vermeidbar. Mit anderen Worten: Zum Menschen als einem freien, schöpferischen Subjekt gehört einfach die Betrachtung der Welt als seines Spielraums, an dem er alle Möglichkeiten freier Selbstentfaltung versuchen muß. Selbst wenn er an Gott glaubt, wird er aufgrund dieser Freiheit und Schöpferkraft nicht umhin können, diese Welt ständig nach ihren *eigenen* Leistungen und Fähigkeiten zu befragen und zu überprüfen. Es ist praktisch ein Fragen und Prüfen im Lichte der Arbeitshypothese (mehr ist es nicht oder braucht es jedenfalls nicht zu sein!), daß kein Gott existiert. Mir scheint, daß damit eine fundamentale Basis für Toleranz gegeben ist: Zur Säkularisierung im hier gemeinten Sinn können sowohl Atheisten und Agnostiker als auch an Gott Glaubende an sich ja sagen.

Zu den drei bisherigen Definitionen der Säkularisierung, von denen die zweite und die dritte jeweils eine weitere Spezifikation unserer Grunddefinition darstellten, muß angesichts des zuletzt Gesagten eine vierte hinzugefügt werden: Säkularisierung bedeutet den *geschichtlichen Vorgang der Hominisierung der Welt*. Damit ist keine Humanisierung der Welt im ethischen Sinne gemeint, sondern der Umstand, daß die Welt immer mehr als Welt des Menschen, auf ihn als das im Grunde allein eigenständige und eigenwertige, autonome Wesen bezogen erfahren und behandelt wird. Die Eigenständigkeit und Eigenwertigkeit der Welt kulminiert und realisiert sich im Menschen. Zwar ist der Mensch nach der säkularistischen Auffassung aus den gleichen, im Grunde gleichartigen Wirklichkeitselementen zusammengefügt wie alle Dinge in dem einen einzigen geschlossenen Wirklichkeitsganzen. Aber die durch eine Jahrmillionen währende Entwicklung zufällig, d.h. durch eine im Grunde mechanisch, jedenfalls ohne Zielvorstellung, zustande gekommene Konstellation dieser Elemente habe das Selbst- und Weltbewußtsein ermöglicht, durch das der Mensch faktisch eine einzigartige Sonderstellung in der Welt erreicht habe.[118] Mag die Sonderstellung des Menschen erwiesenermaßen auch nur für die Erde und die näheren Regionen unseres Planetensystems gelten, das vorwissenschaftliche moderne Lebensbewußtsein – und um dieses geht es hier – betrachtet die ganze Welt als Zubehör des Menschen.

Die bisherigen Ausführungen dienten vornehmlich dem Versuch, den Begriff der Säkularisierung genauer zu bestimmen. Sie gaben uns allerdings auch bereits ein Schema in die Hand, das es uns in freilich sehr groben Zügen erlaubt, den geistesgeschichtlichen Prozeß zu ordnen, der zur gegenwärtig herrschenden Haltung des Säkularismus geführt hat. Die drei Haupthindernisse der Säkularisierung, das magische, das sakrale und das ontologisch-metaphysische Weltbild, sind ja zugleich Etappen der menschlichen Geistesgeschichte, die der Säkularisation vorgelagert sind. Wir haben bereits angedeutet, daß diese Weltbilder nicht säuberlich voneinander zu trennen sind, mehr oder weniger miteinander vermischt sind, so daß sie auch als Etappen der Menschheitsgeschichte natürlich gegenseitig sich überschneiden und nicht eindeutig in eine zeitliche Aufeinanderfolge gebracht werden können.

Es ist aber andererseits klar, daß die stärksten geschichtlichen Faktoren der Säkularisierung, wie die Rationalisierung, Entmythologisierung, Naturalisierung, Pragmatisierung und Funktionalisierung, nicht sofort ein magisch-mythisch-sakrales Weltbild zu einem säkularistischen machen können. Insofern ist das ontologisch-metaphysische Weltbild ein Stadium der Geistesgeschichte, das dem säkularistischen sehr viel näher steht als ein magisches oder sakrales. Ja, im ontologisch-metaphysischen Bedenken der Welt und der Dinge ist die säkularistische Tendenz bereits am Werk. Dieses Denken geht ja auf das Wesen der Dinge und der Welt, es will dieses Wesen mit der autonomen menschlichen Vernunft erkennen. Es kann so aber nur vorgehen, weil es das magisch-sakrale Denken, also den stärksten Gegensatz zur säkularistischen Weltsicht, mit seinem Glauben an die Inhabitanz von Geistern, Dämonen oder Göttern in den Dingen bereits hinter sich gelassen oder als falsch entlarvt hat. Zu Gott – nicht mehr zu Göttern – gelangt das ontologisch-metaphysische Denken gleichsam erst nachträglich, indem es nach der letzten Verursachung, dem letzten Grund der selbständigen Wesenheiten in der Welt und des Wesens der Welt als Gesamtheit der Dinge fragt und diesen Grund dann deistisch, theistisch oder pantheistisch interpretiert. Insofern hat jede Aufklärungsepoche der Menschheit zunächst metaphysischen Charakter.

Das gilt schon für jene wenigen in den Religionen der Naturvölker, die aus der Allmacht kultisch-ritueller Vollzüge des Stammes auszubrechen suchen und, veranlaßt durch ihre starke Individualität, rationalistisch nach der Kausalität der Abläufe im persönlichen und Stammesleben, in den politischen und wirtschaftlichen Geschehnissen fragen. Gewöhnlich reicht ihre Skepsis gegenüber dem Magisch-Mythisch-Sakralen der eigenen Stammesreligion nicht bis zur Leugnung jedweder Möglichkeit einer Gottheit. Aber Leben und Welt werden versuchsweise rationalistisch und ohne unmittelbaren Rekurs auf eine solche gedeutet.

Diese rationalistische Tendenz verstärkt sich in den Volks- und Universalreligionen. Die Religionsgeschichte zeigt eindeutig, daß Aufklärung «sich in allen Religionen in immer neu ansetzenden Epochen vollzieht».[119] Diese Aufklärung trägt aber im Sinne des oben Gesagten ontologisch-metaphysisches Gepräge, weil ihre Haupttendenz auf die Entlarvung und Beseitigung der magischen, mythischen und sakralen Elemente, wie sie sich bis in die Universalreligionen hinein erhalten, und auf die Eruierung einer (relativ) eigenständigen Welt- und Lebensordnung mit ihren verschiedenen Gebieten (Staat, Wirtschaft, Wissenschaft, Kultur usw.) geht, nicht aber oder zunächst noch nicht auf die Beseitigung Gottes überhaupt gerichtet ist. Gott wird in eine überweltliche Sphäre eingewiesen, wird zum Grund der Welt erklärt, zu ihrer überempirischen Tiefe usw., er wird so am Rand des Weltdaseins angesiedelt, aber noch nicht eigentlich geleugnet.

Das zeigt sich sehr deutlich am Beispiel der griechisch-antiken Aufklärung. Diese etwa ab Homer datierbare systematische

Aufklärung hat zwar zuzeiten religionskritischen Charakter, wie etwa bei Xenophanes, schlägt jedoch «im Platonismus selbst religiöse Töne an und leitet von der Götter-Religion zu einer Bildungs-Religion über, die mystizistisch im Neuplatonismus endet. Sie hat auf ihrem Wege die historisch und naturkundlich arbeitende Wissenschaft entwickelt und die rationale Zusammenordnung der Welt gegenüber der Gottheit wie die Selbst-Entdeckung des Menschen in seiner Welt-Verantwortung geboren.»[120]

Auch die Scholastik des Mittelalters ist im Rahmen einer geistesgeschichtlichen Betrachtung des zur Säkularisation führenden Prozesses *Aufklärung* mit ontologisch-metaphysischem Charakter im oben umschriebenen Sinn. Die seit Thomas v. Aquin in der Theologie übliche Unterscheidung zwischen causa prima et transcendentalis einerseits und causae secundariae andererseits, mit welchen das Gesamt der innerweltlichen Ursachen gemeint war, bedeutete bereits eine weitgehende Verselbständigung und Naturalisierung der Welt und Weltdinge. Auch die Forderung des Thomas, zunächst den ganzen natürlichen Bewirkungskomplex außerordentlicher Phänomene zu finden, ging in die gleiche Richtung. Die Anwendung denkerischer Kategorien auf die Religion, die in der Hochscholastik, insbesondere bei Thomas zur Vollendung kommende Tendenz der Verselbständigung des Wissens als einer eigenen Erkenntnisquelle neben dem Offenbarungsglauben ist im Grunde charakteristisch für alle Aufklärungsepochen. Hinter diesen Prozeß kann man nicht mehr zurückgehen, das heißt: ist einmal eine solche Anwendung und Verselbständigung erfolgt, dann nützen alle Subordinationsversuche des Denkens und Wissens unter die Religion nichts mehr, weil sie nachträgliche Überbrückungsversuche zwischen Wissenschaft und Glauben sind, die den zu reflexer Bewußtheit gekommenen Dualismus dieser beiden Gebiete je schon voraussetzen. Wir müssen uns allerdings bewußt sein, daß die Scholastik ontologisch-metaphysische Aufklärung gegenüber einer

Religion ist, die nicht mehr genuin als ursprüngliches Christentum angesprochen werden kann. Unter dem Einfluß des alttestamentlich-jüdischen und des hellenistisch-römischen Denkens hatte ja etwa seit dem 3. Jahrhundert eine zunehmende Resakralisierung des Christentums eingesetzt.
Aber die einmal in Gang gekommene Aufklärung bedeutete einen Sprengstoff, der zur Beseitigung der sakralisierten, ja verkirchlichten Weltordnung des Mittelalters führen mußte. Wesentliche Ansätze für die Verweltlichung dieser Ordnung, die zugleich als wichtige Ausgangspunkte des Prozesses angesehen werden müssen, der zur heutigen Säkularisation des öffentlichen und privaten, des wissenschaftlichen und praktischen Lebens geführt hat, sind seit dem 12. Jahrhundert feststellbar. Stichwortartig sei hier nur hingewiesen auf die Schule von Chartres, die entscheidend zur Desakralisierung der Natur beigetragen hat, auf den Averroismus, der die volle Autonomie des Denkens forderte und die Unterordnung der Völker unter die Kirche ablehnte, auf den Nominalismus mit seinem Postulat der zweifachen Wahrheit, daß etwas theologisch falsch und philosophisch wahr sein könne, auf die These von der Autonomie des Staates gegenüber der Kirche, wie sie etwa bei Marsilius von Padua in seinem «Defensor pacis» vertreten wird.
Renaissance, Humanismus, Reformation und französische Revolution sind weitere Meilensteine auf dem Wege zur Säkularisation, auch wenn sie manche sakralen Elemente beibehielten oder aus der griechisch-römischen Antike neu aufnahmen. Aber die grundsätzliche äußerst starke Tendenz zur Entsakralisierung und Entkirchlichung des öffentlichen und privaten Lebens hatten sie gemeinsam. Vor allem die Reformation war ein vehementer Angriff auf den Ritualismus der katholischen Kirche und auf die Sakralität des Papsttums und des Mönchtums, während die französische Revolution in gewisser Hinsicht die Säkularisierung und die politische Realisierung der evangelischen Ideale der Freiheit, Gleichheit und Brüderlichkeit der Menschen vor Gott, der Menschen als Gotteskinder bedeutete.

Die Aufklärung des 17. und 18. Jahrhunderts hat zwar zum Teil auch noch ein ontologisch-metaphysisches Gepräge, wie etwa der aufklärerische Deismus deutlich macht, sie stellt aber insofern ein entscheidendes Novum allen früheren Aufklärungsepochen gegenüber dar, als in ihr zwei Faktoren zum endgültigen Durchbruch gelangen und eine alles prägende und beherrschende Rolle zu spielen beginnen: die empirisch-positivistisch vorgehende Naturwissenschaft und die in ihrem Gefolge die Welt grundsätzlich verändernde Technik. Diese beiden Faktoren sind die die Säkularisierung am stärksten und radikalsten fördernden Kräfte. In überwältigender, in gewisser Hinsicht sogar erdrückender Weise kommen uns heute die Resultate des Wirkens dieser Kräfte zum Bewußtsein. Es hat eine konsequente Entzauberung, Entmythologisierung und Entsakralisierung der Welt, der Natur, der äußeren wie der inneren, stattgefunden, wie wir sie uns radikaler nie hätten vorstellen können. Der *äußeren Natur* durch Physik und Biologie, die dem physikalischen und Lebensgeschehen jedes Ziel, jeden Zweck nahmen, sie auf möglichst quantitativ faßbare mechanische Ursachen zurückführten und auf Regelhaftigkeiten statistischer Art begründeten, hinter die als letzte Instanz nicht mehr zurückgefragt werden dürfe. Die Annahme von Zielen und besonderer Qualitäten im physikalischen und biologischen Geschehen käme einer Resakralisierung der Wissenschaft gleich und würde zumindest den Ruf nach einem höchsten Beweger oder einer letzten Zielursache wieder laut werden lassen, was einen Rückfall in das metaphysische Weltbilddenken bedeuten würde. Der *inneren Natur* durch Tiefenpsychologie, Psychoanalyse usw., die den Beweis erbrächten, daß alle Erlebnisse vermeintlich objektiver Werte, wie der religiösen, ethischen, ästhetischen, der Liebe, Freundschaft usw. soziologisch oder psychisch triebhaft bedingte Projektionen des Ich sind. Die Transzendenz ist eine Dimension der psychischen Immanenz, die sie sich aufgrund ihrer starken Individualität schöpferisch entwirft oder aber unbewußt durch die normative

Kraft der gesellschaftlichen Milieuverhältnisse als Über-Ich übertragen bekommt. Die Konsequenzen für Ethik, Ästhetik, Theologie usw. sind klar, diese sind im Grunde Derivate der Psychologie und Soziologie und können nur eine relative, auf ein ganz bestimmtes Kulturmilieu bezogene Bedeutung haben.

Schon erhebt sich die wohl radikalste Form der oben als ontologischer Säkularismus klassifizierten Weltanschauung, der Kybernetizismus, der auf Grund der Kybernetik, jener Disziplin, die als eine der höchsten Errungenschaften naturwissenschaftlich-mathematischen Denkens und als effizienteste Hilfe bei der technischen Bewältigung schwierigster sozialer, wirtschaftlicher, industrieller usw. Probleme angesehen wird, proklamiert, er könne die quantitativ erfaßte Welt als eine computermäßig zu bewältigende Summe von Daten auffassen und damit erklären. Eine neue Weltformel als Neuauflage der Laplace'schen!

Damit ist schon angedeutet, daß wir heute an einem extremen Punkt des Säkularisierungsprozesses angelangt sind, den wir schlagwortartig mit dem Wort *Technokratie* bezeichnen können. In der heutigen Technik, wie sie sich als Frucht und Anwendung des neuzeitlichen und modernen naturwissenschaftlichen Denkens etablierte, steckt eine Tendenz zur Verselbständigung, zur Verabsolutierung, zum Selbstzwecksein, zur Degradierung des Menschen zum anonymen Rädchen. Prägnant hat diesen Prozeß C.H. Ratschow charakterisiert: Die Naturwissenschaft erhob Fakten und faßte sie als «Fälle» innerhalb von Regelhaftigkeiten (Gesetzmäßigkeiten) auf. Die Gesetzmäßigkeiten und ihre technische Verwertung «schufen ... jenseits von allem Menschlichen und Personalen liegende Strukturen, deren Charakter der Zwang als absolute Notwendigkeit ist. Die Strukturen wurden als solche erfaßbar. Sie wurden als agierende erkannt und erzwangen ihre Anerkennung. Sie brachten den Menschen in ihren Sog auf totalitäre Geltung hin. Totalitär war diese Geltung insofern, als sie den Gesamtbestand des Lebendigen zu umgreifen, unter die analogen Gesetze zu bringen und darin vor letzte Bedingtheit zu stellen meinte ... Hier taten sich Strukturen von gesetzlich verknüpften Fakten auf, an denen weiterzuarbeiten kein Verantwortlicher sich versagen konnte. Man soll diese Vorgänge gewiß nicht mythisieren, sondern sie so nüchtern wie möglich sehen. Aber gerade dann wird ersichtlich, daß die grundsätzliche Technisierbarkeit und Organisierbarkeit aller Lebensbereiche ... den Menschen den Bereichen denkerischer Welt- und Selbst-Erkenntnis machtlos entfremdet hat. Statt dessen sieht er sich transpersonalen Vollzügen sozialer, wirtschaftlicher, politischer Notwendigkeiten anheimgegeben. Das frei sich verantwortende Selbst drohte dabei einzuschrumpfen.»

Die Säkularisierung hat heute ein Stadium erreicht, in dem sie «als Verselbständigung sachlich und berechenbar gewordener Eigengesetzlichkeiten beschrieben werden kann, die das Ganze von Leben als Welt und Selbst wie als Natur und Geschichte umfassen und zureichend definieren».[121]

Berücksichtigen wir dieses Stadium innerhalb des Säkularisierungsprozesses, so müßten wir diesen als Vorgang bezeichnen, der *faktisch*, wenn auch vielleicht nicht absolut notwendig, zur *Technokratie geführt hat*. Diese letzte Definition der Säkularisierung wäre dann ein gewisser Gegensatz, ja eine Ausserkraftsetzung der vierten von uns gegebenen, nach der die Säkularisierung als Prozeß der Hominisierung der Welt einen anthropozentrischen Charakter trägt. Die Technik, die dem Menschen als Werkzeug diente, um seine zentrale Stellung in der Natur zu erobern und zu festigen, würde sich so paradoxerweise durch den Menschen an die Stelle des Menschen setzen. Die Anthropozentrik wäre durch die Technozentrik ersetzt.

Die weiter oben beschriebene säkularistische Wirklichkeitssicht sieht sich zwar durch die moderne Naturwissenschaft und das, was wir soeben als Technokratie und Technozentrik charakterisiert haben, bestätigt und bekräftigt, stellt aber nicht eigentlich deren notwendige Konsequenz dar. Vielmehr bildet diese vorwissenschaftliche Überzeugung von einem geschlossenen Ganzen im Grunde gleichartiger Funktionen und Wirkungen die stille umfassende Voraussetzung, das unbefragt angenommene Wirklichkeits- und Arbeitsfeld, als dessen Teile sich die einzelnen Wissenschaften – Physik, Biologie, Psychologie, Soziologie usw. – verstehen. Es ist der Wille, meistens wahrscheinlich nur die unbewußte Tendenz zum Säkularismus, zum Aufbau einer theoretisch und praktisch sich selbst genügenden Welt, der allen wissenschaftlichen und praktischen Betätigungen des modernen Menschen an ihr zugrunde liegt und der nun einen Höhepunkt der Säkularisation in Gestalt einer weitgehend eigengesetzlichen Technokratie erreicht hat.

Mit dem Hinweis auf die Technokratie und die ihr auf dem Fuß folgenden Faktoren der ökonomischen Überproduktion und des Konsumterrors ist die Krisis angedeutet, in der die Weltgeschichte gegenwärtig steht. Diese Krise besteht letztlich in der Gefahr, daß die wegen des Menschen, um der Erreichung seiner totalen Humanität willen in Gang gesetzte Bewegung der Säkularisation heute, auf dem Höhepunkt ihrer Entwicklung, umschlägt und sich gegen ihn wendet, daß die Werke der Wissenschaft, Kultur und Technik im Grunde nicht mehr dem eigentlichen Fortschritt des Menschen, seiner Selbstfindung und Selbstverwirklichung, dienen, sondern in rasender Selbstbeschleunigung unter der teuflischen Sonne des Profitstrebens zur letztendlichen Vernichtung allen Lebens auf unserer Erde ausholen. Zumindest für den Konsumsklaven von heute endet das über gewaltige Zeitspannen sich hinziehende Abenteuer der Säkularisierung in der – Banalität.

V. Auch die Technokratie wirft die Frage nach dem Geheimnis des Menschen auf

Technokratie als die massivste Tendenz, Dinge und Menschen radikal zu verobjektivieren, zum Gegenstand zu machen, um so total über sie verfügen, sie verwerten und vernutzen zu können, scheint das Ende aller Mystik zu bedeuten, wenn wir hier Mystik als jene Instanz verstehen, die bisher stets der stärkste und praktischste Beweis dafür war, daß der Mensch ein «homo abyssus» (Augustinus), ein abgründig tiefes, letztlich nie ganz auslotbares und verfügbares Geheimnis ist, das in einem noch tieferen göttlichen Geheimnis gründet. Aber es wird sich zeigen, daß auch die Technokratie von ihrem Wesen oder Unwesen her die Frage nach dem Mysterium, vor allem nach dem geheimnisvollen Wesen des Menschen aufwirft. Denn die Tendenz der Technokratie, alles, restlos alles in ihren Sog zu ziehen, es sich restlos in seiner ganzen Tiefe, Weite und Breite zu unterwerfen, deutet hin auf ein unauslöschbares Absolutheits- oder Unendlichkeitsexistential auch noch im technokratischen Menschen. Jeder Mensch ist nämlich letztlich nach seiner tiefsten Seinsbefindlichkeit endliche Unendlichkeit, potentielle Unendlichkeit. In jedem Augenblick seines Daseins zwar begrenzt, überschreitet er dennoch ständig seine Zuständlichkeit, seine Grenzen. Im Menschen ist etwas Utopisches, eine unendliche Sehnsucht nach Erkenntnis und Realisation von Höchstem, Tiefstem, Unbegrenztem, ein grenzüberschreitender Vitalimpuls. Selbst die so säkularisierte, «gottentfremdete» Menschheit der Neuzeit und Moderne beweist diesen Grundzug im menschlichen Sein, denn indem sie die ökonomischen und technischen Werte an die oberste Stelle der Werteskala setzte, verunendlichte sie sie, umgab sie sie mit einer Aureole der Göttlichkeit. Die ökologische Katastrophe, vor der wir heute hautnah stehen, ist die folgerichtige Konsequenz dieser Verunendlichung, sonst hätte diese Katastrophe auch gar nicht jene ungeheuerlichen Ausmaße annehmen können. Der «Wurm» liegt nicht in den technisch-ökonomischen Werten als solchen, deren Rolle als Dienstleistungswerte für den Menschen durchaus legitim ist, sondern in der Verunendlichung und Vergöttlichung dieser Werte.

Vielleicht werden mir hier Atheisten und Agnostiker in der Charakterisierung des Menschen als endliche Unendlichkeit dennoch nicht folgen können. Aber einer der größten atheistischen Religionskritiker, vielleicht der größte, Ludwig Feuerbach war es, der die Unendlichkeit des menschlichen Bewußtseins so betont hat wie kein anderer. Und Karl Marx, der andere fundamentale Religionskritiker, ist ihm gerade darin gefolgt. Ich finde, daß das tiefste Wesen des Menschen diese grenzüberschreitende Vitalenergie, diese Unendlichkeitsdynamik ist.

An dieser Stelle aber erhebt sich heute die fundamentalste Entscheidungs- und Sinnfrage der Menschheit. Denn weil der Mensch sich mit dieser Vitalenergie in allen Richtungen, den positiven wie den negativen, den ethischen wie den unethischen überschreiten kann, deshalb hängt heute alles, aber auch alles davon ab, ob wir den öko-religiösen Weg der Ehrfurcht vor der Natur und ihrem tiefsten Seinsprinzip sowie ihrer aktiven Rettung oder den demiurgisch-titanischen Weg ihrer Vernichtung, die auch und vor allem unsere Selbstvernichtung einschließt, beschreiten wollen. Wenn nämlich das wurzelhaft in uns grundgelegte Selbsttranszendieren ins Negative geht, dann wird eben der Mensch aufgrund dieser «endlichen Unendlichkeit», die er zutiefst darstellt, zwangsläufig zum Wesen der *Maßlosigkeit*, der *übersteigerten Selbstprofilierung*, des *technischen Größenwahns*, d.h. der *Megatechnik und Gigantomanie*, die ihn dazu treibt, Hunderte von Atomkraftwerken zu bauen, Tausende von Tonnen radioaktiven Mülls zu produzieren, für deren «Entsorgung» wiederum Wiederaufbereitungsanlagen zu errichten usw. usf. Dieselbe Gigantomanie waltet in ihm, wenn er Zehntausende von Raketen mit atomaren Sprengköpfen herstellt oder ständig neue biologische und chemische Massenvernichtungswaffen erfindet. Aufgrund seiner «endlichen Unendlichkeit» ist der Mensch eben auch das Wesen der *perfekten Utopien*, des alles kontrollierenden, alles in seine Verfügungsgewalt nehmenden Atomstaats, der Personen und Sachen vollkommen beherrschenden Orwellschen *Megamaschine*, die im Grunde eine letale, eine Todesmaschine ist. Auch das seinerzeit in den USA geprägte Postulat der glücklichen kapitalistischen Gesellschaft, die keinen Wunsch unbefriedigt läßt («freedom from want») ebenso wie das Ideal des kommunistischen Paradieses im Osten waren ja Projektionen solch einer perfekten Utopie. Nur der Mensch ist im Bereich der uns bekannten Intelligenzen das Wesen der *wahnwitzigen absoluten Destruktion*, das Wesen einer *mörderischen Logik und Konsequenz*, die in einer Besessenheit ohnegleichen alle, aber auch alle Möglichkeiten der Wirklichkeit durchprobiert, das Erbgut von Pflanze, Tier und Mensch in allen Richtungen manipulieren möchte, alle Rohstoffquellen der Erde und der Meere nutzen und ausschöpfen will, so daß diese höchste (mörderische) Logik zur allerhöchsten Unlogik gerät. Der Mensch ist aber auch das Wesen der *Einsichtslosigkeit*, zumindest kann er es in einer geradezu absurden Weise sein. Die Mächtigen dieser Erde erwecken jedenfalls diesen Eindruck. Denn weil der Mensch in den letzten Jahrhunderten unsagbare Triumphe über die Natur mit Hilfe der Technik errungen hat, glauben sie, daß auf dieser triumphalen Einbahnstraße des Sieges der Großtechnik über die Natur weiter vorangeschritten werden müsse, auch wenn Millionen von Pflanzen-, Tier- und Menschenleichen, Hekatomben von Opfern am Rande dieser Straße liegenbleiben. Gegen jede bessere Einsicht wird in einer Richtung weitermarschiert, die in 20 oder 30 Jahren ins absolute Verderben führt. In diesem Zusammenhang wäre eventuell noch das methodische *Rüstzeug der Psychoanalyse* heranzuziehen. Denn es könnte durchaus sein, dass sich manch führender Politiker und Wirtschaftsboß für jede Niederlage im seelischen, familiären usw. Bereich mit Gigantomanie im technisch-wirtschaftlichen Bereich «rächen», die Fehlleistungen in der einen Dimension durch technische Großunternehmen und politisch wahnwitzige Entscheidungen in der anderen Dimension kompensieren möchte.

Diese Leute haben auch einen echten *Wirtschaftswachstumskomplex*, die *psychische Krankheit eines Wachstumssyndroms*. Was (vor allem im Bereich der Wirtschaft, der Technik, der Rüstung usw.) nicht wächst, nicht größer wird und sich nicht vermehrt, erscheint ihnen als Stillstand, Rückgang und Tod. Dabei tun sie so, als ob sie sich am Organischen, an organischen Wachstumsgesetzen orientieren. Aber die Erhöhung der industriellen Produktion hat mit Natur- und echten Wachstumsvorgängen nichts zu tun. Da wächst ja nichts biologisch-organisch, sondern hier werden aus toter Materie tote Güter hergestellt, gemacht. Diese Güter leben nicht, deswegen sterben sie auch nicht und können deshalb meistenteils – im Gegensatz zum Toten und vorher Lebenden – nicht wieder in den Kreislauf der Natur aufgenommen werden. Das Organische wächst auch nicht ständig, es hat eine Wachstums- und eine Regressionsphase, die sich in Altern und Tod äußert. Wollte sich der Glaube an das Wirtschaftswachstum am Organischen orientieren, dann wäre es nach der ungeheuren Verschwendung von Rohstoffen und der Hypertrophie an Produktionsmitteln ohnehin jetzt Zeit für den Tod dieses Glaubens. Leben und Tod bilden nämlich in der Natur ein Gleichgewicht.

Wirtschaftswachstum ist also eine Begriffsverfälschung, denn es bedeutet in Wirklichkeit den unwiederbringlichen Verbrauch der Bodenschätze, die ja gerade nicht nachwachsen. Trotzdem werden ständig neue Überkapazitäten produziert. Ein besonders sichtbares Symbol dieser Überkapazitäten sind vielleicht die gewaltigen, die Natur so verschandelnden Auto-

halden. Trotzdem – und obwohl wir uns in fast allen Bereichen der Wirtschaft einem Nullwachstum nähern oder es schon erreicht haben – reiten manche Politiker dieses Todesroß des Wirtschaftswachstums unentwegt weiter. Sie machen diese Ideologie geradezu zur Basis der Bewahrung unserer Gesellschaftsform![122]
Daher kann also nur der öko-religiöse Mensch die Sinngestalt der Natur zur Vollendung bringen bzw. dazu beitragen, weil, wie gesehen, der Mensch mit derselben Kapazität seiner endlichen Unendlichkeit eben auch die ungeheuerlichste Destruktion der Natur betreiben kann. Dieser demiurgisch-titanische Mensch aber ist nicht der Sinn der Natur. Die Sinnrichtung der Natur verkörpert vielmehr der auf die Natur hörende, ihre Werte, Rechte und tiefsten Interessen erkennende, der von der Natur lernende und sich mit ihr wieder verbindende, sich an sie rückbindende (religare!) öko-religiöse Mensch. In der gegenwärtigen (bisher) schwersten Schicksalsstunde der Natur (und unserer eigenen) stellt der öko-religiöse Mensch durch sein erkennend-liebendes Umfassen der Natur in ihrer ganzen Breite und Tiefe und durch sein aktives Eintreten für die ungeschmälerten Rechte und Interessen von Tieren, Pflanzen und Landschaften die Speerspitze der Evolution, den Pfeil des wahrhaft Humanen und der eigentlichen Sinnrichtung der Natur dar. Er verkörpert auch als einziger bewußtseinsmäßig und tatkräftig die Hoffnung, daß die Natur wieder genesen und der Mensch wieder geistig, seelisch und körperlich heil und gesund werden kann. Denn die (religiöse) Anerkennung der gesamten Natur, nicht nur das (ethische) Justieren und Reparieren von Umweltschäden an ihren Erscheinungsformen, den (hervorgebrachten) Naturdingen, ist heute die unentbehrliche Voraussetzung für eine echte und eigentliche Rettung der Natur. Der «Geist» der Natur muß mitberücksichtigt werden! Seiner tiefsten Wirklichkeit nach ist ja der Mensch lediglich die persongewordene Grenzüberschreitungsdynamik der (Gesamt-Natur), eben dieses Geistes in der Natur. Insofern ist das Transzendenz-

streben des Menschen eine *biologische Tatsache*, etwas, das in den genetisch-biologischen Anlagen des Menschen verankert ist. Ortega y Gasset ist überzeugt, «daß die geschichtliche Wirklichkeit in einer früheren und tieferen Schicht eine biologische Potenz ist, die reine Lebenskraft, der Vorrat kosmischer Energie im Menschen; nicht die gleiche Kraft, die das Meer bewegt, das Tier befruchtet, die Blüte treibt, aber ihr schwesterlich verwandt».[123]

Nach Aldous Huxley ist der Mensch «von Natur religiös, aber durch die Umstände zu einer Existenz ohne Religion verdammt». Das «chronische Gefühl einer ungestillten Sehnsucht» aber könne kein Mensch verleugnen.[124] Der große Zoologe, Sir Alister Hardy, ist als überzeugter (Neo-)Darwinist trotzdem der Meinung, daß die geistige Wesenheit des Menschen sich mit der darwinistischen Lehre von der natürlichen Selektion und mit dem genetischen Code versöhnen lasse. In seinem vielbeachteten Buch «Der Mensch – das betende Tier» erweist er in überzeugenden Analysen und Gedankengängen Religiosität als Faktor der Evolution. Das biologische System der Natur sei ohne einen geistigen Faktor nicht funktionsfähig. Das Werden des Homo sapiens sei, streng biologisch gesehen, ohne Religion, ohne das erlebte Bezogensein auf eine höhere Macht, nicht denkbar. Religion habe «eine *biologische Grundlage*» im Menschen: «Was auch immer Psychologen über die Ursachen der Religion sagen mögen, sie ist, ob primitiv oder hochentwickelt, genauso ein Teil der menschlichen Natur wie die Sexualität, aber einer, den wir bis jetzt noch weit weniger begreifen.»[125]

Der Schweizer Psychologe, B. Staehelin, gibt seiner Überzeugung Ausdruck, daß die immanent-transzendente Hintergrunddimension der Natur, die er die «zweite Wirklichkeit» nennt, «naturwissenschaftlich ebenso feststellbar» ist und «als derjenige Teil vom Menschen definiert werden kann, der dem Absoluten, dem Unbedingten, dem Ewigen, der Unendlichkeit, der Unbegrenztheit, der Ungeteiltheit, der Großen Ordnung ... zugehörig, und zwar auch *biologisch* zugehörig ist». Der angeborene Drang des Menschen zur Religion sei «primärste Biologie». Die biologische Natur des Menschen rage ganz unwillkürlich, ursprünglich und spontan in die zweite Wirklichkeit hinein. Die menschliche Psyche sei die Schaltstelle zwischen der ersten und zweiten Wirklichkeit und fasse diese beiden zusammen, «und zwar biologisch»! Der Mensch sei Angehöriger zweier Sphären, die aber aufeinander bezogen seien: «Jeder Mensch, zu jeder Zeitepoche, in jeder Konfession, in irgendeiner Politik, ist unausweichlich sowohl individuelle, endliche Geschichte als auch Zugehörigkeit zu und Kollektivität mit dem Ewigen, also zugehörig zu und eins mit ... dem Absoluten, und dieses Ewige findet sich als das gemeinsame Unbedingte in jedem Du dieser Welt. – Jedes Menschen Natur ist also auch Mystik.»[126]

Unter den modernen Psychologen ist es vor allem A. Maslow mit seiner Humanistischen Psychologie, der die biologische Verankerung des religiösen Transzendenztriebes im Menschen stark betont. Ähnliches hatte ja schon der große französische Philosoph Henri Bergson mit der im Menschen kulminierenden «évolution créatrice» und der »dynamischen Religiosität» im Unterschied zur statischen, konventionellen, institutionalisierten gemeint. Und auch Max Scheler intendiert in seinem Buch «Vom Ewigen im Menschen» mit seiner «Absolutheitssphäre» in der menschlichen Psyche im Grunde den gleichen Sachverhalt. Ganz von der Naturwissenschaft her argumentierend, betont H.v. Ditfurth, daß «die Evolution ... uns zur Anerkennung einer den Erkenntnishorizont unserer Entwicklungsstufe unermeßlich übersteigenden ‹weltimmanenten Transzendenz› zwingt».[127]

Die Echtheit dieses Transzendenzverhältnisses erweist sich allerdings nicht so sehr in grenzüberschreitenden Akten selbst auf den Urgrund aller Wirklichkeit hin, sondern an der Intensität der den Menschen, Tieren und Pflanzen sowie anderen Erscheinungsformen der Natur direkt entgegengebrachten positiven Aktivität. Albert Schweitzer z.B. hat diesen Sachverhalt sogar noch dahingehend radikalisiert, daß er die Ansicht vertritt, die Hinwendung zu den Erscheinungsformen des Absoluten sei die einzige Form, um zum Absoluten selbst in ein Verhältnis zu kommen. Wirklich sei doch nur «das in Erscheinungen erscheinende Sein». Daher könnten auch Ethik und «ethische Mystik» nicht darin bestehen, «daß das Individuum zu der Totalität des Seins» direkt «in ein Verhältnis tritt». Vielmehr ist nach Schweitzer «Hingebung meines Seins an das unendliche Sein ... Hingebung meines Seins an alle Erscheinungen des Seins, die meiner Hingabe bedürfen».[128] Die ethische Mystik läßt also «das Einswerden mit dem Unendlichen durch ethische Tat verwirklicht werden».[129] In der – so könnte man es ausdrücken – Unendlichkeit der Fürsorge für alle Erscheinungen des Seins, für alles Lebende insbesondere, wird das menschliche Individuum zum universalen Menschen, zum mit dem Unendlichen Einsgewordenen. Schweitzer: Nur «in der Anerkennung und der Betätigung unserer Verbundenheit mit allen Wesen gehen wir auf die uns einzig mögliche Weise Verbindung tätiger Art mit dem unendlichen Sein ein». «Hingebung an Leben zur höchsten Erhaltung und Förderung von Leben ist tätiges Eins-Werden mit dem unendlichen Sein.»[130] Jedes Lebewesen, jeder Mensch ebenfalls, ist nach Schweitzer eine Erscheinung des «geheimnisvollen universellen Willens zum Leben»,[131] der rätselhaft in der Natur wirkt und uns seine Ziele und Ideale eingibt. Hierin, nämlich in dem Sachverhalt, daß alles Leben Erscheinung des universellen Willens, des Urgrunds der Natur ist, liegt die tiefste Wurzel für den innigen Zusammenhang zwischen Menschen und Tieren, Menschen und Pflanzen, das wichtigste Motiv auch für die ethische Notwendigkeit unserer Ehrfurcht vor dem Leben, vor jedem Leben.

Im nächsten Kapitel werden wir das Wesen oder Unwesen der Technokratie noch weiter hinterfragen müssen, wobei wir uns von einer Gegenüberstellung von technokratisch-instrumenteller Vernunft und einer heute dringend geforderten ökologischen Vernunft weitere Ergebnisse erhoffen.

Im vorliegenden Kapitel möchte ich aber noch eine weitere Variante des fehlgeleiteten menschlichen Unendlichkeitsstrebens unter die Lupe nehmen, nämlich die pseudo-mystische Unendlichkeitstendenz des ökonomisch produzierenden und konsumierenden Menschen. In den letzten Jahrhunderten gelangte der Trend zur Absolutsetzung der ökonomischen oder Wirtschaftswerte immer mehr zur Herrschaft. Ein grenzenloser Erwerbstrieb, ein verunendlichtes Streben nach ständigem wirtschaftlichem Wachstum, nach Geld und materiellen Gütern breitete sich immer mehr und immer weiter aus.

Für die Macher der modernen Industriekultur spielen nur die Kategorien Geld, Tausch, Produktion, Konsum, Profit und Erfolg die Hauptrolle. Alle anderen Werte, die für das Funktionieren der bürgerlichen Tauschgesellschaft nicht unbedingt notwendig sind, drängen sie in die Dimension des Privaten, Beliebigen und Unverbindlichen zurück. Der Mensch ist ihnen nur noch unter ökonomischen Gesichtspunkten wichtig, er wird als Mittel behandelt, das nach seiner Arbeitskraft, seiner Kapital- und Kaufkraft bewertet wird. Ähnliches gilt mutatis mutandis gegenüber der Natur. Schon vor mehr als einem halben Jahrhundert sagte der Psychologe der «Lebensformen», Eduard Spranger: «Das Nützliche ist in der Regel geradezu ein Feind des Schönen. Aus wirtschaftlichen Motiven werden Landschaftsbilder zerstört, Kunstwerke vernichtet, glückliche Stimmungen verdorben. Beides scheint nicht Raum nebeneinander auf derselben Erde zu haben. Und auch nicht in derselben Seele.» Ähnlich äußerte sich schon 1930 der spanische Philosoph Ortega y Gasset: «Der Führung in der Gesellschaft hat sich ein Menschentypus bemächtigt, den die Prinzipien der Kultur kalt lassen. Nicht dieser oder jener Kultur, sondern – soweit man heute beurteilen kann – jeder Kultur überhaupt. Was ihm am Herzen liegt, sind offenbar Automobile, Anästhetika und ein paar andere Dinge. Aber das bestätigt seine vollständige Gleichgültigkeit gegen die Kultur.»[132]

Mit dem ungezügelten Erwerbs- und Besitzstreben ist eine große Zahl ethischer Fehlformen verbunden, auf deren unsystematische Aufzählung wir uns hier beschränken müssen: Habgier, Habsucht, Diebstahl, Hochstapelei, Hehlerei, Betrug, dessen schlimmste, jedoch am wenigsten gerichtlich verfolgte und bestrafte Form heute der Wirtschaftsbetrug und die Umgehung umweltfreundlicher Bestimmungen durch industrielle Großbetriebe ist (z.B. Verseuchung der Flüsse durch Industrieabwässer, unerlaubte Lagerung von Giftfässern und Atommüll usw.), Kriegsgewinnlertum (Verkauf von Waffen in militärische Krisenherde), Geiz, Verschwendung, Luxus, Neid, brutale Vernichtung oder Bankrottierung wirtschaftlich schwächerer Betriebe in unredlich geführtem erbittertem Konkurrenzkampf, Preistreiberei (Disziplinlosigkeit sowohl in der Erhöhung der Preise bzw. aufgrund von Preisabsprachen der Konzerne wie in dem unbeherrschten Erwerben von Konsumgütern um jeden Preis durch den Käufer), Reise-, Repräsentations-, Prunk- und Bausucht der öffentlichen Hand; unverhältnismäßig hohe, dem Bürger auferlegte Steuern, um die dadurch entstandenen Kosten wieder auszugleichen; Versklavung der Menschen durch raffinierte, auf den Erwerb auch minderwertiger oder entbehrlicher Güter um jeden Preis ausgerichtete Suggestivreklame; rücksichtslose Einbeziehung der empfänglichen Psyche von Kindern und Jugendlichen in den Sog und die Zwecke dieser Reklame; unlauterer Wirtschaftswettbewerb; in seinem Gefolge Einschüchterung, Verleumdung, Wirtschaftsspionage, Erpressung, Korruption usw. Deshalb, eben weil das ökonomische Prinzip zum höchsten Wert hinaufgesteigert wurde, haben wir auch nur noch eine *Wettbewerbsdemokratie* nach den Gesetzen des Marktes vor uns: «Ein Spiel von Leistungen und Gegenleistungen, bei dem alle Werbetricks angewandt werden. Die Politik ist zu einem orientalischen Basar heruntergekommen, auf dem alle Mittel der

Taktik und des psychologischen Falschspiels gebräuchlich sind. Die Handhabung kann auch dazu führen, daß Probleme, die allen Seiten unangenehm sind, in schönster Übereinstimmung aus dem Verkehr gezogen werden, wie das oft vor Wahlen geschieht. Man spricht nur über das, was populär ist und was Meinungsumfragen als augenblicklich aktuell ermittelt haben.»[133]

Es sind diese Mechanismen der Politik, genauer der Wettbewerbsdemokratie, «die es uns bisher unmöglich gemacht haben, auf jene existentiellen Herausforderungen zu reagieren, die wahrzunehmen wir nicht länger umhin können... Der Wettbewerbsmechanismus begrenzt den Handlungsspielraum der Politik. In Demokratien werden Problemlösungen nur innerhalb ganz bestimmter Grenzen gesucht und erprobt, und es ist der ununterbrochene Konkurrenzkampf um Zustimmung, der diese Grenzen festhält.»[134]

Gier, Habsucht, Luxus, Neid, Mißgunst, Prestigebedürfnis, Stolz und alle weiteren, oben aufgezählten Untugenden – die Wirtschaft, der Gott «Wirtschaftswachstum» braucht diese «Todsünden» und macht sie zu notwendigen Tugenden, ohne die das kapitalistische Wirtschaftssystem nicht bestehen kann. Der Mann, auf den sich fast alle Wirtschaftswissenschaftler berufen, das Idol der Ökonomie des 20. Jahrhunderts, Maynard Keynes, hat darauf bereits 1930 hingewiesen. Er betonte, daß wir uns die mächtigsten Antriebskräfte der menschlichen Selbstsucht zu eigen machen, die abstoßendsten Eigenschaften zur größten Tugend erheben müßten, weil sonst das auf Wachstum und Profit aufgebaute Wirtschaftssystem nicht bestehen könne. Zwar sei dies eine «widerliche Krankhaftigkeit, eine jener halbkriminellen, halbpathologischen Neigungen, die man mit einem Schauder dem Spezialisten für Geisteskrankheiten zur Behandlung übergibt. Aber Vorsicht! Die Zeit hierfür ist noch nicht gekommen. Noch mindestens weitere hundert Jahre müssen wir uns und allen anderen vorspiegeln, daß ehrlich unehrlich und unehrlich ehrlich ist; denn unehrlich

ist nützlich und ehrlich nicht. Neid und Wucher und Vorsicht müssen noch kurze Zeit unsere Götter sein.»[135] Kein Wunder, daß nicht wenige Politiker all ihren Entscheidungen den Begriff des Menschen als eines stets auf seinen wirtschaftlichen Vorteil ausgerichteten Wesens zugrundelegen.
Einseitige Teilinteressen und Verunendlichung dieser (wirtschaftlichen und technischen) Einseitigkeiten sowie das Defizit an ganzheitlichem Menschentum sind also die tiefsten Wurzeln des menschlichen Größenwahns, wie er sich in den technischen Großunternehmen so furchterregend auswirkt. Die Absolutheits- und Unendlichkeitstendenz im Menschen – sie ist in der Verfälschung, in der Abweichung von ihrer eigentlichen Sinnrichtung der tiefste Grund für die vielzitierte, vielbeschworene Dämonie der Technik.
Die Thematik des jetzt beendeten Kapitels müssen wir in einer anderen Perspektive und unter neuen Gesichtspunkten auch noch im nächsten Kapitel weiterführen.

VI. Ökologische oder technokratische Vernunft – die alles entscheidende ethische Alternative

Man hat den Menschen als Irrläufer der Evolution bezeichnet. Die menschliche Vernunft sei ein Versuch der sich entwickelnden Natur gewesen, das Leben zu größerer Vollkommenheit zu erheben. Aber dieser Versuch sei kläglich mißlungen. Denn ist es nicht gerade die Vernunft des Menschen in Gestalt des instrumentellen, technokratischen Denkens, welche die – an sich schon gewaltige – Zerstörungsdimension der Natur potentiell unendlich steigert, indem sie, wenn sie nicht gebremst wird, zur endgültigen Auslöschung allen Lebens auf unserem Planeten unweigerlich und in rasendem Tempo hinführt, während die Natur ohne den Menschen ihr Prinzip des grausamen Kampfes ums Dasein nie zu Tode reitet, das heißt, ohne Bild gesprochen, nie so extrem-radikal anwendet, daß sich das Leben nicht immer wieder auf dem Niveau eines neuen ökologischen Gleichgewichts etablieren könnte? Doch kann man nicht sagen, daß der Mensch selbst, vor allem seine Vernunft, von der Natur aufgrund dieses Prinzips des Daseinskampfes und der damit gegebenen Auslese etwa genetisch falsch programmiert worden sei: «Wenn die Menschheit sich in der Weise selbst zugrunde richten würde, wie es derzeit nicht auszuschließen ist, wäre der Grund dafür aber eine *einseitige* Entwicklung der Vernunft und keineswegs unsere genetische Anlage zur Vernunft überhaupt.»[136] Eher schon kann man sagen, daß der Mensch aufgrund seiner Vernunft, die in gewisser Weise alles ist, weil sie erkenntnismäßig alles in sich aufzunehmen vermag und demnach an jener oben charakterisierten[137] endlichen Unendlichkeit des Menschseins teilhat, genetisch zur Möglichkeit von Gutem und Bösem, von Frieden mit der Natur oder Unfrieden mit ihr vorprogrammiert sei. Wer «die Überlebenskrise als biologisches Schicksal oder als Webfehler der Schöpfung interpretiert, drückt sich um die in allen Kulturen und Religionen vorhandene Einsicht, daß der Mensch in seiner Fähigkeit zu wählen hoch greifen und tief fallen kann. Der Mensch muß ... wählen zwischen Gut und Böse, dies auch in der Gefahr der Selbstvernichtung. Da hilft uns kein Genetiker.»[138] Zweifellos ist es also «gerade die *Flexibilität* zwischen Frieden und Unfrieden, der wir genetisch sicher sein können, nicht eine Einseitigkeit. In dieser Flexibilität sind wir aus der Naturgeschichte hervorgegangen. Alles weitere ist eine Frage der Vernunft, die ebenfalls eine Gabe der Natur ist.»[139]

Wofür also wird sich die menschliche Vernunft in der gegenwärtigen globalen Schicksalssituation der Menschheit entscheiden? Auch heute steht diese Vernunft vor der fundamentalen Wahl zwischen Gut und Böse. Nur daß es heute, unabhängig von allen Detailfragen, was gut oder was böse in bestimmten Situationen und Handlungskontexten sei, in entscheidend-grundlegender Weise nur noch um Leben oder Tod der Menschheit und der Natur geht. Die globale Option für das Leben ist gut, die Entscheidung für den Tod (nicht so offen und bewußt getroffen, aber im Endeffekt ebenso global und radikal wie die Option für das Leben) ist böse. Entscheidet sich die menschliche Vernunft dafür, nur technisch-utilitaristisch-instrumentelle Vernunft zu sein, dann ist damit auch die Entscheidung für das Böse, für den Tod von Menschheit und großen Teilen der Natur gefallen. Der dominierende Trend der «offiziellen Vernunft» in Politik, Konzernwirtschaft und Großtechnik läuft in diese Richtung. Daß er letal, todbringend ist, soll hier noch etwas ausführlicher gezeigt werden. Es geht dabei u.a. auch darum, die tiefste Wurzel des Übels, das in der Verneinung der Interessen und Rechte der Natur besteht, klar hervortreten zu lassen. Wie gesagt, eine Wurzel ist die technisch-instrumentelle Vernunft. Im Menschentyp des perfektionistischen Machers und Technikers hat sie die absolute Herrschaft errungen. Der will – primäres Interesse! – zunächst einmal nur alles probieren, zerlegen, neu zusammensetzen, wie ein Kind fasziniert von den grenzenlosen technischen Möglichkeiten, die die Welt anscheinend zu bieten hat. Daß es sich dabei u.a. um ein todernstes Spiel mit lebenden Objekten, genauer mit empfindenden Subjekten – Pflanzen, Tieren, Menschen und ihrem Keim- und Erbgut – handelt, kommt ihm kaum in den Sinn, wird von seinem Gehirn nicht registriert oder ganz schnell verdrängt. Es fehlt meist ein ausdrückliches Unrechtsbewußtsein. Vielleicht würde sich dieses einstellen, wenn er selbst betroffen wäre, wenn er z.B. plötzlich erleben müßte, daß man ihm die technischen, labormäßigen Möglichkeiten, ohne die er nicht arbeiten kann, wegnähme, wenn er plötzlich arbeitslos wäre und keinen Zugang zu technischen Großapparaturen hätte. Aber solange das nicht der Fall ist, lebt er im weltanschaulichen Käfig der «technischen Effizienz». Effizienz, also wirksamer Erfolg in der technischen Manipulation aller Objekte, auch des Lebens, das er als bloßes Rohmaterial ansieht und das vermeintlich erst durch ihn wahre Formen annimmt. Die Weltanschauung der technischen Effizienz kann man auf folgenden Nenner bringen: Der größtmögliche Erfolg in technischer Hinsicht heiligt immer die Wahl der Mittel. Diese Art von Effizienz ist der oberste Wert. Moral und Ethik haben sich dem Effizienzideal unterzuordnen, religiöse Sensibilität und Spiritualität sind Nebensächlichkeiten, die an der modernen Weltordnung technischer Effizienz nicht zu rütteln haben.

Es wurde bereits angedeutet, daß der technisch-instrumentelle Menschentyp ein kleiner Tüftler und Bastler bleibt, also, aufs große und ganze gesehen, nicht allzuviel anrichten kann, wenn ihm die technischen Großapparaturen unseres Zeitalters nicht zur Verfügung stehen. Diese aber sind für den einzelnen unerschwinglich, sie werden von den großwirtschaftlichen Konzernen zur Verfügung gestellt. Hier stehen wir dann endlich vor der tiefsten Wurzel der rücksichtslosen Ausbeutung der Natur,

der radikalen Verneinung irgendwelcher Eigeninteressen und -rechte der Natur: es ist die geradezu totalitäre, alles in ihren Sog ziehende Autonomie-, Ausbreitungs- und Eroberungstendenz der industriellen, technisch-wirtschaftlichen Großsysteme, deren sich von allen naturgemäßen, humanen und ethischen Einschränkungen und Kontrollen freimachende letale und mechanisierende Eigengesetzlichkeit. Der Automatismus der technischen Apparaturen und Systeme droht, einmal in Gang gebracht, seinen Schöpfern davonzulaufen. Das ist nicht so ohne weiteres ersichtlich oder plausibel, aber es ist so. «Erst die Erfahrung führt zu der Erkenntnis, daß der Maschinerie eine eigene Gesetzlichkeit innewohnt und daß der Mensch sich hüten muß, mit ihr in Konflikt zu kommen ... Die Bewegung hat einen Punkt erreicht, an dem sie selbständig, automatisch, mit mechanischer Notwendigkeit zu laufen beginnt», erkannte schon Friedrich Georg Jünger in seinem 1939 erschienenen Buch «Illusion der Technik», das später in «Die Perfektion der Technik» umbenannt wurde. In gewisser Weise ist dieses Buch eine größere Prophetie als die von Orwells «1984», weil es eine hautnahe Analyse der Technik und ihrer künftigen Trends zum Totalitarismus bringt, die die Orwellschen Intentionen und Intuitionen durch ihre Treffsicherheit und Präzision noch übertrifft. Allerdings muß Jüngers «Die Perfektion der Technik» mit seinem Buch «Maschine und Eigentum» (1949) zusammengesehen werden.
Heute weist Joseph Weizenbaum, Professor am Massachusetts Institute of Technology in Cambridge/Mass. und einer der führenden Computer-Experten der Welt, mit Nachdruck auf denselben Sachverhalt hin: «Wir müssen vor allem zwischen kleinen und großen Systemen unterscheiden. Was die großen Systeme anbelangt, etwa das amerikanische Luftverteidigungssystem oder das International Communication System, da muß ich sagen, daß niemand mehr diese Systeme versteht – sie sind undurchschaubar. Als Beispiel möchte ich hier nur das milliardenschwere Kommunikationssystem des Pentagons er-

wähnen, das vor ein paar Jahren auf seine Tauglichkeit hin untersucht wurde. Dabei stellte sich heraus, es funktioniert kaum, und, was viel schlimmer ist, niemand versteht es. Es kann nicht korrigiert, sondern nur geflickt werden, und dieses Flickwerk vertieft natürlich noch seine Undurchschaubarkeit ... Alle diese Systeme sind wie lebendige Wesen, von denen man annimmt, daß sie sich nach bestimmten Regeln verhalten, und man versucht, diese Regeln zu begreifen. Doch die Wahrheit ist, daß sie mehr und mehr autonom werden und sich schließlich auf eine Weise verselbständigen, wo die Gefahr besteht, daß sie Katastrophen auslösen können.» Heute lassen sich nur noch die Taschen- und Home-Computer «beherrschen», die unabhängig von Anschlüssen an andere Computer oder Systeme sind. In dem Augenblick aber, «wo Computer mit anderen Computern verbunden werden, wo sie sich in fremde Systeme einschalten, ‹beherrscht› man sie nicht mehr». Diese technologischen Prozesse «setzen sich fort wie Krebs».[140]

Zwar ist nicht die Technik an allem schuld. Das biologische «Mängelwesen» Mensch bedarf der Technik.[141] Aber die Technokratie, die absolute Herrschaft der Technik im Verein mit den wirtschaftlichen Großkonzernen, hat Interessen, die den Interessen und Rechten der Natur absolut zuwiderlaufen. Die technokratische Vernunft ist der eigentliche Gegner und Todfeind der ökologischen Vernunft. Denn während letztere das Leben will, fördert, schützt, aufbaut, hat erstere eine mechanisierende, Leben nivellierende und tötende globale Grundtendenz. Alles ist nur Material für das gefräßige Wesen der Großtechnik im Dienst internationaler Konzerne. Das technokratische System ist *dynamisch-expansiv*. Es will immer größer und perfekter werden, es will überall herrschen. Perfektion bedeutet hier aber völlig eindimensionale Perfektion im Sinne äußerster Zweckmäßigkeit und Effizienz auf einer einzigen Ebene. Das Technisch-Maschinelle kann zwar den Eindruck höchster Fertigkeit erwecken, aber nie den der (natürlichen, naturgemäßen) Reife. Diese kann nämlich nie «hergestellt», erzwungen

werden. Dynamisch-expansiv ist die Großtechnik in bezug auf Pflanzen, Tiere, Menschen, die «Rohstoffe» Luft, Wasser, Boden, ihre eigenen Maschinen und Produkte, die sie alle gleichermaßen, gleichschaltend und nivellierend, zu Funktion, zu Rädchen in ihrem Räderwerk macht. Die Menschen selbst werden letztlich zu Dienern der von ihnen geschaffenen Apparaturen. Alles Leben wird unterjocht, in den Dienst des Mechanischen gestellt, in die Abhängigkeit alles regulierender Automatismen gebracht. Das technische Denken tendiert dazu, alles, aber auch alles in seinem Umkreis einzubeziehen und sich verfügbar zu machen, d.h. es zu einem willenlosen, perfekt mechanischen Funktionieren zu bringen. Überall breitet sich der totale Herrschaftsanspruch der Großtechnik aus, alle Bereiche gleicht er sich an: das Rechts- und das Bankwesen, Wissenschaft, Schule und Universität. Der Sport, Ernährung und Medizin, die Unterhaltungsbranche, Film und Fotografie – alles wird technisiert, technisch in den Griff genommen, alles unterliegt der technischen Faszination. Das Denken in diesen Bereichen verliert viel vom Charakter des Intuitiven, Kreativen, wird mechanisch, apparaturgemäß, organisationsmäßig, stereotyp, schemenhaft, rein formal-logisch (ohne die reiche Inhaltlichkeit des Lebens), wiederholbar, quantifizierbar.
Überall haben sich Großtechnologien ausgebreitet und ihrer Eigengesetzlichkeit entsprechend verselbständigt. Wer kann sie noch bannen oder auch nur überschauen? Die Rüstungstechnik, die Gentechnologie, die Atomenergie, die Daten-, Informations- und Kommunikationstechnik, die medizinische Technik, die Autoproduktion usw. haben sich längst von fast allen oder vielen Fesseln befreit und expandieren ohne Rücksicht auf andere Bereiche oder human-soziale und ökologische Erfordernisse zügellos weiter. «Immer dichter und mächtiger wird das den Apparaturen zugehörige Netz der Organisationen. Großbürokratien sichern den Ablauf der Maschinerie und unterwerfen sich mit Hilfe der neuen Daten- und Informationstechniken die Menschen. Ihre Mitteilungen werden im-

mer kälter, komplizierter, undurchschaubarer; Rentenbescheide, Gehaltszahlungen, Wasserrechnungen, von Computern ausgestoßen, werden unlesbar.»[142] Fast omnipotent durchdringt die moderne Technik auch die Welt der Kinder und Jugendlichen, ihre Spielzeug- und Spielwelt. Wer von ihnen entgeht schon dem Rausch des Fernsehens, der Motorräder und Autos, der Musik mit ihren harten, mechanisch-dynamischen Rhythmen, die oft nur als Musik-Lärm bezeichnet werden kann und durch die ermöglichenden Techniken der Aufnahme, Verstärkung, Übermittlung und Vervielfältigung ihr «technisches Gesicht» offenlegt?

Die Technik bewirkt die totale Unterwerfung von Mensch und Natur auch dadurch, daß sie sich unermüdlich Großorganisationen zu ihrem Dienst und ihrer eigenen Perfektionierung schafft. Sie drängt zur Schaffung von Riesenfabriken und -betrieben, zur Kombination und netzhaften Verflechtung ganzer Industriezweige, zur Bildung von Kartellen, Syndikaten, Trusts usw. Die Großtechnik hat die Tendenz, sich international, «multinational», weltweit in großen transnationalen Konzernen zu organisieren, um nichts im Ablauf ihrer Prozesse und Effektivitäten dem Zufall zu überlassen, z.B. dem Zufall andersgearteter Produktivitäten und wirtschaftlicher Planungen in einem anderen, vom gegebenen Konzern nicht kontrollierten Staat. Selbst Parteien, Gewerkschaften und kleinere gesellschaftliche Gruppen, beispielsweise sogar schriftstellerische Verbände, organisieren sich zunehmend nach dem neuesten Stand und den neuesten Erfordernissen der Technik, der Daten-, Informations- und Kommunikationstechnologie. Auf dem Weg über die totale Organisation errichtet die Mega-Technik ihr Pandominium. Auch in schon bestehende Institutionen setzt sie ihren Fuß, verändert sie organisatorisch, verwandelt und verfälscht ihren Charakter. Selbst die Kirchen z.B. verwenden in ihrer Verwaltung zunehmend Großrechner, Computer usw., obwohl doch der Geist, den sie repräsentieren wollen, nicht verwaltet, schon gar nicht technisch geleitet und kontrol-

liert werden kann. Aber da sie zwanghaft alles tun, um nicht als un- oder vormodern, als statisch unbeweglich in einer sich aufgrund der Technik rasend schnell verändernden Zeit zu gelten, passen sie sich der technischen Mobilität gehorsam an.
Der zwangsläufige Trend der technischen Megamaschine ist *letal*. Am Ende ihrer großspurigen Prozesse steht letztlich der universale Tod. Davor aber Ausbeutung, Armut, Entfremdung, Katastrophen, die apokalyptischen Vorzeichen des allgemeinen Endes. Trotz ihrer großartigen Erfolge und trotz des imposanten Erfindungsgeistes der in ihrem Dienst stehenden Intelligenz bleibt die Technik – auch als Großtechnik – vom materiellen Substrat, von den Rohstoffen abhängig. Da diese aber begrenzt, die Freßsucht der Megatechnik jedoch unbegrenzt ist, folgen als notwendige Konsequenzen ihrer Bewegung die Ausbeutung, der Raubbau, die Gewalttätigkeit bei der Plünderung der Ressourcen der Erde, der Krieg.
Die *universelle Ausbeutung* gehört zum Wesen des technisch-industriellen Systems. Es muß ständig produzieren, um den permanenten Konsum aufrechtzuerhalten, anzureizen, anzuheizen. Die Natur, und sei sie noch so spendefreudig, kann mit diesem Prozeß nicht Schritt halten. Die natürlichen Lebensgrundlagen, die Öko-Systeme, schließlich die Bio-Sphäre insgesamt werden also zwangsläufig von der industrialistischen Großtechnik vernichtet. Die Nahrung, die die Großtechnik ständig neu braucht, kommt aus der Natur, die von ihr zerstört wird – das ist das tragische und zugleich groteske Dilemma dieser Universalmaschinerie. Dabei ist das Wachstum von Raubbau und Ausbeutung der Naturschätze der Erde exponentiell und immer schneller, vorangetrieben von einer sich immer hybrider und eroberungssüchtiger gebärdenden Technik. Wo Rohstoffe entdeckt werden, ist die Eigentumsethik oft mit einem Schlag außer Kraft gesetzt, obwohl sie doch sonst im Kapitalismus im Sinne des Schutzes für das Privateigentum als heilig gilt. Die Ureinwohner interessanter Rohstoffgebiete werden verjagt, bei Widerstand getötet. Die Leiden der Indios im

Amazonasgebiet sind jedermann aus der Presse bekannt. Sie stehen hier stellvertretend für die Leiden all derer, die das Pech haben, in neu entdeckten Rohstoffgebieten zu leben oder dort zu wohnen, wo die Großindustrie ihr Lager, ihre giftspeienden Fabriken und Kraftwerke aufrichtet. Das Gift von Seveso, die Atom-Katastrophen von Harrisburg und Tschernobyl, die Ölkatastrophen im Golf von Mexiko und im Persischen Golf, die abgeholzten, erodierenden Amazonasgebiete – das sind nur einige Symptome und Symbole des todbringenden Ausbeutungscharakters der technisch-industrialistischen Megamaschine. Agenten, die neue Rohstoffquellen auskundschaften, Schlägertrupps, gewissermaßen Terroristen im Dienst der Megamaschine, sind sozusagen die notwendigen, lebendigen Begleitumstände des großtechnischen Wahnwitzes. In «zivilisierten» Gebieten geht es auch zivilisierter zu: Der «Große Bruder» beobachtet, registriert, bittet gerichtlich zur Kasse bei bzw. nach Demonstrationen, trägt einen vom Demonstrationsort weg. Zusammengeknüppelt wird man erst in letzter Instanz.

Im Endeffekt tendiert bereits die Rivalität um die letzten Rohstoffressourcen der Erde zu einem globalen *Krieg* aller gegen alle. Die militärischen Basen und Stationen der Amerikaner auf dem Gebiet der Bundesrepublik sind auch dazu gedacht, die amerikanischen Rohstoffinteressen in Vorderasien zu schützen, im Notfall mit allen zur Verfügung stehenden kriegerischen Mitteln zu verteidigen. Aber ebenso oder noch mehr treibt die immanente Logik großtechnischer Systeme auf Rüstung und Krieg hin. Wo und wann könnte sich die der Großtechnik innewohnende Kraft der Zerstörung denn auch so austoben wie im Krieg? Deswegen sind vielleicht die waffentechnischen Fortschritte im Bereich der Gesamttechnik die größten. Jedenfalls ist der Krieg kein Krieg im herkömmlichen Sinne mehr, sondern Krieg im Banne des technischen Primats, technischer Krieg. Da ist nicht mehr der Held gefragt, der Tapfere, Mutige, der Abenteurer, zumindest weichen alle Kampftugenden vor der Macht und Gewalt des technischen Kriegsspektakels zurück, das vor allem eine Materialschlacht ist. Der Staat mit dem größten und modernsten technischen Potential beherrscht auch den Kriegsschauplatz. Der Krieg selbst läßt sich seine Gesetze von diesem Potential vorschreiben. Er wird zu einer mehr oder minder anonym-kollektiven Schlacht der Apparaturen, der Maschinen. Verzehr, Verbrauch, Vernutzung, Verschrottung, Vernichtung – die Endeffekte aller großtechnischen Prozesse: hier, im Krieg, offenbaren sie sich am stärksten. Soldaten sind im Grunde keine Soldaten mehr, sondern Arbeiter, Bedienungspersonal der über ein gewaltiges Vernichtungspotential verfügenden, todbringenden Maschinen. Die letale Eigengesetzlichkeit der Megatechnik zeigt sich auf dem Rüstungssektor besonders. Man spricht schon allgemein von einem gigantischen Selbstlauf der Rüstungstechniken, obwohl bei diesem wahnwitzigen Prozeß das Bündnis von Vertretern aus Wirtschaft, Technik und Militär nicht übersehen werden sollte, das diesen Selbstlauf fördert, von ihm profitiert, und jede internationale Spannungssituation zum Vorwand für die vermeintliche Notwendigkeit weiterer Rüstungsanstrengungen aufbauscht. Dieser Krieg vor dem (offiziellen) Krieg bestätigt die Parole des Großen Bruders in Orwells Buch «1984»: «Krieg ist Frieden!» Was aber Orwell nicht oder nicht so deutlich gesehen hat, ist die Tatsache des Primats der Rüstungstechnik auch in der Politik. «Nicht Politik verfügt über die Verwendung der Waffen, sondern die Verfügbarkeit von Waffen und deren technische Eigenart bestimmt über deren politische Verwendung.»[143]

Es scheint demnach vieles dafür zu sprechen, daß sich die Menschheit unter dem Druck der technokratisch-industriellen Megamaschine auf den Tod der Natur hinbewegt. Kann dieser natur- und selbstzerstörerische Trend noch aufgehalten werden? Kann die Vernunft der Menschheit in ihrer Gesamtheit bzw. in ausreichender Repräsentation dieser Gesamtheit die Kraft aufbringen, über das Technisch-industriell-Instrumen-

telle der menschlichen Ratio hinauszukommen und das Gute im Sinne der Aufdeckung und Beschreitung wirksamer Wege zur ökologischen Rettung unseres Planeten zu ergreifen? Werden sich die vielen Zeichen guten Willens in der Menschheit, die zahlreichen «Inseln ökologischer Vernunft» im Rahmen einer «sanften Verschwörung» (M. Ferguson) aufgrund der Ausstrahlungskraft positiver Energie zusammenschließen und uns so am Ende doch noch die Katastrophe ersparen, der wir sonst in der Gefolgschaft der instrumentellen Vernunft und der technokratischen Megamaschine in rasendem Tempo entgegeneilen? Man kann angesichts der Übermacht des technokratischen Elements in unserem Zeitalter verstehen, daß einige große Denker sich hier nur noch die Rettung der Welt durch eine übermenschliche Kraft vorstellen konnten, der menschlichen Fähigkeit, zu wenden und zu retten, aber kein Vertrauen entgegenzubringen vermochten. Vor allem Martin Heidegger hat immer wieder beschwörend darauf hingewiesen, daß wir nur die Haltung der Erwartung des Erscheinens eines Gottes einnehmen können, wenn wir dem kaum zu denkenden Sein unseres Zeitalters entsprechen wollen und sollen. Alles andere sei eigenmächtige Weltveränderung, die die Dinge immer nur zum Schlechteren treibe. Denn die Eigenmächtigkeit des Menschen, die ja gerade in der modernen Technik ihren höchsten Ausdruck finde, veranlasse ihn, das Wirkliche nur als Bestand zu bestellen. «Sobald ... der Mensch nur noch der Besteller des Bestandes ist, – geht der Mensch am äußersten Rand des Absturzes, dorthin nämlich, wo er selber nur noch als Bestand genommen werden soll. Indessen spreizt sich gerade der so bedrohte Mensch in die Gestalt des Herrn der Erde auf.»[144]
Aber es muß ja nicht Eigenmächtigkeit sein, die unsere in der Tat unheimliche Situation (zum Besseren hin) verändern will. Der von ökologischer Vernunft geleitete Mensch erfährt, spürt oder glaubt zumindest, daß er von der Natur und ihrem tiefsten Grund selbst beauftragt ist, zur Besserung der Situation beizutragen. Albert Schweitzer hat da wohl tiefer gesehen als

Heidegger: «In der Welt offenbart sich uns der unendliche Wille zum Leben als Schöpferwille ... In uns als Wille der Liebe, der durch uns die Selbstentzweiung des Willens zum Leben aufheben will.»[145] «Ich kann nicht anders, als mich an die Tatsache halten, daß der Wille zum Leben in mir als Wille zum Leben auftritt, der mit anderem Willen zum Leben eins werden will ... Wenn in der Sanftmut des Andersseins als die Welt ein anderer und ich uns im Verstehen und Verzeihen helfen, wo sonst Wille anderen Willen quälen würde, ist die Selbstentzweiung des Willens zum Leben aufgehoben. Wenn ich ein Insekt aus dem Tümpel rette, so hat sich Leben an Leben hingegeben und die Selbstentzweiung des Lebens ist aufgehoben. Wo in irgendeiner Weise mein Leben sich an Leben hingibt, erlebt mein endlicher Wille zum Leben das Einswerden mit dem unendlichen, in dem alles Leben eins ist ... Darum erkenne ich als die Bestimmung meines Daseins, der höheren Offenbarung des Willens zum Leben in mir gehorsam zu sein. Als Wirken wähle ich, die Selbstentzweiung des Willens zum Leben aufzuheben, soweit der Einfluß meines Daseins reicht.»[146] Nach Schweitzer erfüllt der Mensch gerade dann «den Willen des universellen Willens zum Leben», der sich in jedem offenbart, wenn er Welt und Leben bejaht und eine weltverbessernde Ethik praktiziert. Schweitzer war auch sein Leben lang von der Kraft der menschlichen Vernunft überzeugt, dies auch deshalb, weil er sich weigerte, sie nur auf ihren technisch-instrumentellen Charakter reduzieren zu lassen, sie vielmehr in der ganzen Weite des «Vernehmens» alles Wirklichen ernstnahm. Auf der Grundlage dieser umfassenden Sicht der Vernunft bestand er dann aber auch hartnäckig darauf, daß seine Philosophie des Willens zum Leben nichts als das reine Denken der Vernunft ist. Die menschliche Vernunft ist ein besonderer Ort des universalen Willens zum Leben, weil der Mensch «die Fähigkeit erlangt» hat, «über die Gesamtheit des Seins denkend zu werden» und weil er auf dieser Basis erkennt, daß er mit anderem Willen zum Leben einswerden soll, so zur Einheit der

Gesamtheit allen Seins beitragend. Ethik auf der Grundlage der Vernunft ist nach Schweitzer nichts anderes als «ins Grenzenlose erweiterte Verantwortung gegen alles, was lebt». Diese Vernunftethik läßt sich nach ihm auch nicht irremachen durch den überproportionalen Umfang des durch Naturgewalten vernichteten Lebens und durch die Bescheidenheit der Erfolge bei der Bemühung, den technokratischen Zugriff auf die Natur zu bremsen oder zu verhindern. «Wirken wollend, darf sie doch alle Probleme des Erfolges ihres Wirkens dahingestellt sein lassen. Bedeutungsvoll für die Welt ist die Tatsache an sich, daß in dem ethisch gewordenen Menschen ein von Ehrfurcht vor dem Leben und Hingebung an Leben erfüllter Wille zum Leben in der Welt auftritt.» Am Rande sei hier noch angemerkt, daß Schweitzer die immer wieder herbeigeredete Spaltung zwischen (rationaler) Vernunft und (vermeintlich irrationaler) Mystik nicht anerkennt. Vernunft und Ethik in seinem Sinne führen geradewegs in die Mystik. «Alle tiefe Weltanschauung ist Mystik ... Der Weg zur wahren Mystik führt durch das rationale Denken hindurch zum tiefen Erleben der Welt und unseres Willens zum Leben hinauf. Wir alle müssen wieder wagen, ‹Denkende› zu werden, um zur Mystik zu gelangen, die die einzig unmittelbare und einzig tiefe Weltanschauung ist ... Alle müssen wir durch Denken religiös werden.»[147]
Der universale Wille zum Leben selbst ist es nach Schweitzer, der in uns wirkt und uns drängt, mit allem anderen Leben, mit Tieren und Pflanzen einszuwerden, uns in Liebe für sie einzusetzen. In einer bestimmten Hinsicht hat aber auch Schweitzer noch einen zu anthropozentrischen Standpunkt eingenommen. Er hat die zahlreichen sozial-altruistischen (wenn auch meist instinktiv festgelegten) Phänomene bei Tieren und Pflanzen[148] einfach nicht in den Blick bekommen oder genommen. «In meinem Willen zum Leben erlebt sich der universale Wille zum Leben anders als in den anderen Erscheinungen. In diesen tritt er in einer Individualisierung auf, die, soviel ich von außen bemerke, nur ein Sich-selbst-Ausleben, kein

Einswerden mit anderem Willen zum Leben erstrebt. Die Welt ist das grausige Schauspiel der Selbstentzweiung des Willens zum Leben. Ein Dasein setzt sich auf Kosten des anderen durch, eines zerstört das andere.»[149] Hier war Schweitzer doch noch zu sehr ein Kind des Zeitalters des Darwinismus. Auch er sah wie dieser in der Natur nur den Kampf ums Dasein.

In dieser Hinsicht hat Teilhard de Chardin die in Erscheinung tretende Natur richtiger gesehen. Nach ihm waltet nicht nur in der humanen, sondern auch schon in der biopsychischen, subhumanen Phase der kosmischen Entwicklung eine sozial-sympathische Grundtendenz. Die Liebe, «in ihrer vollen biologischen Realität betrachtet», «beschränkt sich nicht auf den Menschen», sondern ist «allem Leben eigentümlich» und verbindet sich «in verschiedener Weise und in verschiedenem Grade mit allen Gestalten, in denen die organische Materie nach und nach erscheint». «Die Liebe in allen ihren Schattierungen ist nichts anderes und nichts Geringeres als die mehr oder minder direkte Spur, die das Universum in seiner psychischen Konvergenz zu sich selbst in das Herz des Elementes einprägt.»[150] So ist, wie Interpreten Teilhards betonen, die Sympathie, die Sozialität, die Liebe in seinem System zum «letzthin gemeinsamen Bestimmungswert für Natur- und Geistesgeschichte» geworden, zum «Höchstwert» und «Höchstmaßstab», zum «entscheidenden Wertbegriff» und «höchsten Beziehungspunkt nicht nur des Lebendigen, sondern des Universums überhaupt», zur «wahren Triebkraft» der Gesamtnatur, zur «universellen Grundkraft» des Kosmos.[151] Auf unserer Erde findet die «planetarische Sympathie» im Menschen lediglich ihren (reflex)bewußtesten Repräsentanten, aber als solche sind Sympathie und Liebe «zumindest in einem Anfangszustand in allem Seienden vorhanden»,[152] sie stellen einen das ganze «Universum durchdringenden Grundimpuls»[153] dar.

Daneben aber gibt es unbestreitbar auch den Kampf ums Dasein, die oft furchtbaren Phänomene der Grausamkeit und Aggression in der Tier- und Pflanzenwelt. Ökologische Vernunft weiß aber, daß diese Ambivalenz von Sympathie und Aggression in der Schöpfung kein Gegen-Argument gegen die positive Grundqualität des schöpferisch-hervorbringenden Urprinzips der Natur sein muß. Denn auch die noch so mächtig gedachte «natura naturans» kann sich über folgende fundamentale Alternative nicht hinwegsetzen: Entweder bringt das schöpferische Urprinzip eine mechanistisch-deterministisch ablaufende, völlig einlinige, keine Überraschungseffekte aufweisende Natur hervor, in der dann also Leben und Freiheit als originelle, spontan-kreative Prozesse nicht vorkommen. Oder dieses Urprinzip gibt die hervorgebrachte Natur in ihre zumindest relative Eigenursächlichkeit, Eigentätigkeit, Spontaneität und Kreativität frei. Dann gibt es Evolution, Leben und Freiheit als Prozesse, deren Weg nicht grundsätzlich vorbestimmt ist, die also auch im Chaos, in der Katastrophe und im Bösen enden können. Es gibt dann zwar – wie in unserer Welt – eine allgemeine Höherentwicklung des Lebens, aber mit dem Guten entwickeln sich ebenfalls die Möglichkeiten des Bösen auf ein immer raffinierteres Bewußtseinsniveau hinauf. Auch ein absoluter Grund der Natur kann also nicht anders: Wenn er das von ihm Hervorgebrachte als Eigenständiges wirklich will und ernstnimmt, muß er ihm die Möglichkeit der Selbstursächlichkeit, der Eigentätigkeit und Eigenentwicklung gewähren, damit aber auch die Möglichkeit, anderes Leben zu benachteiligen, zu behindern, zu beschädigen, zu töten. Er muß diese letztere Möglichkeit konsequent auch in ihrer faktischen Realisation zulassen, wenn diese Eigenursächlichkeit nicht zur Fiktion werden soll. Allerdings eröffnet sich an dieser Stelle für eine den Dingen auf den Grund gehende ökologische Vernunft die Perspektive der Hoffnung und Zuversicht: Wenn sich das schöpferische Urprinzip frei für diese zweite Alternative der Zueigengebung von Eigenursächlichkeit und -aktivität an das Hervorgebrachte entschieden, somit auch alle Möglichkeiten des Negativen und Bösen in Kauf genommen hat, dann müßte es auch eine letzte Harmonie und Sinfonie aller Dinge, in der jedes Leid, jede Ungerechtigkeit triumphal überwunden wäre, in einem von uns allerdings kaum vorstellbaren Endstadium der Naturentwicklung anpeilen und bezwecken. Nur so wäre die Unsumme an Angst, Leid und Schmerz, die eine Konsequenz der an das hervorgebrachte Seiende mitgeteilten Eigenursächlichkeit ist, von der ethischen Wesensseite des Absoluten zu vertreten und zu rechtfertigen. Der Preis für das ungeheure Leid in der Geschichte der Natur ist die vollkommene Harmonie der Natur am Ende dieser Geschichte.

Wir müssen hier aber fast noch einen Schritt weitergehen. Gehen wir davon aus, daß es nur *ein* Absolutes geben kann. Bringt also das Absolute Nicht-Absolutes hervor (auch das ist schon eine alte philosophisch-theologische Streitfrage, wie es Nicht-Absolutes überhaupt schaffen kann), dann ist dieses letztere nicht absolut vollkommen, zudem beschränkt es sich gegenseitig allein schon durch die Tatsache seiner Vielzahl (da es ja das Eine, Absolute nicht sein kann). Die hervorgebrachten Dinge «reiben» sich also aneinander. Eine Welt der Gegensätzlichkeit entsteht. Um sich selbst zu behaupten und durchzusetzen, müssen sie in gewisser Weise gegen andere vorgehen. In dieser Perspektive scheint also ein gewisses Maß an Aggression, an Bösem, an Tragik nicht erst mit der Eigenursächlichkeit der hervorgebrachten Seienden, sondern schon mit der Tatsache ihrer Geschöpflichkeit, ihrer Nichtabsolutheit, ihrer Kontingenz verbunden zu sein. Offenbar scheint es aber auch ein «Zweck» von Geschaffensein, von Hervorgebrachtsein zu sein, daß das Nicht-Göttliche erkennt, wo es landet, wenn es sich aus dem Zusammenhang mit dem Ganzen, d.h. mit allem anderen und dem Absoluten, ausklinkt, den Weg der sich selbst isolierenden Hybris, Überheblichkeit und Unbescheidenheit wählt und geht.

Halten wir, den jetzt debattierten Punkt zusammenfassend, fest: Das göttliche, absolute Prinzip der Natur konnte kein zweites Absolutes erschaffen, also wird, wenn es sich zur Hervorbringung von Nicht-Absolutem entscheidet, eine Welt in

Gegensätzen, in gegensätzlichen Kräften und Individuen entstehen. Damit ist das Prinzip des Kampfes ums Dasein unausweichlich gegeben. Aber ebenso das Prinzip Hoffnung und Liebe. Denn die gegensätzlichen Teile haben ja von dem «kosmogonen Eros als weltschaffender Urmacht» den Trieb zur Sympathie, Harmonie, Einheit und Ganzheit eingeprägt bekommen, sie transzendieren sich deshalb im Laufe einer grenzüberschreitenden Höherentwicklung zur Bildung immer größerer Teilsysteme hinauf, bis schließlich das universale Ganze, die Sinfonie aller Teile im System des Ganzen am Ende der kosmischen Geschichte Wirklichkeit wird. Der universale Lebenswille der Natur entzweit sich anfänglich im Rahmen der Geschichte, er individualisiert sich, spaltet sich in die seienden Individuen auf, die diesen Lebenswillen als ihren eigenen partiellen erleben, aber auch behaupten und durchsetzen wollen. Die Richtung geht dann aber in einer immer deutlicheren und intensiveren Endperspektive auf das Wieder-Eintreten, Wieder-Eingehen, Wieder-Einströmen in den universalen Lebenswillen der Natur, in ihr Urprinzip, in die «natura naturans», aber so, daß auch für dieses Prinzip die umfassende Natur- und Geistesgeschichte der kosmischen Entwicklung eine bereichernde Bedeutung hat und die Geschichte der einzelnen Seienden eine bleibende Relevanz in diesem Gesamtprozeß behält. Eine ethische und bewußtseins-mäßige Einheit aller Dinge und Lebewesen in Verbundenheit mit dem Absoluten scheint dem Ziel der Natur und all ihrer riesenhaften Anstrengungen im Laufe der kosmischen Geschichte näherzukommen und stärker zu entsprechen als die nur ontische Ein(s)heit, in der das absolute Ende dem absoluten Anfang entspräche und die hervorgebrachten Seienden nach einer wechselvollen Interimsgeschichte wieder zugunsten des einen und alleinigen Prinzips abgedankt hätten, somit ins wesenlose Nichts zurückversunken wären.

Dem Menschen aber fällt in der gewaltigen Naturgeschichte des Universums die Aufgabe zu, reflex-bewußt und systematisch für das Ganze zu wirken, die Interessen und Rechte derer zu vertreten, die sich nicht selbst oder nicht in dem Maße wie der Mensch verteidigen können. Der Umstand, daß sie sich nicht persönlich vertreten können, spricht nicht gegen ihre Rechte.[154] Auch Minderjährige, Schwerkranke, aber sogar sogenannte juristische Personen, die keine natürlichen Personen (= Menschen) sind, z.B. Körperschaften des öffentlichen Rechts (Staaten, Kirchen, Rundfunkanstalten, Gemeinden, öffentlich rechtliche Genossenschaften usw.) und körperschaftlich organisierte Vereinigungen des Privatrechts (wie Aktiengesellschaften, eingetragene Vereine, Gesellschaften mit beschränkter Haftung usw.) können sich, ihre Rechte und Interessen vor Gericht nicht persönlich vertreten, sie brauchen einen Stellvertreter. Trotzdem können sogar juristische, also fiktive «Personen», «im eigenen Namen klagen und verklagt werden, und für die privatrechtlichen Körperschaften gelten nach Art. 19 Abs. 3 GG sogar die Grundrechte, soweit sie ihrem Wesen nach auf diese anwendbar sind. Durch Sondernormen vermittelt, findet Art. 19 Absatz 3 GG auch auf Körperschaften und Anstalten des öffentlichen Rechts Anwendung ... zu meinen, daß nur Menschen Rechte haben können, ist dementsprechend ein Mißverständnis der heutigen Rechtslage ... Oder soll, wenn nicht nur Menschen Menschliches sind, eine Aktiengesellschaft menschlicher als ein Menschenaffe sein?» Sogar eine Landschaft oder Teile von ihr, z.B. ein Fluß, können unter diesem Gesichtspunkt menschlicher sein als eine von Menschen geschaffene Institution oder Gesellschaft. So sollte dieser Fluß, durch engagierte Anwälte vertreten, Klage vor Gericht gegen ein Wirtschaftsunternehmen führen können, das seine Abwässer in ihn leitet. Ein Staat, der das Wohl der Allgemeinheit, also des Gesamts von Natur und Mensch, im Auge hat, hätte geradezu die Pflicht, Naturanwälte als Pflichtverteidiger zu stellen. Als heuristischen Grundsatz für den Umfang der Zuerkennung von Rechten an die Natur empfiehlt Meyer-Abich: «Rechte der natürlichen Mitwelt sollten zumindest überall dort anerkannt werden, wo es bei den Griechen – oder

in anderen naturbezogeneren Religionen als der unseren – Götter gab. Für die Pflanzen wird zusätzlich Sorge getragen werden müssen. Im Christentum sind Rechte der natürlichen Mitwelt eine säkularisierte Form der Anerkennung ihrer Geschöpflichkeit. Sie treten funktional an die Stelle der Naturgötter in früheren Religionen, solange nicht wieder eine religiöses Verhältnis zur natürlichen Mitwelt gefunden wird.»[155]
Die außermenschliche Natur hat Interessen und Rechte, die wir zu achten, aber auch anwaltschaftlich und partnerschaftlich zu vertreten haben. Auch die Grausamkeit und Aggression in der Natur, die, wie wir sahen, aus letzten metaphysischen Gründen von ihrem Entwicklungsprozeß zur vollkommenen Harmonie des Ganzen hin wahrscheinlich gar nicht abtrennbar ist, stellt kein Argument dafür da, daß nun der Mensch diese Grausamkeit in der Natur noch vermehre und verstärke. Außerdem müssen wir uns auch in bezug auf die Grausamkeit in der außermenschlichen Natur vor dem Anthropomorphismus hüten, menschliche Gemeinheiten in die Aktionen von Tieren und Pflanzen hineinzusehen. Vor allem William L. Long hat in seinem bereits zum Klassiker avancierten Buch «Friedliche Wildnis»[156] dieses Mißverständnis in überzeugender Weise ausgeräumt. Die Natur ist hart, kann teilweise instinktiv-raffiniert sein. Skrupellos wie der Mensch ist sie nie!
Für das Eintreten für die Interessen und Rechte der außermenschlichen Natur sprechen aber noch einige weitere Gründe, die wir hier noch kurz anführen wollen:
Vor allem ist der folgende Gesichtspunkt zu berücksichtigen: Zur Natur gehört auch und ganz wesentlich der Mensch.[157] Von der Natur, der «natura naturans» ermächtigt und gedrängt, soll er so viel und so weit wie möglich die Selbstentzweiung des Lebens reduzieren, die Grausamkeit in der Natur durch umfassende Liebe überwinden helfen. Indem die Natur ein Wesen wie den Menschen hervorbringt, will sie auch dem Guten in der Natur zum Siege verhelfen, wiewohl sie dabei die Möglichkeiten des Bösen in Kauf nehmen muß, weil kein Gutes

ohne Entscheidungsfreiheit zu haben ist. Grundsätzlich aber stattet die Natur den Menschen auf der Grundlage eines langen Entwicklungsprozesses mit ethischen Fähigkeiten aus, denn sie führt ihn auf die Stufe des Bewußtseins seiner selbst und damit auch seiner (guten und bösen) Taten, Gedanken, Absichten, begründet also auch ein ethisches Bewußtsein, ein Gewissen, d.h. den zentralen Ort in seinem Inneren, das intellektuell-emotionale Organ für sittliche Entscheidungen. Der Triumph des Guten im Menschen, die Niederlage des Bösen in ihm ist zugleich ein Sieg der Gesamtnatur, eine Vermehrung des Guten im ganzen Universum, ein erklommenes Teilstück auf dem steinigen Weg zum allseitigen Frieden der Natur im Endstadium ihres kosmischen Entwicklungsprozesses. Wir sollten in anthropozentrischer Blickverengung nicht so tun, als ob unser Mitfühlen und Mitleiden mit der Natur, ja all unsere guten Regungen gegenüber Tieren und Pflanzen nur unser «Werk», unsere Eigenleistung seien. Mitgefühl, Mitleid, Mitdenken mit den anderen Seienden ist ein Naturprozeß in uns. Es ist die Natur selbst, die durch uns mitdenkt, -fühlt und -leidet. Sie hat sich Subjekte des Mitgefühls und Mitleidens geschaffen, nämlich uns. Letztlich ist auch die Tier-, Pflanzen- und Landschaftsethik, die der Mensch entwickelt, ein Naturprodukt, etwas, das die Natur im Rahmen ihrer Entwicklung angesteuert hat. Und auch das Denken, das zu dieser Ethik hinführt und sie entfaltet, ist ein Naturprozeß und wo es gute, der Natur dienende Normen aufstellt, führt es zur «kosmischen Entspannung» (Gottfried Benn). In der abwägenden Bilanz der Summe des Guten und der des Bösen in der Natur stellt also der Posten «Mensch» kein geringes Gewicht auf der Waagschale dar. Im Rahmen der alles umfassenden Naturgeschichte will die Natur durch den Menschen zu einem Bewußtsein ihrer selbst gelangen, um mit diesem Bewußtsein und der aus ihm folgenden Selbstbestimmung die Negativa ihres bisherigen Entwicklungsweges zu korrigieren, zu mildern und zu reduzieren.

Niemand sage, es sei wenig, was die Natur durch den Menschen auf diese Weise zustandezubringen vermag. Allein schon ein Abblasen der Milliarden von Tieren verbrauchenden Tierversuche wäre eine fühlbare, geradezu «kosmische Erleichterung» für die geschundene Kreatur. Der Grad der Raffinesse der allein an Hunden und Katzen in Tiertests veranstalteten Quälereien übertrifft bereits bei weitem all das, was der Normalbürger sich auch nur vorzustellen vermag. Die Massentierhaltung von Hühnern, Kälbern und Schweinen zu unterbinden, wäre ein weiterer notwendiger und nicht unwesentlicher Schritt zur Humanität des Menschen und damit zur Humanisierung der Natur. Auch wenn dies eine anthropozentrische Argumentation ist: Der Mensch schadet seiner ethischen Selbstwerdung und seinem innersten Lebensnerv, wenn er mitwirkt oder zuläßt, daß sich in der Batteriehaltung von Legehennen zehn Hühner mit dem Raum der Doppelseite einer Zeitung begnügen müssen. Wer seine geschöpflichen Mitbrüder und Mitschwestern so behandelt, entmenschlicht sich selbst.[158]
Welch ungeheure Schuld lädt die Menschheit auch dadurch auf sich, daß sie oft noch radikaler und rücksichtsloser als gegen Tiere gegen die Pflanzenwelt vorgeht. Das Ausmaß der Grausamkeit, das ihr der Mensch antut, ist geradezu unvorstellbar. Men denke – ein Beispiel für viele – nur an die brutale Abholzung des grünen Gürtels der Erde, also der Baumwelt, vor allem im Amazonasgebiet. Dabei ist es schon ein Indiz für die Gemütsroheit des Menschen, nicht zu sehen, daß viele Pflanzen viel sensibler sind als Tiere. Bäume «bluten», wenn sie verletzt werden; manche Pflanzen wachsen nicht mehr, wenn an ihnen gewalttätig manipuliert wird; sie gedeihen besser, wenn ihnen gut zugeredet wird; sie entwickeln sich positiv oder negativ je nachdem, in welchem Geist der Mensch für sie sorgt. Sie haben eine Seele, eine andere als der Mensch, als das Tier, aber eine lebensverwandte Seele und tragen damit zur allgemeinen «Beseeltheit der Welt» bei. Weshalb sollten wir den Pflanzen diese tiefe, stille Beseeltheit, den Blumen ihr «Seelen-

leuchten» absprechen? Der große Physiker Gustav Theodor Fechner fragte schon vor fast 150 Jahren: «Warum soll es zu den Seelen, die da laufen, schreien und fressen, nicht auch Seelen geben, die still blühen, duften, im Schlürfen des Taues ihren Durst, im Knospentriebe ihren Drang, im Wenden gegen das Licht noch eine höhere Sehnsucht befriedigen? Ich wüßte doch nicht, was an sich das Laufen und Schreien vor dem Blühen und Duften für ein Vorrecht voraus hätte, Träger einer Seelentätigkeit und Empfindung zu sein; nicht, wiefern die zierlich gebaute und geschmückte Gestalt der reinlichen Pflanze minder würdig sein sollte, eine Seele zu hegen, als die unförmliche Gestalt eines schmutzigen Wurmes? Sieht ein Regenwurm uns seelenvoller an als ein Vergißmeinnicht?»[159]
Wir können ermessen, wie ungeheuer viel wir Menschen für die Natur tun können, wenn wir den Kontrast, nämlich das Ausmaß unserer negativen Aktivitäten ihr gegenüber betrachten. Was das weltweite Waldsterben betrifft, so merken wir nicht einmal, daß mit dem Tod eines jeden Baumes auch ein Stück von uns stirbt. Die Naturvölker wußten dies noch in aller Intensität. «Das wirklich Ungeheuerliche und Barbarische ... ist aber, daß *das Sterben des Baums gar nicht wahrgenommen wird,* so als sei dieser Tod einfach nichts. Wenn wir so denken, brauchen wir uns über das Waldsterben nicht zu wundern ... Wie kommen wir dazu, in bezug auf das Töten von Bäumen nicht dieselbe ethische Urteilskraft und Sorgfalt gelten zu lassen, wie in bezug auf den Mord an Mitmenschen?»[160]
Hier wird keine Gleichmacherei betrieben: Sicher ist der Tod einer Pflanze etwas anderes als der eines Menschen, so wie ja auch kein Menschentod dem anderen ganz gleicht. Aber in beiden Fällen stirbt ein Lebewesen im eigentlichen Sinn des Wortes. Und außerdem gibt es Übergangsformen, wo plötzlich die Nähe von Mensch und Pflanze aufleuchtet. Man denke dabei z.B. an schwerkranke, dahinvegetierende Menschen. Sie empfinden, fühlen, «verstehen», reagieren in manchem wie Pflanzen. Sie stehen plötzlich wieder in manchen Hinsichten auf der

pflanzlichen, vegetativen Kommunikationsstufe, auch wenn ihnen die frische, gesunde Pflanze durch ihr feinfühliges Sensorium sogar noch einiges voraushat.

Ökologische Vernunft, die im gegenwärtigen Weltstadium das reflexeste Bewußtsein vom Auftrag des Menschen, die Natur zu retten, darstellt, wird jedenfalls auch am ehesten das gewaltige Ausmaß dessen, was für diese Natur noch getan werden kann, wahrnehmen. Sie wird dem vorhin Gesagten entsprechend die Pflanzen aus der Interessen- und Rechtsgemeinschaft der Natur in keiner Weise ausklammern. Dazu wird sie auch der Umstand motivieren, daß sie nicht nur die sensibelsten Indikatoren auf Umweltverschmutzungen (z.B. Flechten auf Schwefeldioxid) sind, sondern sich als «gleichermaßen sensible Indikatoren auf den Verlust von Menschlichkeit»[161] erweisen. Das Gemeinsame, Verbindende von Mensch und Pflanze herauszustellen, erscheint heute besonders wichtig, da den meisten von uns noch eher die Notwendigkeit des Tierschutzes als die des Pflanzenschutzes einleuchtet. Dabei sind die Pflanzen wie die Tiere und die Menschen Lebewesen im Unterschied zur unbelebten Natur. Unsere Gemeinsamkeit und Verwandtschaft mit den Pflanzen erhellt ferner daraus, daß die menschliche Seele auch eine vegetative Teil-Seele oder Schicht aufweist. «Diese Verwandtschaft ist im Umgang mit Pflanzen auch erfahrbar. Pflanzen und Menschen haben eine je besondere Existenz, aber der Strom des Lebens ist in beiden und kann sich in Gestalt von Gärten aufs neue verbinden, so wie sich auch menschliche Individuen zu gemeinsamen Taten verbinden.»[162] Man übersieht auch meist, daß die Grenzen nicht nur zwischen Tieren und Menschen, sondern auch zwischen Pflanzen und Tieren fließend sind. Schon deshalb verbietet sich eine Grenzziehung, die nur den Tieren, nicht den Pflanzen Interessen und Rechte zugesteht.

Viele aber weigern sich oder haben kein Verständnis dafür, den Pflanzen Interessen zuzugestehen. Werden ihnen diese zugestanden, dann muß man ihnen nämlich konsequenterweise

auch Rechte einräumen. Es sind ja «Subjekte von Rechten ... gemäß dem Inhalt des Sittengesetzes alle Wesen, die Interessen haben».[163] Haben also Pflanzen tatsächlich Interessen? Kein guter Pflanzenkenner wird leugnen, daß Pflanzen ein Interesse daran haben, daß es ihnen gut geht, daß sie je nachdem, ob dieses Interesse befriedigt wird, gesund oder krank sind bzw. werden, wie Tiere und Menschen auch. Ein guter Gärtner merkt sehr bald, ob es Pflanzen an einem bestimmten Standort gut oder schlecht geht, daß sie z.B. Blüten und Blätter hängen lassen, wenn es ihnen nicht gut geht, daß sie ihm irgendwie dankbar sind, wenn er sich ihre Sache zueigen macht, ihnen gut zuredet und hilft. Pflanzen haben offenbar ein Interesse daran, daß ihnen keine Schmerzen, kein Leid zugefügt werden; die Reaktionen, die diesbezüglich vor allem Cleve Backster wissenschaftlich aufzeichnen konnte, der berühmte «Backster-Effekt», beweisen das. Sein erstes Versuchsobjekt, ein Drachenbaum, reagierte bereits zutiefst erschrocken auf seine gedankliche Absicht, ein Blatt dieser Pflanze zu versengen, also noch bevor Backster überhaupt nach einem Streichholz greifen konnte.[164] Kein Zweifel: Pflanzen haben eigene Interessen, wollen ihre eigene Sache im Sinne des Wohlergehens («their own sake»). Sie sind also auch Subjekte von Rechten, wiewohl freilich mit den Tieren im Unterschied zum Menschen ohne das Vermögen zur Vernunft. Daher soll ja der Mensch ihre Interessen anwaltschaftlich vertreten. Aber die primären Interessen und Rechte liegen bei ihnen, den Pflanzen und Tieren selbst!
Hier sei der Befürchtung entgegengetreten, daß mit dieser Zuerkennung ursprünglicher Interessen und Rechte an die Pflanzen einer Rechtsinflation Tür und Tor geöffnet seien. Diese Zuerkennung bedeutet nicht, daß keine Interessenkollisionen zwischen Menschen und Pflanzen auftreten können. Ebenfalls nicht, daß nun allen Pflanzen alle nur denkbaren Rechte zugesprochen werden sollen. Der Mensch, von der Evolution der Natur auf eine höhere Stufe der Entwicklung gestellt, von ihr

«gewollt», um durch ihn zum Bewußtsein ihrer selbst zu gelangen, hat größere Rechte als die Pflanzenwelt. Diese kann also ein generelles Recht auf Leben und körperliche Unversehrtheit nicht in Anspruch nehmen, weil wir auf den Verzehr bestimmter Pflanzen elementar angewiesen sind. Pflanzen haben also nicht dieselben Rechte wie der Mensch. Aber es bleibt eine «Grauzone» in der Pflanzenwelt, wo wir als luxurierende Wesen mutwillig Pflanzenleben ohne Not vernichten. Und wir können uns darüber hinaus in manchem einschränken und so die Interessen der Pflanzen besser und stärker berücksichtigen als dies bisher geschah. Hier denkt der Einsichtige wohl zuerst an die Bäume und Wälder. Schon im Denken müßte sich ihnen gegenüber einiges ändern. Nicht mehr von «Produktion» und «Nutzungsdauer» der «Hölzer» dürfte die Rede (und das ihr zugrunde liegende rein wirtschaftswissenschaftliche Denken) sein. Und daß wir in der «Holzverwertung» für die Möbel-, Papierindustrie usw. die Maßstäbe des bankrotten Wirtschaftswachstumsprinzips ganz gewaltig zurückstecken sollten, liegt auf der Hand.

Jedenfalls zeigen die bisher angegebenen Beispiele, daß der Mensch im Auftrag der Natur außerordentlich viel zu ihrer Vollendung und zum Abbau von Schmerz und Leid in ihr leisten kann. Die Natur hat ihm auch in dieser Hinsicht eine hervorragende (Sinn-)Rolle in Richtung auf eine größere Harmonie und Ganzwerdung ihrer selbst zugedacht und zugespielt. Durch eine entsprechende Ethik mit universaler Perspektive auf die Tier- und Pflanzenwelt sowie auf die Rettung von Landschaften, Böden, Gewässern und Luft kann die Menschheit tatkräftig auch zur sittlichen Vollendung der Natur beitragen. Daß der günstigste Boden für eine solche Ethik nicht bloß rein rationale Überlegungen sein können – wiewohl diese natürlich auch –, sondern eine öko-religiöse Lebensgestimmtheit eine entscheidende und umfassende Voraussetzung darstellt, geht schon – in historischem Rückblick – daraus hervor, daß die philosophische und wissenschaftliche Ratio in der

Neuzeit, allein auf sich gestellt, selten bereit war, Tieren und Pflanzen Interessen und Rechte zuzuerkennen. Die cartesianische Auffassung der Ratio, die dazu führte, daß Pflanzen und Tiere automatisiert und mechanisiert wurden, hat sich hierbei verhängnisvoll ausgewirkt.
Dagegen wird sich eine konsequent ökologische Vernunft einem weiteren rational-emotionalen Argument für die große Interessen- und Rechtsgemeinschaft der Natur mit Sicherheit nicht verschließen. Pflanzen und Tiere sind unsere biopsychisch engsten Brüder und Schwestern, weil sie entwicklungsmäßig, naturgeschichtlich mit uns verwandt sind. Ein paar Stufen auf der Entwicklungsleiter der Natur haben sie in gemeinsamer Anstrengung mit uns erklommen. «In gemeinsamer Anstrengung mit uns», denn wir waren zwar noch gar nicht da, aber das Antlitz des künftigen Menschen war die noch dunkle, erst Konturen gewinnende Idee, das Motiv, das sie trieb, durch das die Natur sie trieb. «Welcher Art die Antizipation ist, in der der Mensch der Evolution ‹ideell› vorweggenommen war, welches ‹Vorgefühl› das Leben drängte, auf den Menschen nicht nur hinzugeraten, sondern hinzutendieren, welcher Grad der Bestimmtheit, welches Maß der Unbestimmtheit dieser Antizipation des Menschen eigen war - das können wir nicht beantworten. Wir können auch nicht sagen, wie die ‹Strebigkeit› des Lebens, der das ‹Ideal› des Menschen vorschwebte, es fertigbrachte, schließlich diejenigen Mutationen zu veranlassen, die entscheidend für menschliche Gestalt und menschliches Wesen waren ... Rational ... kann uns niemand die Annahme verwehren, daß der Mensch ein von der Evolution schon antizipiertes Wesen ist, daß er ein echtes Ziel der Evolution ist. Die Idee des Menschen, die als solches Ziel wirksam wird, ist ... eine uns unbekannte Weise der Antizipation, eine Vorwegnahme des menschlichen Habitus, die nicht intellektuell, sondern ‹gefühlt› zu erahnen ist: Der Mensch war, ehe er wirklich lebte, mehr als nur eine von tausend Kombinationsmöglichkeiten. Er war eine ausgezeichnete Möglich-

keit – ... weil er der Evolution in einer besonderen Weise vorgezeichnet war. Er ging ihr als *Entwurf* voraus, dessen Wesen wir nicht kennen, dessen anfängliche Klarheit oder allmähliche Klarwerdung wir nicht ermessen können. Wir können nur sagen: Wir sind da. Und wir sind nicht von ungefähr da.»[165]
Pflanzen und Tiere – unsere stammesgeschichtlichen Brüder und Schwestern – haben dazu beigetragen, aber wir sollten uns davor hüten, sie als «Nebenprodukte» des Weges zum Menschen zu betrachten, die sich auf dem langen und langwierigen Such- und Irrweg zu ihm jeweils ergeben haben. Sie haben vielmehr – bildlich und doch nicht irreal gesprochen – ihren Lauf vollzogen und die Stafette des Lebens weitergereicht, damit der Mensch entstehen konnte, jenes Wesen, das sie im tiefsten ersehnten und das sich jetzt in oft so mörderischer Weise ihnen gegenüber «bedankt». Pflanzen und Tiere haben ihr Werk geleistet, leisten es teilweise immer noch, um den Menschen zu bewirken und ihn auch heute am Leben zu erhalten.

Nicht nur ist daher die gesamte Natur in horizontal-räumlicher und gegenwärtiger Sicht unser erweiterter Leib, sondern unser Leib, unsere ganze Existenz erstreckt sich auch in die Vergangenheit. Unser erweiterter Leib sind die Pflanzen- und Tierarten, die phylogenetisch vor uns waren und unsere Linie, die Linie zum Menschen bilden. Schon deshalb verbieten sich alle Tierversuche und alle gentechnischen Manipulationen an unserem «Vergangenheits-Leib», den Tieren und Pflanzen, die ja weiterhin unsere Lebensgrundlage bilden, für die wir verantwortlich sind und für die wir auch in der Zukunft die Verantwortung tragen, weil wir kein Recht haben, auch nur eine Art, die zu der auch von künftigen Generationen zu erlebenden atemberaubenden Vielfalt der Natur beiträgt, auszurotten oder auch nur wesentlich zu dezimieren. Das soeben Gesagte ist zwar eine anthropozentrische Argumentation für ein erweitertes, ökologisches, Pflanzen und Tiere einbeziehendes Bewußtsein, aber gerade als solche überzeugt es vielleicht auch die, die den nichtmenschlichen Lebewesen noch immer keine

Rechte zugestehen wollen. Zum Kosmisch-Umgreifenden ökologischer Vernunft gehört jedenfalls auch die Sorge um die Nachwelt. Ihr Imperativ: Behandle diese Erde, diese Natur insgesamt so, daß sie nicht nur allen menschlichen, sondern auch allen tierischen und pflanzlichen Nachkommen Wohnstatt und Heimat sein kann!

Wenigstens mit gewissen Einschränkungen ist das demokratische *Gleichheitsprinzip* auf Menschen, Tiere und Pflanzen anzuwenden: «Die Menschheit ist mit den Tieren und Pflanzen, mit Erde, Wasser, Luft und Feuer aus der Naturgeschichte hervorgegangen als eine unter Millionen Gattungen am Baum des Lebens insgesamt. Wir sind dementsprechend mit ‹Tieren, Pflanzen und anderen Sachen›, wie es im Bundesimmissionsschutzgesetz heißt, naturgeschichtlich verwandt. Mit dieser Verwandtschaft aber sind Übereinstimmungen verbunden, nach denen das Gleichheitsprinzip auf das Verhältnis zwischen der Menschheit und unserer natürlichen Mitwelt grundsätzlich anwendbar wird.»[166]

Mit diesem Gedanken der Anwendung des Gleichheitsprinzips auf das Verhältnis zwischen der Menschheit und unserer natürlichen Mitwelt tangieren wir im Grunde das Gebiet der Politik. Denn es leuchtet ohne weiteres ein, daß es Arten von Staatsverfassungen gibt, die der Anwendung dieses Prinzips mehr oder weniger günstig sind, ihr mehr oder minder wohlwollend gegenüberstehen. Wenn, wie wir oben sagten, die Natur den Menschen mit Ethik ausstattete, damit er die Natur schütze, verbessere und vollende, dann ist die Annahme nicht abwegig, der Natur liege es auch an der Herbeiführung der richtigen oder besten Staatsverfassung durch den Menschen, einer Staatsverfassung, die eine Rechtsgemeinschaft der ganzen Natur, also von Menschen, Tieren, Pflanzen und Naturdingen verfassungsmäßig konzipiert, einführt, ordentlich regelt und garantiert. In dieser Sicht ist die Natur auch politisch, was schon Aristoteles ahnte oder wußte, wenn er den Menschen als ein «von Natur» (phýsei) «politisches Lebewesen» (politikon zôon) bezeichnete.[167] Das kann man im heutigen öko-politischen Kontext so verstehen, daß die Natur die «Absicht» hat oder dahin tendiert, mit dem Menschen ein ethisch-soziales, ein sittlich-gesellschaftlich verfaßtes Wesen hervorzubringen, das durch die geeignetste politische Staatsform der Natur in ihrer Gesamtheit zu ihrem effektivsten Rechtsstatus verhilft. Auch nach Kant kann man «die Geschichte der Menschengattung im großen als die Vollziehung eines verborgenen Planes der Natur ansehen, um eine innerlich – und, zu diesem Zwecke, auch äußerlich – vollkommene Staatsverfassung zu Stande zu bringen, als den einzigen Zustand, in welchem sie alle ihre Anlagen in der Menschheit völlig entwickeln kann.» Im Grunde «zwingt die Natur» den Menschen zur «Erreichung einer allgemein das Recht verwaltenden bürgerlichen Gesellschaft» als höchstem Ziel der menschlichen Geschichte.[168] In diese *allgemeine* Rechtsverwaltung müssen auch die von Kant noch nicht bedachten Rechte der Tiere und Pflanzen, der Natur insgesamt aufgenommen werden. Die Natur will sich «mit uns zu einer verfassungsmäßig geordneten Rechtsgemeinschaft aller Dinge forttreiben ... Der Frieden mit der Natur wäre dann die Lebensform einer naturgeschichtlich erwachsen gewordenen Menschheit.»[169] Nur eine ökologische Vernunft führt zu jener umfassendsten und intimsten Verfaßtheit des Menschen, die die wichtigste und fundamentalste Voraussetzung für diesen schwer zu vollziehenden, aber notwendigen Schritt zu einer verfassungsmäßig garantierten Rechtsgemeinschaft *aller* Dinge darstellt. Ist diese Verfaßtheit doch jene grundlegende und umfassende Haltung, in der die sinnliche Außenwelt, die seelische Innenwelt und die (ideell) vollkommenste Struktur der menschlichen Gesellschaft immer schon keimhaft zur Harmonie gekommen sind. Eine solche Haltung stellt demnach auch die einzig vollentsprechende Grundlage und Motivation für die praktische Verwirklichung dieser Harmonie im öffentlichen Raum dar. Eine sozusagen ökologische Religiosität und Mystik wäre die einzige und einzigartige Haltung, die «mit allen liebenden, verehrenden, frommen Kräften in die Natur und das heilige Leben derselben einzudringen sucht» (Goethe[170]). Sie ist sensible, allsympathische Lebensgestimmtheit, die jeder Ethik des Naturschutzes vorausliegt und diese entscheidend motiviert. Warum sollten wir uns auch z.B. ethisch für ein Verbot der Tierversuche und gegen die negativen Aspekte der Tierhaltung, des Schlachtrechts, des Tierhandels, der Tierzucht und -dressur, gegen die nicht artgerechte intensive Massentierhaltung von Nutz- und Pelztieren, gegen die Einfuhr tierquälerisch erzeugter Produkte wie Froschschenkel, Gänsestopfleber oder Schildkrötenfleisch, gegen den Mißbrauch von Tieren zu Schaukämpfen und den Import exotischer Wildtiere u.ä. einsetzen, wenn wir nicht von der religiös-mystischen Liebe zur Natur und zu allem Leben in unserem Innersten durchdrungen und getrieben sind, wenn wir im Tier nicht etwas Heiliges und Verehrungswürdiges sehen, weil der erhabene Lebensstrom der Natur es durchfließt und sich in ihm eine je spezifische, eigenartige Gestalt geschaffen hat? Eine ökologische Mystik ist so die Wurzel aller sittlichen Bejahung, Hinwendung und Hingebung an die Natur in all ihren Manifestationen, die Wurzel auch des ethischen und politischen Willens, eine befriedete Natur zu schaffen bis hin zur Schaffung einer Staatsform, die den Tieren, Pflanzen und Naturelementen jene Rechte zugesteht und garantiert, die sie verdienen. Ethische Hinwendung zur Natur und tatkräftige Hingabe an sie sind nur die folgerichtigen Konsequenzen einer religiösen Ehrfurcht vor der Natur und einer mystischen Liebe zu ihr.

Hat aber nicht gerade das Christentum beinahe in seiner ganzen Geschichte die Notwendigkeit einer religiösen Ehrfurcht vor der Natur und gar einer mystischen Liebe zu ihr stets strikt verneint? Diese Frage führt uns sofort hinein in die Problematik und Thematik des folgenden Kapitels.

VII. Trägt das Christentum Mitschuld am Siegeszug der technokratischen Vernunft?

Viele Menschen, darunter auch zahlreiche Christen, ja selbst so mancher treue Kirchgänger, wundern sich bzw. sind befremdet darüber, daß sich die Kirchen angesichts des katastrophalen Zustands unseres Planeten so bedeckt halten. Auch in unserer modernen, säkularisierten Gesellschaft sind sie ja noch immer ein Machtfaktor, der von den Tonangebenden in Politik, Wirtschaft und Industrie gehört wird, wenn er seine Stimme erhebt. Nur erhebt er sie nicht bzw. nur leise, zwiespältig, nicht eindeutig und nicht entschieden genug. Ein vehementer ökologischer Protest z.B. des Papstes ohne Wenn und Aber gegen jede weitere Ausbeutung und Vergiftung der Natur würde weltweit Eindruck machen und tatkräftige erste Initiativen hervorrufen können. Dies allein schon aus quantitativen Gründen, denn immerhin gehen manche Weltbevölkerungsstatistiken bereits davon aus, daß die Zahl der Katholiken auf unserer Erde bald die Milliardengrenze erreicht haben wird. Meines Erachtens sind es vor allem *drei Gründe,* die die Laschheit, die fehlende Entschiedenheit und Eindeutigkeit des ökologischen Protestes der Kirchen gegen die Zerstörung unserer Lebensgrundlagen erklären. Ohne den Hintergrund der *biblischen Grundlagen,* auf die sich die beiden Großkirchen, die protestantische wie die römisch-katholische, stets berufen, des weiteren ohne die Berücksichtigung der historischen Fehlentwicklung des «real existierenden Christentums» hin zu einer immer größeren *Naturfremdheit,* ja *Naturfeindlichkeit,* und schließlich ohne die *Verflechtung* der Amtskirchen *mit den Interessen der Mächtigen* in Staat, Wirtschaft und Gesellschaft kann man das sich Herumdrücken der Amtsinhaber in den

Kirchen um eine echte Entscheidung in Sachen Ökologie und damit die Kraft- und Wirkungslosigkeit der wenigen kirchlichen Stellungnahmen in dieser Angelegenheit nicht verstehen. Diesen drei Gründen oder Hintergründen wollen wir deshalb im folgenden ein wenig detaillierter nachgehen.

1. Die Bibel und die Natur

Von einigen christlichen Sekten abgesehen, haben die christlichen Kirchen, insbesondere die größte, die römisch-katholische, immer eisern daran festgehalten, daß zu den unabdingbaren Grundlagen des Christentums die hebräische Bibel, also das, was wir das «Alte Testament» nennen, gehört. Auch furchtbare und grausame darin stehende Schilderungen bis hin zum von Jahwe befohlenen Völkermord[171] konnten die Verantwortlichen der Kirche in keinem Jahrhundert davon abbringen, das Alte Testament voll zu akzeptieren und seine Akzeptanz von den eigenen Gläubigen unnachgiebig zu verlangen.
Nun ist aber das Interessante, aber auch Befremdende an der Bibel, daß sie weder den Begriff «Natur» kennt noch einen solchen im Laufe ihrer eigenen Geschichte entwickelt hat. Die christlichen Denker, die besonders seit dem Mittelalter und bis in unser Jahrhundert hinein eine natürliche Theologie und eine Theologie des Naturrechts zu entwerfen versuchten, stützten sich dabei fast durchweg auf die antike griechische Naturphilosophie, nicht auf die Bibel. Kennt doch diese keinerlei feste und unabänderliche Naturgesetze. Alles hängt vielmehr vom Willen Jahwes und von dessen oft genug sich verändernden Stimmungen und Launen ab. Der Hebräer stellte sich Gott als absoluten Patriarchen vor, der mit Befehlen und Machtäußerungen die Welt gestaltet und lenkt. Die Welt ist eine bloße Manifestation der Macht Jahwes, der tun und lassen kann, was er will. Für die alten Hebräer gab es also gar keinen triftigen Grund, nach festen Gesetzen in der Natur bzw. nach

den rationalen Ursachen der Naturerscheinungen zu suchen, wie das die antike griechische Naturphilosophie tat, die das Göttliche als unpersönliches, aber gerade deswegen als von «unlogischen» Launen unabhängiges Prinzip in oder hinter allen Dingen vermutete.

Die Religion Israels war eigentlich nie Natur-Religion. Sie war in einem die Natur fast radikal ausschließenden Sinn *Stammes-* und *Volks-Religion.* Der Glaube an den *«Gott der Väter»* ist ihre Wurzel und ihr permanenter Motivationsgrund. An den Stammvater des Volkes Israel sei eine Offenbarung Gottes ergangen. Und deshalb komme auch dem ganzen Volk innerhalb der verschiedensten Naturkulten anhängenden Heidenvölker eine besondere Bedeutung zu. Von diesem Glauben lebte das Volk Israel. Und dieser vertikale, den Horizont der Natur ausklammernde Glaube an Gott und die Auserwähltheit des eigenen Volkes setzt sich in der Ära des Neuen Testaments fort, nur daß jetzt nicht mehr die Juden, sondern die Christen als das auserwählte Volk Gottes gelten. Die Geschichte des Alten Testaments ist die Geschichte eines einzigen Volkes. Der Mensch, d.h. der Angehörige des Volkes Israel, steht mit seinem Verhältnis zu Gott im Mittelpunkt dieser Geschichte. Es ist eine ungeheure Anthropozentrik (anthropos = der Mensch), die sich auf der Bühne des A.T. abspielt. Denn es gibt nur die schicksalhafte Solidarität, den «Bund» zwischen Mensch und Gott, nicht irgendeinen Bund, selbst wenn er nur dialektischer Natur wäre zwischen Mensch und Welt. Den Begriff «Welt» gibt es im A.T. ebensowenig wie den der «Natur».[172] Welt ist nur, wiederum typisch anthropozentrisch, als «Lebensraum» des Menschen interessant. Wo überhaupt einmal «Natur» oder «Welt» ins unthematische Blickfeld des Hebräers gelangt, bleiben sie der einzig wesenhaften Beziehung von Gott und Mensch untergeordnet.

Nun wird hier vielleicht der eine oder andere Einwände haben. «Gibt es denn nicht eine Schöpfungstheologie? Und beruft sich diese nicht gerade sehr nachhaltig auf die Schöpfungsberichte in der Genesis, im ersten Buch des A.T.?» Diese Fragen sind zu bejahen. Nur beweisen sie wenig. Die beiden Schöpfungsberichte der Genesis stammen aus dem 10./9. Jh. bzw. 6./5. Jh. vor Christus, sind also relativ spät entstanden. Jahrhunderte der Auseinandersetzung mit den Natur- und Schöpfungs-Mythen der unterworfenen Ackerbauvölker mußten vergehen, bevor man dem «Gott der Väter» auch die Komponente des Schöpfergottes, des Erschaffers von allem, was da ist, also auch der Pflanzen und Tiere, einfügte. Aber das ging, wie angedeutet, nicht eigentlich auf eine ganz neue originäre oder gar liebend-sympathische Erfahrung der Welt, der Natur als Schöpfung Gottes zurück, sondern auf den Selbstbehauptungswillen des Volkes Israel bzw. seiner Führer, seiner Propheten und heiligen Schriftsteller. Man mußte ja den in Eroberungskriegen unterworfenen Völkern des «Gelobten Landes», den «Göttern Kanaans», die Überlegenheit und absolute Souveränität Jahwes beweisen. Die «heidnische» Bevölkerung Kanaans glaubte ebenso wie alle Ackerbau treibenden Völker an die Vereinigung, an die «Hochzeit» zwischen der Mutter Erde und dem Himmelsgott als Ursache aller Fruchtbarkeit der Natur. Gegen den Widerstand des eigenen Volkes aber setzten die Führer Israels den Glauben durch, daß nicht der Naturgott Baal, sondern der Geschichtsgott Jahwe, der «Gott der Väter», der das Volk aus der Wüste ins Gelobte Land geführt hatte, die Fruchtbarkeit der Erde und den Regen garantiere, ja die ganze Welt erschaffen habe und erhalte.

Aber die langen Jahre in der kargen Wüste, vor dem Einmarsch ins Gelobte Land, waren nicht spurlos an den Israeliten vorübergegangen. Die Religion Israels konnte den Charakter einer Wüstenreligion niemals ganz abstreifen. Aus «Scheu vor den Göttern Kanaans» vermochte diese Religion nie mehr die Erde «gütig und warm nach Art der Großen Mutter zu sehen». Überhaupt gehört «die spontane Bewunderung aller semitischen Nomadenstämme ... dem Nachthimmel mit dem Heer der Sterne, nicht der Erde, und vergeblich sucht man in der Bibel nach Zeugnissen einer autochthonen Poesie irdischer Schönheit. Daß Gott imstande ist, dem Menschen ‹Most, Öl und Wein› sowie ‹Weizenmark und Felsenhonig› zu geben, darin erschöpft sich der hebräische Lobpreis der Schöpfung. Die einzige große Ausnahme (außerhalb des Buches Hiob) bildet der Psalm 104, der aber bezeichnenderweise nur eine hebräische Nachdichtung des großen Sonnengesanges des Pharao Echnaton darstellt: Mehr als ein halbes Jahrtausend dürfte das ägyptische Original von der biblischen Kopie trennen, und was dort aus einem breiten Strom der Naturverbundenheit fließt, mutet in der Bibel an wie ein ‹Bach in den Steppen des Südlands›. Im übrigen erschöpft sich die biblische Naturschilderung in einer Anzahl von Gotteserscheinungen in Sturm, Blitz und Donner, und nicht einmal dies sind eigenständige Zeugnisse biblischen Denkens und Empfindens, sondern Nachbildungen der kanaanäischen Baalsliturgie. Original hebräisch ist allein der Gedanke, daß Gott dem Menschen die ganze Welt zu seiner Nutzung ‹zu Füßen gelegt› hat – ein Ausdruck, der im Grunde die Unterwerfung eines Feindes bezeichnet.»[173]

Tatsächlich hatte die Weisung Gottes an die ersten Menschen in Gen 1,28 fatale Folgen in der weiteren Geschichte: «Gott segnete sie und sprach zu ihnen: Seid fruchtbar und mehret euch und füllt die Erde und macht sie euch untertan, und herrscht über die Fische im Meer und die Vögel des Himmels, über das Vieh und alle Tiere, die auf der Erde sich regen!» Auch wenn die Vertreter der Amtskirche und eine ganze Reihe von Theologen heute versuchen, diesem Text eine solche Fassung und Deutung zu geben, daß seine brutale Anthropozentrik und die totale Herrschaft über alles nichtmenschliche Leben gemildert werden, bleibt doch die Tatsache bestehen, daß ganze Generationen kirchlicher und weltlicher Machthaber in diesem Text eine grundlegende und hervorragende Motivations- und Rechtfertigungsquelle für ihre natur- und umweltzerstörenden Aktivitäten erblickten, daß sie sich gerade durch diese «Weisung Gottes» in besonders arroganter, überheblicher, zugleich religiös legitimierter und sanktionierter Weise als «Herren der Erde» betrachten durften. Wenn sodann moderne Päpste wie Johannes XXIII., Paul VI. und Johannes Paul II. nicht bereit waren und sind, eine entschiedene Haltung gegen das rapide Wachsen der Weltbevölkerung einzunehmen, sich vielmehr vehement gegen Geburten-Kontrolle und Empfängnisverhütung aussprechen, dann können auch sie sich religiös legitim auf das «Seid fruchtbar und mehret euch und erfüllt die Erde» aus Gen 1,28 berufen. Durch die unkontrolliert wachsende Weltbevölkerung aber wird die Erde buchstäblich kahlgefressen.

Der Mensch des A.T. mußte sich als Mittelpunkt aller Dinge fühlen. Die Natur, die ihm in den Kulten und Bräuchen der «heidnischen» Völker als üppig, betörend, überwältigend, trunken machend entgegentrat, hatte für ihn etwas Unheimliches, er empfand sie als fremd, ja feindlich gesinnt, sie war das zu Unterwerfende. Auch die kirchlich angepaßtesten Exegeten können nicht leugnen, daß das «Untertanmachen» in Gen 1,28 kaum anders denn als gewaltsames Unterwerfen und Unterjochen, als Niedertrampeln und massive Durchsetzung des menschlichen Willens gegenüber der «Kreatur» übersetzt werden kann.[174] Und diese Stelle steht ja nicht allein da. In Psalm 8,6f z.B. heißt es vom Menschen: «Nur wenig geringer als einen Gott hat du ihn gemacht... Du gabst ihm Herrschaft über die Werke deiner Hände, alles hast du ihm unter die Füße gelegt.»

Zwar gibt es einige Passagen im A.T., die den Gesamteindruck einer durchgängigen, radikalen Anthropozentrik ein wenig abschwächen. Aber sie haben sich in der Wirkungsgeschichte der hebräischen Bibel, die bis in unsere Zeit reicht, als weniger effizient erwiesen. Neben der Schöpfungsgeschichte der sogenannten Priesterschrift mit dem fatalen Gebot der Untertanmachung der Erde gibt es ja noch im ersten Buch des A.T. die Schöpfungsgeschichte des sogenannten Jahwisten. Nach ihr «nahm Gott der Herr den Menschen und setzte ihn in den Garten Eden, daß er ihn bebaue und bewahre» (Gen 2,15). Hier soll also nicht unterworfen, sondern bewahrt und gepflegt werden. Ansonsten aber bleibt auch in der gegenüber der «Priesterschrift» älteren und sympathischeren Schöpfungsgeschichte des Jahwisten das anthropozentrische Prinzip, das den Tieren und Pflanzen keine Eigenrechte zukommen läßt, dominierend: Auch wenn der Jahwist «den Adam in Beziehung zur Adamah, der Erde, setzt (Gen 2,7; 3,19) und ihn diese Herkunft mit den Tieren teilen läßt (Gen 2,19), so ist es doch nur *er*, der Gottes Odem empfängt (Gen 2,7) und die Tiere benennt (Gen 2,19f). Seinetwillen wird die Erde verflucht» (obwohl sie doch nichts dafür kann, daß der Mensch gesündigt hat!), «wird ihr die ursprüngliche Fruchtbarkeit genommen (Gen 3,17ff). Auch die Vernichtung von Materie und Kreatur in der Sintflut geschieht wegen der Bosheit der Menschen (Gen 6,5–8).»[175] Immer wieder also muß die Natur für die Fehltritte und Vergehen des Menschen herhalten, leiden und büßen. Eine völlig ungerechte Konzeption!

Die alttestamentlichen Propheten sehen die Natur im großen und ganzen positiver. In dem Bild vom messianischen Frieden, das die Propheten malen, haben auch die Tiere ihren festen Platz. Zum Gesamtfrieden gehört den israelitischen Propheten zufolge auch die Befreiung der Natur aus der Feindschaft und Feindseligkeit, mit der sie der Mensch bisher behandelt hat. Aber die durchgängige Anthropozentrik des A.T. ist auch hier nicht durchbrochen. Nach Hosea 2,18ff z.B. schließt Gott sogar einen Bund mit den Tieren, aber auch das geschieht nur um der Menschen willen! Als wenn die Tiere selbst vor Gott überhaupt keinen Eigenwert und keine eigenen Rechte – unabhängig vom Menschen – hätten.

So kann man tatsächlich zu keinem wesentlich anderen Gesamturteil kommen als dem, das der im Augenblick in seiner Kirche so umstrittene katholische Theologe Eugen Drewermann formuliert hat: «Der eklatante Mangel der biblischen

Anthropozentrik wirkt sich tatsächlich am schlimmsten darin aus, daß es kaum möglich scheint, auf dem Boden der Bibel eine umfassende, nicht nur auf den Menschen bezogene *Ethik* der Natur zu begründen. Die Bibel selbst enthält außer einer einzigen kümmerlichen Stelle, daß der Gerechte sich seines Viehs erbarmt, und dem Gebot, dem dreschenden Ochsen nicht das Maul zu verbinden, nicht einen einzigen Satz, wo von einem Recht der Tiere auf Schutz vor der Rohheit und Gier des Menschen oder gar auf Mitleid und Schonung in Not die Rede wäre. Die Schonung der Haustiere ist bereits lange Zeit früher besonders in der persischen Zoroaster-Religion zu einem zentralen Anliegen erhoben worden, und wieder stellt die Bibel auf diesem Hintergrund ihre außerordentliche Begrenztheit unter Beweis.»[176]

2. Christentum und Naturfeindlichkeit

Das Christentum steht in der Erbfolge des Alten Testaments. Zwar wird heute kein christlicher Theologe, auch keine amtskirchliche offizielle Verlautbarung von der Natur als der zu «unterwerfenden» oder «unter die Füße des Menschen zu legenden» sprechen. Jede überhebliche Anthropozentrik fehlt in den Äußerungen heutiger Kirchenmänner. Aber der Grundtenor der alttestamentlichen Haltung und Einstellung zur Natur wirkt im Neuen Testament und in dem sich dann weiter entwickelnden Christentum bis zum heutigen Tag weiter. Ein führender christlicher Theologe gibt unumwunden zu: «Nach der vorherrschenden christlichen sozialethischen Auffassung, die sich an das alttestamentliche Bild von Schöpfer und Schöpfung, von Mensch und Natur anschließt, steht der Mensch als Statthalter und Haushalter Gottes über der Schöpfung. Damit ist zwar die Verantwortlichkeit des Menschen für die von ihm in Gottes Auftrag beherrschte Schöpfung betont, und so läßt sich eine Umweltethik mit Recht *anthropozentrisch* begründen. Aber der Mensch steht eindeutig im Mittelpunkt, er ist über die Natur hervorgehoben, und die ganze Schöpfung hat ihm zu dienen. Danach wäre es legitim, daß der Umweltschutz nicht in erster Linie Naturschutz, sondern Menschenschutz ist.»[177]

Es ist ja gar nicht lange her, daß in der christlichen Theologie (auch noch in den ersten sechs Jahrzehnten unseres Jahrhunderts) überwiegend die These vertreten wurde, das Christentum habe überhaupt erst die Grundlagen für die technische Nutzung der Natur, für die technische Herrschaft über sie, geschaffen, indem es durch Vernichtung jeder heidnischen Religiosität alle Göttlichkeit und Heiligkeit aus der Natur herausgezogen und in den personalen, übernatürlichen, über- und außerweltlichen Gott hineinverlegt habe. «Tu Solus Sanctus, Tu Solus Dominus, Tu Solus Altissimus...» (Du allein Heilig, Du allein der Herr, Du allein der Höchste). Indem die Natur und auch alle nichtmenschlichen Lebewesen nun gar nichts Verehrungswürdiges oder auch nur Achtung Gebietendes mehr besaßen, nur noch etwas ganz Profanes darstellten, zu nackter Faktizität und bloßem Vorhandensein degradiert waren, konnte man jetzt nach Herzenslust mit ihnen als Rohmaterial hantieren und sie manipulieren. Denn nur der Mensch war – dieser lange herrschenden theologischen Konzeption zufolge – das einzig berufene Wesen, diesem «grobschlächtigen» Rohmaterial durch sein technisches Schaffen feinere und edlere Züge einzuprägen.[178] Atomkraftwerke und Atombomben sind in der Kontinuität dieser Sicht nur die letzte Konsequenz des Triumphs des Menschen über die Natur. Tatsache ist, daß sich das «real existierende» Christentum mehr als anderthalb Jahrtausende lang ganz unökologisch, nämlich naturfremd, naturfeindlich, naturüberlegen gebärdet hat. Die herrschende, offizielle Religion des Westens, das institutionalisierte kirchliche Christentum hat viele Jahrhunderte lang jede Naturverehrung, jede Naturmystik bekämpft, in nicht wenigen kirchenamtlichen Erklärungen sogar verboten. Selbst die Freude an der Schönheit der Natur galt oft schon als dem Verhältnis des Menschen zu Gott abträgliche Empfindung. Hatte nicht auch der große Kirchenvater Augustinus (354–430), der die Geschichte der Theologie und Philosophie sowie die ideologische Entwicklung der Kirche so überaus stark beeinflußt hat, nachdrücklich gewarnt: «Und die Menschen gehen hin und bewundern die Bergesgipfel, die gewaltigen Meeresfluten, die breit daherbrausenden Ströme, des Ozeans Umlauf und das Kreisen der Gestirne und vergessen darüber sich selbst.» Er war es auch, der bekanntlich den geschichtsträchtigen, aber verhängnisvollen Satz prägte: «Gott und die Seele allein begehre ich zu kennen, nichts sonst.» Hätten die Menschen die von Augustinus als nicht verehrungswürdig angesehenen Bergesgipfel, die gewaltigen Meeresfluten usw., also die Natur in ihrer Gesamtheit, in ihren Zyklen und Wechselwirkungen, ihren Feinheiten und Feinstrukturen nur tiefer bewundert, sich mehr in sie eingefühlt, dann wäre es nicht zu jener immer groberen und roheren – eben unökologischen – Mißachtung der Lebewesen und aller Naturdinge überhaupt gekommen. Diese Mißachtung trug dann vor allem in der Neuzeit maßgeblich dazu bei, daß totaler Industrialismus und Technokratie ihre Herrschaft ohne größeren Widerstand antreten konnten, zugleich setzte aber auch die Verödung der Außenwelt und der menschlichen Innenwelt ein, und der heute fast unaufhaltsam erscheinende Todesmarsch unseres Umfeldes hat längst begonnen. Denn nur um die Seele, nicht um die Natur sollte man sich ja kümmern.

Schon die frühchristlichen Asketen kasteiten in fanatisch-radikaler Abwendung von allem Naturhaften, Sinnlichen, Fleischlichen ihren Körper als Ort der Widerständigkeit und Widerspenstigkeit gegen die Höhenflüge der Seele und des Geistes. Der Körper als konkrete Verkörperung der Natur, als ihr Teil, war gängiger christlicher Volksmeinung zufolge Kerker der Seele. Die Inquisition und die Hexenverbrennungen verstanden sich weitgehend als etwas durchaus Löbliches und Positives, als Folterung bzw. Verbrennung der bösen, heidnischen, gottfeindlichen Natur im Menschen, um die unsterbliche Seele der Ketzer und der angeklagten, «erdhaften», vermeintlich mit dem Teufel paktierenden Frauen für den Himmel doch noch zu retten.

Francis Bacon (1561–1626), einer der hervorstechendsten Mitbegründer der modernen Naturwissenschaft, wollte durch seine beiden Hauptwerke[179] aufgrund einer neuen, auch das Experiment einbeziehenden Erkenntnismethode die durch Adams Fall verlorengegangene «Macht über die Natur» und damit das christlich verstandene «Königreich des Menschen» wiederherstellen. Weniger bekannt ist, daß derselbe Francis Bacon zugleich in Personalunion Hexeninquisitor war. Tatsächlich forderte er, die Natur ähnlich auf die Folterinstrumente zu spannen, wie die armen, als Hexen verfolgten Frauen. Er verlangt in seinem theoretischen Werk buchstäblich die «Inquisition» der Natur, ihre «Penetrierung», man solle ihr ihre Geheimnisse durch die «Folter des Experiments» entwinden. Die geistige und körperliche Vergewaltigung der Frau durch Jahrtausende – sie lief absolut parallel zur Vergewaltigung der ganzen Natur.

Kein Wunder, daß heute feministische Theologinnen aufstehen und gegen den maskulin-patriarchalischen, dogmatisch verengten christlichen Gott Sturm laufen, weil sie alle mütterlichen und fraulichen Züge in diesem von Männern gemachten Gottesbild vermissen.[180]

Denn Frauen sind ja auch heute noch, vor allem in der katholischen Kirche, nur zweite Kategorie. Alle Ämter, besonders das Priesteramt, bleiben ihnen in dieser Kirche vorenthalten. Verantwortliche Entscheidungsfunktionen dürfen sie nicht wahrnehmen. Das Ökumenische Konzil kann nur von Männern beschickt, der Papst nur von Männern gewählt werden. Dieser strukturell antifeministische Aspekt und Affekt jener klassischen Form überorganisierter Religion, wie sie die katholische Kirche darstellt, hat aber Methode, ist im Rahmen dieses

Systems durchaus konsequent. Verkörpert doch die Frau in allen Religionen mit männlicher Dominanz die Nähe und Analogie zum Sexualprinzip und zur «unbeherrschten» Natur: das Dunkle, Unausgegorene, daher Gefährliche; das Ungeordnete, dumpf, aber explosiv Aufbrechende; das Chaotische als Summe aller unberechenbaren Eventutalitäten; das Potentielle, der Gestaltung (natürlich durch den Mann!) erst Harrende wird ebenso der Natur wie der Frau zugeschrieben. Deswegen hält ja auch trotz gewaltiger Proteste und des Abgangs von Tausenden von Priestern die katholische Kirche eisern am Zölibat fest. Denn der katholische Priester-Zölibatär ist die Institution gewordene Versteinerung der primitiv-religiösen Urangst des Mannes vor der noch nicht männlich rationalisierten und damit beherrschten Natur und der Frau als ihrer Verkörperung.[181] Umgekehrt sehen ja aus demselben Grunde verschiedene Öko-Philosophen und Theoretiker der Spiritualität die Notwendigkeit eines Bundes, ja einer gemeinsamen politischen Strategie zwischen Ökologie und Feminismus.

Die abendländische Geschichte der vom verkirchlichten Christentum wesentlich mitbewirkten wachsenden Entfernung und Entfremdung von der Natur hat wohl ihren präzisesten theoretischen Ausdruck und kaum überbietbaren Höhepunkt im System des französischen Philosophen Descartes (1596–1650) gefunden, der sich durchaus als christlicher Philosoph verstand und von manchen Philosophiehistorikern als «moderner Augustinus» apostrophiert wurde. Er unterschied zwischen denkendem und ausgedehntem Wesen (res cogitans – res extensa) und qualifizierte die ganze Natur, sowohl die höchsten und intelligentesten Lebewesen als auch den menschlichen Leib, als res extensae, als geistlose Automaten und Mechanismen ab. Damit stand der radikalen Unterdrückung, Ausbeutung und Vernutzung der Natur bis hin zu den makabersten Tierversuchen zu militärischen Zwecken keine Theorie mehr im Wege.

Wie ein Hohn erscheint demgegenüber die traurige Tatsache,

daß die Kirche einen ihrer größten Denker und ihren ersten modernen Naturphilosophen, nämlich den Dominikanermönch Giordano Bruno, am 17. Februar 1600 auf dem in «christlicher Nächstenliebe» gezündeten Scheiterhaufen des Campo dei fiore in Rom öffentlich verbrannte. Machthaber haben ein sensibles Gespür für Menschen, die ihnen gefährlich werden könnten. Die kirchlichen Machthaber hatten dementsprechend bald erkannt, daß der Geist eines Giordano Bruno ihrer Macht sehr viel gefährlicher werden konnte als ein Galilei oder Kopernikus, weil Bruno aus den Entdeckungen dieser Männer die weitreichendsten naturphilosophischen Schlußfolgerungen zog. Dieser Mönch, der von der Inquisition in Venedig als «Fürst der Ketzer» an Rom ausgeliefert worden war und sieben lange Jahre, von 1593 bis 1600, in einem kalten, feuchten Verlies im Halbdunkel dahinvegetierte, dabei jede Barbarei und Folter, den Haß der Papstmacht und eines unvorstellbaren Glaubensfanatismus ertragen mußte, dieser Mönch war nicht zu brechen. Und im Unterschied zu Galilei widerrief er auch nicht. Sein letztes Wort auf das Urteil der Inquisition lautete: «Mit größerer Furcht vielleicht verkündet *Ihr* das Urteil, als *ich* es empfange!» Und während der Vernehmungen hatte er zu den Inquisitoren gesagt: «Auch ich habe einen Glauben, nicht unedler, als es der christliche ist! Ich bin erfüllt von der göttlichen Harmonie unseres Weltganzen, wie sie – die Märtyrer – es waren von dem göttlichen Schmerz ihres gekreuzigten Messias. Ich fühle mich wie ein Stäubchen im Angesicht der Unendlichkeit und dennoch größer als die Gewalt der Himmelskräfte, da ich sie begreife und *teilhabe an der ewigen Weltseele.* Ihr habt einen Glauben, der mir geringer scheint als der meine!»
Das war's. Vor dem Glauben, vor der neuen Weltsicht Giordano Brunos hatten die kirchlichen Ideologen unerhörte Angst, denn er lehrte die «Gleichhaftigkeit und Göttlichkeit aller Wesen», also nicht bloß Seiner Heiligkeit, des Papstes als des Stellvertreters Gottes auf Erden, sondern aller Menschen, aber auch aller Lebewesen überhaupt. In jedem spiegle sich

das Universum, das All im einzelnen. Der Weltgeist lebe in allem und jedem und daher habe jedes Lebewesen seine unveräußerlichen, unzerstörbaren Rechte, denn «ein Ding, sei es so klein und winzig, wie es wolle, es hat in sich einen Teil der seelischen Substanz» und «Seele (als Empfinden) findet sich in allen Dingen, und es ist auch nicht das kleinste Körperchen, das nicht einen solchen Anteil davon hätte, daß es sich nicht belegen lassen könnte.»[182]

Kein Geringerer als der große theoretische Physiker, Sir James Jeans, würdigte in unserem Jahrhundert die unnachahmliche Größe Giordano Brunos mit den Worten: «In seiner Philosophie war Bruno ein Pantheist. Er sah die Natur als eine Welt voll Leben und Schönheit, durchpulst vom göttlichen Wesen... An einer anderen Stelle erklärt er, daß jede Welt ihre eigene Sonne hat, um die sie kreist. Auf diese Weise trug Bruno die Astronomie über das Sonnensystem hinaus und begründete die moderne Ansicht des Sternensystems. Er ging auf dem Weg, den Nikolaus von Cusa und Kopernikus eröffnet hatten, aber er war unvergleichlich revolutionärer als beide. Er rückte nicht nur die Erde, sondern auch die Sonne aus dem Mittelpunkt des Weltalls – ja es gab für ihn überhaupt keinen Mittelpunkt mehr... Die Heimat des Menschen im Raum hatte keine Vorzugsstellung und konnte keine Vorzugsbehandlung erwarten... Die Kirche war über die revolutionären Lehren des Kopernikus hinweggegangen, ohne ihre Mißbilligung derselben offen zu zeigen, aber diese neue Revolution berührte ihre Interessen viel näher. Die Religion bedeutete nur etwas, wenn der Schöpfer von seiner Schöpfung verschieden war. Bruno predigte, beide seien identisch.»[183]

Der Mönch Giordano Bruno hat fast alle größeren späteren Denker beeinflußt: die Ethik Spinozas, die Lehren von Leibniz über die «Prästabilisierte Harmonie», die «Monade» und das Sich-Spiegeln des Alls in jedem Teilchen. Er hat auf Goethe, Schelling, Schopenhauer und viele andere inspirierend und motivierend eingewirkt. Deshalb werden «das Christentum, die römisch-katholische Kirche und das Papsttum die Anklage der geistigen Menschheit nie loswerden, einen Genius gemartert und bei lebendigem Leib verbrannt zu haben, der seiner Zeit und den folgenden Jahrhunderten und Jahrtausenden eine dreifache Weisheit geschenkt hat: die Weisheit von der Harmonie mit dem Unendlichen, im Verein mit dem Wissen von der Vielheit bewohnter Welten; die Weisheit vom ewig selbstschöpferischen Werden, im Verein mit dem Wissen von der Entwicklung zum Vollkommenen; die Weisheit von der ewigen Umwandlung, im Verein mit dem Wissen von der Kreislaufdynamik und der Ewigkeit des Lebens.»[184]

Aber Giordano Bruno sah auch voraus - das beweist seine «Esels-Hymne» -, daß die Macht der Kirche noch lange bestehen bleiben werde, weil sie sich ständig mit allen ungerechten Mächten dieser Welt verbünde und auf dem «Eseltum» der Massen basiere. Dieses «Eseltum» sei ein «Fels Petri», der die Herrschaft Roms mitbegründe.[185] Aber heute stehen wir doch in der Situation, daß auch das Kirchenvolk aufwacht und längst nicht mehr alle Dogmen und Weisungen aus Rom folgsam akzeptiert. Man denke nur an die großen innerkirchlichen Streitigkeiten angesichts der Pillen-Enzyklika Papst Pauls VI.; an die «Kölner Erklärung» von Hunderten von Theologieprofessoren, die von sehr vielen katholischen Laien mitunterzeichnet wurde und sich an der willkürlichen, den staatskirchlichen Verträgen hohnsprechenden Besetzung des Erzbischofstuhls von Köln entzündete; an den lautlosen Auszug von Hunderttausenden von Katholiken und Protestanten aus ihren Kirchen usw. Nicht wenige dieser Auszügler aus den Kirchen stoßen sich aber auch an einem Gesichtspunkt, den wir nun noch in einem letzten Abschnitt behandeln wollen.

3. Die Ökologie und die Machtverflechtungen der Kirche

Es soll hier nicht unerwähnt bleiben, daß die kirchlichen Theologen, nachdem sie bis in die sechziger Jahre des 20. Jahrhunderts den naturwissenschaftlich-technischen Fortschritt mit der biblischen Überlieferung in Einklang zu bringen suchten, sich seitdem redlich bemühen, eine neue Schöpfungstheologie zu entwerfen, die mit den wahren, ökologischen Interessen unseres bisher wirtschaftlich und industriell so zerstörerisch behandelten Planeten vereinbar ist. Viel Sorgfalt ist von den Theologen inzwischen aufgebracht worden, um auf der Grundlage Gottvaters als des Schöpfers, auf der Basis Jesu Christi als des Gottessohnes und Herrschers des Kosmos und vom Heiligen Geist her eine schöpfungstheologische, christologische und pneumatologische Theorie aufzubauen, die dem gerade durch das Christentum aus der Welt ausquartierten, nur noch überweltlichen und außerweltlichen Gott wieder eine Heimat *in* der Welt garantiert. Denn nur wenn das Göttliche auch *in* der Welt und *in* allen Dingen ist, können diese nicht weiterhin so brutal und radikal rechtlos behandelt werden.[186]
Die Verantwortlichen der Amtskirchen sehen es gern, wenn jetzt von der Theologie die ideologische Rechtfertigung dafür geliefert wird, daß die Kirche ja im Grunde schon immer für Umwelt- und Naturschutz, für die Liebe zu allen Lebewesen, für eine vernünftige Behandlung der Böden, Gewässer, der Atmosphäre usw. war.
Es gibt auch einige gute ökologische Veröffentlichungen seitens der Amtskirchen selbst, vor allem die «Gemeinsame Erklärung des Rates der Evangelischen Kirche in Deutschland und der Deutschen Bischofskonferenz», herausgegeben vom Kirchenamt der EKD und dem Sekretariat der Deutschen Bischofskonferenz unter dem Titel: «Verantwortung wahrnehmen für die Schöpfung» (Gütersloh² 1985).[187]
Also in der theologischen Theorie haben auch die Amtskirchen aufgeholt und viele naturfeindliche Akzente und Defizite

ausgeräumt. Warum aber verhallen ihre ohnehin nicht sehr zahlreichen praktisch-ökologischen Appelle derart resonanzlos im politisch-wirtschaftlichen Bereich? Die Antwort muß wohl vor allem lauten: Weil die praktischen Lösungen von Umwelt-, Technik- und Wirtschaftsproblemen, die die Kirchen vorschlagen, immer ein «Jein», ein «Sowohl-als-Auch» beinhalten, weil sie stets beiden Seiten, den Ausgebeuteten wie (und gerade) den Ausbeutern und Mächtigen Sympathisches zu sagen wissen, weil sie sich nie radikal auf die Seite der schwachen und entrechteten Lebewesen stellen. Das wiederum hängt mit der Struktur der Kirche zusammen, die seit Kaiser Konstantin im 4. Jahrhundert bis zum heutigen Tag derart viele Privilegien und Konzessionen von den Regierenden und den Mächtigen in Industrie und Wirtschaft erhalten hat, daß sie kaum anders kann, als am kapitalistischen Kurs der weiteren rein profitorientierten Ausplünderung unserer Erde und Atmosphäre weiterhin teilzunehmen und festzuhalten. Angesichts des Glaubensschwundes und des Glaubwürdigkeitsverlustes in den eigenen Reihen, nämlich im Kirchenvolk, angesichts der mangelnden Geistigkeit und Spiritualität der Kirchenfürsten, durch die sich besonders viele aus der jüngeren Generation veranlaßt fühlen, spirituelle Quellen der eigenen Lebenserneuerung und Selbstverwirklichung außerhalb der Mauern des substantiell verknöcherten Kirchenapparates zu suchen, nimmt die Tendez der Amtskirchen sogar noch zu, Hilfe und Anlehnung bei den Mächtigen in Staat, Wirtschaft und Gesellschaft anzustreben, um als Machtfaktor weiterhin «im Geschäft zu bleiben».

So kommt es denn zu den heute schon fast von jedem konstatierbaren Widersprüchen in der Verkündigung der christlichen Botschaft, die doch gerade jetzt eine entschieden ökologische sein müßte. Einerseits hätte die Kirche wegen ihres überaus starken Einflusses in den öffentlich-rechtlichen Rundfunk- und Fernsehanstalten die Macht, das Bewußtsein auch der trägen Massen in nachhaltiger Weise ökologisch zu schärfen, zu motivieren und damit auch die Verantwortlichen im Staat, in der Wirtschaft und Industrie zu ökologischen Maßnahmen, zur Prioritätssetzung der Ökologie vor der Ökonomie zu zwingen. Denn es ist doch so, wie selbst das zwar kritische, aber dennoch eindeutig katholische «Publik-Forum» gesteht: «Zweifellos kirchliche Verkündigungssendungen – Morgenandachten, Rundfunkgottesdienste, Wort zum Sonntag – erfreuen sich relativ hoher und stets konstanter Einschaltquoten. Das sichert den Kirchen in den öffentlich-rechtlichen Anstalten einen Status, der ohnehin besser nicht sein könnte. Nicht nur ihnen: auch Gott. Denn obwohl sie unaufhaltsam schrumpfen, haben die Kirchen noch immer ein Monopol auf das, was ‹Gott› genannt wird. Weil sie ein Monopol haben, steht ihnen ‹Gott› zur konfessionellen Verfügung: Jede der beiden großen Kirchen präsentiert ihren Gott, der sich meistens mehr, sehr selten weniger von dem der anderen unterscheidet. In streng festgelegtem Rhythmus strahlen sie ihn katholisch/evangelisch in den Äther. Freikirchen sind dem evangelischen Kontingent untergemischt. Es gibt keine gesellschaftliche Institution, die sich derartiger Privilegien innerhalb des Rundfunks erfreute wie die beiden großen Kirchen. Im Unterschied zu allen anderen sogenannten gesellschaftlich relevanten Gruppen, zu denen die Kirchen allein schon deswegen zählen, weil mehr als 80 Prozent der Bevölkerung ihnen angehören, steht ihnen ein Recht auf Sendezeit zu, das von manchen Rundfunkanstalten ausdrücklich ins hauseigene Gesetz aufgenommen wurde. Neben dem Recht auf eigene Sendezeit zeichnet sich die Präsenz der Kirchen durch ein weiteres einzigartiges Privileg aus: sie *entsenden eigene Beauftragte zu den Rundfunkanstalten.* Diese Beauftragten, allesamt Pfarrer (bislang gibt es auch unter den evangelischen nur Männer), haben die Funkton eines *Mittlers zwischen Kirche und Rundfunk,* ihre konkrete Arbeit besteht im wesentlichen darin, Pfarrer für Verkündigungssendungen auszuwählen und als ihr Redakteur zu fungieren. Das altertümliche, beliebte, manchmal blasphemische, mitunter gelungene Gebilde ‹Morgenandacht› ist ein kirchliches Massenprodukt, das stets am selben Sendeplatz zur *besten Sendezeit* ausgestrahlt wird: ein Grund, wenn auch nicht der einzige, für die Beliebtheit dieser Gattung.»

Die konfessionell-medialen Wahlverwandtschaften, so heißt es in «Publik-Forum» weiter, ändern nichts daran, «daß jede der beiden großen Kirchen gleichermaßen im Hörfunk wie im Fernsehen präsent ist... Was uns täglich über den Rundfunk an christlicher Glaubensbotschaft erreicht, ist in Wahrheit lediglich der Glaube eines einzigen Berufsstandes, einer stäubchenkleinen Minorität mit riesigem Einfluß, die wahrlich nicht als repräsentativ für die Fülle der Christenheit gelten kann.» Wohlgemerkt, das gibt man nun selbst in kritischen, aber doch kirchenimmanenten Blättern unumwunden zu.

Zu diesem immensen Einfluß der Kirchen in den Medien kontrastiert nun aber die Qualität und Glaubwürdigkeit ihrer Verkündigung ganz beträchtlich. Denn wie sollen sie glaubwürdig eine ökologische Abkehr von den festgefahrenen und unser Raumschiff Erde unweigerlich in die Endkatastrophe befördernden Bahnen kapitalistischer Ausbeutung aller Lebenselemente predigen, wenn sie selbst am Status der Alles-Habenden in besonders privilegierter Weise teilhaben. Das sehen auch kirchliche Insider so: Das «Hauptproblem» bundesdeutscher Pfarrer und Bischöfe, seien sie nun evangelisch oder katholisch, besteht in einem «Grundwiderspruch zwischen weltlichem, wirtschaftlichem Unterbau und geistlichem Überbau. Finanziell ist der Pfarrer (und ebenso der Bischof) so gut abgesichert, daß er für den Rest seines Lebens weder Geldnöte noch Arbeitslosigkeit zu fürchten hat. Theologisch verkündet er aber das Gegenteil: eine Lebenshaltung, die alle Sicherheit fahren läßt und sich vertrauensvoll der Fürsorge Gottes ausliefert – wie Jesus. Da kein Pfarrer wie Jesus lebt, der seinen Beruf aufgab und predigend umherzog, ohne sich ums Geld zu sorgen, kann er Vertrauen, Hingabe, Aufgabe von Sicherheit immer nur abstrakt, geistlich, nie konkret vollziehen. Das verleiht vielen geistlichen Äußerungen den Charakter blutleerer Erörterung vorwiegend theoretischer Probleme. Verstärkt wird diese Neigung durch die Arbeit selbst. Pfarrer sind in der Regel engagierte Freizeit-Animateure, die fast nur mit Menschen in Berührung kommen, die noch nicht oder nicht mehr arbeiten – mit Kindern, Jugendlichen und Alten.»

Aus diesem Zwiespalt erwachsen alle kleineren und schwereren Symptome, an denen kirchliche Verkündigung und Verkündigungssendungen kranken, «jene Mischung aus unfreiwilliger Verlogenheit und falschen Tönen, die den Fluß der religiösen Melodie hemmen und weniger Glauben, dafür um so eher Gelächter oder Ärger oder schließlich Gleichgültigkeit hervorrufen».[188]

Hinter diesen Verkündigungswidersprüchen stehen aber, wie erwähnt, viel grundlegendere strukturelle Probleme der Kirche. Im Zweifelsfall setzt sie immer Macht vor Moral, gibt sie ihre Affinität zu den Mächtigen dieser Erde nie auf. Religiosität, Spiritualität, ökologische Ethik sind in den Kirchen letztlich immer nur zweitrangige Werte, die dem Willen zur Einflußnahme in den Staaten und verschiedenen Gesellschaftsordnungen bis zu den rechtesten Systemen untergeordnet werden und bleiben. Ein so unverdächtiger Zeuge wie Hansjakob Stehle, Rom- und Vatikan-Korrespondent des WDR und NDR, Mitarbeiter der «Zeit», der den derzeitigen Papst auf all seinen Reisen begleiten darf, hat volles Verständnis für die Politik der Kirche, gibt aber in diesem Zusammenhang zu: «Die Päpste... gerieten von einer Zwangslage in die andere: Vor Freimaurern und Freidenkern suchten sie Zuflucht bei den Faschisten, angesichts der Bolschewiken erschienen ihnen die Nazis vorübergehend als kleineres Übel, schließlich setzten sie auf christliche, versöhnten sie sich mit liberalen und sozialistischen Demokraten, mit dem Judentum und mit der Feuerbestattung. Der theologische Waffenstillstand mit Orthodoxen und Protestanten, der Dialog mit regierenden Marxisten und die milde Bewunderung für islamische, buddhistische, ja hinduistische Spiritualität – all dies war nur die Konsequenz einer neuartigen, doch uralten Tendenz zu universaler Weltumarmung.»[189]

Dasselbe gilt für die finanziellen Geschäftsinteressen der römisch-katholischen Kirche: «Das geschäftliche Hauptinteresse der Kirche . . ., die allein aus Spenden und Steuern laufend Milliardensummen einstreicht, die noch immer über den größten Grundbesitz in der gesamten christlichen Welt verfügt, konzentriert sich heute auf Aktien. Die vatikanischen Kapitalien sind in allen möglichen Unternehmen investiert, und zwar ‹fast stets ohne Rücksicht auf den sittlichen Charakter der Betriebe›; in französischen Erdölgesellschaften, argentinischen Gas- und Kraftwerken, bolivianischen Zinngruben, brasilianischen Gummiwerken, und selbst Börsenspekulationen und Dividenden aus Spielbanken werden vom Heiligen Stuhl nicht verabscheut. In den USA, wo der hohe katholische Klerus schon um 1890 über 2,5 Milliarden Mark gebot und wo heute große Geldreserven der Stellvertreter Christi in Fort Knox liegen, hat der Vatikan starken Einfluß vor allem auf die Stahlindustrie, auf U.S.Steel, Sharon Steel, Bethlehem Steel, Jons Manville Steel u.a. Vatikan und Jesuiten besitzen außerdem zahlreiche Aktien der General Motors Corporation, der Bendix Aviation, Douglas Aircraft, Worthington Pumps, American Telephone and Telegraph Company, Prudential Life u.a.»[190]

Die jüngsten Affären der Zentrale der katholischen Kirche – die Verbindungen der Vatikanbank zum «Bankier der Mafia» Sindona und zu Roberto Calvi, dem erhängt über der Themse aufgefundenen Chef der Banco Ambrosiano – sind wahrscheinlich allen noch in frischer Erinnerung.[191]

Zweifellos liegt etwas Trauriges und zugleich Zynisches in der erkannten und von den meisten Christen ja doch hingenommenen Diskrepanz zwischen der Freiheit vom Besitz und seinen Folgen, die das Urchristentum verkündete, und der Ver-

strickung der «Kirche Christi» (und zwar beider Konfessionen!) in den großdimensionalen Reichtum der modernen kapitalistischen Welt. Auf diese Diskrepanz kommt es hier an. Denn man könnte sich eventuell noch daran gewöhnen, daß Vertreter von Religionen, Kirchen, Kulten und Sekten wie Fürsten, Könige, Präsidenten, Diktatoren oder Staatsoberhäupter leben und sich präsentieren, ja sogar, daß sie vorgeben, nützliche Diener einer die bürgerliche Moral der Gesellschaft aufrechterhaltenden Staatsreligion zu sein. Woran sich ein das Anliegen des frühen Christentums ernstnehmender Mensch aber nicht gewöhnen kann, ist die Tatsache, daß das christliche Erbe offiziell von Leuten verwaltet wird, die trotz ihres Pomps und ihrer großbürgerlichen sozialen Rangstufe sich als hauptamtliche Repräsentanten und Erwählte jenes Jesus gebärden, der stets auf der Seite der Entrechteten, Unterdrückten, Ausgebeuteten stand und den Reichen, Satten und vom Reichtum hart Gewordenen seine Weherufe entgegenschleuderte; daß sie sich als Garanten der Durchführung des Vermächtnisses dieses Mannes aufspielen, als die eigentlichen Verwalter, Wächter und Interpreten des Evangeliums; daß sie sich – und hier ist die Äußerlichkeit doch ein notwendiger Ausdruck des zugrunde liegenden Wesens oder besser: Unwesens – in Luxuslimousinen etwa vom Typ Mercedes 600 mit Sonderausstattung zwischen blind das sensationell Großspurige und Mächtige anbetenden Menschenmassen hindurchchauffieren lassen, womöglich noch eskortiert von Polizisten in Paradeuniform und auf Motorrädern, um die «Übereinstimmung» mit dem waffen- und schutzlosen, aller Macht entsagenden Jesus von Nazareth komplett zu machen.
Den organisierten Kirchen gestehe ich also keine Chancen zu für eine echte ökologische Umkehr, für «Glasnost», d.h. rückhaltlose Aufklärung über die furchtbaren Endzeitgefahren und -katastrophen, die uns durch die derzeit noch herrschende Ökonomie drohen. Verschiedene Gruppen in den Kirchen sind ja selbst maßlos enttäuscht über ihre Kirchenführung. Die

«Kunst zu sein», die Kunst, wie wir in unserer heutigen und morgigen Krisenwelt bestehen und gegensteuern sollen,[192] werden uns die Amtskirchen nicht lehren. Dazu könnte uns nur eine an sie nicht gebundene, neue ökologische Religiosität, Spiritualität und Ethik verhelfen.[193]
In einer solchen ökologischen Religiosität, Spiritualität und Mystik müßte auch ein freilich in manchen Hinsichten gereinigter Mythos wieder sein Existenzrecht erhalten. Dazu einiges in den nächsten drei Kapiteln.

VIII. Rehabilitierung des Mythos – Die Vernunft hat auch mythische Grundlagen

Zu den komplexesten Erscheinungen der Geistesgeschichte und Religionswissenschaft wie der Kulturphilosophie gehören die Phänomene, die mit dem Wort Mythos gemeint sind. Für das geläufige Mißverständnis des Mythos, für das, was so der halbgebildete, (halb-)aufgeklärte Abendländer unter Mythos versteht, hat die wissenschaftliche Rechtfertigungsbasis David Hume, der bedeutendste Philosoph der englischen Aufklärung, geliefert (1711–1776). Er gilt auch als eigentlicher Begründer des Positivismus und Psychologismus. Nach ihm ist der Mythos eine primitive Naturerklärung, deren Ursprung im affektiven Leben der Menschen, ihren Ängsten, Hoffnungen und Bedürfnissen zu suchen sei. Hoffnung und Furcht also als Quelle der Mythologie wie der Religion, der mythischen wie der religiösen Vorstellungen! Dieses Vorurteil hat sich bis in unsere Zeit hartnäckig bei den sogenannten Gebildeten gehalten.[194] Sozusagen als Reaktion darauf und im Gegenzug dazu haben der Deutsche Idealismus und die Romantik ein positives Gegenbild des Mythos gezeichnet. Der Deutsche Idealismus, auch absoluter Idealismus genannt (Fichte, Schelling, Hegel), und die Romantik entdeckten die Mythen neu, erkannten das Eigenständige an ihnen, das nicht auf eine primitivere Naturerkenntnis, eine Voraufklärungsstufe zurückgeführt werden kann. Auch wenn die Romantik den ästhetischen Aspekt der Mythen bisweilen zu stark betonte und erhöhte, so hatte sie doch damit recht, daß sie sie als geniale Produkte der schöpferischen Phantasie, als originelle Kreativität des geistigen Lebens im Menschen, als selbständiges Produkt des menschlichen Geisteslebens hinstellte.

Eine besondere philosophische Deutung der Mythen legte Friedrich Wilhelm Joseph von Schelling (1775–1854) vor. Viele, vor allem die kosmogonischen und die Heldenmythen erzählen ja vom personalisierten Kampf zweier Prinzipien, aus denen dann das Gestaltete, Geordnete hervorgehe. Schelling meint nun, daß sich in Gott alle Prinzipien, sozusagen alle Hauptfaktoren des Weltgeschehens, als Einheit finden. Im menschlichen Bewußtsein und in der Welt treten sie dann in einem metaphysischen Prozeß auseinander und setzen sich in Gegensatz und Spannung zueinander. Genau das drücke sich bildhaft und meist personalisiert in den Mythen aus. Schelling hat in seinen gegen Hegels Rationalismus gerichteten Berliner Vorlesungen auch seine «Positive Philosophie der Mythologie und Offenbarung» entwickelt. Mythologie und Offenbarung sind ihm – im Vergleich zur abstrakteren Philosophie – ein «metaphysischer Empirismus». Diese positive Philosophie habe die Aufgabe, aus dem erwähnten «metaphysischen Empirismus» von Mythos und Offenbarung, also aus der Art, wie sich Gott im religiösen Leben der Menschheit offenbart, die Selbstentwicklung Gottes abzulesen. Nach Schelling führt diese Gottesgeschichte, diese Gottesentwicklung von der Mythologie zur Offenbarung und in bezug auf die Kirchen sei ihr Ziel die Einigung des petrinisch-katholischen und paulinisch-evangelischen Christentums in einer Johanneskirche der Liebe.

Auch Goethe hat das Eigenständige des Mythos stark betont: Dem Mythos liege nicht ein Gedanke zugrunde, wie die Kinder einer verkünstelten Natur meinen, sondern er selber sei ein Denken; er teile eine Vorstellung von der Welt mit, aber in der Abfolge von Vorgängen, Handlungen und Leiden.

Wilhelm Wundt (1832–1920), Begründer der Völkerpsychologie und Wegbereiter der experimentellen Psychologie, betrachtete Affekte und Phantasie als Quelle der Mythen. Die Affekte allein würden es jedoch nicht schaffen. Erst durch die auch von der Phantasie mitvermittelte Apperzeption der affektiv erlebten Dinge als Personen werden die Mythen und mythischen Geschehnisse möglich, denn der Mensch muß erst fähig sein, Gemütszustände zu objektivieren, ehe er sie in Mythen übersetzen kann. Hier haben wir doch eine gewisse Rückkehr zum Interpretationsschema der Mythen durch die Aufklärung, andererseits aber durch die positive Würdigung des Bewußtseins und der imaginativen Kreativität auch einen Schritt über sie hinaus.

Hier setzte Rudolf Otto (1869–1937) an, der das Spezifische jener Affekte, Gemütszustände und Phantasiegebilde betonte und herausstellte, das zur Entstehung von Mythen führt. Otto degradierte allerdings auch wieder in gewisser Weise die Mythen. Wichtig und Ausgangspunkt des Religiösen waren ihm allein die spezifisch numinosen Affekte gegenüber dem, wie immer aufgefaßten oder erlebten, Göttlichen. Die Mythen seien lediglich hinzukommende, sich dazugesellende Phantasiebilder; gleichsam nur Abfallprodukte des affektbetonten numinosen Geschehens. Zudem seien diese Abfallprodukte des primären Geschehens stets in Gefahr, zur Hülse, zur Schale zu erstarren, die den Durchbruch zur eigentlichen religiösen Haltung behindere oder gar verhindere.

Einen wichtigen Fortschritt in bezug auf das Mythenverständnis markiert dann der Neukantianer Ernst Cassirer (1874–1945). Seine Philosophie, besonders Erkenntnistheorie, hatte er ja unter die Devise gestellt, nicht lediglich – wie andere Neukantianer Cohen, Natorp usw. – die allgemeinen Voraussetzungen des wissenschaftlichen Erkennens der Welt zu untersuchen, sondern «die verschiedenen (geschichtlichen) Grundformen des Verstehens der Welt bestimmt gegeneinander abzugrenzen». Dieser Devise folgend, kam er zu dem Schluß, daß der Mythos eine solche eigenständige, in sich geschlossene Grundform des Verstehens der Welt sei. Er habe sein eigenes Wesen und stelle als solches neben Wissenschaft, Sprache und Kunst eine der symbolischen Formen des geistigen Lebens dar. Die Welt des Mythos habe ihre eigenen Gesetze, ihren eigenen, einen Eigenwert darstellenden Bedeutungszusammenhang. Freilich nahm Cassirer diese glänzende Rehabilitierung des Mythos in gewisser Weise und insofern wieder zurück, als er die Symbolik des Mythos, des mythischen Denkens doch wieder als Vorform bezeichnete, als eine Art primitives Lebensverständnis, aus dem dann das wissenschaftlich-symbolische Erkennen hervorgewachsen sei.

Wie R. Otto gegen Wundt, so opponierte Paul Tillich gegen Cassirer. Oder, wenn man so will, er führte den eigenständigen Mythen-Ansatz Cassirers weiter fort – gegen dessen Abwertung selbst! Der Mythos ist nach Tillich das eigenständige Symbol der Unbedingtheit, des den Menschen unbedingt Angehenden, des Seins-Jenseitigen. Der Mythos ist «das aus Elementen der Wirklichkeit aufgebaute Symbol für das im religiösen Akt gemeinte Unbedingte oder Seins-Jenseitige». Menschen aller Zeiten und Zonen hätten sich die Gegenstände ausgesucht, die sie zum Symbol für dieses Unbedingte gemacht haben. Der Mythos sei in dem Sinne real und wahr, als das Unbedingte von bestimmten Menschen für real gehalten werde und sie es mit diesem Zeichen symbolisieren. Mythos ist symbolische Ausrichtung auf das Unbedingte als real Erlebtes. Für den mythischen Menschen habe das Symbol Seinsgewicht, es sei mehr als für uns Heutige, es habe Anteil, es partizipiere an dem, was es symbolisiert, an der Realität, die es zeichenmäßig darstelle. Insofern sei auch nur für uns Heutige der Mythos als für uns nicht einsichtige Symbolwahl etwas Unlogisches oder Willkürliches. Irgendein Aspekt im Unbedingten sei es, der den mythischen Menschen zur Wahl dieses und nicht eines anderen Symbols anrege.

Einen weiteren Beitrag zum Verständnis des Mythos stellt dann die Psychoanalyse Sigmund Freuds dar; zugleich allerdings auch eine charakteristische Verengung und Vereinseitigung. Mythen sind für Freud der symbolische Ausdruck verdrängter Wünsche. Es gebe eine psychologische Notwendigkeit für dieses Sich-Ausdrücken der Wünsche in Symbolen. Diese Wünsche sowohl des Urmenschen wie des Jetztmenschen seien so krass, so rüde, so wild, so sexuell usw., daß die Psyche sich eines Mechanismus des Verschleierns bediene, eben der Symbole für die Wünsche. Die Symbolbildungen könne man ganz besonders in der Analyse der Träume, in der Traumdeutung verfolgen. Den allerersten Ursprung von Mythos und Religion (beides verwendet Freud ziemlich unterschiedslos) sieht er in einem Urereignis, genauer Urverbrechen, dem Urvatermord, was hier aber nicht weiter ausgeführt werden soll.[195]

Freud deutete und verwertete aber noch die meisten Symbolbildungen verdrängter Wünsche individualpsychologisch. Erst C.G. Jung deutete sie überindividualistisch, kollektivpsychologisch. Für Jung sind die Symbolbildungen der Psyche gültiger Ausdruck überindividueller Lebenswahrheiten. Er formulierte den Begriff des «kollektiven Unbewußten» und der «Archetypen», sozusagen der Urbilder, der Urformen, unter denen dieses kollektive Unbewußte in Erscheinung trete. In diesen Archetypen, diesen Urbildern seien Sinnliches und Übersinnliches, Empirisches und Transzendendes stets vereinigt.[196]

Auch wenn die religionsgeschichtliche Forschung manche Korrektur an Jungs Archetypen anbringen mußte (sie kann z.B. die historische Entstehung manches Archetypos-Mythos in einer bestimmten Kultur und seine weitere Verbreitung danach nachweisen), so hat doch seine diesbezügliche Auffassung sehr fruchtbar gewirkt. Und bei manchen sehr alten mythischen Vorstellungen kann man tatsächlich ihr Nachwirken bis in unsere Zeit – wenn auch situationsbedingt verändert – nachweisen. Nehmen wir z.B. den «Mythos-Archetyp» des «Kosmos-Chaos». Viele primitive Kulturen und zahlreiche archaische Hochkulturen fassen die Welt als Kosmos, sogar als Mikrokosmos, als kleinen Kosmos auf. An den Grenzen dieser in sich geschlossenen Welt beginnt für sie das Reich des Unbekannten, nicht Geformten. Dort ist die Zone des Furchtbaren, der Dämonen, Larven, der seltsam fremden Wesen, der Toten, der Nacht, des Chaos, des Todes. Dieser Glaube lebte auch in hochentwickelten Kulturen fort, in der altchinesischen, altägyptischen, mesopotamischen. Nun haben aber all diese Kulturen auch den Feind, der die eigene Nation angreifen wollte oder angriff, mit den Dämonen und Chaosgewalten dieser an den Grenzen des gestalteten Kosmos angesiedelten furchtbaren Zone gleichgesetzt. In gewisser Weise logisch-folgerichtig, weil ja der Feind die Ordnung, das Gleichgewicht, das gesunde Gemeinschaftsleben einer Nation zerstören, gleichsam den Rückfall ins Chaos, in den Vorzustand vor der Weltschöpfung bewerkstelligen will.

Wir machten aber lange dasselbe, bedienten uns desselben archetypischen Musters, wenn wir dem «bösen Osten» alle schlechten Motivationen des Angriffs, der Zerstörung unserer Zivilisation und Kultur zuschoben und unterstellten, aber alle guten, friedliebenden Beweggründe für uns vereinnahmten. Die Psychoanalyse kann nachweisen, wie sehr wir hier in den Feind unsere eigenen schlechten, destruktiven, chaotischen Negativ-Wünsche hineinprojizierten.

Ein anderes, tröstlicheres Urbild oder Archetyp, welchen die Religionsgeschichte nachweist, sind die in vielen alten Religionen, aber auch in manchen Träumen von Jetztmenschen auftretenden Mythen vom «Weltpfeiler», vom «Weltenbaum» oder «All-Baum», in dem alle (drei) kosmischen Regionen (Himmel, Hölle, Erde) zusammenkommen. Der Weltpfeiler, Weltenbaum oder Allbaum spielt die Rolle des Kraft spendenden und Geborgenheit verleihenden Zentrums der Welt, des Kosmos. Die indischen Veden, das alte China, die germanische Mythologie und viele sogenannte primitive Religionen kennen den «kosmischen Baum», den die drei Welten (Himmel, Erde, Hölle) als eine Achse tragenden «Weltbaum». Seine Wurzeln steigen herab ins Unterreich, seine Zweige berühren den Himmel. In den Mythologien Zentral- und Nordasiens stellen seine sieben bzw. neun Zweige die Symbole der sieben bzw. neun Himmelsebenen, der sieben Planetenhimmel dar. Der Weltbaum steht im Weltzentrum und alle geheiligten oder im Ritus

dieser Religionen eine Rolle spielenden Bäume oder Pfähle sind Nachbildungen dieses Weltbaums, erfahren eine magische Projektion ins Weltzentrum hinein.
Nehmen wir einen anderen Mythos-Archetypos, den des Paradieses. Von ihm sagt Mircea Eliade: «So hat etwa der Mythos vom ‹Paradies auf Erden› bis auf unsere Tage fortgelebt, und zwar in der ... Gestalt eines ‹Paradieses in Ozeanien›. Seit 150 Jahren strebten alle großen europäischen Literaturen, miteinander zu wetteifern in der Preisung der paradiesischen Inseln des Großen Ozeans; Zufluchtsstätten für alle Seligkeiten sollten diese Inseln sein, auch wenn die Wirklichkeit ein völlig anderes Gesicht zeigte: ‹platte, eintönige Landschaft› ... ‹ungesundes Klima› ... ‹häßliche, fette Leibesbeschaffenheit der Frauen› usw. Nichtsdestoweniger blieb das Bild dieses Südseeparadieses jeder Korrektur durch irgendeine geographische oder sonstige Realität unzugänglich. Die objektiven Wirklichkeiten ließen sich in gar keiner Weise mit einem Südseeparadies in Zusammenhang bringen: dieses nämlich bildete den Bestandteil eines theologischen Reiches: ihm waren alle die vom Positivismus, vom Szientismus unterdrückten Paradiesbilder zugeeignet worden... Das Paradies auf Erden – noch Christoph Columbus hatte daran geglaubt; der Gedanke, er habe es entdeckt, kam ihm nicht –, das Paradies auf Erden war im 19. Jahrhundert eine Südseeinsel geworden. Und doch – das, was es zu leisten hatte, im Rahmen menschlicher Seelenstruktur, das blieb sich gleich: Weit draußen, auf der ‹Insel›, im ‹Paradies›, nahm das Menschendasein seinen Verlauf außerhalb der Zeit, der Geschichte; dort war der Mensch glücklich, frei, der einschränkenden Bedingungen ledig; dort brauchte er sein Leben nicht durch Arbeit zu fristen; dort waren die Frauen schön, in alle Ewigkeit jung, und keine ‹Gesetzesvorschrift› war ihnen aufgebürdet, wenn sie liebten. Ja, selbst (der Mythos der) die ‹Nacktheit› fand dort auf der entlegenen Insel ihren metaphysischen Sinn wieder; sie war die Lebensform des vollkommenen Menschen – des Adam –, bevor er in Sünde fiel.

Geographisch gegebene ‹Realität› mochte diese Paradieseslandschaft als einen Trug erweisen... man sah sie nicht! Jeder sah allein das Bild, das er in seinem Inneren mit sich getragen hatte.»[197] Selbst Margaret Mead fiel noch darauf herein!

Überhaupt hat man mit Recht, ohne große Übertreibung, gesagt, daß die großen Romane des 19. Jahrhunderts das umfängliche Sammelbecken für die durch Rationalismus, Positivismus, Szientizismus, Evolutionismus und Sozialismus entwerteten Mythen bildeten. Viele große Romane des 19. Jahrhunderts bestätigen das jedenfalls.

Auch alle mit einem Paradies für die Arbeiter des Marxismus verbundenen Ideen wie Freiheit, Emanzipation, Friede, Gerechtigkeit, klassenlose Gesellschaft, Ende des Ausbeuterstaates usw. haben eine mythische Struktur und Funktion, was hier keines weiteren Beweises bedarf.

Es ist das unbestreitbare Verdienst der Tiefenpsychologie, uns auf die stets aktuelle Bedeutung der Mythen nachhaltig aufmerksam gemacht zu haben. Man kann ohne weiteres folgende Behauptungen aufstellen: Ohne die Kenntnis der Mythen gibt es keine tiefere Kenntnis des Menschen und seiner Welt. Ohne Mythen (und ihre Anerkenntnis) verarmt der Mensch, kann er sein Sein nicht zur Selbstentfaltung und Selbstverwirklichung bringen. In Wirklichkeit können wir auch die mythischen Bilder gar nicht leugnen oder vernichten, wir können sie höchstens verändern und verfälschen.

Im folgenden wollen wir diese eben aufgestellten Behauptungen noch näher beleuchten, illustrieren, konkretisieren, erhärten, auch ein wenig stärker begründen.

Daß die mythische Symbolik und Bilderwelt für Naturvölker, für den Steinzeitmenschen und für antike Hochkulturen sowie für die Kulturen der Azteken, Mayas und Inkas in Mittel- und Südamerika sowie für heutige außereuropäische Religionen und Kulturen eine fundamentale Rolle gespielt hat, gilt der Religionsgeschichte, Religionswissenschaft und Ethnologie heute als unbezweifelbares Faktum. Doch hat die Tiefenpsychologie

gezeigt, daß das Symbol, das Bild auch für den «aufgeklärten» abendländischen Menschen eine auf keinen Fall vernachlässigbare oder entbehrliche Bedeutung hat. Das Symbol ist eine eigengesetzliche Form der Erkenntnis, ein Instrument derselben. Nicht nur in der außerhalb des Abendlandes existierenden sogenannten «exotischen Welt» nehmen die Bilder und Symbole die Stelle unserer Begriffe ein, auch bei uns ist es so, daß unter der dünnen Schicht der Begriffe im Unbewußten, Unterbewußten, in der Phantasie und Imagination eine gewaltige Bilderwelt lebt, die sich dann teilweise in unseren Erfahrungen, im Dichterischen, in Literatur und Kunst, aber auch im Okkultismus usw. äußert oder zum Durchbruch bringt. Auf diesen Gebieten – vor allem jedoch auch auf dem der Werbung, die sich raffiniert des geheimen Bilderreservoirs in unserer Psyche, unserer Sehnsuchtsbilder bedient – werden die Bilder unseres Unterbewußtseins oft verzerrt dargestellt. Keinem Zweifel unterliegen kann aber der geistige Sinn und Adel der ursprünglichen Bilder, die Wahrheit, daß das Bild, das Symbol, der Mythos das geistige Leben eines jeden Menschen wesentlich mitformt, daß man sie – wie gesagt – verfälschen und verkümmern lassen, aber nicht eigentlich zum Verschwinden bringen kann.
Wir haben vorhin schon auf das Weiterfortleben einiger Mythen unter veränderten Bedingungen hingewiesen, u.a. auf den Mythos des Paradieses. In der Tat zeigt uns heute die Denk- und Sprachpsychologie, daß das Symboldenken nicht nur das eigentliche Denken der Kindheit ist (ebenso wie in anderer Hinsicht das des psychisch Kranken und wie in wieder anderer das des Dichters), sondern daß es die Sprache und das diskursive Denken überhaupt vorbereitet und begleitet.
Zugleich ist das Symboldenken mehr als der (zweifellos ebenfalls notwendige) Begriff. Das wußte schon Plato. Er stellt in seiner Person und Philosophie die einzigartige Übergangserscheinung zwischen Mythos und (metaphysischem) Begriff in der abendländischen Geistesgeschichte dar. Plato wußte: Die eigentliche Wahrheit ergreift man nicht mit dem Begriff.

Sie kann nicht Gegenstand einer begrifflichen Aussage sein. Sie transzendiert, überschreitet den Begriff, die begriffliche Aussage. Man kann aber zu ihr hinstreben, ohne sie absolut präzis oder endgültig formulieren zu können. Das Hinstreben geschieht in der Weise des Dialogs, im Prozeß des Dialogs. Dieser Dialog aber ist für Plato mehr als ein Hantieren und Jonglieren mit Begriffen, in ihn müssen Mythen, mythische Bilder und Erzählungen einfließen, weil nach Plato der Mythos jene Form sprachlicher Aussage ist, in der die Wahrheit zum Ereignis wird, sich kundgibt und doch zugleich die Sprache transzendiert, überschreitet. (Bei Plato blieben Mythos und Metaphysik auf diese Weise im Gleichgewicht. Schon Aristoteles und fast alle folgenden Philosophen beseitigten den Mythos als legitime Ausdrucksform [in] der Philosophie; die persönlichen und handelnden Mächte des Mythos werden zu abstrakten, blutleeren Begriffen wie das Sein, das höchste Sein, das Ding an sich usw. verstümmelt. Die Aussagen über den Menschen, das Dasein usw. haben den Charakter der Erzählung eingebüßt.)
Gerade dieser wirklichkeitsnahe, ja-gesättigte Erzählcharakter des Mythos aber hat auch gestaltende Kraft (für die Psyche). Mit Recht sagt einer der größten Religionswissenschaftler, G. van der Leuw, darüber: «Der Mythos ruft nicht bloß ein mächtiges Geschehen hervor oder zurück, er gibt diesem Geschehen auch die Gestalt ... Das mythische Wort entscheidet, indem es gestaltet. Es tötet nicht, wie der Begriff, der vom Leben abstrahiert, sondern es ruft das Leben hervor; zur Theorie steht es im denkbar stärksten Gegensatz. Der Begriff redet vom ‹Gesetz der Schwere›, er abstrahiert von jeder wirklichen Schwere und trachtet danach, vielfältiges lebendiges Geschehen auf eine tote Formel zu bringen. Der Mythos aber spricht von ‹jenem tollen, sich überhastenden Schwung, womit alle Geschöpfe der Erde, sobald sie losgelassen werden, zu ihrem Herzen zurückfliegen›.»[198]
Es ist tatsächlich so: Symbole, Bilder können mehr aussagen

als Begriffe, enthüllen verborgene oder durch den Begriff unterschlagene Aspekte der Wirklichkeit, loten größere Tiefen des Daseins aus, jene Tiefen, die sich der begrifflichen Formulierung widersetzen oder entziehen, geben uns Aufschluß über bestimmte, geheime, uns oft nicht mehr bewußte Strukturen des Daseins. Geh' den Träumen, den Wünschen, den heimlichen Bildern eines Menschen nach und du lernst ihn besser kennen als durch irgendeine andere Art oder Methode der Erforschung seines Wesens! Jeder Mensch trägt in sich das Bild (vielleicht die Erinnerung?) eines vollkommeneren, erfüllteren, glücklicheren, entfaltungsfreieren und -reicheren Lebens. Ebenso besteht in uns bisweilen der Wunsch, ganz zurück- und hinabzusteigen zu den tiefsten Quellen und Ausgangspunkten unseres Seins. Wir verbinden damit keineswegs notwendig ein Aufgehen im tierischen Vorstadium des Menschseins, wohl aber möchten wir einmal vollkommen frei sein von den geschichtlich-gesellschaftlichen Beschränkungen, Begrenztheiten und Bedingtheiten unseres Daseins. Jeder spürt ja irgendwie, daß sein geschichtliches Dasein nur ein Ausschnitt seines vorgeschichtlichen Daseins ist, d.h. jener Fülle von Potentialitäten, Möglichkeiten, Talenten, Begabungen, Gaben, die jeder Form, jeder Art, welche sein geschichtliches Dasein ergreift, jedem Weg, den es geht, vorausliegt; zumindest logisch und wohl auch seinsmäßig vorausliegt.

Damit hängen ja auch unsere Bilder und Symbole eines paradiesischen Urstadiums der Menschheit zusammen, bzw. dieses logisch Vorausliegende kleidet sich in dieses Bild. Uns schmerzen unsere versiebten Chancen, unsere verpaßten Möglichkeiten und in unseren Tag- und Nachtträumen, in unseren Gefühlen und Sehnsüchten, unserem Heimweh nimmt dieser Schmerz die Form, das Bild, die Symbolik des «verlorenen Paradieses» an. Diese paradiesische Welt ist vielfach reicher, oft auch geistig (nicht nur sinnlich) reicher als die in vielen Richtungen begrenzte, geschlossene, verklemmte Welt des geschichtlichen Jetzt eines Menschen. Denn die sogenannte Welt

des Unbewußten ist in vielen Hinsichten lyrischer, romantischer, auch mythischer und metaphysischer als unser bewußtes Leben. Selbst die irrationalen, mythologischen Gestalten des unbewußten Seelenlebens - die Feen, die Götter und Göttinnen, die Helden und Engel wie auch die Drachen und Dämomen usw. - spielen ja eine durchaus rational einsehbare Rolle im Seelenleben: Sie sollen ihm helfen, durch Hindernisse, durch Odysseen zur Selbstverwirklichung zu gelangen. Psychotherapeuten finden nicht selten in den Träumen ihrer Patienten die interessantesen Mythologien.
Und manchmal ist es nur die Sprache unserer Begriffe, welche die viel größere (Symbol-) und (Bild-)Wirklichkeit hinter einem Begriff verschleiert oder überhaupt nicht sichtbar werden läßt. Man denke z. B. an den groben, brutalen Begriff der Sexualität, der in der Psychoanalyse Freuds so eine beherrschende Rolle spielt. Dabei ist nur der moderne Begriff der Sexualität arm, eindimensional. Das Bild, das Symbol Sexualität dagegen ist mehrwertig, mehrdimensional, mehrfunktional, vielschichtig und reich. In fast allen vormodernen Kulturen und Religionen hat die Sexualität eine kosmologische, ozeanische, unitarisch-universalistische Bedeutung: Sie erhebt die Menschen über alle Differenzierungen und Beschränkungen, vereint sie in einem ozeanischen Gefühl des Ineinanderfließens, vereinigt sie mit dem Kosmos, heiligt, eint und befriedet den Kosmos. Die Sexualität war Erscheinung des Heiligen und ein allumfassender, auch alle höheren Funktionen und Aspirationen des Menschen umfassender Akt. Oft hatte er kosmogonische Bedeutung.
Nehmen wir den Begriff Mutter und dagen den Mythos, das Symbol Mutter, so eröffnen sich uns analoge Gegensätze wie bei der Sexualität. Nach Freud erlebt der Sohn eine inzestuöse Bindung an die Mutter und im Zusammenhang damit den Ödipuskomplex. Freud sieht die Mutter wieder einschichtig, einlinig, eindimensional, auch viel zu faktizistisch-biologisch-konkret. Dadurch wird das Ganze auch so sexuell an-

stößig. In Wirklichkeit ist die konkrete, individuelle Mutter für das männliche Kind lediglich oder nicht viel mehr als der Anlaß, daß in ihm das Bild, das große Symbol der alles hegenden und pflegenden, behütenden und bewahrenden, alles zart beschützenden und liebenden Mutter aufersteht oder – durch die konkrete Mutter – wiederangeregt, wiederentdeckt wird. Die Mutter schlechthin in ihrer Vielschichtigkeit und mehrdimensionalen, mehrfunktionalen Wirklichkeit, nicht die individuelle, jeweilige, konkrete Trägerin des Symbols Mutter ist das, woraufhin sich letztlich mit allen Fasern seines Seins ein junges, männliches Menschenkind hingezogen fühlt. Wer hier auf der dürren, blutleeren Begriffsebene bleibt, verfehlt das Eigentliche. Das Begehren der Mutter durch das Kind ist so groß, weil das Symbol Mutter das (nur anders als das Bild Paradies akzentuierte) Ganzheitsbild restloser Vollkommenheit und Glückseligkeit, restloser Geborgenheit im Allsein zum Ausdruck bringt; die Sehnsucht nach der harmonischen Vereinigung von Geist und Materie; nach dem anfänglich undifferenzierten All-Einen; nach dem Urstoff vor aller Entwicklung, in dem aber schon alles drin war; nach Aufhebung aller Widersprüche, Gegensätze, Polaritäten (deswegen auch der Mythos der Mutter Erde! Deswegen auch das Wort Materie von mater!). Die Sehnsucht nach der Magna Mater als nach dem noch vor allen Sonderentwicklungen in sich ungeteilten, undifferenzierten Urstoff ist hier inbegriffen. Vielleicht sind noch die sich manchmal so fanatisch gebenden verschiedenen Richtungen des Materialismus die verkappte Sehnsucht nach dieser Mutter! Sicher gibt es auch den auf die konkrete, auf die eigene Mutter einzig und allein gerichteten Inzestwunsch. Aber genau auf diese Weise findet eine Vereinseitigung, Extremisierung des Seelen- und Geschlechtslebens statt. So ist oder wird man krank, weil man die vielen Bedeutungsebenen des Mythos, des Symbols Mutter nicht mehr zu erfassen vermag.

Festzuhalten gilt ganz grundsätzlich: Das Ganze (auch die Einheit aller Wirklichkeit, ihre Harmonie, das Universale) ist nie in Begriffen, sondern immer und stets nur in mythischen Bildern zu haben. Bilder sind vielwertiger, bedeutsamer, weisen mehr Aspekte und Bezüge auf als Begriffe. Gerade weil der tiefste Sinn des Daseins, das Ganze des Seins, der Wirklichkeit nicht auf einen widerspruchslosen begrifflichen Nenner gebracht werden kann, deswegen bietet der Geist und die menschliche Psyche immer wieder Bilder, Mythen, Symbole auf, weil Bilder das Widersprüchliche durchaus vertragen, in sich wegen ihrer vielen Aspekte zu beherbergen vermögen. Coincidentia oppositorum (Zusammenfall der Gegensätze)! Sobald man natürlich das Bild, den Mythos, das Symbol, diese Bündelung von Bedeutungen in eine Begriffssprache übersetzt, es also auf eine einzige oder einige wenige Bedeutungen reduziert, hört es auf, ein Erkenntnisinstrument, ein Mittel zu sein, die Tiefe der Wirklichkeit auszuleuchten oder wenigstens anzudeuten. Man könnte geradezu eine Geschichte des begrifflichen Sündenfalls der Mythen schreiben. Mit Recht sagt Mircea Eliade: «Nicht ein einziges erhabenes religiöses Symbol ließe sich finden, dessen Geschichte etwas anderes wäre als eine tragische Aufeinanderfolge zahlloser ‹Sündenfälle›. Es gibt keinen fratzenhaften Irrglauben, keine satanische Orgie, es gibt keine im Religiösen wurzelnde Grausamkeit, keine magisch-religiöse Widersinnigkeit oder Krankhaftigkeit, die nicht – und sei es auch im Stadium ihres ferngerückten Beginnens – eine gewisse ‹Rechtfertigung› darin fände, daß ihr eine verfehlte (weil eben nur Teile, anstatt des Ganzen erfassende, unvollständige) Auslegung eines erhabenen Mythos zugrunde lag.»[199]

Es ist auch nicht wahr, daß der moderne Mensch so säkularisiert sei, daß er keine Bilder, Mythen, Symbole mehr habe, mehr brauche. Heute haben wir möglicherweise wieder eine feinere Antenne für die schon vor langer Zeit aufgestellte Behauptung der Surrealisten, jeder Mensch könne ein Dichter werden, wenn er es nur fertigbrächte, sich dem automatischen Schreiben zu überlassen. Das sogenannte Unbewußte ist tatsächlich in reichhaltiger Weise lyrisch, romantisch, künstlerisch, dichterisch. Viele bringen es nicht fertig, sich der Stimme des Unbewußten zu überlassen, auf sie zu hören, auf sie: dieses zweite, tiefere Ich (besser Selbst), das verwirklicht werden möchte. Aber die Sehnsucht danach, nach den Bildern einer gefüllteren, reicheren Welt ist in fast allen vorhanden. Warum eilen so viele in die Traumfabrik Kino, warum erfreuten sich Fernsehserien wie «Dallas» oder «Denver-Clan» bei der Masse solcher Beliebtheit. Selbst in den trivialsten Schlagern schlägt das Heimweh, die Sehnsucht nach Heimat und umfassender Geborgenheit im bergenden, mütterlichen Schoß des All-Seins durch. Das sind oft sehr trivialisierte (wie auch z.B. in den Heimat- und Groschenromanen) Symbole für all das, was an eigener Wesensart nicht verwirklicht worden ist («Der ich bin, grüßt trauernd den, der ich hätte sein können.» «In jedem ist ein Bild des, was er werden soll; so lang' er dies nicht ist, ist seines Glücks nicht voll.») Deswegen romantisieren wir, romantisiert die Literatur die «gute, alte Zeit», das Rußland der Balalaika, das Leben der Superreichen, der Scheichs und Schahs, als ob in ihnen sich das Paradies als Symbol der Erfüllung und Entfaltung aller Möglichkeiten verwirklicht hätte. Ernst Bloch hat mit Recht die Sehnsucht, die Heimatgefühle in der Literatur, der Kunst, ja selbst in trivialen Kunsterzeugnissen analysiert, weil nur auf der Ebene der Bilder die verlorene Einheit, Solidarität, Identität des Menschengeschlechts wiedererringbar ist.

Auch der moderne Massenmensch trägt also eine ganze Rumpelkammer verkümmerter, verformter, verfälschter mythischer Bilder mit sich herum. Das mythische Bild vom Mysterium Frau ist bei vielen Männern ins Seichte einer Sex-Bombe abgerutscht, aber es wäre selbst unter diesem Bild bei einiger Anstrengung noch herausschälbar. Das Mysterium Liebe ist in die Welt der grellen Erotik und des Sex abgeglitten, aber unter dieser Schicht ebenfalls als eigentliche Sehnsucht des Menschen, wenn auch nicht immer leicht identifizierbar. Der Mythos vom vollkommenen Menschen, vom Gottmenschen, der jeder sein sollte, er ist in der Bewunderung für Helden des Krieges, des Sports oder aber auch der Gewaltlosigkeit, für Superstars des Schlagers oder der Leinwand tief unter der Oberfläche wiederzufinden. Die ganze Reklamepsychologie bedient sich dieser vielen Menschen selbst nicht bewußten Bilder in unserer Tiefenpsyche. Kein Zweifel, auch im Massenmenschen unserer Zeit leben in verwahrloster Form die Mythen fort. Selbst das sogenannte leere Bewußtsein, das wir haben, wenn wir z.B. in der Straßenbahn vor uns hindösen, wäre noch ein dankbarer Analysierungsort für die Mythen, Träume, Wünsche, die uns dabei heimsuchen. Nicht umsonst hat man eine Mythologie gefordert, welche die im Leben eines jeden heutigen Durchschnittsmenschen getarnten und verborgenen (latenten) Mythen aufdecken sollte.

Es geht nun darum, diese mythischen Bilder und Symbole a) sich bewußt zu machen, b) sie auf ihren eigentlichen Sinn und ihr Ziel (die Selbstverwirklichung des Menschen, die Solidarität der Menschen mit allem Leben usw.) hin zu erkennen, zu entdecken, zu durchschauen (sie also zu entrümpeln und zu vereigentlichen); c) die Kräfte der kreativen Phantasie, der Imagination, zu stärken, sich ihnen hinzugeben (wohlgemerkt: einer positiv-aktiven, keiner passiven Imagination), d.h. neue Bilder eines zum Ziel gelangenden Eigen- und Gesellschaftslebens und eines mit der Natur versöhnten Menschheitsgeschlechts zu entwerfen; Bilder des eigenen Glücks als eigener Entfaltung und Vollkommenheit; Bilder des Glücks des Menschen mit der Natur; Bilder der Rettung der geliebten und mißhandelten Natur, deren Teil wir sind; Bilder des Standorts des Menschen im Kosmos, der trotz aller Katastrophen und Kataklysmen, wie unser Tiefenich in manchen seiner Träume und Symbole weiß, seinen Weg geht, evolutiv zu seiner Vollendung drängt, indem die ganze Wirklichkeit göttliche Wirklichkeit wird. Jeder Mythos ist ja die bildhafte Darstellung, Erklärung, Symbolisierung einer menschlichen Grenzsituation. Nicht ganz ohne Grund entstand ja in der Grenzsituation des sich eröffnenden Zeitalters der Raumfahrt die «Dänikitis», der mythische Glaube oder Mythos, Raumfahrer aus anderen Galaxien mit höherer Intelligenz als wir hätten den Menschen die Kultur gebracht. Vielleicht enthält dieser moderne «Mythos» sogar ein Körnchen Wahrheit, nämlich einen Widerhall der Überzeugung, daß der menschliche Geist als Selbstvergegenwärtigung und Reflexionsfähigkeit nicht allein durch die evolutiven Kräfte der Erde, sozusagen «von unten», sondern auch durch das Geschenk des göttlichen Wirkens «von oben», seitens des absoluten Geistes ermöglicht wurde.[200]

Selbst die moderne Psychotherapie und Teile der Nicht-Schul-Medizin erkennen die Bedeutung einer kreativen Imagination wieder. Die Volksweisheit wußte es schon immer, wie wichtig für die Gesundheit, für das körperlich-seelische Gleichgewicht die Imagination, die Vorstellung der Gesundheit (als Harmonie des Menschen mit der Gesamtwirklichkeit und aller Körperteile untereinander) ist. Du bist schon wieder ein bißchen gesünder, wenn du dir ganz feste Vorstellungen von deiner Gesundheit bildest! Unter den Tiefenpsychologen hat vor allem C.G. Jung die fundamentale Gleichgewichtsstörung in der Psyche des modernen Menschen auf das Versiegen seiner kreativen Phantasie zurückgeführt. Zur geistigen Produktivität eines Menschen gehört nun einmal auch der Glaube an den Reichtum in sich selbst, Reichtum an wesentlichen, realitäts- und realisierungsfähigen Bildern und Symbolen, die das Menschsein stärken, der Glaube auch an ein immer neu hervorsprudelndes Fließen der Bilder. Das Ganze jedoch nicht willkürlich-phantastisch aufgefaßt! Imagines – mit imitari = nachahmen geistes- und wortverwandt – bedeutet, daß man die archetypischen Vorbilder, die in der Psyche, auf ihrem Grund liegen, wiedererschaut, wiederentdeckt und sie nachahmend realisiert.

Wer also in diesem Sinne nicht imaginiert, erschaut nicht das menschliche Wesen und nicht die Welt (die ja für uns ein An-

thropo-Kosmos ist) in ihrer Ganzheit, er findet keine kosmovitale Einfühlung, er isoliert, schneidet sich selbst ab von seinen Quellen, seinen Urgründen, von der Tiefenrealität seiner Seele, seines eigenen Lebens. Die Bilder einer heilen Natur, fern von jedem Umweltschmutz, von der grausamen Piraterie des Menschen; die Bilder des das All in seiner Unendlichkeit abbildenden Meeres in seiner Grenzenlosigkeit und Macht; der Sonne mit ihrer Strahl- und Leuchtkraft; der Wälder mit ihrem schattenspendenden, fast sakralen Charakter und ihrem weltabgewandten Schweigen; des kristallklaren, unberührten Schnees usw. – all diese Bilder müßten von uns wieder zu neuem Leben erweckt und als Kraftmotive für unser ökologisches Engagement verwendet werden. Man kann darüber lächeln oder höhnisch als Gegenstück auf die heillose Umwelt hinweisen, aber: «Die Symbole, die Mythen kommen aus einer allzu weiten Ferne, als daß sie sterben könnten: sie bilden einen Teil des Menschseins, und es bleibt unmöglich, daß sie irgendeinmal gar nicht mehr auffindbar wären in einer das menschliche Dasein im Weltall wesentlich betreffenden Situation.»[201]
Ohne die Rückkehr zu den in der eigenen Seele lagernden Ursymbolen, Archetypen, ohne die ganzheitliche, erkenntnismäßige und praktische Realisierung ihrer vielen Bedeutungen (man denke an das über das Bild der Mutter, der Sexualität, des Paradieses usw. Gesagte) kann der Mensch seine Verwirklichung als ganzheitliches, umfassendes, universales Wesen nicht finden. Die großen Urbilder der Seele müßten in ihrer ganzen Breite neu entdeckt und wiederverlebendigt werden. Der Mensch sollte sich auch über die anthropokosmische Symbolik klar werden (viele Religionen, auch noch die hinduistische, vorher vedische, die iranische usw. sehen den Kosmos als den großen Urmenschen an). Im eigenen Seinskern soll der Mensch auf die Entsprechung zu den kosmischen Rhythmen hinhorchen, hinhören; nur so in der Korrespondenz mit Erde und Kosmos kann er wieder ganzheitlich-gesund, eben heil werden.

In der Übereinstimmung mit den Urbildern seiner Tiefe, die ja auch ein Sollensmoment, einen ethischen Aufforderungscharakter in sich tragen, und mit den ebenfalls in dieser Tiefe wesenden Urbildern eines harmonischen Verhältnisses mit dem All - nur in dieser Übereinstimmung wird der Mensch seinem Daseinszweck gerecht. Seine ureigene Sinngebung - hier zeigt es sich - ist nicht willkürlich, sie hält sich an das ihm vorliegende Archetypische, an das anthropo-kosmische Gesetz in seinem Sein! Nur so entsteht der einheitlich-allumfassende, der universale Mensch!

IX. Der Fall Drewermann
Der Versuch, dem Mythos einen neuen Stellenwert im Christentum zu geben

In der römisch-katholischen Kirche ist seit Jahren ein Theologe heftig umstritten: Eugen Drewermann. So mancher katholische, aber auch einige evangelische Theologen und noch sehr viel mehr Pfarrer, Lehrer und Studenten, die den beiden Großkirchen angehören, haben pro Drewermann Stellung bezogen. Noch größer und vom offiziellen oder offiziösen Anspruch her gewichtiger scheint die Anzahl jener Theologen zu sein, die gegen Drewermann polemisieren. Sie wissen die Amtskirche, das kirchliche Lehramt hinter sich. Bekannte katholische Theologie- und Philosophieprofessoren wie Bürkle, Dassmann, Furger, Kasper (der inzwischen Bischof geworden ist), Schnackenburg und Splett haben in einem Sammelband in der theologisch stets sehr beachteten Reihe «Quaestiones disputatae» des katholischen Standard-Verlages Herder/Freiburg aus dogmatischer, moraltheologischer, exegetischer, kirchengeschichtlicher, religionswissenschaftlicher und -philosophischer Sicht an den Drewermannschen Positionen grundsätzliche und detaillierte Kritik geübt, die darin gipfelt, daß dieser Theologe das unterscheidend Christliche, die absolute Einzigartigkeit des Christus und seiner Lehre aufgebe. Größere Beachtung in theologischen Fachkreisen fand auch der Umstand, daß die Professoren Lohfink und Pesch als Vertreter der historisch-kritischen Methode der Bibelauslegung und als Sprachrohr der wohl überwiegenden Mehrzahl der exegetischen Zunft der Bibeltheologen das gegen Drewermann gerichtete, stark polemischen Charakter tragende Buch «Tiefenpsychologie und keine Exegese» herausgegeben haben.

Im allgemeinen läßt die Amtskirche, das kirchliche Lehramt,

die vatikanische Kongregation für die Glaubenslehre (also das frühere Inquisitionsbüro, Heiliges Offizium genannt) die Theologen zunächst mal eine Zeitlang untereinander streiten, ehe sie selbst einschreitet und ein Machtwort spricht. Bereits Anfang 1988 sind aber fünf Professoren von der Glaubenskommission der Deutschen Bischofskonferenz beauftragt worden, gegen Drewermann Gutachten zu erstellen. Der Paderborner Erzbischof, Drewermanns unmittelbarer Vorgesetzter und als autoritärer Verfechter des Kurses der Amtskirche bekannt, fühlt längst «sein lehramtliches Gewissen schlagen», wenn er nur den Namen Drewermann hört. Laut Meldung der Katholischen Nachrichten-Agentur (KNA) wurde auf Weisung des Vatikans auf der 1989 stattgefundenen Herbstkonferenz der deutschen Bischöfe in Fulda darüber beraten, ob Drewermann nun endgültig die sogenannte Missio, also die kirchliche Lehrerlaubnis, entzogen wird. Wie es heißt, haben sich die deutschen Bischöfe zu dieser letzten Entscheidung gegen Drewermann noch nicht «durchringen» können. Man versteht warum! Auf der einen Seite drängen der Papst in Rom und seine vatikanischen Gehilfen zu dieser Entscheidung. Andererseits möchten die deutschen Bischöfe gegenüber der Öffentlichkeit ihr Gesicht wahren, nachdem sie schon bei der Besetzung des Erzbischofstuhls von Köln mit dem erzkonservativen Meisner so jämmerlich umgefallen sind. (Sie werden allerdings auch diesmal umfallen, wenn Rom auf seiner Weisung bestehen bleibt, denn wir haben es hier im weiten Umkreis der Weltreligionen und religionsgeschichtlichen Phänomene mit der klassischen, am perfektesten organisierten Form einer religiösen Diktatur, einer absolutistisch-autoritären, gottesstaatlichen Monarchie zu tun, die ihre Forderungen in ihrem Bereich – und oft nicht bloß in diesem – rücksichtslos zum Erfolg führt.[202])

Wer aber ist Drewermann? Warum ist sein Name zu einem Reizwort in der katholischen, teilweise auch evangelischen Theologie geworden? Warum ist das, was er verkündet, Streitobjekt, ja

Gift für stramm Kirchentreue? Zunächst könnten Außenstehende allerdings fragen, warum denn hier über ein Theologengezänk berichtet wird, das unsere moderne, säkularisierte Welt längst nicht mehr ernstzunehmen pflegt. Aber wir werden sehen, daß der hier debattierte Streit einen weit universaleren religiös-spirituellen Hintergrund hat, der für all jene wichtig ist, die ein verantwortbares, umfassendes, die Tiefen der Psyche wie die des Kosmos einbeziehendes künftiges Weltbild anstreben.
Denn Drewermann scheint mir einer jener nur noch recht selten Exemplare von christlichen Theologen zu sein, welche die ursprüngliche, mystische Tiefe und mannigfaltige Reichhaltigkeit eines religiös-spirituellen Erfahrens und Erlebens unter dem Druck permanenten Umgangs mit dogmatischen Fixierungen und abstrakt-theologischen Begrifflichkeiten in ihrer eigenen Psyche noch nicht erstickt haben. Drewermann ist dieser Erstickungsgefahr ursprünglichen Lebens in sich wohl auch deshalb entgangen, weil er dem Geltungs- und Machttrieb vieler Theologen, dem psychischen Zwang, Karriere auf der theologischen Stufenleiter zu machen, nicht nachgegeben hat. Hören wir ihn dazu selbst. In seiner Erklärung im Gottesdienst am 24. September 1989 in der Kirche St. Georg gesteht er, er sei kein Kirchenrechtler, wisse also gar nicht genau, was es bedeute, die Missio canonica, das Nihil obstat, die kirchliche Lehrbefugnis entzogen zu bekommen. Er wisse aber zumindest, daß es impliziere, kein Professor der Theologie mehr werden zu können. Und diesen Nachteil vertrage er gern, «denn Sie haben oft genug gehört, daß ich glaube, kaum ein Stand verrät die Botschaft Jesu so sehr wie die Zunft der Theologen... ich sehe nur, daß diesen Leuten es sehr gut geht, sie verdienen viel Geld, bauen sich ihre Häuser, haben viel Macht und sind geehrt in Kirche und Gesellschaft, indem sie erläutern, wie Jesus gelitten hat und gekreuzigt wurde für ein bißchen Menschlichkeit. Ich möchte kein Professor werden, wollte das nie. Wenn die Kirche glaubt, sie kann mich dadurch strafen, fühle ich mich geehrt, das macht nichts.» An anderer

Stelle hat sich Drewermann auf Kierkegaard, den großen dänischen Religionsphilosophen berufen, den er für den «letzten wirklichen Propheten im christlichen Abendland» hält und der stets das Dozieren des Christlichen im Namen Jesu als prinzipiell unchristlich erklärt hat.[203]
Nun kann man natürlich viel sagen und es trotzdem anders meinen. Aber Drewermann hat seine Aversion gegen eine Professur in Sachen christlicher Botschaft in seiner eigenen, persönlichen Lebenspraxis unter Beweis gestellt. Er hat bereits zu einer Zeit, als der Privatdozent der Theologie Drewermann noch alle Chancen hatte, zum Professor aufzusteigen, schneidig und schneidend die Wahrheit gesagt, von der Laotse ja mit Recht behauptet: «Angenehme Worte sind nicht wahr, wahre Worte sind nicht angenehm.»
Denn es geht bei dem Streit Drewermanns mit den theologischen Gegnern und dem kirchlichen Lehramt keineswegs nur um die Alternative: «Tiefenpsychologie oder Historisch-kritische Methode in der Auslegung der Bibel», auf die hin manche Interpreten dieses Streits dessen eigentliches Anliegen ganz allein beschränken möchten. Vielmehr hat das Lehramt der Kirche und seine Zuträger mit Sicherheit negativ registriert, daß Drewermann schon vor längerer Zeit Bücher publiziert hat, die jetzt gar nicht im Zentrum der Kontroverse um diesen Theologen stehen, die aber den «Herren und Knechten der Kirche»[204] mit Sicherheit nicht ins propagandistische Konzept paßten. Während die meisten Theologieprofessoren und -dozenten Schmalspurtheologen sind, die sich, mit Scheuklappen versehen, nur um ihre eigene enge theoretische Disziplin kümmern, hat Drewermann in seltener Offenheit, Weite und Engagiertheit ökologische und Friedensthemen anthropologisch, psychologisch, religionsgeschichtlich, philosophisch, theologisch und kirchenkritisch aufgegriffen und aufgearbeitet. Ich denke da beispielsweise an sein Buch «Der tödliche Fortschritt», in dem er «die Zerstörung der Erde und des Menschen im Erbe des Christentums» (so der Untertitel des Buches) eindrucks-

voll beschreibt. Anhand der Lebensauffassung der Indianer und anderer «primitiver» Naturreligionen dem vermeintlich doch haushoch überlegenen Christentum und den Kirchen die Leviten in Sachen falschen Umweltbewußtseins und arroganter Ausbeutung von Tieren, Pflanzen und Erde zu lesen[205] – das konnte man einem der Treue zur Kirche verpflichteten Theologen nicht durchgehen lassen. So einer kann und darf nicht Theologieprofessor werden! Oder ich denke da auch an sein dickleibiges Buch «Der Krieg und das Christentum», 1982 erschienen, in dem die für die Ohren von Kirchenoberen untragbare These vorgetragen wird, das Christentum sei in seiner Geschichte fast durchweg aggressions- und kriegsfördernd gewesen. Indem es «die triebhaften, unbewußten Regungen der menschlichen Psyche verdrängte, verleugnete, ignorierte oder moralisch dirigierte, vermehrte das Christentum nämlich ... in Wahrheit das Feld der Angst und der Schuldgefühle, aus denen ein Großteil der aggressiven Triebregungen sich speist ... Merkwürdigerweise ist die Aggression dem Christentum, anders als die Sexualität, als Problem im eigentlichen Sinne nach der Konstantinischen Wende scheinbar gar nicht mehr bewußt geworden. Die Ursprünge des Christentums selbst sind offenbar viel zu kriegerisch, als daß die menschliche Aggression etwa als ein Hauptproblem hätte empfunden werden können, und offenbar setzt sich hier das patriarchalische Erbe des Alten Testamentes später in einer Art Dennochdurchsetzung des Gehemmten mit Gewalt fort.»[206]
Hinzu kommt, daß Drewermann ein Charismatiker, ein spirituell Durchdrungener, ein Erleuchteter, ein Guru und ein (vor allem von seinen Gegner so apostrophierter) «Schamane» ist, der seine Zuhörer – auch seine kirchlichen und auch dort, wo es um die Geißelung christlich-kirchlicher Irrtümer und Mißstände geht – als schwungvoller Rhetoriker zu begeistern vermag. Selbst seine Bücher, von denen eine ganze Reihe theologische Bestseller wurden, zeugen noch von dieser seiner Suggestionskraft und Begeisterungsfähigkeit. Sicherlich trägt auch

dieser Umstand der breiten Öffentlichkeitswirkung Drewermanns Schuld daran, daß man ihn endgültig und offiziell zur persona non grata erklären will. Denn die Kirche erspart sich, weil sie das Licht der Öffentlichkeit fürchtet, gern die Mühe, gegen die vielen kleinen Ketzer, die im Verborgenen wirken, vorzugehen. Im Grunde ist ja auch jeder Katholik ein impliziter Häretiker. Denn wer kennt, versteht und anerkennt schon den ganzen komplexen Wust von Dogmen und katholischen Lehrsätzen? Wer vom «gläubigen Kirchenvolk» kann denn z. B. eine göttliche Substanz in drei Personen (Dreifaltigkeitsdogma) oder die manneslose Zeugung Jesu (Dogma der Geburt aus einer Jungfrau) oder die Himmelfahrt Mariens (1950 von Pius XII. als Dogma verkündet) kapieren und «in vernünftigem Glauben» akzeptieren?
Und hier stehen wir dann tatsächlich vor einem Herzstück des Drewermannschen Anliegens. Denn der Mann, dem seine gewichtigen und prominenten theologischen Gegner vorwerfen, er sei gegen die historisch-kritische Methode mit ihren literarischen, historischen, redaktionsgeschichtlichen, archäologischen und religionswissenschaftlichen Analysen und fruchtbaren Entdeckungen, nimmt im Gegenteil diese Methode und ihre Ergebnisse so ernst, daß er sie durch eine tiefenpsychologisch orientierte Bibelinterpretation «ergänzen, vertiefen und in ihrem einseitigen Interesse an der historischen Geltung und Bedeutung der Fakten, der Textformen, der geschichtlichen Umstände sowie der Glaubensaussagen als theologische Dauerformeln überwinden»[207] möchte. Das klingt sehr kompliziert. Aber im Klartext bedeutet das: Vieles, ja fast alles, was Christen als von den Evangelien und der Apostelgeschichte berichtete historische Tatsachen jahrhundertelang geglaubt haben, wird durch die historisch-kritische Methode als nicht existent, als nicht stattgefunden, als Märchen, Mythos, religiöse Erfahrung oder Übernahme aus anderen Religionen aufgedeckt. Andere Theologen wissen das auch. Aber sie halten sich mit der Enthüllung dieser Wahrheiten zwar weniger vor ihren

Studenten, wohl aber fast durchgehend vor dem Kirchenvolk zurück.
Das wird aber auf die Dauer auch diesem gegenüber nicht möglich sein. Es sei denn, der Schrumpfungsprozeß an Gläubigen hält weiter an und wird in Zukunft sich noch derart intensivieren, daß es kaum mehr jemanden gibt, den man innerhalb der Kirchenmauern noch aufklären könnte. In dieser Situation müßte die Kirche eigentlich einem Theologen wie Drewermann dankbar sein, der die auf der historischen Ebene in vielen Punkten nicht mehr haltbare «geschichtliche Wahrheit des Christentums» dadurch zu retten versucht, daß er sie auf einer anderen, tieferen Ebene neu etabliert. Gemeint ist die tiefenpsychologische Ebene, genauer die Tiefenpsychologie C.G. Jungs mit ihren Archetypen, ihren kollektiven Urbildern.[208] Was geschichtlich nicht stattgefunden hat, nicht stattgefunden haben muß, das findet im gemeinsamen kollektiven Unbewußten und seinen psychosomatischen Dispositionen im persönlichen Unbewußten jedes Menschen immer wieder statt. Die Menschheit hat nach Jung und dem ihm darin folgenden Drewermann ein gemeinsames Grundreservoir an gleichen Dispositionen für ähnliche religiös-transzendentale Urbilder von Ereignissen, Handlungen, Kultformen, Erfahrungen, Verhaltensweisen und Symbolen. Die überaus mannigfaltigen Religionen und Mythen der Völker sind Konkretisationen dieser Urbilder, deren Gemeinsamkeiten hinter diesen Konkretisationen entschlüsselbar sind.
Mit den Mitteln der Tiefenpsychologie kommt Drewermann auf diese Weise zu einer neuen Auffassung und Formulierung der Wahrheit des Christentums: Die Wahrheit des Christentums ist die Wahrheit des Grundkerns aller Religionen. Denn alle Religionen haben letzte Gemeinsamkeiten, deren Wahrheit nicht in ihrer positivistischen Faktizität, nicht in ihrer außersubjektiven Objektivität, sondern in ihrer seelischen Bedeutung zu finden ist. Die Götter und Geister in den verschiedenen Religionen, ihre Schicksale, ihr Heroismus, ihre Taten, Siege

und Niederlagen, ihre Leiden und ihre Triumphe sind Leitbilder unserer psychischen Daseinsverfassung, der Entwicklung und Entfaltung der menschlichen und sozusagen menschheitlichen Psyche.

Die Rettungstat des christlichen und christlich bleiben wollenden Theologen Drewermann für das Christentum besteht also darin, daß er die Archetypen, die Urbilder und Urformen auf dem Grund jeder menschlichen Psyche als das eigentlich Objektive, als Quellpunkt und verbindliches Deutungsmuster aller Religionen hinstellt und herausarbeitet. Nur in einer solchen (archetypischen) Einheits- und Überreligion ist nach Drewermann der Wahrheitskern des Christlichen zu retten und zu bewahren.

Genau an diesem Punkt aber muß mit Vehemenz der Einspruch der kirchentreuen Theologen und ihres kirchlichen Lehramts erfolgen, denn gerade diese Nivellierung, diese Einebnung des Christlichen in das Gesamtgefüge des Religiösen können sie nicht mitmachen, weil sie fürchten, anderenfalls sich selbst aufzugeben. Denn das Christentum, insbesondere seine römisch-katholische Form mit ihrem unfehlbaren obersten Organ, dem Papst als Stellvertreter Gottes auf Erden, steht und fällt mit der behaupteten absoluten Einzigartigkedit des Christus und seiner Offenbarung an die Menschen, die allein vom kirchlichen Lehramt genuin und authentisch interpretiert werden könne. Wütend muß es also die Verteidiger des kirchlichen Christentums machen, daß Drewermann ganz konkret das Gleichheitszeichen zwischen Christentum und anderen Religionen setzt. Noch wütender müssen seine Gegner reagieren, wenn Drewermann noch weiter geht und behauptet, andere Religionen, beispielsweise die ägyptische, hätten einen größeren Reichtum an seelischen Wahrheitsbildern und Mythen, und das Christentum müßte deshalb von dorther Ergänzungen beziehen.

Gegen Drewermann werden daher alle Register gezogen, wobei man zugeben muß, daß auch er selbst nicht zimperlich in seinen Erwiderungen ist. Da wird ihm vorgeworfen, sein gewalti-

ges Werk, inzwischen über 20 000 Buchseiten umfassend, sei im Grunde nur «ein gedanklich unverdautes Konglomerat heterogener Ideenkomplexe». Es lebe nicht von der Argumentation, sondern der Suggestion, von «existentieller Betroffenheit oder atemloser Erschütterung». Es sei irrational und gnostisch, New-Age-nah und privatisierend, weil es «die Gemeinschaftlichkeit des Christseins und das spezifische Ethos des Christseins» übersehe. Auch Professor J.B. Metz, der Begründer der «Politischen Theologie» und Mit-Theoretiker der südamerikanischen Befreiungstheologen, meldete sich zu Wort und wirft Drewermann narzißtischen Individualismus und Ausklammerung der sozialethischen Komponente vor. Der Kirche nahestehende Psychologen wie Albert Görres greifen Drewermanns Anlehnung an C.G. Jung an. Dessen Beschreibung der Archetypen sei alles andere als klar, sei teilweise widersprüchlich, in manchen Teilen oberflächlich, allerdings mit Numinosem und Mysteriösem ständig gewürzt. Und schlußendlich habe ein C.G. Jung Hitler als einen vom Archetyp Wotan Ergriffenen gefeiert. Wie solle oder wolle man also auf der Archetypenlehre eine neue Theologie aufbauen?
Aber all diese Kritiken sind Vorgefechte, die oft nur verschleiern sollen, daß Drewermann ins Herz des christlichen Selbstverständnisses getroffen hat. Auf den Punkt bringt der Generalsekretär der Wiener Katholischen Akademie, Andreas Laun, die entscheidende Differenz zwischen Drewermann und der Auffassung der römisch-katholischen Kirche von der Stellung des Christentums in der Welt und gegenüber allen anderen Religionen und weltanschaulichen Modellen: Unter Drewermanns «Händen verändern sich zentrale Begriffe des Glaubens. Nicht die Sünde, sondern die Angst ist nach Drewermann das Urproblem des Menschen, und dies hat weitreichende Folgen für den Begriff der Erlösung. Die Dogmen werden in seinem System ganz grundsätzlich zu bloßen Symbolen und zum Ausdruck von allgemein-menschlichen Archetypen. Damit aber fällt der Anspruch des Christentums, letztlich die

einzig wahre Religion zu sein. Mission wird sinnlos, ja sie verwandelt sich von einer Wohltat in strukturelles Unrecht. Was wahr ist, ist nicht mehr durch die Offenbarung bestimmt, sondern durch die Psychologie.» Drewermann solle «seine Träume durch die Wirklichkeit des Glaubens korrigieren lassen». Er möge «sich erinnern, daß es letztlich nur eine Quelle gibt, nämlich Jesus Christus, und daß die Wasser der Quelle zwar über die Grenzen der Kirche hinausströmen, die Quelle selbst aber inmitten der Kirche entspringt».[209]

Drewermann rührt an einen ganz neuralgischen Punkt, auf den jeder stößt, der sich nicht bloß mit der eigenen Glaubenslehre befaßt, sondern den Blick über den Zaun wagt und die ganze Weite religiöser, mystischer und spiritueller Erscheinungen in Geschichte und Gegenwart zu erfassen versucht. Jesus mag originell, authentisch, auf seine Weise einzigartig gelebt haben. In der sprachlichen Fassung, in der Formulierung der Originalität seines Lebensentwurfes aber haben sich die neutestamentlichen Verfasser an bereits vorhandene religionsgeschichtliche und mythologische, ägyptische, griechische, hellenistische usw. Muster und Modelle angelehnt. Die absolute Einzigartigkeit, die einmalige «substantielle» Gottessohnschaft Jesu Christi ist religions-*wissenschaftlich* einfach nicht eruierbar, nie und nimmer feststellbar. Das Christentum enthält neben Trivialem herrliche spirituelle, mystische, religiöse und ethische Elemente. Aber damit kann die unbedingte Einzigartigkeit Jesu Christi nicht bewiesen werden, denn großartige Elemente enthalten auch Taoismus, Hinduismus, Buddhismus und einige weitere Natur- und Kulturreligionen. Daraus folgt, daß die absolute Einzigartigkeit und die einmalige Gottessohnschaft Jesu nur durch das Wagnis, das Risiko des Glaubenssprunges, des Sprunges des Glaubenden in die göttliche Fülle – oder aber in die Leere – erfahrungsmäßig «verifiziert» werden können. Hier ist der Mut des nackten Glaubens in seiner ganzen Riskantheit, Ungeschütztheit und Ausgesetztheit angesichts einer ganzen Welt des Reichtums anderer, fremder religiöser Ausdrucksformen und/oder aller möglichen aufklärerischen Zweifel von jedem, der echtes existentielles Interesse an Jesus hat, gefordert. Diese Ungeschütztheit und Ausgesetztheit des Glaubens, diesen Glaubenssprung ohne Netz und doppelten Boden aber halten die offiziellen Verwalter des Christlichen, die «religiösen» Machthaber, nicht aus. Daher bestehen sie auf dem kirchlichen Wahrheitsbüro, dem «Ministerium der Wahrheit» (Orwell), eben der Vatikanischen Kongregation für die Glaubenslehre, und auf der Unfehlbarkeit des Papstes, die den Gläubigen das Risiko des Glaubens abnehmen und die «Wahrheit» des im Glauben zu Bejahenden «ohne Irrtumsmöglichkeit» konstituieren. An sie sollen sich die Gläubigen absolut vertrauensvoll anlehnen, denn nur hier sei das «sacrificum intellectus», das Opfer des Verstandes, wirklich begründet und gerechtfertigt.

Es mutet daher wie ein schlechter Witz an, daß ausgerechnet die kirchlichen Gegner Drewermanns diesem Irrationalismus vorwerfen. Aber Drewermann liefert ihnen wenigstens den Vorwand, indem er hartnäckig darauf besteht, das Christentum sei keine Lehre. (Gerade als Lehre ist ja seine absolute Einzigartigkeit eben nicht beweisbar!)

Wie mir scheint, steht auch der konkrete Mensch und Christ Drewermann im Glaubensdilemma. Denn natürlich liebt er seinen Jesus und ist von ihm in einzigartiger Weise betroffen. Aber derselbe Drewermann weiß ebenso selbstverständlich als Religionswissenschaftler und Psychologe, daß ein Buddhist denselben festen Bezugspunkt in Buddha, ein Hindu im Brahma oder in Krishna usw. haben kann. Daß also auf der theoretischen, wissenschaftlichen Ebene keine Entscheidung bezüglich der absoluten Überlegenheit der einen Religion über die andere getroffen werden, daß das nur auf der subjektiven Glaubensebene geschehen kann, womit ja nichts, aber auch nichts, gegen den objektiven Wahrheitswillen und den inhaltlichen Reichtum einer religiösen Subjektivität und Individualität gesagt sein muß.

Nur in seiner eigenen religiösen und gläubigen Subjektivität kann einer die (für ihn) absolute Einzigartigkeit und substantielle Gottessohnschaft des Jesus Christus erfahren und (für sich selbst) verifizieren. Es wird Drewermann vor dem Forum des Lehramts der Kirche nichts nützen, daß er dies bejaht, aber eine objektive, lehrmäßige, wissenschaftlich-interkommunikativ vermittelbare absolute Überlegenheit des Christus und des Christentums aus intellektueller Redlichkeit verneint. «Religiöse» Machthaber kennen keine Dankbarkeit. So wird es ihm auch nichts nützen, daß er «Leben in die Bude» gebracht hat, daß er die Schleusen für das Hereinströmen des universalen religiösen Schatzes der Menschheit, des gewaltigen Reichtums ihrer Urbilder und spirituellen Erfahrungen in die vertrocknete, erstarrte, monotone, herrschaftlich verknöcherte und verkrustete Kirchenlandschaft geöffnet hat. Daß er im Grunde nichts anderes getan hat als Thomas von Aquin, der «größte Kirchenlehrer», der die Philosophie des «Heiden» Aristoteles taufte; als Bultmann, der auf der Grundlage Heideggers die «existentiale Interpretation» der biblischen Texte einführte; als Moltmann, der Blochs «Prinzip Hoffnung» heimholte und eine «Theologie der Hoffnung» schuf; als Metz, der die «Negative Dialektik» Adornos und Horkheimers in die «Politische Theologie» umsetzte; als Augustinus, der vor all den Genannten den Neuplatonismus kirchlich hoffähig machte. Wie gesagt, Drewermann wollte nur etwas Analoges, wollte die Kirche modernisieren, indem er der Tiefenpsychologie Eingang in sie zu verschaffen suchte.

Ich sage das schon in der Vergangenheitsform, weil Drewermann innerhalb der Kirche scheitern wird und muß, weil er wie die lange Kette der modernen Ketzer[210], der Döllingers, Günthers, Halbfas, Herrmanns, Kleins, Mynareks, Pfürtners, Schells, Wittigs usw. exkommuniziert, suspendiert, der missio canonica beraubt werden wird. Und das letztlich stets aus demselben Grund, nämlich dem, daß er nicht die absolute Einzigartigkeit der vermeintlich vom kirchlichen Lehramt allein unfehlbar interpretierten und gehüteten christlichen Offenbarung angemessen (adäquat!) verkündet hat; daß er, mit anderen Worten, die Heuchelei der doppelten Wahrheit nicht mitmacht, die sich darin äußert, daß man um die Ungeschichtlichkeit zahlreicher Wahrheiten des Christentums weiß und trotzdem vor dem kirchlichen Fußvolk eine Theologie unbezweifelbarer christlicher Wahrheiten verkündet.

X. Kosmische Weihnacht
Neue Sinngebung für einen konkreten Mythos

Wenn man unsere im Argen liegende Welt betrachtet, wenn man nur an die vielen Katastrophen, Konflikte und Kriege denkt, wie soll man da noch Weihnachten feiern können? Muß nicht, wer da noch feiern kann, als gefühlloser Illusionist und Romantiker jenseits dieser unserer düsteren Realität erscheinen? Sicher, das negative Potential, das die Menschheit der Gegenwart angehäuft hat, um sich selbst und den Erdball total zu vergiften und in die Luft sprengen zu können, hat keine Parallele in der Geschichte. Aber die erste Weihnacht unserer abendländischen Geschichtsschreibung, die Nacht, da Jesus geboren wurde, fiel auch in eine schlimme Zeit, die von Kriegen, Eroberungen, Unterdrückungen und Naturkatastrophen sowie von gewaltigen Erschütterungen im Bewußtsein der damaligen Menschen geprägt war.

1. Weihnachten als «das Lächeln der Transzendenz»

Fast sechs Jahrhunderte vor Jesus war es Buddha gewesen, der den Völkern Ostasiens das «kosmische Lächeln» des Nirvana, des höchsten Seinszustandes, näherbrachte, eines Zustands, in dem alle Grenzen zwischen Individuum und Universum in einer großen mystischen Weihnacht wegschmelzen. Dann, vor etwa 2000 Jahren, näherte sich das Prinzip aller Wirklichkeit wieder in atemberaubender Weise den Bewohnern unseres Planeten. Eine neue, noch größere Weihnacht, die «Menschwerdung der Transzendenz» wurde eingeläutet.
Zum Zeitpunkt der Geburt Jesu wußte die Welt von all dem,

was da gerade geschah, noch nichts. Man sagt zwar, daß große Ereignisse ihre Schatten vorauswürfen. Doch ist andererseits wahr, daß alles Große in der Stille geboren wird, fast schweigend seinen Anfang nimmt. So ist auch bei den großen Religionsstiftern die Kindheitsgeschichte, der Bericht über ihre Anfänge, nachträglich geschrieben, sozusagen «nachgeschoben» worden. Die Autoren, die über das Leben dieser Menschen schrieben, sagten sich: Wenn dieser Religionsstifter derart wunderbare Taten, Heilungen usw. als Erwachsener vollbrachte, dann müssen auch schon bei seiner Geburt und in seiner frühen Kindheit wunderbare Dinge geschehen sein.

2. Weihnachten als Heilsverheißung für die Tiere

Es ist daher auch gar nicht so sonderlich erstaunlich, daß die Kindheitsgeschichte Buddhas und Jesu einige interessante Parallelen aufweist. Es sind Parallelen einer jeweils wunderschönen Legende! In beiden spielen Tiere eine Rolle, was darauf hinweist, daß die Menschen mit der Geburt eines Großen, der angetreten ist, Göttliches und Menschliches miteinander zu versöhnen, immer auch die Hoffnung auf ein universales Heil verknüpfen; ein Heil und einen Frieden, der eben auch alle Lebewesen einbeziehen muß, wenn er ganz und wirklich umfassend sein soll. Das Paradies am Uranfang wie am Ziel vieler Religionen kennt auch die Erlösung der in und an dieser Weltzeit leidenden, oft grausam gequälten Tiere. Denn ohne das Heil für sie könnten auch unser Leib und unsere Psyche, die sie im Prozeß der Evolution mitaufgebaut haben und deren Teile sie insofern darstellen, sich nicht ganz erlöst fühlen.
Von den vier «offiziellen» Evangelisten behauptet lediglich Lukas, daß Jesus gleich nach der Geburt in eine Krippe gelegt worden sei, weil man in der Herberge keinen Platz für ihn gefunden habe. Aber die gesamte abendländische Tradition hat in Kunst und Schrifttum die Geburt im Stall inmitten von

Kühen, Eseln und Schafen in allen möglichen Variationen dargestellt. Auch dies ein Hinweis auf den tiefer liegenden zukunftsbezogenen Sachverhalt, daß echtes, wirkliches Heil ein «Natur-Ereignis» werden, die ganze Solidar- und Schicksalsgemeinschaft von Menschen, Tieren, Pflanzen und materiellem Substrat einbegreifen muß. Der Ochs, der Esel, das Schaf, in Weihnachtslegenden und Kunst um das Jesuskind geschart, stehen auch für die unverfälschte Einfalt, Naivität und Unverbogenheit der Natur. Sie laden ein und mahnen uns, aus unserem gekünstelten, verkrampft-verklemmten Zustand des profitorientierten Karriere- und Leistungsstrebens herauszufinden, uns wieder an die ökologischen Gesetze der Gelassenheit, des Nichtverzwecktseins und der Gesundheit anzuschließen. Denn Gesundheit im Vollsinn ist Gleichklang, Einschwingung in den Rhythmus des Lebens und des Kosmos, ist Sein, wie es sein soll, ist Stehen in der seinsmäßigen Wahrheit.

3. Weihnachten als kosmischer Frieden

In der Auffassung der Verfasser der Evangelien, sowohl der kanonischen wie der apokryphen, soll die Geburt Jesu auch den Beginn eines universalen Friedens in der Gesamtschöpfung signalisieren. So bezieht z. B. der Evangelist Matthäus den Kosmos, die Sternenwelt in das Ereignis der Geburt Jesu ein, indem er von «Magiern», Sternkundigen, Weisen aus dem Morgenland spricht, die von einem Stern zum Ort geführt werden, «wo das Kindlein war» (Mt. 2,9). Matthäus möchte auf diese Weise seiner Überzeugung Ausdruck geben, daß sozusagen der ganze Kosmos durch diesen Stern sein Interesse an der Menschwerdung bekundet. Das stimmt mit modernen astronomischen und astrophysikalischen Erkenntnissen überein, nach denen das Universum eine große Zahl positiver Faktoren, Kräfte, Energien, Gesetze und Regelhaftigkeiten bereitstellt, um Leben und Intelligenz grundlegend zu ermöglichen. Der

Kosmos ist eine einzigartige, letztlich trotz aller vordergründigen Dissonanzen und Katastrophen sinnvolle Gesamtkonstellation, die auch angesichts der astronomischen Entfernungen und des erhabenen Schweigens der gewaltigen Sternenmeere für den Forscher in sehr beredter, überzeugender Weise Leben immer wieder ermöglicht, aufsteigende Entwicklung in Gang setzt und intelligentes Bewußtsein wie das menschliche hervorbringt.[211]

Zum festen Bestandteil fast aller östlichen Weihnachtsdarstellungen in der bildenden Kunst gehört die Höhle als Stätte der Geburt Jesu. Zu diesem östlichen Bildtypus der Höhle gehört ebenfalls das kosmische Licht, das von dem über der Höhle stehenden Stern in sie hereinflutet. Auch das ein Symbol für den kosmischen Frieden, der in der Intention christlicher Künstler und Schriftsteller mit der Geburt Jesu verbunden sein soll.

Sodann darf die Sonne als Symbol der lebensspendenden Kraft des Universums in diesem Zusammenhang hinzugezogen werden, denn das von der Kirche relativ spät, nämlich erst im 4. Jahrhundert, auf den 25. Dezember festgelegte Datum der Geburt Jesu ist ja die christliche Umbenennung des römischen Sonnenwendtages, des Dies invicti solis, des Tages der unbesiegten Sonne. Dementsprechend erscheint Jesus in vielen künstlerischen Darstellungen und theologischen Schriften als «die wahre Sonne», von deren Strahlkraft auch noch das Licht der Sonnen und Sterne lebt. In der polemischen Intention der alten Kirche wurde allerdings Weihnachten überwiegend als Sieg Christi, der wahren Sonne, über den heidnischen Kult und als Sieg des Christentums im römischen Imperium begangen.

Leider hat auch das Christentum in seiner geschichtlichen Entwicklung die tiefere Wahrheit der Notwendigkeit des Einbezugs der Materie und des Kosmos in das Sinngeschehen der Geburt Jesu fast völlig vernachlässigt, ja vergessen. Immer mehr wurde das religiöse Verhältnis zu einer Beziehung allein zwischen der menschlichen Seele und Christus bzw. Gott, wo-

bei der Leib, die Natur und der Kosmos systematisch ausgeschaltet, oft sogar verteufelt wurden. Es wäre interessant, in einer geistesgeschichtlichen Studie den damit gegebenen Zusammenhängen und Folgen nachzugehen. Möglicherweise ließe sich dabei sogar nachweisen, daß unsere oft seelenlose Wohnzivilisation (von Wohnkultur kann man ja da kaum mehr sprechen) mit ihren Betonklötzen und «Wolkenkratzern» eine ihrer Wurzeln in dem Umstand hat, daß die Theologie und Philosophie des Christentums den Leib und die Natur derart geringschätzten bzw. sogar verachteten, so daß auch die Wohnung des Menschen als seine erweiterte Körperlichkeit, als sein notwendiges ökologisches Umfeld in ihrer Bedeutung gar nicht erkannt und in den Blick genommen werden konnte.
Erst heute besinnt sich das Christentum wieder auf ökologische Elemente in seinen uranfänglichen Startbedingungen. Will doch im Grunde jede Religion, die diesen Namen überhaupt verdient, das Heil des ganzen Menschen, das nur durch die Totalbeziehung zum Ganzen der Natur, des Universums, der umfassenden Wirklichkeit in all ihren Kräften und Tendenzen erreicht werden kann. Und ist doch auch Ökologie als Lehre vom oikos, vom Haus, interpretierbar als fortschreitendes Wohnungnehmen, als Sich-Beheimaten des Menschen in immer größeren Häusern, im Haus der Kindheit und Familie, im Haus der Schule und Gesellschaft (erste und zweite Sozialisation), im Haus der Natur und des Kosmos, wobei die kleineren Häuser in den größeren nicht untergehen, sondern im positiven Sinn aufgehoben sind.[212] Der universale Mensch, der kosmische Mensch ist der in der Gesamtwirklichkeit beheimatete Mensch, der das heute weitgehend verlorene Urvertrauen in die Tragfähigkeit des Seins, ohne das niemand leben und gesund werden kann, wieder zurückgewonnen hat.
In der langen Geschichte des Christentums gibt es eine überragende Gestalt, die dieses Urvertrauen zum Sein, zur gesamten Schöpfung Gottes ohne Ausnahmen vorgelebt und realisiert hat: Franz von Assisi. Er symbolisiert damit auch in seiner

Person die Möglichkeit der Verwirklichung von Weihnachten als der mystischen Hochzeit des Menschen mit allen Elementen und Lebewesen, die eine der Bedingungen dafür ist, daß der Universale Frieden als Höhepunkt aller Weltentwicklung erreicht werden kann. Franz von Assisi ist jedenfalls einer der großen Zeugen für die Wahrheit, die uns Weihnachten nahebringen will, nämlich dafür, daß echter Frieden nur in der Perspektive der Verbundenheit und Versöhnung des Menschen mit Natur und Kosmos auf der einen und dem Absoluten, Unendlichen Geist auf der anderen Seite zu haben ist. Wobei schon der Begriff «andere Seite» schief ist, weil das Innerste des Menschen ebenso wie das Innerste von Natur und Kosmos eben dieser Geist ist. Das Eigentliche und Beste an der Religiosität, zu der uns Weihnachten einladen möchte, besteht in der Überzeugung, daß das Haus des Menschen, sein geistig-seelisch-körperlicher Haushalt nur gesund, heil, ganz wird durch das bewußte Sich-hin-Beziehen auf den Kosmos der Natur und auf den in ihrem Innersten wesenden und wirkenden Absoluten Geist. Das Tiefen-Selbst im Menschen (umgeben von all seinen physikalisch-chemischen, biologischen und psychischen Schichten und diese integrierend) als die eine umfassende Teil-Ganzheit und das Tiefen-Selbst des Kosmos (mit all seinen gewaltigen Massen, Strahlungen und Energien) als die andere umfassende Teil-Ganzheit – diese beiden Teil-Ganzheiten müssen zueinander kommen, sich durchdringen, sich vermählen und vereinigen, damit durch diese wahrhaft universale Versöhnung die Gesamtnatur wieder heil, «ökologisch» wird. Ökologische Religiosität lebt aus dem Bewußtsein, daß alles wieder ganz, gesund, heil werden kann durch die richtige, im Bewußtsein entdeckte, im Tiefen-Selbst verinnerlichte, in der Praxis realisierte «Welt-Mensch-», «Kosmos-Mensch-», «Natur-Mensch-Beziehung», durch eine wahrhaft universale Spiritualität. Franz von Assisi hat diese unio mystica aller Dinge sehr anschaulich demonstriert durch sein genial-naives Schauspiel des universalen Friedens, nämlich seine

berühmte Weihnachts- und Krippenfeier im Wald von Greccio (1223).
Der Mensch hat sich aus dem umfassendsten Öko-System «Mensch-Natur», «Mensch-Kosmos» willkürlich, demiurgisch, faustisch herauskatapultiert und muß nun wieder existentiell, erlebnismäßig begreifen, daß die Welt ein Organismus ist, der nur in und durch Verbundenheit (religio) lebt, und daß Isolierung und Fragmentierung Entfremdung, Krankheit und Zerstörung bedeuten.[213]
Nur auf diese Weise wird das (der) Ver-rückte wieder zurechtgerückt. Nur eine wirklich universale Naturbeziehung und eine wirlich kosmisch weite Spiritualität sind im heute so fortgeschrittenen technisch-zivilisatorischen Entwicklungsstadium der Menschheit und an der Schwelle zu einem neuen Jahrtausend die geeigneten Instrumente, um eine im wahrsten Sinne des Wortes weltweite, überlegene, ganzheitliche Kultur aufzubauen, die gegenüber den negativ-destruktiven Kräften innerhalb der technischen Zivilisation ein gesundes, ökologisches Gegengewicht darstellen könnte.

4. Weihnachten als Legende und Sinn-Wahrheit

Wir haben es bei der Geburts- und Kindheitsgeschichte Jesu mit Legenden zu tun, die, wie die berühmte protestantische Enzyklopädie «Die Religion in Geschichte und Gegenwart» mit Recht sagt, «nur unter Voraussetzung ihrer Ungeschichtlichkeit sinnhaft interpretiert werden können».[214] Gerade dann leuchtet in Wirklichkeit erst die tiefere Sinn-Wahrheit von Weihnachten auf, nämlich die durch die Geburt dieses großen Religionsstifters signalisierte Versöhnung aller Dinge, wie wir sie eben durch die Abschnitte «Lächeln der Transzendenz», «Heilsverheißung für die Tiere» und «Kosmischer Frieden» zu konkretisieren versuchten. Man kann die Bergpredigt Jesu als das ausformulierte Manifest dieser Weihnachtsbot-

schaft betrachten. Denn in der Bergpredigt wird ja den Armen, den Trauernden (in den apokryphen Evangelien: auch den trauernden Tieren), den Sanftmütigen, den nach der Gerechtigkeit Hungernden und Dürstenden, den Barmherzigen, den Friedensstiftern, den um der Gerechtigkeit willen Verfolgten, «das Land», die Barmherzigkeit, das Himmelreich als Sinnbild der Erfüllung all ihrer gerechten Bestrebungen und Erwartungen versprochen. Dagegen wird den Reichen und Satten, also den Sklaven der zügellosen Profit- und Machtgier, das Wehe entgegengeschleudert, «weil sie ihren Trost bereits dahin haben», weil sie einmal (nach den Sinn-Gütern des Lebens) «hungern werden». Doch beinhaltet Weihnachten auch die Hoffnung auf die endgültige und universale Aufhebung aller Gegensätze am Ende des Weltprozesses in einer allumfassenden Liebe, die auch noch dem radikalen Gegner und Feind verzeiht und ihn in die Gesamterlösung einbezieht. Denn wer kann schon erlöst sein, wenn nicht alles andere Seiende zusammen mit ihm erlöst wird und zu seinem ewigen Urgrund und Urquell im Sein zurückfindet?
Im Weihnachtsfest verbindet sich Mythisches und Kultisches, wie überhaupt beinahe alle Mythen ja nicht bloß Erzählung, sondern auch (kultische) Handlung sind. Mir scheint, daß dies Anlaß genug ist, um uns im nächsten Kapitel einige Gedanken zum Verhältnis von Kult und Ratio zu machen.

XI. Kulthandlungen – heute noch? Zum Verhältnis von Kult und Ratio

Gehen wir, um die in der Überschrift dieses Kapitels geäußerte Frage zu beantworten, zunächst vom lateinischen Ursprung des Wortes Kult aus. Cultus bedeutete für den antiken Römer Pflege, Verehrung. Diese Verehrung hatte eine ausgesprochen religiöse Note, die der große Römer Cicero in seiner bekannten, geschichtswirksamen Definition folgendermaßen charakterisierte: «Die, welche alles, was zum Kulte der Götter gehört, sorgsam erwägen und so immer bedenken, werden religiös aufgrund ihrer besinnlichen Haltung gennant». Rechtfertigungsgrund und Motiv der religiösen Besinnung, Handlung und Haltung war also der Glaube an Götter. Wenn Götter existieren oder geglaubt werden, dann sollen sie auch durch bestimmte Haltungen und Handlungen verehrt werden – so könnte man, meine ich, den Grundgedanken Ciceros heute formulieren.

Damit scheint die Hauptfrage des jetzigen Kapitels bereits negativ erledigt zu sein, denn wir aufgeklärten Menschen der Neuzeit wissen ja seit langem, daß es keine Götter gibt. Aber so leicht dürfen wir uns die Sache nicht machen. Es könnte durchaus noch den Intentionen Ciceros, der ja ein philosophisch gebildeter, kluger Mann war, entsprechen, wenn wir unter seinen «Göttern» alles über den Menschen Hinausreichende, ihn Überbietende und Überschreitende und deshalb Verehrungswürdige verstehen. Das Höchste, der oberste Wert, auf den ein Mensch sein Leben ausrichtet, ist sein Gott. Auch das wissen wir immerhin schon, spätestens seit den religionskritischen Analysen Ludwig Feuerbachs.[215] Für Juden, Christen und Moslems ist dieser höchste Gegenstand ein persönlicher, überweltlicher Gott, für Hindus die Weltseele, für Anhänger des weisen Ostasiaten Laotse Tao, das höchste, alles durchdringende Weltgesetz, für den großen Psychologen und Psychoanalytiker Sigmund Freud war es der «Gott Logos», die Vernunft also, die den Menschen aus seinen un- und unterbewußten Irrtümern und Vorurteilen in einem langwierig-schwierigen Durchleuchtungsprozeß befreien soll;[216] für den genialen Begründer der Relativitätstheorie Albert Einstein war es die Ehrfurcht und «tiefe gefühlsmäßige Überzeugung von der Existenz einer höheren Denkkraft, die sich im unerforschlichen Weltall manifestiert», eine Überzeugung, die er selbst als pantheistisch-spinozistische verstanden wissen wollte;[217] für den Neomarxisten Ernst Bloch ist es das «Reich» einer zukünftigen, wirklich und nicht bloß vorgetäuschten klassenlosen Gesellschaft;[218] für viele ist es das Universum als All-Einheit alles dessen, was wirkt und wirklich ist; für manche ist es das Göttliche, das sich in der Schönheit, der Kunst, in erhabener Musik beispielsweise äußert.[219]

Man kann die so aufgefaßten Götter, diese Höchstwerte, auf die hin ein Mensch sein Leben entwirft, nicht einfach mit einer Handbewegung vom Tisch fegen. Näher betrachtet zeigt die Analyse fast jeden Menschenlebens, daß ein jeder bewußt oder unbewußt das Bild oder den Traum eines höchsten Wertes und Glückes in sich trägt bzw. daß selbst deren Verneinung göttliche Züge annehmen kann, wie beim Nihilisten, dem das Nichts und die Sinnlosigkeit ein Absolutes, ein unbedingter, hartnäckig verteidigter Höchstwert wird.[220]

Einer der höchsten Werte, den allerdings jeder Mensch verehren sollte, weil ohne ihn menschliche Selbstverwirklichung nicht gelingen kann, ist der Wert der Wahrheit. Wahrheit bedeutet Wert und Forderung zugleich, nämlich die Forderung, in seinem Denken, Urteilen, Meinen, Wollen und Fühlen der Wirklichkeit zu entsprechen; sich auf das Abenteuer des Erkennens einzulassen, ein Vorurteil nach dem anderen, eine abergläubische Vorstellung nach der anderen aufzugeben,

auch wenn unser Herz noch so daran hängt. Wahrheit bedeutet, mutig, mit Zivilcourage und ohne Furcht vor gesellschaftlichen Nachteilen, den Schleier unserer Tabus, unserer eingefahrenen, uns liebgewordenen Denkgewohnheiten zu lüften; der mitunter sehr ernüchternden, aber doch immer befreienden Wirklichkeit kühn ins Auge zu schauen, sich ihr zu stellen.
Damit ist ein anderer Höchstwert, verehrungswürdig für alle Menschen, das Ethische, das sittlich Gute schon angesprochen. Denn Verhaltensweisen wie Mut, Zivilcourage, Furchtlosigkeit usw. sind tatsächlich notwendig, um der erkannten Wahrheit auch öffentlich Ausdruck zu geben, ihr zum Durchbruch zu verhelfen, sich zu ihr zu bekennen, d.h. *wahrhaftig* zu sein. Aber der Kosmos der ethischen Werte umfaßt natürlich noch sehr viel mehr sittliche Haltungen, von denen wir hier nur wenige aufzählen können: Gerechtigkeit, Verantwortungsbewußtsein, Mitmenschlichkeit, Freiheit, z.B. im Sinne der Erhebung über die sklavische Ausgeliefertheit an die heute so raffiniert vervielfältigten Konsumbedürfnisse, Bescheidenheit, Treue, Dankbarkeit, Güte, Solidarität usw.[221] Schön hat die Dichterin Lotte Huwe das Ineinander, das gegenseitige Sichfördern der beiden Höchstwerte der Wahrheit und des Guten in dem nach Selbstverwirklichung strebenden Menschen beschrieben:

«Eurem Streben
mögt ihr geben
eignen Wollens feste Zucht.

Fördert Gutes
starken Mutes,
frei von jeder eitlen Sucht.

Laßt euch lenken
von dem Denken,
das die höchsten Werte sucht.

Ringt in Klarheit
nach der Wahrheit
in bewegter Zeiten Flucht.»

Das Streben nach Erkenntnis, das Ringen um sittliche Selbstverwirklichung[222] ist beides eine sehr ernste Angelegenheit. Sie kann sich angesichts der beklemmend-dunklen Erkenntnisrätsel der Wirklichkeit und der oft unerklimmbar erscheinenden Gipfel echter ethischer Größe oder angesichts der heute so brutal-offen vor unseren Augen geschehenden egoistisch-rücksichtslosen Ausplünderung unseres Planeten geradezu zur Depression verdüstern. Da ist es ein weiterer Höchstwert menschlichen Lebens, nämlich das Ästhetische, das Schöne in der Kunst, der Musik und - soweit noch vorhanden - in der Natur, der unser Gefühl, unser Gemüt, unsere Seele aufmuntern, ermutigen, erfreuen, eine tiefere Harmonie erahnen lassen kann. Vom bunten Stein bis zur Milchstraße, von der bescheidenen Blume, die, wie Kant sagt, Anspruch auf jedermanns Wohlgefallen erhebt, bis zum Weltall mit seinen riesigen Dimensionen und seinen gewaltig-erhabenen Sternensystemen spannt sich die Stufenreihe von Möglichkeiten ästhetischen Erlebens; dieses Erleben kann mitunter in eine religiöse Erfahrung der Anschauung des Universums oder des Fühlens der All-Einheit mit dem Ganzen dessen, was da west und lebt, einmünden.

Wenn es also, was kaum zu leugnen ist, verehrungswürdige Höchstwerte menschlichen Lebens gibt, dann sind auch auf sie bezogene Kulthandlungen, also Gesten, Symbole, Verrichtungen als Zeichen ihrer Verehrung keineswegs von vornherein als unberechtigt oder ungerechtfertigt zu bezeichnen.

Ein treffendes Symbol der Werte der Wahrheit, des Ethischen und Ästhetischen zugleich ist beispielsweise das Feuer. Es verwundert deshalb nicht, daß in den Kulthandlungen fast aller Religionen das Feuer eine so bedeutende Rolle spielt. Denn Feuer ist Licht und Leuchtkraft, also Sinnbild der Erkenntnis und Wahrheit. Feuer spendet Wärme und reinigt, indem es alles Faule und Morsche verbrennt, ist also Sinnbild des ethischen Strebens. Die Glut, die Bewegungen und Farbenspiele des Feuers sprechen sodann auch unseren Schönheitssinn an.

Wir können also sagen: Kulthandlungen sind auch heute noch durchaus zu bejahen, wenn 1. das, *was* «kultiviert», also in Symbolen und sinnbildlichen Handlungen verehrt wird, einen dem Menschen angemessenen, seiner Selbstverwirklichung dienenden Idealwert darstellt, wenn also dieser *Gegenstand* der Verehrung nicht im Widerspruch zur Vernunft, zur bisher erkannten Seinswirklichkeit und zur geschichtlichen Wahrheit steht; und wenn 2. die *Art* der Verehrung keine unethischen, unästhetischen, geschmacklosen Elemente enthält, wenn sie dem Menschen als einer Einheit von Geist, d.h. Selbstbewußtsein und Selbstbestimmung, Seele und Leib entspricht.

Wie diese zweifache Aufgabe konkret durchgeführt werden sollte, zeigt in teilweise vorbildlicher Weise die kritische Exegese. Sie hat in außerordentlich breit- und tiefangelegten Forschungsarbeiten erkannt, daß beispielsweise die zentrale Kulthandlung der christlichen Kirchen, das Abendmahl, dem Opfermahl in den Kulten anderer Religionen genau entspricht. «So wie die Heiden durch den Genuß ihrer Opfermahlzeiten in eine geheimnisvolle Gemeinschaft mit ihren Göttern treten, so wir mit dem erhöhten Herrn» (der Theologe H. Lietzmann). Das christliche Abendmahl, die katholische Messe usw. ist «eine von unzähligen (antiken, hellenistischen) Mysterien her geläufige Sache» (der Theologe A. Harnack). Im letzten Mahl Jesu «die Stiftung eines neuen ‹Ritus›, eine Art Generalprobe für die künftigen Abendmahlsfeiern der Kirche sehen zu wollen, wäre ein arger Verstoß» (der Theologe A. Oepke). «Die synoptische Stiftung des Herrenmahles ist seit W. Heitmüller als Kultlegende erkannt und bleibt ... für Aussagen über den historischen Jesus besser außer Betracht» (der Theologe H. Braun).[223] Führende protestantische Exegeten wie R. Bultmann oder M. Dibelius, die die kultgeschichtliche Forschungsmethode konsequent anwandten, gelangten zu dem Ergebnis, daß besonders die Berichte über Taufe, Verklärung und letztes Mahl Jesu sowie die Leidens- und Auferstehungsgeschichten als Kultlegenden zu betrachten und aus dem Bedürfnis hervor-

gewachsen sind, das Erlebnis des Christusglaubens in mythischer Form auszudrücken und dadurch eine theoretische Ergänzung zum kultischen Handeln zu schaffen.
Die hiermit angedeutete Verbindung christlicher Lehren und Riten mit antiken, heidnischen Mythen und Kulthandlungen verweist auf uralte, geradezu archaische Bedürfnisse und Bewußtseinsschichten des Menschen. Diese Verbindung erklärt auch das Festhalten vieler heutiger Menschen an solchen Kulthandlungen, die in ihrem der Vernunft nicht oder nicht mehr entsprechenden Charakter an sich längst durchschaut sind. Darüber und über den kirchenpolitischen Hintergrund äußert sich sehr offen der katholische Theologe A. Holl: «Nicht weil die Kirchen christlich sind, werden sie immer noch hingenommen, trotz ihrer kollektiv längst durchschauten Kläglichkeit, sondern weil sie archaisches Bewußtsein transportieren. Taufwasser, Begräbniszeremoniell und Hochzeitsglocken leisten jeglicher Kirchenkritik hartnäckig Widerstand. Wir bezahlen, mit den Geldern der Kirchensteuer, christlich kostümierte Schamanen, Medizinmänner und Tempelpriester.»[224]
Sehr schön zeigt aber der über die *nur* kritisch-historisch vorgehende Methode hinausgehende und sie ergänzende Theologe Drewermann,[225] wie geschichtliche Wahrheit und gereinigter Mythos auf diesem Gebiet einen neuen, durchaus gerechtfertigten Bund eingehen könnten: «Immer noch wähnt die katholische Theologie sich gut beraten, wenn sie ‹kontrovers-theologisch› gegenüber der protestantischen Auffassung an ihrer dogmatischen Voraussetzung festhält, Jesus habe im Abendmahlssaal in eigener Person das Sakrament der Priesterweihe eingesetzt. In Wahrheit sprechen gegen diese Auffassung gewichtige historische Gründe – Jesus ist nie als ‹Priester› aufgetreten, und er hat nie daran gedacht, im Bruch mit dem Volk des Bundes eine eigene Kirche mit einem eigenen Stand von Priestern zu gründen, die in Umwandlung des jüdischen Passahs auf unblutige Weise die Feier seines Todes begehen sollten, um dadurch in einer göttlichen Mahlfeier sein

Fleisch und Blut zu essen und zu trinken. Wohl aber läßt sich *ethnologisch* und *religions-psychologisch* auf den archetypischen Charakter solcher Vorstellungen hinweisen. Nicht historisch, wohl aber tiefenpsychologisch läßt sich die Gestalt und Funktion des Priesters in der katholischen Kirche begründen: Eine Religion, die der Erlösung des Menschen dienen will, bedarf derartiger Bilder und Sakramente, da sie in der Psyche des Menschen tief verankert sind. Es ist dann aber unerläßlich, die Gestalt des Priesters als erstes auch und gerade vor dem Hintergrund ihrer naturhaften Verwobenheit zu sehen.»[226]

Auf jeden Fall gilt folgendes: Fernzuhalten sind von heutigen Kulthandlungen alle ins Unterbewußte abgedrängten und in der verschlüsselten Form von Kulthandlungen wieder zum Vorschein drängenden Tendenzen der Selbstsucht, des religiösen oder weltanschaulichen Fanatismus und der dämonischen Zerstörungswut. Ich denke dabei an solche Exzesse von Kulthandlungen wie den modernen Satanskult[227] oder an die kirchlich abgesegnete rituelle Teufelsaustreibung von Klingenberg, bei der zu Ehren des Allmächtigen und unter Herbeirufung seiner Hilfe ein leibhaftig in einem Menschen anwesend geglaubter Teufel durch bestimmte Beschwörungsformeln zum Ausfahren aus der «armen, ihm hörigen Seele» bewogen werden sollte. Die Sache endete für das «vom Teufel besessene» Mädchen tödlich!

Aber dieser exzessive Mißbrauch kann den Kult alles Großen und Hohen in Kultur und Natur nicht entbehrlich machen, weil es zum Wesen des Menschen gehört, sich über seine bisherige Zuständlichkeit und Befindlichkeit hinausgehende Ziele zu setzen[228] und sich auf diese Ziele einzustimmen, indem er sie sich durch Gesänge und Handlungen, durch Sinnbilder und Kunstschöpfungen, durch Feste und Feiern veranschaulicht und näherbringt.

Viele Kulte in den Religionen und im Brauchtum der Völker dienen als Abwehrrituale gegen die Angst, als Mittel zur Angstbekämpfung, Angstdämpfung bzw. Angstbefreiung.

Deswegen scheint es legitim, an das jetzt zu Ende gehende Kapitel einige grundlegende Ausführungen zum Phänomen der Angst anzuschließen.

XII. Mystisches, Mythisches und Vernunftgemässes im Phänomen der Angst

Erst im Gefolge der philosophischen und psychologischen Daseinsanalyse und Anthropologie hat auch die Theologie des 20. Jahrhunderts begonnen, die Angst systematischer zu reflektieren. Angst ist ihr ein Urphänomen, ganz ursprünglich durch die Existenz in der Welt vorgegeben, wofür man sich auf das Bibelwort beruft: «In der Welt habt ihr Angst» (Joh. 16, 33). Es gebe also eine *Urangst,* die ohne besonderen Anlaß *a priori* in jedem Menschen stecke und «Mitte und Quelle» aller besonderen Angsterlebnisse sei. Angst liege gewissermaßen «hinter der Person im Urgrund» als auslösendes Moment, deshalb gebe es auch sinnlose Angst, jagende Angst usw.[229] Im Unterschied zur Furcht vor bestimmten Objekten, die meist durchaus begründet sei, hätten wir es bei der Angst mit einer *elementaren Befindlichkeit* des Menschen zu tun.
Trotz dieses grundlegenden Charakters der Angst ist ihr, muß ihr im Rahmen der gesamttheologischen Ideologie noch etwas vorgelagert sein: die *Erbsünde,* denn sie ist erst die volle Totalität des negativen Hintergrundes, auf dem sich dann die positive Totalität der Erlösung abhebt und die negative Totalität aufhebt. Daher wird betont, daß Leid und Tod und Angst, welch letztere die gleichsam bewußtseinsmäßige Erfahrung der beiden ersteren darstelle, aus der Erbsünde herrührten und für den zur übernatürlichen Heilsgeborgenheit in Gott berufenen Menschen ein zutiefst Nicht-sein-Sollendes seien. Christus habe die Gesamtangst der Menschheit, ihre Ur- und Erbsünde und alle individuellen Vergehen von Menschen und Menschengruppen sowie die damit gegebenen Schuldängste angenommen und ausgestanden, habe sie auf diese Weise zur Erfahrung

des Sieges der Gnade umgewandelt und das fundamentale Heilsereignis gestiftet, weswegen nun jeder, der sich wirklich an Christus hingebe, die Angst ins Wesenlose auflösen könne – und nicht nur die Angst, sondern keimhaft, aber grundsätzlich auch Leid und Tod.

Aber beginnen wir erst einmal mit einer vernunftgemäßen, philosophischen Analyse der Angst. Den Ausgangspunkt nehmen möchte ich bei der *metaphysischen Angst.* Ich nenne sie so, der Begriff taucht in einschlägigen Abhandlungen nicht auf. Aber er erlaubt mir, eine ganze Reihe von Elementen unter seinem Dach zusammenzutragen. Metaphysik ist eigentlich kein Bestandteil der (Offenbarungs-)Theologie, sondern der Philosophie. Sie hat aber einen ganz unterschiedlichen Stellenwert in der katholischen und der reformatorischen Theologie. Die katholische kennt neben und unterhalb der Offenbarungstheologie eine auch noch für diese eine Grundlage darstellende natürliche Theologie, die im Grunde eine Philosophie der letzten Dinge und Fragen des Seins – also Metaphysik – ist. Die evangelische Theologie lehnt einen solchen vernunftgemäßen, natürlichen Unterbau unter der Offenbarung ab, weil ohne die Offenbarung und Gnade Gottes in Christo der Mensch unfähig sei, irgendetwas Gutes zu tun, die menschliche Vernunft unfähig, irgendetwas Richtiges zu erkennen. Luthers Kritik an der «Hure Vernunft» wirkt hier sicherlich auch nach. In bezug auf die Ur- oder Erbsünde ist nämlich protestantische Theologie radikaler und extremer als katholische. Durch diese Sünde sei alles im Menschen, all seine Fähigkeiten und Vermögen total verdorben worden, behauptet erstere, während letztere sich mit der These einer Schwächung all unserer Anlagen und Dispositionen begnügt. Wahrheit und Wirklichkeit könnten also auch im Zustand der «gefallenen Natur» unter Umständen und Schwierigkeiten erreicht werden, Gutes könne, wenn auch nicht dauerhaft und beständig, getan werden.

Im Rahmen katholischer Theologie ist es demnach durchaus legitim und konsequent, Angst vom Standpunkt der nicht durch die Offenbarungsgnade erleuchteten philosophischen Vernunft, also – wie wir sie hier nennen – metaphysische Angst zu erörtern, denn nach dem urkatholischen Grundsatz *«gratia supponit naturam»* (die Gnade setzt die Natur voraus) sind Sachverhalte, die die Natur, hier ein Teil von ihr, nämlich die menschliche Vernunft in ihrem Bereich eruiert oder erreicht, die Basis für ihre Vertiefung und Vereigentlichung durch die Offenbarungstheologie. Deshalb gibt es im katholischen Bereich sogar Dogmen, die Thesen oder sogar Hypothesen der Philosophie dogmatisieren, das heißt zu verbindlichen Glaubenswahrheiten erklären und erheben, wie zum Beispiel die Möglichkeit einer sicheren Erkenntnis Gottes durch die menschliche Vernunft *per ea, quae facta sunt,* also durch die Natur des Geschaffenen.

Im übrigen ist aber zu sagen, daß protestantische Theologie in gewisser Inkonsequenz zu ihren Prämissen und ihrer andersgearteten Systematik in ihre theologischen Überlegungen auch meist eine ganze Menge Philosophie, Soziologie, Psychologie usw., also von den Ergebnissen menschlicher Vernunftanstrengungen, einfließen läßt.

Wenden wir uns aber nach diesen notwendigen Vorbemerkungen jetzt den Inhalten *der metaphysischen Angst* zu. Angst ist die Grundbefindlichkeit eines Wesens, das in einem Schwebezustand und einem Hin und Her zwischen Sein und Seiendem existiert. Wir alle – Menschen, Tiere, Pflanzen, Bäume, Steine usw. – sind Seiende, die am Sein, dem geheimnisvollen, wirklichsten und doch nur in den Seienden in Erscheinung tretenden Urquell und Urzentrum allen Lebens, allen Vorhandenseins teilhaben. Jedes Seiende hat teil am Wunder des Wirklichseins. Alles, was existiert, partizipiert am Wunder des Seins. Jedes Naturding, jedes Seiende hält sich im Sein, in der Wirklichkeit durch seine Kraft, die zugleich – tiefer gesehen – die hervorbringende Kraft des Seins selbst ist, die sich in jedem Seienden vereinzelt, ausdrückt, ausprägt. Sichtbar ist, wie gesagt, immer nur das Seiende, das Hervorgebrachte, aber es ist durch tausend Fäden mit dem geheimnisvoll-unsichtbaren Sein verbunden, es existiert nur durch die hervorbringende Kraft dieses Seins. Die Seinswertigkeit und Seinsmächtigkeit jedes einzelnen Seienden ist ein Teil der unendlichen Macht und Wertigkeit des Seinsgrundes als des hervorbringenden Prinzips.

Wo aber soll bei dieser notwendigen engen Verbindung zwischen Seiendem und Sein der Ort für die metaphysische Angst sein? Durch diese Frage gerät alles Seiende in eine grundlegende Unterscheidung. Das Reich der Tiere und Pflanzen, also alle lebenden nicht-menschlichen bzw. überhaupt alle nicht mit Selbstbewußtsein oder Selbstreflexion ausgestatteten Seienden im Universum kennen keine Angst, keine Seinsangst, nur Furcht vor bestimmten Objekten. Sie stehen gewissermaßen ontisch dem Sein näher, weil sie mit dem Urgrund des Seins, mit dem hervorbringenden Seinsprinzip reflexionslos und problemlos stets nahtlos verbunden bleiben. Dagegen steht der Mensch und überhaupt jedes mit Selbstreflexionsfähigkeit ausgestattete Seiende in der stets realen Möglichkeit, Seinsangst, Angst vor dem Sein zu haben, zu empfinden, ja von ihr durch und durch bestimmt zu werden. Denn nur die Reflexion weiß, was für alles Seiende charakteristisch ist, aber nicht von jedem Seienden erkannt werden kann, daß nämlich das Seiende am Sein zwar teilhat, es aber nicht *ist,* somit sozusagen (durch einen Willensakt) aus ihm herausfallen, wenigstens erkenntnismäßig sich von ihm entfernen oder trennen kann, sich in einem unsicheren Schwebezustand befindet.

Dazu kommt der *Schauder* vor dem Sein, dem Abgrund des Urgrundes, der zwar in allem geheimnisvoll waltet, alles durchdringt und in der Existenz erhält, aber nie ansichtig wird. Die philosophische Reflexion steht hier vor dem abgründigsten Geheimnis, vor der sogenannten Aporie des Urgrundes. Die Unbegreifbarkeit eines aus sich heraus existierenden Grundes durch den menschlichen Verstand hat zum Beispiel den größten deutschen Philosophen, Immanuel Kant, zu folgenden Sätzen veranlaßt: «Man kann sich des Gedankens nicht erwehren, man kann ihn aber auch nicht ertragen: daß ein Wesen, welches wir uns auch als das höchste unter allen möglichen vorstellen, gleichsam zu sich selbst sage: Ich bin von Ewigkeit zu Ewigkeit, außer mir ist nichts ohne das, was bloß durch meinen Willen etwas ist; aber woher bin ich denn? Hier sinkt alles unter uns, und die größte Vollkommenheit, wie die kleinste, schwebt ohne Haltung bloß vor der spekulativen Vernunft, der es nichts kostet, die eine so wie die andere ohne das mindeste Hindernis verschwinden zu lassen.»[230]

Zur metaphysischen Angst gehört auch, was «katholische Philosophie» (die Bezeichnung ist ein Unding, ein Widerspruch, eine *contradictio in adiecto,* weil Philosophie von ihrem Wesen her nicht kirchlich, nicht konfessionell sein kann; tatsächlich aber gibt es in einigen Ländern Europas noch immer Lehrstühle für katholische Philosophie!) mit der *Kontingenzangst* umschreibt. Es ist die Angst des Seienden wegen seiner Kontingenz, seiner Zufälligkeit und Nicht-Notwendigkeit. Nur das Sein sei ja notwendig, alles Seiende brauche nicht zu sein, gehe auf eine positive Entscheidung zur Existenz des Seienden durch das absolute Sein zurück. Hier spielt der theologische Schöpfungsgedanke (Gott als aus Gnade, Liebe und Freiheit die Geschöpfe ins Leben Rufender) in die autonome Vernunftphilosophie hinein, wir stehen hier also vor einer inkompetenten Grenzüberschreitung der Theologie in das Gebiet der Philosophie. Die autonome Philosophie der Beziehung von Sein und Seiendem muß dagegen wohl zu dem Ergebnis gelangen, daß das Sein wesensnotwendig im Seienden west, sich ausdrückt, vereinzelt und ausgeprägt, so daß das Seiende zwar nicht auf das Sein, aber auch das Sein nicht auf das Seiende verzichten kann. Aber immerhin: für jedes reflektierende Seiende kann die Einsicht, ein Seiendes und nicht das Sein selbst zu sein, den schaurigen Gedanken nahelegen, am Abgrund des Nichts zu wandeln, ein Randsiedlerdasein am Abgrund des Nichts zu führen. Die Angst, mit seiner endlichen Faktizität über dem stets gegenwärtigen Abgrund des Nichts zu schweben, kann ein Denken lähmen, das sich durch das unbegreiflich-unzugängliche Dunkel und die Übermacht des aus sich heraus existierenden Seins verkleinert oder gar verneint wähnt und sein Eigensein, seine Individualität in Gefahr sieht. Die Atmosphäre dieser Kontingenzangst hat der französische Biologe und Nobelpreisträger, Jacques Monod, gut eingefangen, wenn er sagt, der Mensch müsse seine totale Fraglichkeit und Verlassenheit endlich radikal durchschauen: «Er weiß nun, daß er seinen Platz wie ein Zigeuner am Rande des Universums hat, das für seine Musik taub ist und gleichgültig gegen seine Hoffnungen, Leiden oder Verbrechen.»[231] Heute mehren sich die Stimmen der Wissenschaftler, die mit einer Fülle neuer Einsichten und Erkenntnisse belegen, daß die Natur und der Kosmos mit einer wunderbar sich zusammenfügenden Konstellation von Kräften, Energien, Naturgesetzen und -konstanten Leben und Intelligenz ermöglichen und trotz aller geschehenen Katastrophen prinzipiell begünstigen.

Der Platz, der sozusagen notwendige Ort des Seienden, das – um es religionswissenschaftlich, konkreter: in buddhistischer Terminologie, zu sagen – nicht oder noch nicht im Nirwana des Seins in mystisch-seliger Versenkung aufgegangen ist, ist die Welt. Damit wird die metaphysische Angst des Seienden vor dem Sein, die Kontingenzangst des Seienden als zwischen Sein und Nichts schwebendem Wesen zur *Weltangst.* Keiner hat wohl die metaphysische Dimension der Weltangst so präzis beschrieben wie Martin Heidedgger in *«Sein und Zeit»,* auch wenn er bekanntlich die Metaphysik als das im Gang des Denkens (der Philosophie) zu überwindende ansieht, zugleich jedoch den Boden für eine neue, künftige Metaphysik bereiten möchte, deren Zeit «seinsgeschichtlich» aber noch nicht gekommen sei. Seine Daseinsanalysen haben denn auch gravierend auf die Theologie beider Konfessionen eingewirkt, obwohl man ihn selten ganz genuin verstanden oder bewußt seine Gedanken mit theologischen Interpretationen überlagert bzw.

verzeichnet hat. Gerade die größten Theologen beider Konfessionen haben in diesem Sinne große Anleihen bei Heidegger gemacht. Der berühmteste Exeget des Protestantismus im 20. Jahrhundert, Rudolf Bultmann, hat unter dem Einfluß Heideggers systematisch eine «existentiale Interpretation» des Neuen Testaments erarbeitet und Elemente der Heideggerschen Daseinsanalytik finden sich allenthalben, wenn auch oft in verfremdeter Form, beim bekanntesten katholischen Theologen des 20. Jahrhunderts, bei Karl Rahner.

Für den *Heidegger* von «Sein und Zeit» ist die Angst eine absolut fundamentale Grundbefindlichkeit und eine ganz ausgezeichnete Erschlossenheit des Daseins.[232] Das «In-der-Welt-Sein» ist ihm zufolge die «Grundverfassung» des Seienden. Das, wovor das Seiende Angst hat, in der Terminologie Heideggers «das Wovor der Angst», ist das «In-der-Welt-Sein als solches». Die Furcht fürchtet sich vor allen möglichen Objekten in der Welt, vor allen möglichen Seienden, aber «das Wovor der Angst ist kein innerweltliches Seiendes». Daher ist das Wovor der Angst «völlig unbestimmt». «Nichts von dem, was innerhalb der Welt zuhanden und vorhanden ist, fungiert als das, wovor die Angst sich ängstet.» Daher sehe die Angst auch nicht ein bestimmtes «Hier» und «Dort», aus dem her sich das Bedrohliche nähere. Charakteristisch für das Wovor der Angst sei, daß das Bedrohende *nirgends* sei. Die Angst wisse nicht, was es ist, davor sie sich ängstet. « ‹Nirgends› aber bedeutet nicht nichts, sondern darin liegt Gegend überhaupt, Erschlossenheit von Welt überhaupt für das wesenhaft räumliche In-Sein. Das Drohende kann sich deshalb auch nicht aus einer bestimmten Richtung her innerhalb der Nähe nähern, es ist schon ‹da› – und doch nirgends, es ist so nah, daß es beengt und einem den Atem verschlägt – und doch nirgends». Das innerweltliche Nichts und Nirgends der Angst besagt phänomenal: «Das Wovor der Angst ist die Welt als solche... Was beengt, ist nicht dieses oder jenes, aber auch nicht alles Vorhandene zusammen als Summe, sondern die Möglichkeit von

Zuhandenem überhaupt, d.h. die Welt selbst... Das Nichts von Zuhandenheit gründet im ursprünglichsten ‹Etwas›, in der Welt. Diese jedoch gehört ontologisch wesenhaft zum Sein des Daseins als In-der-Welt-Sein. Wenn sich demnach als das Wovor der Angst das Nichts, d.h. die Welt als solche herausstellt, dann besagt das: wovor die Angst sich ängstet, ist das In-der-Welt-Sein selbst... die Angst erschließt als Modus der Befindlichkeit allererst die Welt als Welt.» In der Angst ist die Weltlichkeit der Welt inbegriffen, aber nicht von jedem begriffen, nicht für jeden bewußt offenbar.

Bisher war in bezug auf Heidegger die Rede vom «Wovor» der Angst. Heidegger analysiert aber auch das «Warum der Angst», also die Frage, um was es der Angst gehe. Es geht ihr um ihr eigentliches In-der-Welt-sein-*Können,* um ihre wahren Möglichkeiten, um ihre Freiheit. So offenbart die Angst im Dasein unser Freisein für die Freiheit des Sich-selbst-Wählens und -Ergreifens. «Die Angst bringt das Dasein vor sein *Freisein für*... die Eigentlichkeit seines Seins als Möglichkeit, die es immer schon ist.»

Viele Menschen leben ja in der Verfallenheit. Sie gehen – um mit Heidegger zu sprechen – im Man auf. Das Aufgehen im Man dessen, was man so denkt, tut, unterläßt usw., also in der Uneigentlichkeit und den verschiedenen weltlichen, alltäglichen Besorgungen offenbart die Flucht des Daseins vor ihm selbst als eigentlichem Selbst-sein-Können. Das Dasein flieht vor sich selbst und seiner Eigentlichkeit. In der Angst aber versinkt das umweltlich Zuhandene, überhaupt das innerweltliche Seiende. Die Welt vermag nichts mehr zu bieten, die mitdaseienden anderen ebensowenig. «Die Angst benimmt so dem Dasein die Möglichkeit, verfallend sich aus der ‹Welt› und der öffentlichen Ausgelegtheit zu verstehen.» Die durchschnittliche Alltäglichkeit des Daseins ist ja gekennzeichnet durch die alltägliche Öffentlichkeit des Man, die beruhigte Selbstsicherheit, das selbstverständliche «Zuhause-Sein». Aber in der Angst ist einem «unheimlich», man fühlt sein «Nicht-

Zuhause-Sein», sein «Nicht-beheimatet-Sein». Die Angst «holt das Dasein aus seinem verfallenden Aufgehen in der ‹Welt› zurück. Die alltägliche Vertrautheit bricht in sich zusammen. Das Dasein ist vereinzelt» trotz seines In-der-Welt-Seins. Es entsteht der «existenziale ‹Modus› des Unzuhause» und der «Unheimlichkeit». Diese Unheimlichkeit des Daseins ist das ursprünglichere Phänomen. Das beruhigt-vertraute In-der-Welt-Sein ist erst ein Modus der Unheimlichkeit des Daseins. Dementsprechend basiert auch die Furcht auf der primäreren Angst. «Nur weil die Angst latent das In-der-Welt-Sein immer schon bestimmt, kann dieses als besorgend-befindliches Sein bei der ‹Welt› sich fürchten. Furcht ist an die ‹Welt› verfallene, uneigentliche und ihr selbst als solche verborgene Angst.»

Angst ist aber, wie wir bei der Analyse der Heideggerschen Gedanken zur Angst gesehen haben, nicht bloß eine negative Bestimmung des In-der-Welt-Seins, sondern gibt das Seiende als In-der-Welt-Sein auch in seine positivste Funktion und Tendenz frei. «Das Dasein ist Seiendes, dem es in seinem Sein um dieses selbst geht.» Es ist «sichentwerfendes Sein zum eigensten Seinkönnen... Dasein ist immer schon ‹über sich hinaus›, nicht als Verhalten zu anderem Seiendem, das es nicht ist, sondern als Sein zum Seinkönnen, das es selbst ist. Diese Seinsstruktur des wesenhaften ‹es geht um...› fassen wir als das Sich-vorweg-Sein des Daseins.» Dasein könnte man also umschreiben als immanente Selbsttranszendenz oder Selbstüberschreitung des Seienden zum Sein.

Der Heidegger von «Sein und Zeit» wurde hier so (relativ) ausführlich behandelt, weil er die theologischen Analysen der Angst im 20. Jahrhundert am maßgeblichsten beeinflußt hat. Existentialistische Denker wie Jaspers, Sartre, Camus usw. haben ebenfalls eingewirkt, jedoch in weit geringerem Maße als Heidegger, der darauf Wert legte, kein Existentialist, sondern ein existenzialer Entschlüsselungsdenker des Seins zu sein, eine «existenziale Daseinsanalytik» vorgelegt zu haben.

Freilich, die Theologie wäre nicht Theologie mit ihrem hochgesteckten Anspruch, Königin aller Wissenschaften zu sein, wenn sie nicht doch noch einen theologischen Vorreiter Heideggers ausfindig machen und vorweisen könnte: Sören *Kierkegaard,* den dänischen protestantischen Theologen und Religionsphilosophen (1813–1855). Heidegger selbst lobt Kierkegaard als den, der «in der Analyse des Angstphänomens am weitesten vorgedrungen» sei, und zwar «im theologischen Zusammenhang einer ‹psychologischen› Exposition des Problems der Erbsünde». Auf Kierkegaard beruft sich die protestantische Theologie, wenn sie das absolut Originäre, Primäre und Originelle theologischer Angstanalyse herausstellen will. Kierkegaard «erfaßt die Angst deshalb in ihrer ganzen Tiefe, weil er sie radikal theologisch versteht»,[233] konstatiert das evangelische Standard-Lexikon «Religion in Geschichte und Gegenwart». In der Tat hat auch Kierkegaard in der Angst einen Schlüssel zur Dechiffrierung des Daseins gefunden.[234] Angst erfahre ich in fundamentaler Weise, wenn ich in der Entscheidung stehe. Denn ich weiß, daß ich verschiedene Entscheidungsmöglichkeiten habe, daß aber keine allgemein-verbindliche Wahrheit noch irgendeine dieser Möglichkeiten zwingend eine einzige Richtung der Entscheidung vorschreibt oder bestimmt. Ich muß mich als einzelner, als ganz individueller mit meiner «Wahrheit nur je für mich», wie sie mich in der unmittelbaren, subjektiven Erfahrung meiner Verantwortlichkeit anspricht und Forderungen stellt, die für mich allein verbindlich sind, wie gesagt: als solcher total einzelner muß ich mich vor einem «Entweder-Oder» entscheiden. Aus dieser Freiheit reiner Möglichkeiten vor der Entscheidung erwächst die Angst, ja sogar die Verzweiflung, weil das Ich in seiner Entscheidung durch nichts bestimmend motiviert, durch nichts getragen wird. Es ist ganz allein, ohne Basis, und steht einsam vor der Entscheidung, den «Schauder der Anstrengung», der mit ihr verbunden ist, auf sich zu nehmen und sich dadurch als Ich überhaupt erst zu konstituieren und dann durch je und je

erneuerte Ich-Akte, d. h. Entweder-Oder-Entscheidungen, die von der Leidenschaft der Existenz gestiftet und gewagt werden, das Ich existent und gleichsam am Brennen zu halten.
Auch die Entscheidung selbst bewegt sich immer am Rande der Angst, denn Sich-Entscheiden bedeutet keinen nahtlosen, sicheren, kontinuierlichen Übergang von der Möglichkeit zur Verwirklichung, sondern einen verzweifelten Sprung über einen Abgrund, somit ein Wagnis. Dieses Wagnis kann aber nach Kierkegaard nur kraft des Glaubens auf sich genommen werden. Doch ist auch der Glaube selbst, wie Kierkegaard betont, ein Wagnis, und deshalb steht er immer vor dem Hintergrund der Angst. Er ist ein Wagnis, weil er für das auf Gewißheit ausseiende Denken einen Widerspruch, ein Paradoxon, ein Ärgernis darstellt. Das Wagnis schlechthin aber stellt nach Kierkegaard der christliche Glaube dar, weil er das größte Paradox enthält, das «*credo quia absurdum est*» (ich glaube, weil es absurd ist). Paradox und absurd im schlechthin überbietenden Sinne ist nämlich nach Kierkegaard der Glaube, der ewige Gott, der «Ganz Andere» sei in der Welt zeitlich Mensch geworden. Christlich glauben bedeutet daher nach Kierkegaard, an etwas zu glauben, was «objektiv», d. h. für das Denken der die Welt zu ergründenden suchenden menschlichen Vernunft, völlig ungewiß ist. In einem solchen gewagten Glaubensakt geschieht daher Abkehr von der Welt und das einsame Stehen des Einzelnen vor Gott. Nachfolge Christi bedeutet dementsprechend, daß der Einzelne selbst der Welt zum Ärgernis wird, umgekehrt aber auch selbst vor der Welt Angst hat und an ihr leidet. Doch werde ein solches wahres und strenges Christentum noch überhaupt nicht gelebt. Denn da es auf den Einzelnen ankomme, gebe es «in der Religion... kein Publikum» (wer jetzt an den Papst Johannes Paul II. denkt, ist vielleicht nicht unbedingt boshaft).
Ohne Angst haben wir kein Schicksal, denn dann läuft das Leben in konventionellen Selbstverständlichkeiten und oberflächlicher Selbstsicherheit ab. Angst in der ungesicherten

Freiheit unserer Entscheidungsmöglichkeiten, Angst im Wagnis des Sprunges, den eine Entscheidung darstellt, die auch falsch sein und uns auf einen Irrweg unseres Lebens führen kann, diese Angst begründet Schicksal. Daher Kierkegaard: «Die Angst entdeckt das Schicksal». Die Angst ist ihm geradezu «die Möglichkeit der Freiheit. Nur diese Angst ist, in Verbindung mit dem Glauben, absolut bildend, indem sie alle Endlichkeiten verzehrt, alle Täuschungen derselben aufdeckt.» Daraus aber resultiert auch der Mut des wahrhaft Glaubenden, der «vor Menschen, vor Endlichkeiten sich gewiß nicht ängstigen soll».

Kierkegaards scharfe Unterscheidung zwischen Glauben und objektivem philosophischem Vernunftdenken hat in der im theologischen Denken des 20. Jahrhunderts eine so gewaltige Rolle spielenden dialektischen Theologie Karl Barths ihre systematisch ausgeführte Aufgipfelung erfahren. Der christliche Glaube hat nach Barth seine durch und durch eigene «noetische Rationalität». Auch noch alle Reste philosophischer und anthropologischer Begründungen des Glaubens versucht Barth in seinem Buch «*Fides quaerens intellectum.* Anselms Beweis der Existenz Gottes» (1931) auszumerzen. Theologie dürfe nur «Theologie der Gnade in Jesus Christus» sein, die seinen Namen als Gottes eigentliche Offenbarung auslege. Von der Welt her, von ihrem Denken her, von ihren Religionen her – nicht einmal wie bei Kierkegaard oder Heidegger von ihrer Angst her – sei das von oben nach unten herabstoßende Heilsereignis in keiner Weise erreichbar, begründbar, rechtfertigbar.

Daß von Kierkegaard her, auch von seiner Unterscheidung zwischen Glauben und Weltdenken aus noch eine andere Verhältnisbestimmung zwischen diesen beiden Größen möglich und denkbar ist, beweist der außer von Pascal, Kant und Nietzsche besonders von Kierkegaard angeregte Existenzphilosoph Karl *Jaspers.* Eingehend untersucht er die Grundformen der menschlichen Kommunikation und des menschlichen Wissens, und es ist durchaus im Sinne Kierkegaards, wenn er die Grenze alles endlichen Wissens und aller endlichen Sicherheit überhaupt in bezug auf jedwede Erreichung metaphysischen Wissens über die letzten Fragen im «Scheitern» und in der Angst erfährt. Und es ist weiterhin im Sinne Kierkegaards, wenn Jaspers in dieser Erfahrung des Scheiterns die Möglichkeit der entscheidenden Verwandlung des menschlichen Daseins, seine Existenzwerdung[235] aufdeckt, in der dieses der «Transzendenz» inne wird.

Doch wird bei Jaspers – anders als bei Kierkegaard und Barth – daraus nichts Christliches. Beim Innewerden der Transzendenz handelt es sich stets nur um vom endlichen menschlichen Subjekt entworfene bedingte «Zeichen» oder «Chiffren» für das Absolute, das Unbedingte, die für die philosophische Vernunft immer «in der Schwebe», d. h. fraglich bleiben müssen. Die Vorstellung beispielsweise der Transzendenz als persönlicher Gott, den man mit Du anreden könne, sei nur eine von vielen fraglichen Vorstellungen, die sich der Mensch von der Transzendenz mache. Nicht ohne mißbilligenden Ton urteilt daher ein im katholischen Herder-Verlag erschienenes Lexikon über Jaspers' Denken: «So hat zwar Jaspers inmitten der brüchig gewordenen Bildungswelt Entscheidendes getan für die Erweckung der Bereitschaft zum Geheimnis Gottes. Aber die Liberalität seines im Grunde religiösen Denkens verhindert ihn, darin konkret und bestimmt zu werden. Der ‹philosophische Glaube› weiß sich mit dem Uranliegen der Religionen identisch. Aber die Religionen selbst erscheinen ihm als menschliche Fixierungen eines absolut Unfixierbaren. Besonders fremd muß dieses philosophische Denken dem Zentralen der christlichen Religion gegenüberstehen: dem Glauben an die geschichtliche Inkarnation des transzendenten Gottes selbst.»[236]

Karl Barth freilich könnte trotz völlig anderer Position dem Standpunkt Jaspers' wahrscheinlich sogar einige positive Seiten abgewinnen, da er sich in der These bestätigt fühlen mag, daß menschliche Vernunft, allgemeiner: menschliche Anstrengungen «von unter her» zu dem nur gnadenhaft geschenkten Geheimnis Gottes in der Offenbarung Jesu Christi nicht vorzudringen vermögen.

Auch *Sartre*, auf den Theologen im allgemeinen nicht so gut zu sprechen sind, weil sie ihn überwiegend dem Nihilismus zuordnen, basiert auf Kierkegaard, wenn er das «Nichts» zwischen Motiv und (Entscheidungs-)Akt, d. h. eine letzte Unberührtheit der Entscheidung durch jedweden Anlaß, als Grund der Angst bezeichnet, die zum eigentlichen Existieren wesentlich gehöre.[237]

All das, was eben erörtert wurde, also die metaphysische Angst, die Kontingenzangst, die Weltangst usw. mit einem Wort: das Gesamt dessen, was die philosophische Vernunft über die Grundbefindlichkeit der Angst ermittelt, wird in der Theologie zur *«geschöpflichen Angst»* vertieft oder - wenn man so will - «überhöht». Betont wird, daß alle philosophischen Angstaspekte zusammengefaßt seien in der Angst des Geschöpfs, das durch Erbsünde und eigene Vergehen vom Lebensquell des Schöpfers sich entfernt und eine in sich geschlossene, sich Gott verschließende Welt aufgebaut habe (als Symbol hierfür wird manchmal der Turmbau zu Babel bemüht, der inzwischen von einigen Theologen auch als drohendes Zeichen gegen die Mega-Technik ins Feld geführt wird).

Aber auch ohne Ur- und eigene Sünden ist der unendliche Abstand zwischen Schöpfer und Geschöpf laut Auskunft der Theologen schon an sich furchterregend, das *«mysterium tremendum»* (Rudolf Otto) der Gottheit erfülle die Menschen mit ungeheurer Furcht, auf höheren, geläuterten Stufen des religiösen Bewußtseins mit heiliger Ehrfurcht.

Die Differenzierungen der grundlegenden geschöpflichen Angst fallen dann bei verschiedenen theologischen Autoren unterschiedlich aus. Unterschieden werden am häufigsten:

Die Lebensangst: Das Leben mit der Dunkelheit seiner Zukunft, der Unbestimmtheit und Unberechenbarkeit seiner

Möglichkeiten, Gefahren und Abenteuer, mit seinen Unwägbarkeiten ängstigt.

Die Schicksalsangst: Der sich als Gottes Geschöpf verstehende Mensch verbindet damit den Glauben an eine Lebensbestimmung, die ihm Gott gegeben, die der Mensch zu erfüllen habe, aber auch verfehlen könne. Der Schöpfungsgedanke mündet ein in den Glauben der Person an einen ihr vom Schöpfer zugewiesenen Lebenssinn und -inhalt, der vom Geschöpf verantwortlich zu tätigen ist und von ihm erreicht werden kann, aber nicht muß. Die Kehrseite der nicht erfüllten Schicksalsaufgabe und -bestimmung seien *Leere und Sinnlosigkeit* als negative Formen der Schicksalsangst. Das nicht richtig gelebte, ungelebte und verfehlte Leben ängstigt. In ostasiatischen Religionen, denen christliche Theologen jetzt unter dem Eindruck buddhistischer, hinduistischer, taoistischer usw. Strömungen im Westen und angesichts des wachsenden Einflusses der New-Age-Bewegung mehr Aufmerksamkeit schenken, sind Schicksalsglaube und Schicksalsangst nicht so sehr an einen Schöpfergott als vielmehr an das Karma als die Summe guter und böser Taten in früheren Verkörperungen der Seele und an deren im gegenwärtigen Leben weiterwirkende Stoßkraft gebunden.

Unterabteilungen der Schicksalsangst sind die Katastrophen-, Krisen- und Liebesangst. In der *Katastrophenangst* wird ein elementares Angsterlebnis vor dem Hintergrund eines fundamental bedrohenden und erschütternden Naturereignisses – Erdbeben, Feuersbrunst, Überschwemmung o. ä. – erfahren, wobei gleichzeitig bis zuletzt auch die Möglichkeit des Vorübergehens der Katastrophe empfunden oder erhofft wird. In der *Krisenangst* weiß oder spürt einer die Unausweichlichkeit, die Unabwendbarkeit des Durchgangs durch einen dunklen Tunnel, – ohne Bild gesprochen – durch einen kritischen Wendeabschnitt seines Lebens. Das kann eine schwere Krankheit, der Gebärakt, eine tiefgreifende berufliche Umstellung, der Verlust des Arbeitsplatzes, der Verlust der Heimat, der Austritt aus irgendeiner Institution oder irgendeine andere einschneidende Lebenswende sein. Zum Wesen der Krise als empfundener Krise gehört aber immer in theologischer Sicht die Erkenntnis, daß mit Hilfe der göttlichen Gnade der Durchgang zu einem neuen Anfang, einem neuen Sein möglich wird. Die *Liebesangst* ist die Angst um geliebte Menschen, ihr Schicksal, ihren Lebensweg, ihre Erfolge, Gesundheit, rechte Selbstverwirklichung usw. Man hat die drei eben behandelten Ängste in der hier vollzogenen Reihenfolge auch als Angst *vor*, als Angst *in* und als Angst *um* etwas charakterisiert.

Die Heilsangst[238]: Es ist, wie der Name sagt, die Angst um sein Heil, seine Erlösung. Dabei wird in der christlichen Theologie zwischen alt- und neutestamentlicher Angst unterschieden. Von der alttestamentlichen Heilsangst wird ausgesagt, daß die von ihr betroffenen Menschen in einer von Gott gewollten geschichtlichen Heilssituation gestanden hätten, in der sie gleichsam zwischen Schuld und Vergebung zweideutig schwebten, was selbst noch für die Gerechtesten unter ihnen galt, weil Jahwe auch als in Bund und Synagoge sich nähernder Gott noch nicht endgültig ja zum sündigen Gechlecht gesagt habe. Deshalb sei die Heilsangst des alttestamentlichen Menschen gekoppelt mit einer grundsätzlichen Furcht- und Schreckensverfassung, die radikale Angst empfinde vor dem «Tag des Herrn», dem Endgericht Gottes, wie er in der Vision des Isaias (Is. 13,6) geschildert ist. In der Ära des Neuen Testaments sei dagegen in Christus das Ja Gottes zum Menschen in die Geschichte eingetreten (2. Kor. 1,19 f); Christus habe die Angst erlöst, weil er sie und jede Schuld, auch den Schmerz der Gottesferne, gehorsam auf sich genommen und durchlitten habe. Es gebe zwar noch Angst auf der Welt, und zwar für alle Menschen, aber dem Christen werde sie zur begnadeten Angst, wenn er mit Christus mitleide (Röm. 8,17). Heilsangst sei in der gegenwärtigen geschichtlichen Heilssituation das Resultat des sich vor Gott und seiner Transzendenz verschließenden menschlichen Autonomiestrebens und dieses Streben leite sich her aus der erbsündlichen Gottesflucht. Überwunden werde diese Angst durch eine christlich-kommunikative Haltung des Glaubens, Hoffens und Liebens, d.h. durch die heilbringende Teilhabe an der Gott durch und durch, auch in extremster Not und Angst, treugebliebenen Person Jesu Christi, die sich Gott und allen Menschen total geöffnet habe. Doch werde auch der beste Christ immer wieder mal vom Schatten der Heilsangst heimgesucht, weil keiner seines Gnadenstandes und Heils sicher sein kann. Jeder müsse sein Heil in «Angst und Zittern» wirken, sagt Paulus (Phil. 2,12), die Gnaden- und Heilsungewißheit ist universal.

Eine Reihe weiterer Angstformen, die hier noch zu besprechen wären, lassen sich der Heilsangst untergliedern. Das gilt weniger von der mystischen als von der eschatologischen sowie der Moral-, Schuld-, Gewissens-, Beicht- und Sexualangst. In der *mystischen Angst* und Nacht, wie sie von Johannes vom Kreuz, Theresia von Avila u.a. erfahren und beschrieben wurde, geht es um eine besonders intensive Form der mystischen Versenkung in das Leid und die Angst Christi, eine gesteigerte Art der Teilhabe an seiner Angst auf dem Ölberg und am Kreuz. In der *eschatologischen Angst* wird die individuelle Heilsangst auf den ganzen Kosmos hin erweitert: «Die Menschen werden verschmachten vor Furcht in Erwartung der Dinge, die kommen sollen über die ganze Erde; denn die Kräfte des Himmels werden erschüttert werden» (Lk. 21,26).

Die weiteren eben genannten Angstformen, nämlich die *Moral-, Schuld-, Gewissens-, Beicht- und Sexualangst* können wir in diesem Rahmen nicht im einzelnen besprechen, obwohl hier die Sache am konkretesten und eindringlichsten wird. Es kann nur generell gesagt werden, daß sich das Christentum in den zweitausend Jahren seiner Geschichte als riesige, grotesk überdimensionale Fabrik zur endlosen Produktion von Gewissensängsten und Schuldgefühlen entwickelt hat. Der universellen Schuld- und Angsteinimpfung in die Massen, die Untertanen, die Bürger durch Kirche und (christlichen) Staat entsprach genau der Zuwachs an Macht für die Herrschenden. Was hier an

Neurosen, Psychosen, Angstkomplexen und entsprechenden Aggressionen als deren Kehrseite erzeugt wurde, entlud sich zwangsläufig-konsequent in den gewaltigen Judenpogromen durch Christen, in Kreuzzügen und Inquisition, in Ketzer- und Hexenverfolgung und -verbrennung auf den lodernden Scheiterhaufen vieler Jahrhunderte. All diese furchtbaren Vernichtungsfeldzüge waren kein zufälliger Betriebsunfall, sondern «konstituierender und integrierender Bestand»[239] der Kirchengeschichte als Machtgeschichte. Wie Angst- und Schulderzeugung logisch-konsequent aus dem anti-emanzipatorischen Grundwesen der katholischen Kirche ersprießen, zeige ich in allen argumentativen und in vielen historischen Details im Buch «Religion – Möglichkeit oder Grenze der Freiheit?» (Köln 1977), jetzt in veränderter Auflage mit dem Titel «Kirche ohne Tabu» erschienen.[240]

Unbeschreiblich negativ ist aber auch schon allein das, was man durch den Beichtzwang für Kinder diesen an Ängsten oft für ein ganzes Leben eingeträufelt, eingeimpft hat. Sagen Sie einem Kind: «Du wirst in ein paar Wochen zum erstenmal zur Beichte gehen. Du gehst zu einem Priester, der als Stellvertreter Gottes im Beichtstuhl sitzt, den Du also nicht belügen darfst, sondern dem Du alle Sünden, alles Schlechte, das Du bisher in Deinem Leben begangen hast, bekennen mußt; versäumst Du es, nur eine Todsünde zu beichten, dann erwartet Dich, wenn Du gleich danach sterben solltest, die ewige furchtbare Strafe in der Hölle.» Sagen Sie das also einem Kind, dann prägen Sie in es Angst- und Schuldgefühle ein. Es wird skrupulös in seiner Vergangenheit nach Sünden suchen, ja, es wird überhaupt erst auf die Idee «Sünde» gebracht werden, und es wird von der Hölle phantasieren und träumen, vielleicht sogar sich von den Herrschern der Unterwelt, den Teufeln und Dämonen, besessen fühlen wie vor einigen Jahren die arme Studentin von Klingenberg bei Würzburg, die ihrem Beichtvater diesbezüglich Glauben schenkte und daran elend zugrunde ging.

Aber die Beichte mit der von ihr geschürten Angst war auch

ein prächtiges Mittel, ein hervorragendes Instrument, die Herrschenden auf Kurs zu bringen und/oder ihre politischen Pläne und Strategien zu erfahren und an die kirchlichen Machthaber zu verraten. Jeder König, jeder Kaiser, jeder Fürst und jeder auf sich haltende Graf, jeder Heerführer hatte seinen Beichtvater, oft Jesuiten, Dominikaner oder andere Ordensleute, die nicht selten durch das Instrument der Beichte Politik beeinflußten und machten. Dieses Kapitel der Kirchen-Staatsgeschichte müßte erst noch geschrieben werden![241]

Wie immens viele Buchseiten müßten sodann allein einer der Sache einigermaßen gerecht werdenden Behandlung der in der Kirche geschürten *Sexualängste* gewidmet werden?! Bis heute lehrt die katholische Kirche, daß sexuelle Lust nur in der Ehe «erlaubt» sei, daß die Sexualität «ein menschliches und moralisches Gut nur innerhalb der Ehe» darstelle.[242] Der als einer der besten Kenner der Psychoanalyse in der katholischen Kirche geltende Theologe Eugen Drewermann konstatiert: «Tatsächlich hat das Christentum, während es die Aggression in die ‹genehmigten› Kanäle der Kreuzzüge, der Inquisition oder der Religionskriege zu lenken vermochte oder sie in depressiven Schuldgefühlen abarbeitete, für die Sexualität ‹nur› das Ventil der Ehe offengelassen. Die moralische Zensur der sexuellen Triebregungen fiel deshalb ungemein viel strenger aus als die Unterdrückung der Aggression, und auch sie war zum Teil historisch bedingt.»[243]

Aber man muß das Problem noch von einem allgemeineren Hintergrund her sehen. Die Unterdrückung der Sexualität ist nämlich ein zentrales Anliegen jeder organisierten Religion.[244] Da der Geschlechtstrieb der stärkste Trieb ist, muß Religion, je organisierter sie ist, umso intensiver ihre kontrollierende Aufmerksamkeit auf alle seine Erscheinungsformen und Entfaltungsmöglichkeiten richten. Die Tendenz, Religion immer raffinierter durchzuorganisieren, entspricht u.a. entscheidend der Angst als Kehrseite der Herrschsucht, der Angst vor Überraschungen jeglicher Art, vor unvorhersehbaren und unüber-

sehbaren Zufällen, vor dem Einbruch wie immer gearteter Unordnung in das Planspiel religiöser Diktatoren mit den Menschen als Marionetten. Da muß diesen Religionsmachern der Sexualtrieb selbstverständlich als besonders suspekt gelten, weil er angesichts seiner Variationsbreite und Intensität, seiner mit dem körperlich-seelischen Kräftepotential schlechthin identischen, ungeheuren Energiekonzentration eine ausufernde, alle Formen des Zusammenlebens sprengende und alle klassenspezifischen und hierarchischen Unterschiede nivellierende, eben anarchistische Tendenz zu haben scheint. Jedes religiöse System in Geschichte und Frühgeschichte war deshalb zugleich ein Versuch, dem Sexualtrieb mehr oder minder strenge Regeln vorzuschreiben. Man denke z. B. an die nur selten, aber periodisch von den Herrschenden erlaubten Kollektivorgien archaischer Religionen. In diesen Perioden war die Ordnung der Gruppe, des Stammes, des Volkes und des Kosmos aufgehoben, es herrschte das durch den alle Standesunterschiede nivellierenden Sexualtrieb versinnbildlichte Chaos: Die Sklaven etwa durften zum Zeichen, daß alle soziale Ordnung aufgehört hatte, den Herren befehlen, ihre Frauen «nehmen» usw. Die Unterdrückten, die sich kurze Zeit austoben konnten, folgten ihren Unterdrückern dann um so williger in den langen Phasen der Ordnung des Gemeinwesens und der Zucht des Sexus.
Jede gesellschaftlich organisierte Religion, auch die primitivste und laszivste, hat also den Sexualtrieb mehr oder weniger zu regeln und zu kanalisieren versucht, um der Bedrohung der etablierten Ordnung durch ihn zu begegnen. Die Einschränkungen und repressiven Manipulationen des Sexus sind keine christliche Erfindung. Wohl aber gilt, daß die römisch-katholische Organisationsart der christlichen Religion die Formen der Unterdrückung des Sexualtriebs in vielen Hinsichten und Bereichen uneinholbar systematisiert und perfektioniert hat. Sie, die im weltgeschichtlichen Rahmen als die monströseste und kolossalste Verkörperung des weitgehend gelungenen Versuchs gelten muß, die Religion mit allen Mitteln der Zentralisierung,

Bürokratisierung, Numerierung und Überwachung, der Diplomatie, des Arrangements mit allen politischen und wirtschaftlichen Mächten, des Intrigenspiels usw. zu einer lückenlos geschlossenen, totalitären Organisation umzugestalten, in der für die freie Religiosität des Individuums kein Raum bleibt, mußte natürlich auch das größte Interesse daran haben, den unberechenbaren, massiv ordnungswidrigen, immer eine anthropologisch fundierte Realaffinität zu Tendenzen wie Revolution und Freiheit aufweisenden Geschlechtstrieb in ihre absolute Gewalt zu bekommen. Ausgehend von der Erkenntnis, daß die Masse der Menschen beherrscht, wer den Sexus beherrscht, daß den Menschen knebelt, wer die Freiheit des Geschlechtstriebs entscheidend einschränkt, hat die römisch-katholisch organisierte Religion im Laufe der Jahrhunderte ein perfektes, einzig dastehendes System totalitärer Sexualrepression geschaffen.

Im Rückblick auf primitivere Naturreligionen könnte man sie darüber hinaus als nur in der Form, nicht in der Sache modernisierende Institution der Konservierung primitiv-religiöser Sexualfurcht und Sexualtabus ansehen.

Ideologische Stützpfeiler des Systems totalitärer Sexualrepression, wie wir es in der römisch-katholisch organisierten Religion vor uns haben, sind u. a.: die ständige Berufung auf ein vermeintlich objektiv und unwandelbar vorgegebenes sittliches Naturgesetz, das den kirchlichen Machthabern die theoretische Rechtfertigung für die exklusiv matrimoniale Kanalisierung der Sexualität liefert (nach dem Motto: alle Betätigung der Sexualität außerhalb der Ehe ist schon von der menschlichen Natur her illegitim – was aber die Kirche nicht hindert, auch noch die Intima des ehelichen Lebens, durch vermeintlich die Integrität und Gottwohlgefälligkeit des Eheaktes normierende Naturgesetze, zu reglementieren); die Erniedrigung, in manchen Jahrhunderten sogar die Dämonisierung der Frau als des dem «bösen Geschlechtlichen» vermeintlich ergebeneren (Natur-)Wesens; die zu dieser Erniedrigung nur scheinbar konträre, Verachtung für andere Frauen implizierende Erhebung einer einzigen Frau als «unbefleckt empfangende» jungfräuliche Gottesmutter aus den Niederungen des Fleisches, der Natur, der verunreinigenden Geschlechtsberührung (vgl. den offiziellen Madonnenkult der Kirche mit den Dogmen der seit Beginn ihrer Existenz bestehenden Freiheit Marias von der Erbsünde, der manneslosen Zeugung Jesu im Schoße Mariens durch den Heiligen Geist und der Aufnahme der Unversehrten in den Himmel); weiter: die Aufspaltung der religiösen Gesellschaft in ein niederes Volk der Laien, dem in gewissen, eng gezogenen Grenzen der Ehe die Sexualität erlaubt ist, und in einen höheren, über den Gesetzen des Fleisches stehenden Stand der Ehelosen (Priester, Ordensleute; auch damit war selbstredend jeglicher Vollzug des Sexuellen als niedere Handlungskategorie diffamiert); die dementsprechende theologisch-metaphysische Aufspaltung des obersten Prinzips der römisch-katholischen Religion in einen im Grunde niederen *Schöpfergott*, der alles, also auch die Sexualkraft des Menschen, gut geschaffen habe, und in einen nur verbal mit ihm identischen *Erlösergott*, der einer höher gearteten Gruppe von Menschen (Papst, Kardinäle, Bischöfe, Priester, Mönche, Nonnen), eben dem gottgeweihten Stand der Jungfräulich-Ehelosen, das Charisma gebe, die vom Schöpfergott installierten Naturgesetze des Fleisches zu mißachten und über sie erhaben zu sein; Kult und Liturgie als soziodramatische Veranschaulichungsformen der frauenlosen, patriarchalischen Herrschaft des Mannes in der Kirche; die Erhebung des Zölibats zum Charakter eines gleichsam existentiellen, über Bewährung oder Versagen im christlichen Vollkommenheitsstreben überhaupt entscheidenden Tests oder mit den Worten Papst Pauls VI.: eines «einzigartigen Zeichens, das den Wert des Glaubens, der Hoffnung, der Liebe und der christlichen Vollkommenheit bezeugt»; und damit die Einführung und Grundlegung des Primats der sterilen Castitas vor der Caritas, der sexuellen Enthaltsamkeit vor der Brüderlichkeit und Menschenliebe,

somit eine radikale Umkehrung, eine Pervertierung eines Fundamentalanliegens des frühen Christentums.
Man sieht schon anhand der Aufzählung der ideologischen Pfeiler des Systems kirchlicher Sexualrepression, daß die römisch-katholische Religion eine typische Priesterreligion, eine *Klerikalreligion* im klassischen Sinn ist und sein muß. Man versteht im geschichtlichen Rückblick, daß Luthers Eintreten für das Priestertum aller Gläubigen den erbittertsten, prinzipiellen Widerstand von seiten der Altkirche herausfordern mußte. Ist doch der katholische, zölibatäre Priester die *persongewordene Zusammenfassung aller Rechtfertigungsgründe des kirchlichen Systems gegen die Sexualität und das «Weib»; die personifizierte Form der sexualrepressiven katholischen Institution; konzentriertes Symbol, Repräsentant und Verkörperung der männlich-hierarchisch und frauenfeindlich bestorganisierten Religion* (die in abgeschwächter Form allerdings auch in anderen christlichen Kirchen Triumphe feiert. Man denke etwa an den immer wieder aufbrechenden Widerstand gegen die Ordination der Frau und gegen bereits ordinierte Frauen im Protestantismus).
Hier stehen wir vor der entscheidenden Ursache der Weigerung der Kirche als totalitär organisierter Religion, den Zwangszölibat für Priester fallenzulassen. Hat doch für das Empfinden der Masse die Herrschaft der katholischen Kirche im allgemeinen und über den Sexualtrieb im besonderen im zölibatären Priester ihren anschaulichsten, massivsten und effektivsten Ausdruck und Darstellungwert gefunden.
Man könnte das soeben Ausgeführte auf folgenden Nenner bringen: Religion ist nicht voll durchorganisiert, nicht total(itär) organisiert, wenn sie sich nicht auch grundlegend wider den unberechenbaren, gefährlichen, stets potentiellen Aufruhr gegen bestehende Ordnungsformen im Keim enthaltenden Sexus wappnet und organisiert. Als perfekteste Form organisierter Religion hat die katholische Kirche auch und gerade die Sexualität in ein perfektes Knebelungssystem einge-

schlossen. Als (im Unterschied zur «abstrakten» Philosophie) konkret-anschauliche Lebensform für die Masse hat sie sich im ehelosen Priester jenes Werkzeug geschaffen, das ihr umfassendes System der Repression alles Sexuellen personal vorleben und ihm (als Leithengst für das Fußvolk) Geltung verschaffen soll.

Allein anhand der überaus zahlreichen moraltheologischen und moralkasuistischen Handbücher und Nachschlagewerke, die die Theologen im Auftrag der Kirche anfertigten, kann man die Unsumme der in den Christen erzeugten Angst- und Schuldgefühle ermessen.[245] Denn da genügten keineswegs die 10 Gebote, da wurde vielmehr jedes dieser Gebote mit einer gar nicht mehr überschaubaren Anzahl von Differenzierungen, Einschränkungen, Verschärfungen, Sündenbemessungen usw. versehen und zusätzlich belastet. Oft lernte der Betreffende durch die Lektüre dieser Bücher erst alle Ecken und Spalten, Raffinessen und Perversionen der Sünde kennen. Da wurde aufs genaueste und sorgfältigste gemessen, wann eine Sünde angesichts der *gravitas materiae* noch als läßliche oder leichte bzw. als schwere oder Todsünde zu qualifizieren sei. Da wurde sogar das Maximum oder Minimum des Eindringens des Penis in die Vagina zum Kriterium, zur Bemessungsgrundlage für leichte oder Todsünden; da wurde allen Ernstes die Frage debattiert und einer «Lösung» entgegengeführt, wie weit eine Frau sündige, wenn sie mit entblößter Brust einhergehe. Die Sünde sei dann schwer, wenn eine derartige Entblößung «größtenteils oder zur Hälfte» stattgefunden habe; «wenn dies aber nicht so übermäßig ist, mag die Gewohnheit leicht eine schwere Sünde entschuldigen».[246] Mit Recht sagt deshalb Drewermann: «Es ist schwer, sich die komische Unnatur der christlichen Einstellung zur Sexualität auch nur annähernd bewußtzumachen, da man mit jedem Wort sogleich in ein Wespennest von Abwehrmechanismen, Rationalisierungen, perversen Verzerrungen, kurz, von allem möglichem trifft, das dem Verständnis des Problems nicht dienlich ist. Selbstverständlich werden vor allem Theologen gegen den Vorwurf der Sexualunterdrückung auf der Stelle voller Empörung eine Unzahl von Zitaten vorbringen, daß die christliche Religion durchaus nicht leibfeindlich, sondern ‹inkarnatorisch› sei und den ‹ganzen› Menschen erlösen wolle usw. Wie aber wollen sie dann widerlegen oder erklären, daß immer wieder unvoreingenommene Beobachter der abendländischen Lebensweise erschrocken und verwundert über die Sexualfeindlichkeit und Lasterhaftigkeit gerade des Menschentyps waren, den das Christentum in den 2000 Jahren seiner Geschichte hervorgebracht hat?»[247]

Inzwischen haben die Kirchen und einige ihrer Theologen eine neue Masche, ein neues Mittel entdeckt, um die Sexualängste zu schüren und die kirchliche Sexualmoral wieder akzeptabel zu machen: die Aids-Gefahr.[248] Ausdrücklich hier, mehr atmosphärisch da wird der Eindruck in der Gesellschaft geschaffen und verbreitet, Aids sei als Krankheit die «Strafe und Geißel Gottes für die sexuelle Libertinage der Gegenwart».[249] Man solle exklusiv bei einem Ehepartner bleiben, auf jede erotische und sexuelle Aktivität außerhalb der Ehe verzichten und damit die uralte Lehre der Kirche zur Sexualmoral erfüllen. Dann werde man gesund bleiben und von Gottes Strafgericht verschont.

So formulierte der katholische Dogmatiker Kurt Koch in der «Schweizerischen Kirchenzeitung», daß Gottes Strafe, verstanden als «das Preisgegebensein des Menschen an die Konsequenzen seines Fehlverhaltens», sich heute «gewiß auch, aber nicht nur und nicht einmal prioritär im Virus Aids» offenbare. Und A. Autiero sowie H.R. Zielinski schreiben zwar in ihrem von der «Katholischen Nachrichtenagentur» (KNA) veröffentlichten Kommentar, es sei «traurig, wenn Christen mit ihrem Gerede von der Strafe Gottes ein solches Gottesbild verkünden», aber auch sie bringen den Charakter der Krankheit als «Zeichen ... der Daseinsbedrohtheit und Verwiesenheit auf Gott» selbstverständlich in Verbindung mit dem «Chaos», das

entstünde, wo es die «Freiheit ohne Leitlinien, ohne Normen» gäbe, die «keinerlei Maßstäbe» kenne und in der die Menschen «zügellos» ihr Leben gestalten. Immer wieder also die Interpretation der Krankheit als Geißel und Strafe Gottes! Mit Recht sagt D. Sölle: «Die Sucht der Theologen, zu deuten und zu reden, wo Schweigen angemessener wäre, ist schwer erträglich.» Doch diesbezüglich stehen heutige Theologen, die Aids als Strafe Gottes deuten, in altbewährter «guter» Tradition. Nach Calvin, neben Luther der größte Kirchenreformator, «zeigt uns die Heilige Schrift, daß Seuchen, Kriege und andere Nöte Heimsuchungen Gottes sind, durch die er unsere Sünden bestraft». Selbst das Wohlbefinden des Menschen war ihm ein Dorn im Auge. Calvin behauptete, daß diejenigen, denen es gut gehe, nur deshalb dieses Wohlleben genießen könnten, weil «der Herr sie als Schweine mästet für den Schlachttag». Es ließen sich Tausende von kirchlichen Schriftstellern aneinanderreihen, die in allen Farben und Schattierungen grauenvolle Strafen Gottes für sexuelle Verfehlungen an die Wand malen. Die Allmacht Gottes wurde so unter den Händen der Theologen zur «Allmacht eines himmlischen Leidverhängers». Das Leid und der Schmerz bekamen nur noch den Sinn, «uns zu einem Gott zurückzuführen, der nun erst groß wird, da er uns klein gemacht hat» (Sölle). Das Bild, das sich Theologen von einem solchen Gott machen, ist das eines sadistischen Gottes. Das setzt eine sadistische Theologie voraus, die dem Menschen masochistische Angst macht und masochistischen Gehorsam abverlangt. So kommt es zur angstmachenden «Allianz» von repressivem Theismus und repressiver Gesellschaft.[250]
Im Zusammenhang damit kommt es auch in der theologischen Sexualmoral zur Wiederentdeckung und einer neuen Akzentuierung der ethischen Norm der *Treue*. Es klingt schon kurios, aber durch Aids soll die eheliche Treue wieder bestärkt werden. Originalton Autiero und Zielinski: «Mag sein, daß die lang vernachlässigte Tugend der Treue jetzt zu neuer Blüte erwächst. Und dies wäre dann auch am Ende der Segen einer

Krankheit.» «Treue aus Angst vor Ansteckung mit einer Krankheit ist etwas Oberflächliches», sagt zwar das katholische «*Petrusblatt*». Aus ihr aber könne und müsse «jene überzeugt überzeugende Treue entstehen, die nicht aus Angst, sondern aus dem Vertrauen» resultiere. Und Christa Meves, inzwischen zur katholischen Kirche übergewechselt, sieht den Menschen dank Aids endlich wieder auf dem Weg zum «Einklang mit seiner Bestimmung». Der Mensch sei nämlich «auf Exklusivität ebenso wie auf Intimität und die Intensität der Zweierbeziehung», also «auf Treue angelegt».

Inzwischen mehren sich auch die Anzeichen dafür, daß vor allem in evangelischen Landeskirchen der Druck auf Abweichler stärker wird. Das richtet sich einerseits gegen Homosexualität, die als alternative Lebensform angeblich die Ehe «als einzig anerkannte Form vollkommener menschlicher Gemeinschaft» bedroht, andererseits überhaupt gegen jede offen angelegte Form des Zusammenlebens und der sexuellen Beziehung, bis hin zu Repression etwa gegen junge Theologen, die in einer Zweierbeziehung ohne Trauschein leben.

In all dem zeigt sich, wie verhängnisvoll es ist, vor dem Hintergrund der Angst vor Aids überhaupt sexualethische Kategorien zu diskutieren. Mit Recht sagt S.R. Dunde in seinem Buch «Aids – Was eine Krankheit verändert», daß diese Diskussion nur in einer angstfreien und vorurteilslosen Atmosphäre gelingen könne.

Ähnlich wie mit Aids waren Vertreter der Kirche anfänglich mit der *Atomangst* umgegangen.[251] Bald nachdem Adenauer im März 1958 im Bundestag die atomare Aufrüstung erzwingen wollte, ging durch die meisten deutschen Zeitungen eine gemeinsame Erklärung von sieben führenden katholischen Theologen, die in dem Satz gipfelte, die Verwendung von Atombomben widerspreche «nicht notwendig der sittlichen Ordnung und ist nicht in jedem Fall Sünde». Es sei «eine verallgemeinernde und unkritische Sprechweise, jede derartige

Kampfmaßnahme heute von vornherein als ‹Selbstmord ganzer Völker› oder gar ‹der ganzen Menschheit› hinzustellen.»
Noch «besser» machte es der Jesuit und Moraltheologe Hirschmann im selben Jahr, als er Franz von Assisi, einen der wenigen, die das Evangelium Jesu bedingungslos zu leben versuchten, zum Zeugen für einen Atomkrieg machte. Hirschmann schrieb nämlich in der Deutschen Jesuitenzeitschrift: «Der Mut, unter der Aussicht auf millionenfache Zerstörung menschlichen Lebens in der heutigen Situation das Opfer atomarer Rüstung zu bejahen, kann der Haltung des Heiligen Franziskus innerlich näher stehen und mehr Geist vom Geist der Theologie des Kreuzes atmen als ein Denken, das naturrechtliche Prinzipien vorschnell einem undurchdachten Theologumenon opfert, wie es heute in breiter Front evangelische Pfarrer und Theologen tun.»
Auch der Jesuit Gundlach, Professor und zeitweilig Rektor der päpstlichen Gregoriana in Rom, stellte als Resultat der Lehre Pius' XII. zum Atomkrieg im Februar 1959 fest: «Die Anwendung des atomaren Krieges ist nicht absolut unsittlich.» Auch wenn die Welt durch einen Atomkrieg unterginge, würde das nach Gundlach nicht so viel bedeuten. «Denn wir haben erstens sichere Gewißheit, daß die Welt nicht ewig dauert, und zweitens haben wir nicht die Verantwortung für das Ende der Welt. Wir können dann sagen, daß Gott der Herr, der uns durch seine Vorsehung in eine solche Welt hineingeführt hat oder hineinkommen ließ, wo wir dieses Treuebekenntnis zu seiner Ordnung ablegen müssen, dann auch die Verantwortung übernimmt.» Gundlach betonte auch: «Der Staat hat Träger und Verteidiger des Rechts zu sein – er kann nicht die Bergpredigt üben! Die Frage des Atomkrieges ist keine Frage der Bergpredigt!»
Es steht auch fest, daß für den Abwurf der Atombomben auf Hiroshima und Nagasaki sowie überhaupt für die Schaffung der H-Bombe in der amerikanischen Führung sich überzeugte evangelische und katholische Christen verwendet haben. Und

vor dem am 5. August 1945 von der Südseeinsel Tinian aus erfolgten Start des amerikanischen Flugzeugs, das Hiroshima bombardierte, sprach ein christlicher Geistlicher ein Gebet – zum Schutz der Besatzung des Bombenflugzeugs: «Allmächtiger Vater, der Du die Gebete jener erhörst, die Dich lieben, wir bitten Dich, denen beizustehen, die sich in die Höhen Deines Himmels wagen und den Kampf zu unseren Feinden vortragen... Wir werden im Vertrauen auf Dich weiter unseren Weg gehen ...» Mit Recht wies man darauf hin, daß der Vatikan, um die Gunst der amerikanischen Regierung zu gewinnen, niemals den Atombombenangriff auf Japan verurteilt hat, ebensowenig wie die Anwendung der Bakterienbombe.
Inzwischen hat sich bei einigen Bischöfen und Theologen ein Wandel vollzogen. Vor allem der katholische Erzbischof von Seattle, Raymond Gerhardt Hunthausen, macht Ernst mit seiner Überzeugung von der Atomrüstung als «schrecklichem Übel».[252] Er ist der bislang höchste Würdenträger der katholischen Kirche Amerikas, der sich der Friedensbewegung tatkräftig anschloß. Was er in der Kirchenzeitung seines Bistums angedroht hatte, daß er nämlich aus Protest gegen die Atomrüstung der USA künftig 50 Prozent seiner Einkommensteuer, die er den Bundesbehörden schulde, einbehalten werde, machte er tatsächlich wahr, und einige Geistliche verschiedener Konfessionen folgten ihm darin. Im Gegensatz zu Gundlach, Hirschmann und anderen ähnlich denkenden Theologen kann er mit seiner Theologie die Atomrüstung und den Einsatz von Atomwaffen nicht in Einklang bringen. Hunthausen nennt die Atomrüstung die «endgültige Kreuzigung von Jesus.» Er argumentiert folgendermaßen: «Wenn wir uns selbst als den Körper Christi sehen, wenn wir in uns die Gegenwart von Jesus auf der Welt sehen, wie es die Heilige Schrift lehrt – dann würden wir mit den Millionen und Abermillionen Menschen, die in einem Atomkrieg sterben, auch unseren Erlöser zerstören. Denn Christus und die menschliche Familie sind eine Einheit. Das nukleare Wettrüsten kann die Gewalt von

Zehntausenden von Jahren zu einer fast unbegrenzten zerstörerischen Kraft konzentrieren – in einer dämonischen Umkehrung der lebensspendenden Kraft des Schöpfers.»

Das Beste, das man zu Erzbischof Hunthausens Theologie gegen die Atomrüstung vorbringen kann, hat vielleicht eine Atheistin gesagt, die ihn anrief: «Ich bin Atheistin, aber ich stimme mit allem, was Sie sagen, überein. Sie brauchen gar nicht Ihre christlichen Begründungen vorzubringen.» Denn wenn auch die Theologie bei Hunthausen eine Schwenkung um 180 Grad vollzieht und selbst vom gerechten Krieg, den die Kirche bis heute als legitim verteidigt, abrückt, so ist doch seine Berufung auf das christliche Gottesbild mindestens zur Hälfte unzulässig. Die offizielle Amtskirche und ihre Theologie haben immer die Kontinuität des christlichen Glaubens mit dem alttestamentlichen Gottesbild betont, ja dogmatisiert. Wenn das der Fall ist, woran kein Zweifel bestehen kann, dann darf die amtskirchliche Theologie aber auch nicht die negativen, aggressiven und kriegerischen, ungeheure Angst (Gottesfurcht!) einflößenden Aspekte Jahwes ausblenden, dann liegt es nicht nur an der Angst grundlegend begründenden und bewirkenden Struktur der Amtskirche, sondern auch schon am Gottesbild, das basal dafür sorgt, daß das Christentum als Institution sich nie entschieden und entscheidend pazifistisch in der Politik betätigt hat. An vielen Stellen beschreibt das Alte Testament Jahwe als einen Gott, der «niemand ungestraft» läßt, «dessen Nase Rauch, dessen Mund ‹verzehrendes Feuer› entfährt, der ‹Flammen sprüht›, Schwefel regnen läßt, glühende Schlangen schickt und die Pest». Das Alte Testament selbst apostrophiert Jahwe als «den rechten Kriegsmann», einen «schrecklichen Helden», einen «schrecklichen Gott», «einen eifernden Gott, der die Missetat der Väter heimsucht bis ins dritte und vierte Glied an den Kindern». Jahwe schickt zwar auch das Heil, aber zugleich ungeheures Unheil gegen alle Feinde Israels. «Bei seinem Kommen bebt die Welt, die Berge schwanken, und die Gegner krepieren wie Fliegen.»

Goldene Regel für den Umgang mit Feindstätten: «Wenn sie Jahwe, Dein Gott, in Deine Gewalt gegeben, sollst Du alles, was an Männern darin ist, mit dem Schwert töten, dagegen die Weiber und Kinder, das Vieh und alles, was sich in der Stadt befindet ... genießen.» Solche Milde wird freilich nur fernlebenden Feinden zuteil. Für die nahewohnenden gilt: «Du sollst keine Seele am Leben lassen.»[253]
Im Vergleich zu anderen Religionen muß überhaupt die Religiosität aller semitischen Stämme der Antike, inklusive der Israels, als äußerst kriegerisch bezeichnet werden. «Die Ausrottung oder Vertreibung ganzer Völker als die rechte Art des Heiligen Krieges zu verstehen, den der Stammesgott zu dem kraß egoistischen Nutzen seiner selbst und seines eigenen Volkes gebietet, fällt dem Alten Testament selbst noch in der Zeit des deuteronomistischen Geschichtswerkes nicht schwer, und es mutet geradezu verwegen an, wenn manche Theologen, verzweifelt um Spuren einer friedlichen Gesinnung in der Bibel bemüht, heute Stellen des Alten Testamentes wie Jes. 2,4 (sie werden die Schwerter zu Pflugscharen schmieden) und Ps. 46, 9-10, von dem Gott, der die Speere zerschlägt, zum Zeugnis eines biblischen Pazifismus heranziehen wollen. Keinem Studenten der Theologie im ersten Semester dürfte man eine solche Zitationsweise gestatten – als ob nicht in Jes. 2 unmittelbar nach der in Aussicht gestellten Beendigung des Krieges gesagt würde, wie das Alte Testament sich den Frieden Gottes auf Erden vorstellt: Als Sieg seines Gottes über alle Heidengötzen und deren Völker und nichts anderes bejubelt Ps. 46. Es ist müßig, den wenigen friedfertig klingenden Stellen des Alten Testamentes andere Passagen entgegenzustellen, in denen Gott der Herr sogar ausdrücklich gelobt wird als einer, der meine Hände den Kampf lehrt und meine Fäuste den Krieg (Ps. 144,1), oder in denen man denjenigen selig preist, der die Säuglinge des Feindes packen und sie mit ihren Köpfen am Felsen zerschmettern wird (Ps. 137,9), oder wo man den Gottlosen der Erde von Herzen wünscht, sie möchten zerfließen wie der

Schleim der Schnecke, damit der Gerechte sich seiner Rache freuen und seine Füße im Blut der Gottlosen baden könne (Ps. 58,9.11). Selbst der Psalm 110, den das Christentum so gern auf den Messiaskönig deutet, spricht davon, wie der Erwählte Gottes den besiegten Feinden in den Nacken tritt und Gericht unter den Heiden hält, daß es voll wird von Leichen und die Häupter der Erschlagenen weithin zerschmettert auf dem Schlachtfeld liegen (Ps. 110,1.6). Auf solch kriegerische Weise ist das Volk der Bibel unter der Führung seines Gottes jahrhundertelang groß geworden, und es scheint in historischer Sicht, als sei es weder dem Christentum noch dem Islam gelungen, dieses außerordentlich kämpferische Erbe des Alten Testamentes nebst der Enge seines nationalegoistischen Horizontes wirklich abzustreifen. Nicht zuletzt ist gerade das Spätjudentum in seiner apokalyptischen Literatur, die auch vom Neuen Testament aufgegriffen wird, im Kontrast zu seiner politischen Ohnmacht von einer außerordentlichen endzeitlichen Rachebegeisterung und Kriegswütigkeit, wie es etwa die Kriegsrolle von Qumran deutlich macht.»[254]

Wer die zuletzt gemachten Ausführungen nicht unbesehen und ungeprüft übernehmen will, der lese nur selber einmal die Bibelstellen wie Num. 31,17; Dtn. 20, 13-18; Jos. 8,22 ff; 10,28.31; Ri. 21,20; 1 Sam. 15,13, die in der Drastik ihrer Völkervernichtungsbefehle eine nicht mehr überbietbare Unmenschlichkeit aufweisen.

Es ist schon so, daß die Kirchen - auch mit Hilfe des strafenden, verfolgenden, tötenden, Heimsuchungen schickenden Gottes - in Wirklichkeit nicht so sehr Heil und Erlösung, sondern Angst, Leid, Tod und Verdammnis gepredigt und praktiziert haben, so daß sie Millionen und Abermillionen neurotischer und seelischer Krüppel produzierten. Von der Frohbotschaft blieb kaum etwas übrig. Heil ist allein von einer wahrhaft *ökologisch* vorgehenden Religion zu erwarten, die nicht Angst, sondern Harmonie[255] lehrt und praktiziert, die den rechten Ausgleich in der eigenen Psyche, in den zwischenmenschlichen Beziehungen und im Verhältnis des Menschen zur Natur, zu Tieren und Pflanzen und zum gesamten Kosmos realisiert und begründet. Wenn wir nicht mit der Natur Frieden schließen, kommen wir auch nicht mit uns selbst zum Frieden! Wenn wir keine andere, nämlich eine nicht mehr feindlich-aggressive Sicht der Natur erlernen, werden wir auch uns selbst, unsere eigene Natur feindlich betrachten. Dann aber wird Angst unser ständiger Begleiter bleiben!

XIII. Die klassische Sozioökonomische Kritik an Mystik und Religion

Angst im Sinne der Furcht vor Göttern und Geistern gilt manchen Religionsforschern als Motiv bzw. sogar als Hauptursache der Entstehung der Religion. Die sozioökonomische Herleitung der Religion, die seit der Hälfte des 19. Jahrhunderts immer mehr an Bedeutung gewann, arbeitet u. a. auch mit dem Angstmotiv. Sie weist auf die Angst der Herrschenden hin, die die Massen auf ein glückliches Jenseits vertrösten, um sie an der gewaltsamen Veränderung der diesseitigen Zustände, also an der Übernahme der Macht zu hindern. Mit einer klassischen Gestalt der sozioökonomischen Kritik der Religion wollen wir uns im folgenden befassen.

Es hört sich an wie das majestätische Brüllen eines Löwen, wie gewaltiger, den Einsturz des Götterhimmels begleitender und besiegelnder Donner. Die Rede ist von Marxens Religionskritik, wie sie uns am konzentriertesten und wuchtigsten in der Einleitung «Zur Kritik der Hegelschen Rechtsphilosophie» im Rahmen der zwei ersten und einzigen Nummern der «Deutsch-Französischen Jahrbücher» (1844) entgegentritt. Mit prophetischer Sprachkraft, brillanter Formulierungskunst, Funken sprühender und Blitze schleudernder Leidenschaft proklamiert Marx in diesem Text das Ende der Religion, Gottes, der Götter.

Der Größe und Bedeutung dieses Textes tut der Umstand keinen Abbruch, daß Marx überzeugt ist, für Deutschland sei durch Ludwig Feuerbach «die Kritik der Religion im wesentlichen beendigt»; daß also alle nach Feuerbach kommenden Religionskritiker, auch er – Marx – selbst, im Grunde nur noch Ergänzungen zu dieser fundamentalen Kritik liefern könnten.

Tatsächlich basiert Marx auf der Religionskritik Feuerbachs und tatsächlich stellt Marxens eigene Religionskritik eine Ergänzung zu der Feuerbachs dar. Aber – und darauf kommt es hier an – es ist eine Ergänzung von ungeheurer geschichtlicher Sprengkraft, weil sie den Blick der Religionswissenschaft, ja weit darüber hinaus auch den der Intellektuellen und der Arbeitermassen für ganze Jahrzehnte auf eine neue Dimension des religiösen Phänomens lenkt: auf die sozioökonomische, auf die wirtschaftlichen, gesellschaftlichen und schließlich politischen Bedingungen der Entstehung, Entfaltung und Gestaltung von Religion. Erst durch das Auftreten Sigmund Freuds, dessen Wirken schwerpunktmäßig schon ins 20. Jahrhundert fällt, erst durch Freuds psychoanalytische Erklärung der Religion[256] geriet die wesentlich von Marx miteingeleitete sozioökonomische Betrachtungsweise derselben wieder ein wenig ins Hintertreffen, was jedoch nur für Westeuropa und Amerika, nicht für die Sowjetunion und – nach dem Zweiten Weltkrieg – ihre Satelliten in Osteuropa zutraf. Die neuesten revolutionären Veränderungen in den Ländern des früheren Ostblocks werden allerdings die sozioökonomische Betrachtungsweise der Religion zunächst einmal noch weiter in den Hintergrund schieben. Aber vom Bedenken der sozioökonomischen Ursachen und Begleitumstände von Mystik und Religion kann auch in Zukunft kein seriöser Kritiker dispensiert werden.
Drei gewaltige, aufeinander aufbauende Marksteine und Wendepunkte der modernen Religionskritik stellen Feuerbach, Marx und Freud dar. Feuerbach läutete die *anthropologische* Wende der Religionswissenschaft ein, schuf also jene Grundlage, ohne die die *sozioökonomische* Religionskritik von Marx und die *psychoanalytische* Freuds haltlos in der Luft schweben müßten. Er glaubte entdeckt zu haben, «daß das Geheimnis der Theologie die Anthropologie ist»[257], daß das Wesen Gottes das transzendente Wesen des Menschen, «das Bewußtsein Gottes ... das Selbstbewußtsein des Menschen, die Erkenntnis Gottes die Selbsterkenntnis des Menschen» ist.[258] Feuerbach

stöberte alle möglichen Inhalte der gottgläubigen Psyche des Menschen auf, analysierte sie und kam zu dem Schluß, daß Gott nichts anderes sei als die besten Vorstellungen, Werte, Ideale und Eigenschaften, die diese Psyche besitzt und selber gebildet hat. «Was dem Menschen Gott ist, das ist sein Geist, seine Seele, und was des Menschen Geist, seine Seele, sein Herz, das ist sein Gott: Gott ist das offenbare Innere, das ausgesprochene Selbst des Menschen; die Religion, die feierliche Enthüllung der verborgenen Schätze des Menschen, das Eingeständnis seiner innersten Gedanken, das öffentliche Bekenntnis seiner Liebesgeheimnisse.»[259]

Die (christliche) Theologie sah sich hier, noch in der ersten Hälfte des 19. Jahrhunderts, einer unerhörten Provokation gegenüber. Gott, der Absolute, von dem sie den Menschen und die gesamte Natur sowie sich selbst und ihre Existenzberechtigung ableitet, sollte plötzlich eine Projektion des Menschen sein, sozusagen das Beste vom Menschen, aber abgelöst von diesem selbst, vom eigenen menschlichen Wesen, und in einen imaginären Himmel hinaufverlagert;[260] «das Bewußtsein des unendlichen Wesens nichts anderes als das Bewußtsein des Menschen von der Unendlichkeit seines Wesens», so daß «in dem unendlichen Wesen, dem Gegenstande der Religion, dem Menschen nur sein eigenes unendliches Wesen Gegenstand ist.»[261]

Noch hatte die Theologie den Schlag, den ihr Feuerbach zugefügt, nicht verwunden, noch reagierte sie hektisch, nervös, gereizt, ja überreizt auf sein grundlegendes, 1841 zum ersten Mal erschienenes religionskritisches Hauptwerk «Das Wesen des Christentums», da erfolgte – nur drei Jahre später – bereits der zweite in Gestalt der ökonomischen und sozialen (Weg-)Erklärung der Religion durch Karl Marx.[262] Zweifellos finden sich bereits bei Feuerbach – besonders in seinen «Grundsätzen der Philosophie der Zukunft» (1843) – Gedanken, die das abstrakte Gattungswesen Mensch, jenes neue Absolutum der Feuerbachschen Religionsphilosophie, durch die Erwähnung der geschichtlichen, gesellschaftlichen, ökonomischen und praxisbezogenen Dimension der menschlichen Individuen auflockern und konkretisieren, die auch seinen Zentralbegriff der Sinnlichkeit sozusagen noch stärker verleiblichen und materialisieren. Marx vermerkt dies in einem Brief an Feuerbach vom 11. August 1844 auch mit Dankbarkeit. Feuerbach habe «dem Sozialismus eine philosophische Grundlage gegeben», sagt er da.

Aber etwas später wird er in seinen «Thesen über Feuerbach», die allerdings erst nach seinem Tod durch Engels veröffentlicht werden konnten, den Unterschied zu ihm stärker herausstellen: «Feuerbach löst das religiöse Wesen in das *menschliche* Wesen auf. Aber das menschliche Wesen ist kein dem einzelnen Individuum innewohnendes Abstraktum. In seiner Wirklichkeit ist es das Ensemble der gesellschaftlichen Verhältnisse» (6. These über Feuerbach). Feuerbach, so sagt Marx innerhalb derselben These weiter, gehe «auf die Kritik dieses wirklichen Wesens nicht ein» und sei «daher gezwungen: 1. von dem geschichtlichen Verlauf zu abstrahieren und das religiöse Gemüt für sich zu fixieren, und ein abstrakt-*isoliert*-menschliches Individuum vorauszusetzen ...» Noch stärker betont Marx als «Hauptmangel alles bisherigen Materialismus», auch des Feuerbachschen, «daß der Gegenstand, die Wirklichkeit, Sinnlichkeit, nur unter der Form des *Objekts oder der Anschauung* gefaßt wird; nicht aber als *sinnlich menschliche Tätigkeit, Praxis*; nicht subjektiv ... Er begreift daher nicht die Bedeutung der ‹revolutionären›, der ‹praktisch-kritischen› Tätigkeit ... In der Praxis muß der Mensch die Wahrheit, i.e. Wirklichkeit und Macht, Diesseitigkeit seines Denkens beweisen» (1./2. These über Feuerbach).

Alles in allem hatte also Feuerbach in seiner anthropologischen Auflösung der Religion eine Lücke gelassen, die erst Marx auszufüllen vermochte. Der erstere hatte zwar anschaulich und in immer neuen Wendungen das Phänomen der religiösen Projektion beschrieben, aber die Ursache, die Frage, warum der Mensch auf diese Weise projiziere, nicht hinreichend geklärt bzw. für diese Projektion lediglich die ontologische (seins-mäßige) Kluft zwischen menschlichem Individuum und menschlicher Gattung sowie den erkenntnistheoretischen Widerspruch von Herz (Gemüt, Gefühl) und Kopf (Denken, Verstand) verantwortlich gemacht.

Im Grunde begnügt sich Feuerbach in bezug auf die Entstehungsfrage der religiösen Projektion mit einer Forderung: «Es muß also nachgewiesen werden, daß dieser Gegensatz, dieser Zwiespalt von Gott und Mensch, womit die Religion anhebt, *ein Zwiespalt des Menschen mit seinem eigenen Wesen ist.*»[263]

Marx haut zwar in seiner Einleitung zur Kritik der Hegelschen Rechtsphilosophie zunächst in dieselbe Kerbe: «Das Fundament der irreligiösen Kritik ist: *Der Mensch macht die Religion*, die Religion macht nicht den Menschen. Und zwar ist die Religion das Selbstbewußtsein und das Selbstgefühl des Menschen, der sich selbst entweder noch nicht erworben oder schon wieder verloren hat.» Doch fügt Marx sogleich - in der Stärke der Akzentuierung des nun folgenden Aspekts weit über Feuerbach hinausgehend - hinzu: «Aber *der Mensch*, das ist kein abstraktes, außer der Welt hockendes Wesen. Der Mensch, das ist *die Welt des Menschen*, Staat, Sozietät. Dieser Staat, diese Sozietät produzieren die Religion, ein *verkehrtes Weltbewußtsein*, weil sie eine *verkehrte Welt* sind.»[264]

Hier liegt also nach Marx die Total- und Alleinursache für die Entstehung des - von Feuerbach so beredt und in tausenderlei Wendungen charakterisierten - Zwiespalts des Menschen mit seinem eigenen Wesen: es sind der Staat und die Gesellschaft und die in ihnen herrschenden ungerechten Produktionsverhältnisse, d. h. die Identität von Staat, Gesellschaft und «verkehrter Welt», die ihrem Charakter entsprechend ein «verkehrtes Weltbewußtsein», d. h. die Religion, erzeugen. Und zwar erzeugen sie es nach Marx mit logischer Notwendigkeit, weil die sozioökonomischen Verhältnisse bürgerlich-kapitalistischer Staaten und Gesellschaften mit soviel Unrecht gegenüber den sozial Schwächeren, gegenüber dem Proletariat konstitutiv verbunden seien, daß diese Staaten und Gesellschaften sich gezwungen sähen, sich anders, eben besser, darzustellen als sie tatsächlich sind. Und diese Verbesserungs-, Erhöhungs-, Verschleierungs-, Rechtfertigungs- und Verbrämungsfunktion übernimmt Marx zufolge eben die Religion, sie geht darin auf, diese Rolle zu spielen. Das ist ihr ganzer Existenzgrund, ihr gesamtes Wesen, ihre (Un-)Natur.

Deshalb die fast wie ein Hymnus klingende, aber eben negativ gemeinte Charakterisierung der Religion durch Marx: «Die Religion ist die allgemeine Theorie dieser Welt, ihr enzyklopädisches Kompendium, ihre Logik in populärer Form, ihr spiritualistischer Point-d'honneur, ihr Enthusiasmus, ihre moralische Sanktion, ihre feierliche Ergänzung, ihr allgemeiner Trost- und Rechtfertigungsgrund. Sie ist die *phantastische Verwirklichung* des menschlichen Wesens, weil das *menschliche Wesen* keine wahre Wirklichkeit besitzt. Der Kampf gegen die Religion ist also mittelbar der Kampf gegen *jene Welt*, deren geistiges *Aroma* die Religion ist ... Die Religion ist der Seufzer der bedrängten Kreatur, das Gemüt einer herzlosen Welt, wie sie der Geist geistloser Zustände ist. Sie ist das *Opium* des Volks.»[265]

Aus der Genesis folgt das Postulat, aus der so von Marx umschriebenen Entstehungsgeschichte der Religion die moralisch-politische Forderung und Verpflichtung zur praktischen, radikalen Veränderung der bestehenden Verhältnisse: «Der Mensch, der in der phantastischen Wirklichkeit des Himmels, wo er einen Übermenschen suchte, nur den *Widerschein* seiner selbst gefunden hat, wird nicht mehr geneigt sein, nur den *Schein* seiner selbst, nur den Unmenschen zu finden, wo er seine wahre Wirklichkeit sucht und suchen muß ... Die Aufhebung der Religion als des *illusorischen* Glücks des Volkes ist die Forderung seines *wirklichen* Glücks. Die Forderung, die Illusionen über seinen Zustand aufzugeben, ist die *Forderung, einen Zustand aufzugeben, der der Illusionen bedarf*. Die Kritik der Religion ist also im *Keim* die *Kritik des Jammertales*, dessen *Heiligenschein* die Religion ist. Die Kritik hat die imaginären Blumen an der Kette zerpflückt, nicht damit der Mensch die phantasielose, trostlose Kette trage, sondern damit er die Kette abwerfe und die lebendige Blume breche. Die Kritik der Religion enttäuscht den Menschen, damit er denke, handle, seine Wirklichkeit gestalte wie ein enttäuschter, zu Verstand gekommener Mensch, damit er sich um sich selbst und damit um seine wirkliche Sonne bewege. Die Religion ist nur die illusorische Sonne, die sich um den Menschen bewegt, solange er sich nicht um sich selbst bewegt.»[266]

Insofern betrachtet Marx die Kritik der Religion als «die Voraussetzung aller Kritik». Doch dürfe man sich damit nicht begnügen, vielmehr müsse die Kritik der Religion übergehen in eine Kritik des Rechts, der Politik, überhaupt aller Gestalten menschlicher, gesellschaftsbedingter Selbstentfremdung. «Es ist also die *Aufgabe der Geschichte*, nachdem das *Jenseits der Wahrheit* verschwunden ist, die *Wahrheit des Diesseits* zu etablieren. Es ist zunächst die *Aufgabe der Philosophie*, die im Dienste der Geschichte steht, nachdem die *Heiligengestalt* der menschlichen Selbstentfremdung entlarvt ist, die Selbstentfremdung in ihren *unheiligen Gestalten* zu entlarven. Die Kritik des Himmels verwandelt sich damit in die Kritik der Erde, die *Kritik der Religion* in die *Kritik des Rechts*, die *Kritik der Theologie* in die *Kritik der Politik*.»[267]

Aber auch hierbei, d. h. bei der theoretischen Kritik trotz ihrer von Marx außerordentlich betonten Wichtigkeit, dürfe man nicht stehenbleiben. Vielmehr müsse sich die Theorie mit der Praxis verbünden, eine dialektische Einheit mit ihr bilden: «Die Waffe der Kritik kann allerdings die Kritik der Waffen nicht ersetzen, die materielle Gewalt muß gestürzt werden durch materielle Gewalt, allein auch die Theorie wird zur materiellen Gewalt, sobald sie die Massen ergreift ... Der evidente Beweis für den Radikalismus der deutschen Theorie, also für ihre praktische Energie, ist ihr Ausgang von der entschiedenen

positiven Aufhebung der Religion. Die Kritik der Religion endet mit der Lehre, daß der *Mensch das höchste Wesen für den Menschen sei*, also mit dem *kategorischen Imperativ, alle Verhältnisse umzuwerfen*, in denen der Mensch ein erniedrigtes, ein geknechtetes, ein verlassenes, ein verächtliches Wesen ist.»[268]
Die Einheit von Theorie und Praxis, die Marx fordert, läuft praktisch auf das Zusammenspiel von Philosophie und Proletariat hinaus. Es ist zwar «der *Philosoph*, in dessen Hirn die Revolution beginnt». Aber diese kann sich nur durch das Proletariat verwirklichen und vollenden. «Wie die Philosophie im Proletariat ihre *materiellen*, so findet das Proletariat in der Philosophie seine *geistigen* Waffen, und sobald der Blitz des Gedankens gründlich in diesen naiven Volksboden eingeschlagen ist, wird sich die Emanzipation der *Deutschen zu Menschen* vollziehen ... Die *Emanzipation des Deutschen* ist die *Emanzipation des Menschen*. Der *Kopf* dieser Emanzipation ist die *Philosophie*, ihr *Herz* das *Proletariat*. Die Philosophie kann sich nicht verwirklichen ohne die Aufhebung des Proletariats, das Proletariat kann sich nicht aufheben ohne die Verwirklichung der Philosophie.»[269]
Das Proletariat aber muß nach Marx die Aufhebung des Privateigentums erkämpfen, weil dieses gleichbedeutend ist mit der bisherigen Weltordnung: «Wenn das Proletariat die *Auflösung der bisherigen Weltordnung* verkündet, so spricht es nur das *Geheimnis seines eigenen Daseins* aus, denn es *ist* die *faktische* Auflösung dieser Weltordnung. Wenn das Proletariat die *Negation des Privateigentums* verlangt, so erhebt es nur zum *Prinzip der Gesellschaft*, was die Gesellschaft zu *seinem* Prinzip erhoben hat, was in *ihm* als negatives Resultat der Gesellschaft schon ohne sein Zutun verkörpert ist»,[270] nämlich die Enteignung des Kleineigentums der einfachen Warenproduzenten durch das Kapital.

So weit in den Grundzügen die Marx'sche Religionskritik. Was ist an dieser Kritik richtig, was falsch? Wie stellt sie sich – vor allem auch im Hin- und Rückblick auf eine bereits mehr als hundertjährige Wirkungsgeschichte des Marxismus – dem heutigen Religionswissenschaftler dar? Hat Marx das Gesamt- oder zumindest Zentralphänomen von Religion und Mystik und ihren Ursprung wirklich erklärt und durchschaut?

Wir erwähnten bereits, daß Marx, wiewohl kein Religionswissenschaftler, sondern vornehmlich Theoretiker der Ökonomie und Politik, wesentlich dazu beigetragen hat, daß der sozioökonomische und politische Entstehungs- und Wesensaspekt des religiös-spirituellen Faktors zu einem Forschungsschwerpunkt der Religionswissenschaft geworden ist. Und in der Tat: Wer könnte nach Marx noch darüber hinwegsehen, daß Religion in Geschichte und Gegenwart der jeweiligen gesellschaftlichen Gruppe, dem Clan, dem Stamm, dem Volk, dem Staat die Legitimierung und Sanktionierung, die Rechtfertigung, Mystifizierung, Verbrämung und weihevolle Erhöhung lieferte und liefert; daß sie die Sicherung des Wohlstands der Reichen, der besitzenden Klassen zu garantieren und den Armen, Ausgebeuteten den gerechten Ausgleich im Jenseits zu verheißen hatte und hat; daß sie, um mit S. Freud zu sprechen, die «Vorspiegelung (Illusion)» herstellen muß, «daß ein Oberhaupt da ist ... das alle Einzelnen der Masse mit der gleichen Liebe liebt», weil ohne diese Vorspiegelung die betreffende Religion zerfiele.[271] Nicht bloß fast schon altehrwürdig zu nennende Religionen wie der Katholizismus, sondern auch neue religiöse Bewegungen wie die fälschlich so genannten Jugendreligionen folgen heute noch dieser Gesetzlichkeit, derzufolge mit den psychosozialen Verhältnissen der Gesellschaft nicht fertigwerdende Mitglieder einer Gruppe oder Institution einen Führer, ein Oberhaupt, ein personifiziertes Leitbild vorgesetzt bekommen müssen. Selbst von sich aus anti- oder a-religiöse Systeme bestätigen diese Gesetzlichkeit, um ihr Legitimationsdefizit auszufüllen: Der Stalin-Kult, der Hitler-Kult, der Mao-Kult u. a. sind Beispiele dafür, Beispiele für eine quasi- oder preudoreligiöse Staatsideologie. Religion, der religiöse und mystische Faktor als Lückenbüßer und Bedürfniserfüller für gesellschaftlich, wirtschaftlich, politisch zu kurz Gekommene; als ideologisches Stabilisierungsinstrument des Staates, das ihm autoritär beeinflußbare Persönlichkeiten heranbildet; als Aufrechterhalter bestehender gesellschaftlicher Unterschiede; als Lieferant entsprechender, die etablierten Verhältnisse unterstützender und rechtfertigender Denk- und Verhaltensmuster wie etwa das vom quasi naturnotwendigen «Oben und Unten» gesellschaftlicher Klassen; als Systemverstärker und -zementierer; als Staatskitt und gesellschaftsbefriedende und -beruhigende Kraft – auf all dies und so manches andere sozioökonomisch bedingte Phänomen der Religion trifft Marxens Charakteristik derselben voll zu.

Sie trifft dennoch nicht das Ganze des mit Religion Gemeinten. Sie trifft es deshalb nicht, weil Marx eine «pars-pro-toto-Setzung» beging, etwas (an der Religion) richtig Gesehenes für das Ganze ausgab, es so verallgemeinerte, daß es zur Alleinursache und zum Gesamtwesen des Religiösen degenerierte. Sein «Ökonomismus», seine Totalerklärung nicht bloß der Religion, sondern auch der Kunst, der Literatur, der Ethik, der Philosophie, der Wissenschaft, des Rechts usw. allein aus sozioökonomischen Faktoren, wird der Komplexität dieser Gebiete, ihrer Entstehungsgründe und ihres Wesens, nicht gerecht. Religion ist eben nicht bloß – muß es jedenfalls nicht unbedingt und immer sein – der passiv-statische Ausdruck des Elends, der «Heiligenschein dieses Jammertales», sie kann – wenn auch in den selteneren Fällen – aktiver Aufstand gegen das Elend, dynamisch-effektiv-praktische Kritik am Jammertal sein. Die Geschichte gibt uns diesbezüglich zwar nicht viele, aber doch genügend Beispiele an die Hand. Es gab eben auch die «Revolution aus Religion», den «Revolutionär aus Religiosität», in Deutschland beispielsweise einen Thomas Müntzer, der als zutiefst religiöser Prophet und Mystiker der praktische Organisator der ersten großen deutschen Emanzipationsbewegung war, dessen religiös-mystische Energie das Vehikel sozial-organisatorischer Praxis darstellte, der nach dem Neomarxisten E. Bloch das «rasendste Revolutionsmanifest aller Zeiten» geschrieben hat. Friedrich Engels hält Müntzer für «den Mittelpunkt der ganzen revolutionären Bewegung» des Deutschen Bauernkrieges.[272]

Gerade eine Gestalt wie die Müntzers ist auch für die (Herleitungs-)Theorie der Religion von nicht geringer Bedeutung. Zwar kommt gerade und besonders marxistischen Historikern der letzten Jahrzehnte das Verdienst zu, entscheidende Forschungsergebnisse für die geschichtliche Rehabilitierung und gerechtere Würdigung dieses Mannes beigebracht zu haben. Aber angesichts der religiös-revolutionären Existenz Müntzers und seines eben erwähnten Manifests an die Mansfelder Bergknappen dürfte es doch sehr schwerfallen, die verkürzende Deutung der Religion als «das Opium des Volks» (K. Marx, der diese Bezeichnung von H. Heine, B. Bauer oder M. Heß übernommen hat) aufrechtzuerhalten. Religion ist ein viel zu komplexes, uneinheitliches Gebilde, als daß sie *nur* als Vertröstungsmittel für das Volk hingestellt werden dürfte, auch wenn sie leider gerade diese Rolle in den mannigfachsten Variationen, meisterlicher Perfektion und häufiger als jede andere gespielt hat.

Und auch der Bauernkrieg selbst, diese nach Marx «radikalste Tatsache der deutschen Geschichte»[273], ist nicht zu denken ohne den religiösen Vitalimpuls eines zunächst noch reformatorisch-revolutionären Luthers, der den religiösen Enthusiasmus der Volksmassen mit den christlichen Motiven für die Herbeiführung von Gleichheit und Gerechtigkeit durchtränkte. Durch Religion, genauer: durch seine Glaubenserfahrung, war Luther befreit und zum Befreier geworden, hatte er einen gewaltigen Einfluß und ungeheure religiöse wie politisch-gesellschaftliche Macht und Autorität erlangt, die er dann leider in seiner nachfolgenden reaktionären Phase gegen die Bauern und die revolutionären Führer ihres Aufstandes, vor allem gegen Müntzer, in Anwendung brachte. Aber die Geschichte steht ja staunend vor so manchem Umschlag der Psyche eines Revolutionärs in die eines Reaktionärs. Jedenfalls sieht auch Marx die Bedeutung der religiösen Gestalt Luthers für die erste Revolution auf deutschem Boden nicht einfach negativ, wenn er erklärt: «Deutschlands *revolutionäre* Vergangenheit ist nämlich theoretisch, es ist die *Reformation*. Wie damals der *Mönch*, so ist es jetzt der *Philosoph*, in dessen Hirn die Revolution beginnt.»[274]

Katholische Priester, die heute engagiert und mit Einsatz ihres Lebens für die Befreiung der fatal ausgebeuteten Volksschichten in Südamerika eintreten, ohne auf Verdikte und Strafen von seiten des Staates und ihrer kirchlichen Hierarchie zu achten; ein Camilo Torres, der «Revolution als Aufgabe des Christen» definiert und betont: «Ich habe die Vorrechte und Pflichten eines Priesters aufgegeben, aber ich habe deshalb nicht aufgehört, ein Priester zu sein. Ich glaube, aus Nächstenliebe habe ich mich der Revolution verschworen. Ich habe es aufgegeben, die Messe zu lesen, um in der Lage zu sein, den Nächsten zu lieben auf dem irdischen Feld der Wirtschaft und der sozialen Spannungen»[275]; ein Martin Luther King, der zwar nicht für eine gewalttätige Revolution, wohl aber mit nicht geringerer innerer Kraft als Camilo Torres für «Gewaltlosigkeit in allen Bereichen menschlicher Konflikte»[276] eintritt – sie alle beweisen zumindest die Ambivalenz der Religion, sozusagen die doppelseitige Tatsache, daß der Zwiespalt, die Widersprüche in den ökonomischen Grundlagen einer Gesellschaft zu beidem führen können, zur gottergebenen Passivität und Akzeptanz der herrschenden Verhältnisse wie aber auch zum aktiven und keineswegs immer unwirksamen Kampf gegen bestehende Ungerechtigkeit. Auch Mahatma Gandhi darf in diesem Zusammenhang nicht unerwähnt bleiben.[277]

Einen Augenblick lang scheint ebenfalls in Marxens Religionskritik dieser Gedanke aufzuleuchten, daß Religion nicht nur «der Ausdruck des wirklichen Elendes», sondern auch «die Protestation gegen das wirkliche Elend»[278] sei. Aber er scheint diesen Gedanken wieder zu verwerfen, verfolgt ihn jedenfalls nicht weiter, und die sofort folgenden Bezeichnungen der Religion («Seufzer der bedrängten Kreatur», «Gemüt einer herzlosen Welt», «Geist geistloser Zustände») scheinen in die Richtung zu weisen, daß er den protestierenden Aspekt der Religion für unbedeutend, ineffektiv, unzulänglich, ohnmächtig hält. Auf jeden Fall könne Religion, so oder so betrachtet, ohnehin nur zu einem «illusorischen Glück» hinführen, stehe also der Emanzipation des Menschen zu seinem wahren Glück im Wege.

So muß denn aufs große und ganze gesehen festgestellt werden, daß im Rahmen der Religionskritik von K. Marx für die antikonservativen, antiimperialistischen, sozialen und revolutionären Elemente im komplexen Wesen der Religion kein Platz vorhanden ist. Und auch alle dogmatischen Marxisten tun sich bis zum heutigen Tag schwer mit einer einigermaßen plausiblen Erklärung dieser für ihre Theorie so widerspenstigen Elemente. Der Kampf vieler junger Christen für den Frieden, teilweise auch für eine nicht mehr von kapitalistischen Ausbeutungsmechanismen stigmatisierte Natur wird zwar wegen des Bedarfs an Bundesgenossen praktisch akzeptiert, theoretisch jedoch nicht aufgearbeitet oder als Mißverständnis interpretiert.

Dabei erweisen nicht bloß die Ketzer, die im Rahmen der immer gründlicheren Etablierung eines religiösen Systems zwangsläufig auftreten, sondern schon die Stifter großer Religionen einen engen Zusammenhang zwischen Religion und Emanzipation von bestehenden ungerechten sozioökonomischen Verhältnissen, selbst wenn ihre ursprünglichen Intentionen und Aktionen nicht primär gegen diese gerichtet sind. Wir können hier nicht näher darauf eingehen, aber es läßt sich detailliert erhärten, daß z.B. Buddha und Jesus, in gewisser Weise auch Mohammed, aus einem je anders gemeinten und erlebten Transzendenzbewußtsein heraus religiös-, teilweise auch gesellschaftlich-emanzipatorische Tiefenwirkungen ausgelöst und ausgeübt haben.[279] Auch das früheste Christentum war zunächst eine nonkonformistische Bewegung, für die Anpassung und Anlehnung an ungerechte Herrschaftsverhältnisse keinen maßgeblichen Orientierungs- und Bezugswert mehr darstellten, für die vielmehr die Kategorien «Herrschaft», «Gewalt», «Unterdrückung» u.ä. ihre erstrangige Bedeutung ursprünglich verloren hatten.[280]

Um nur noch ein letztes Beispiel aus der jüngeren Geschichte gegen die sozioökonomische Religionsdeutung anzuführen: Auch die in vielen Hinsichten alle Symptome einer echten Revolution «von unten», von der Basis her, aufweisende Solidaritätsbewegung in Polen wäre ohne die religiöse Vitalenergie des polnischen Volkes nicht zustande gekommen.[281]

Die hier durchgeführte Kritik an der klassischen Gestalt sozioökonomischer Religionstheorie führt uns zu folgendem Schluß: Die wirtschaftliche und gesellschaftliche Formation einer Epoche prägt (weitgehend) die Religion, sie erschafft sie aber nicht. Religion tritt in allen Phasen der menschlichen Geschichte auf, sie inkarniert sich sozusagen in die verschiedensten menschlichen Gesellschaften mit den verschiedenartigsten Produktions- und Konsumverhältnissen. Aber sie geht in ihnen nie restlos auf. Dieser Tatbestand deutet auf eine *anthropologische* Komponente der Religion hin. Die Tatsache, daß sich Religion in den mannigfaltigsten Gestalten durch alle Epochen menschlicher Geschichte trotz deren verschiedenartigsten sozioökonomischen Bedingtheiten und Bestimmtheiten durchhält, scheint Religion doch als eine feste, grundlegende Eigenschaft des Menschen auszuweisen. Als solche fällt sie mit dem Menschen als Sinn und Sinnerfüllung, als die eigene Identität, aber auch umfassende Solidarität und Kommunikation, Gleichheit und Gerechtigkeit für alle suchendem Wesen zusammen.

Eine solche Sinnsuche ist mehr als (theoretische) Philosophie, sie ist religiös, ja mystisch, wenn sie wirklich *existentiell*, d.h. die menschliche Existenz in ihrem Grunde betreffend und in

Frage stellend, und *engagiert* ist, d. h. von einem menschlichen Individuum als es «unbedingt angehend» (P. Tillich) erfahren wird. Deswegen hat der Verfasser dieses Buches anderenorts Religion als umfassenden, ganzheitlichen, sinnsuchenden und grenzüberschreitenden Vitalimpuls des Menschen definiert.[282] Es war Marx' Fehler, dieses umfassende Wesen der Religion nicht zu sehen, sie mit dem zeitgenössischen Christentum in seiner Verquickung von Thron und Altar und mit dem Glauben an einen persönlichen Gott gleichzusetzen. Es entging ihm dabei, daß es große «Religionen ohne Gott», ohne den himmlischen «Übermenschen» als «Widerschein seiner selbst», d. h. des Menschen, gibt, wie z. B. den ursprünglichen Buddhismus; daß «religiös» «weder ein System (ist), das notwendigerweise mit einem Gottesbegriff oder mit Idolen operiert, noch gar ein System, das den Anspruch erhebt, eine Religion zu sein, sondern jedes von einer Gruppe geteilte System des Denkens und Handelns, das dem einzelnen einen Rahmen der Orientierung und ein Objekt der Verehrung bietet. In diesem weitgefaßten Sinn ist in der Tat keine Gesellschaft der Vergangenheit, der Gegenwart und selbst der Zukunft vorstellbar, die nicht ‹religiös› wäre. Diese Definition von ‹religiös› sagt nichts über den spezifischen Inhalt aus.»[283]
In dem eben umschriebenen Sinn ist paradoxerweise sogar das, was Marx für das Proletariat anstrebt, Religion. Der neue Orientierungsrahmen, den er der Arbeiterklasse vorzeichnet, die Ziele, die er ihren Bestrebungen steckt, sind in der Sicht der Soziologie ein religiöses Sinngefüge, ein Integrationssystem. «Wo diese Funktion der Integration wirklich erfüllt wird, muß der Soziologe von Religion sprechen, auch bei säkularen Ideologien und Riten« (O.H. von der Gablentz). Auch ein «Objekt der Verehrung» reichte Marx dem Proletariat dar: «Die Religion der Arbeiter», sagte er, «ist eine Religion ohne Gott, weil sie die Göttlichkeit des Menschen wiederherzustellen versucht.» «Hatten die Götter früher über der Erde gewohnt, so waren sie jetzt das Zentrum derselben geworden.»[284] «Die Kri-

tik der Religion endet mit der Lehre, daß der Mensch das höchste Wesen für den Menschen sei.»[285] Im Grunde haben wir es an diesen Stellen mit der im Hegelschen Sinn positiven Aufhebung der Religion (des Christentums, des persönlichen Gottesglaubens) in eine neue Religiosität (der Verehrung der Göttlichkeit des ökonomisch und gesellschaftlich befreiten Menschen) zu tun. Und in der Tat begegnen uns in verschiedenen Marx'schen Schriften ein mystischer Enthusiasmus, eine Begeisterung, ein grenzüberschreitendes, Solidarität stiftendes neues Lebensgefühl, eine Passion, eine Leidenschaft für die neue Göttlichkeit und Religion des durch Arbeit und Kampf sich emanzipierenden Proletariats, alles Merkmale also, die auch jede engagierte Religiosität, also die «dynamisch-mystische Religion» in der Begriffssprache H. Bergsons, auszeichnen. Marx spürte, daß die Revolution des Proletariats außer der vorbereitenden kühlen Kopfarbeit und der trockenen Entschlossenheit des Willens zu ihrem Gelingen einer weiteren Komponente noch besonders bedurfte: hinzu kommen mußte die ganze Ladung menschlicher positiver Gefühle, die gemütsmäßige Totale des Menschen. Deshalb Marx: «Keine Klasse der bürgerlichen Gesellschaft kann diese Rolle» (nämlich die der Befreiung der ganzen Gesellschaft) «spielen, ohne ein Moment des Enthusiasmus in sich und in der Masse hervorzurufen, ein Moment, worin sie mit der Gesellschaft im allgemeinen fraternisiert und zusammenfließt, mit ihr verwechselt und als deren *allgemeiner Repräsentant* empfunden und anerkannt wird, ein Moment ... worin sie wirklich der soziale Kopf und das soziale Herz ist.»[286] Dieser Enthusiasmus, dieses begeisterte, umfassende, ganzheitliche Engagement für eine große, vom gegebenen Subjekt, dem einzelnen, einer Gruppe oder Klasse, als absolut angesehene Sache ist – psychologisch und tiefenpsychologisch betrachtet – mystische Religiosität! Und Marx war der Künder, der Prophet dieser neuen Mystik des Proletariats. Offensichtlich hat er das Opium in seiner Kennzeichnung der Religion als «Opium des Volks»[287] doch nicht

so sehr auf diese als auf den «Gott-Überbau» bezogen. Jedenfalls sehen auch Neomarxisten bzw. dem Marxismus nahestehende Denker von heute religiös-theologische Implikationen bei Marx. «Auch im Werk von Marx (sind), wie immer unbewußt, jedoch logisch von seinem Gehalt unablösbar, theologische Postulate entscheidend» (M. Horkheimer).
Gerade in Marxens Zukunftsvision, in seinem durch ökonomisch-politische Schicksalslosigkeit ausgezeichneten «Reich der Freiheit», ist das mystisch-utopische Element kaum zu übersehen. Denn sein «Kommunismus ist als vollendeter Naturalismus Humanismus, als vollendeter Humanismus Naturalismus, er ist die wahrhafte Auflösung des Widerstreites zwischen dem Menschen mit der Natur und mit dem Menschen, die wahre Auflösung des Streites zwischen Existenz und Wesen, zwischen Vergegenständlichung und Selbstbetätigung, zwischen Freiheit und Notwendigkeit, zwischen Individuum und Gattung. Er ist das aufgelöste Rätsel der Geschichte und weiß sich als diese Lösung.»[288]
Daß Marx diese klassenlose Gesellschaft zu undifferenziert und mit dem umfänglichen Spektrum menschlicher Sinnbedürfnisse zu wenig vermittelt gesehen hat, haben gerade marxistische Revisionisten wie Garaudy, Machovec, Kolakowski und vor allem Bloch nachgewiesen. Nach dem letzteren treten in einer nicht mehr antagonistischen Gesellschaft, die alle weltlichen Geschicke fest in der Hand hält, «die Unwürden der Existenz desto fühlbarer hervor, vom Kiefer des Todes herab bis zu den Lebensebben der Langeweile, des Überdrusses. Die Boten aus Nichts haben ihre bloßen Valeurs aus der Klassengesellschaft verloren, tragen ein neues, jetzt weitgehend unvorstellbares Gesicht.» «Stärker als je» treten dann «die echten, wertvollen, uns angemessenen Sorgen vor, die Frage dessen, was wirklich im Leben nicht stimmt.»[289] Zweifellos hat Marx zu wenig daran gedacht, daß der menschliche Sinn-Trieb um so intensiver werden kann, je mehr die ökonomische Bedürfnisschicht im Menschen gestillt ist. Mag sein, daß gerade sein

mystisch-utopischer Enthusiasmus für das klassenlose Reich der Freiheit ihn nicht ganz die Problematik sehen ließ, die aus dem letztlich nicht überbrückbaren Zwiespalt zwischen den hohen Ansprüchen unseres Sinnsuchens und den eher mäßigen Teilantworten erwächst, die wir auf die letzten Sinnfragen des Universums und der Menschheit stets nur geben können. Auf jeden Fall ist ebenfalls hier kritisch gegen Marx zu vermerken, daß diese zwiespältige Sinnstruktur des Menschen auch nicht einfach den Widerschein, die Widerspiegelung der Disparatheit in der sozioökonomischen Dimension zwischen dem, was sein soll, und dem, was ist, darstellt. Das menschliche Individuum – das ist einer der bleibenden Beiträge der erst nach Marx aufgetretenen tiefenpsychologischen Strömungen – hat Identitäts- und Sinnprobleme, die durch keinen noch so optimalen ökonomischen Zustand einer Gesellschaft schon automatisch aufgehoben sind, die aber auch durch keinen noch so schlechten unbedingt hervorgerufen werden.
Nach den Korrekturen, die hundert Jahre Marx-Forschung an seinem Werk anbringen mußte, bleiben aber trotzdem zwei große Verdienste dieser Persönlichkeit in religionswissenschaftlicher Hinsicht bestehen, auch als permanente Verpflichtungen für uns: 1. den von Marx in den Mittelpunkt seiner Religionskritik gestellten sozioökonomischen Aspekt der Religion in der eigenen Methode der Erforschung religiöser und mystischer Phänomene stets entscheidend mitzuberücksichtigen; alle ideologischen Verschleierungs- und Verbrämungsfunktionen der Religion für Staat und Gesellschaft unbestechlich zu analysieren; das von ihr so oft produzierte «falsche Bewußtsein» systematisch zu entlarven; 2. auf der Ebene der Religionspraxis unsere eigene Religiosität bzw. die der Gruppe, der wir angehören, oder – allgemeiner gesprochen – unser existentielles Engagement als nach Sinn und Integration der Summe unserer Lebenserfahrungen Strebende von selbstsüchtigen Interessen zu befreien. Im Rahmen einer von ökonomischen, gesellschaftlichen und politischen Krisen immer

schlimmeren Ausmaßes heimgesuchten Welt des ausgehenden zweiten Jahrtausends könnte eine neue Mystik und Religiosität, die selbstlos wäre, die ein (partikulare) Interessen überwindendes (universales) Über-Interesse an der Rettung unseres Planeten hätte, die bereit wäre, machtsuchtlos und kommunikativ alles für alle zu geben und hinzugeben, einen entscheidenden, positiven ökonomisch-ökologisch-politisch-gesellschaftlichen Veränderungseffekt darstellen. Das wäre dann die Religion, die keiner mehr als «Opium» bekämpfen könnte, als Beruhigungspille oder verschleierndes Trostrezept angesichts der tristen Verhältnisse. Die Frage, ob Religion eine Illusion im metaphysischen Sinne, in bezug auf ihre transzendenten Vorstellungen sei, wäre dann zweitrangig angesichts des Umstands, daß sie im Hinblick auf die Selbstlosigkeit ihrer Hingabe an alle und aufgrund des redlichen Totaleinsatzes gegen alle Herrschaft von Menschen über Menschen in Kirche, Staat und Gesellschaft einen *eigenständigen, originären, mystischen Primärimpuls* darstellt, der nicht mehr als «ideologischer Überbau», als himmlische «Spiegelung» und Verklärung der bestehenden Unrechtsverhältnisse diskreditiert und diskriminiert werden könnte.

XIV. Die Verschmelzung der Pole: die mystische Tiefe der Vernunft

Wir haben in den 13 vorangegangenen Kapiteln genügend, so scheint mir, Material zusammengetragen, gleichsam induktiv erarbeitet, um jetzt eine einigermaßen umfassende Endbestimmung und -beschreibung der beiden Hauptpole des vorliegenden Buches, der *Vernunft* und der *Mystik* in ihrer Einheit und ihrem Zusammenspiel, bieten zu können. Jedes dieser 13 Kapitel war darum bemüht, das Verhältnis dieser beiden Größen unter einem anderen Gesichtspunkt darzulegen. Jetzt aber soll eine Synthese möglichst all dieser Aspekte versucht werden. Denn daß Vernunft und Mystik ganz intim und wesenhaft aufeinander bezogen sind, sogar eine unzertrennliche Einheit bilden, hat ja jedes der vorangegangenen Kapitel anschaulich bestätigt.

Es genügt deshalb noch nicht einmal, wenn man durchaus positiv von einem «fruchtbaren Wechselspiel» zwischen Ratio und Mystik spricht, wie das der Leiter des Max-Planck-Instituts für Atom-Physik und Träger des alternativen Friedens-Nobel-Preises, H.-P. Dürr, tut: «Das die Welt beobachtende Ich-Bewußtsein und das mystische Erlebnis der Einheit charakterisieren komplementäre Erfahrungsweisen des Menschen. Sie führen einerseits zu einer kritisch-rationalen Einstellung ... andererseits zu einer irrationalen mystischen Grundhaltung, in der er durch Hingabe und Meditation unmittelbar zum eigentlichen Wesen des Seins vorzudringen versucht. In der abendländischen Geschichte stehen diese beiden unterschiedlichen Grundhaltungen in einem ständigen fruchtbaren Wechselspiel. Sie spiegeln sich wider in der Zweiheit von Wissen und Glauben, von Naturwissenschaft und Religion.»[290]

Der Wahrheit noch näher als Dürr kommt der ebenfalls von der Atomphysik herkommende Fritjof Capra, der bereits von «großer Ähnlichkeit», ja «tiefreichender Harmonie» zwischen mystischer und (natur-)wissenschaftlicher Weltsicht spricht. Mystiker und Physiker kämen «zur selben Schlußfolgerung». Denn im 20. Jahrhundert habe die Physik «mehrere gedankliche Revolutionen erlebt, die eindeutig die Grenzen ihrer mechanistischen Weltanschauung offenbaren und zu einer organischen, ökologischen Sicht der Welt führen, die große Ähnlichkeit mit den Anschauungen der Mystiker aller Zeitalter und Überlieferungen aufweist. Das Universum wird nicht länger als große Maschine angesehen, die aus einer Vielzahl separater Teile besteht, sondern als harmonisches, unteilbares Ganzes, als ein Netz dynamischer Beziehungen, die auf ganz entscheidende Weise den menschlichen Beobachter und sein Bewußtsein einbeziehen. Die Tatsache, daß die moderne Physik, Manifestation einer extremen Spezialisierung des rationalen Verstandes, Kontakt mit der Mystik aufnimmt, zeigt auf sehr schöne Weise die Einheit und komplementäre Natur der rationalen und der intuitiven Bewußtseinsarten.»[291]
Zwar sollten wir «nicht erwarten, daß die Naturwissenschaft im gegenwärtigen Stadium die mystische Ansicht vom Bewußtsein bestätigen oder widerlegen kann. Dennoch scheint das Systembild des Geistes in vollkommener Übereinstimmung mit der naturwissenschaftlichen wie der mystischen Auffassung vom Bewußtsein zu stehen und ergibt somit einen idealen Rahmen für die Vereinigung beider Auffassungen.» Das Bewußtsein, der «Geist» der sich selbstorganisierenden physikalischen und biologischen Systeme trete entscheidend in den Vordergrund, materielle Strukturen könnten nicht länger als die primäre Wirklichkeit akzeptiert werden. «Weitet man dieses Denken auf das Universum als Ganzes aus, dann ist die Annahme nicht zu weit hergeholt, daß alle seine Strukturen – von den subatomaren Teilchen bis zu den Galaxien und von den Bakterien bis zu den Menschen – Manifestationen der

Selbstorganisations-Dynamik des Universums sind, die wir vorhin mit dem kosmischen Geist identifiziert haben. Das ist jedoch fast schon eine mystische Anschauung. Der einzige Unterschied besteht darin, daß Mystiker größten Wert auf die unmittelbare Erfahrung des kosmischen Bewußtseins legen, die über den rein wissenschaftlichen Ansatz hinausgeht. Dennoch scheinen beide Wege durchaus vereinbar. Die auf der Systemlehre beruhende Naturanschauung scheint endlich einen sinnvollen wissenschaftlichen Rahmen abzugeben, innerhalb dessen man sich auch mit den uralten Fragen nach der Natur des Lebens, des Geistes, des Bewußtseins und der Materie beschäftigen kann.»[292]

Mystiker wie Atomphysiker haben es nach Capra gleichermaßen mit einer nicht mehr an die Sinneswahrnehmungen gebundenen Erfahrung der Wirklichkeit zu tun und beide stoßen auf paradoxe Aspekte dieser Erfahrung.

Capra geht, wie wir sehen, weit über die Auffassung Dürrs vom Verhältnis zwischen Ratio und Mystik hinaus. Und dennoch erscheint mir das immer noch nicht ausreichend zu sein. Beide scheinen mir nämlich von einer ursprünglichen Zweiheit oder Dualität dieser Gebiete und Grundeinstellungen des Menschen auszugehen. Diese Dualität wollen sie dann erst in einem zweiten Schritt durch den Hinweis auf Ähnlichkeiten, Analogien, Komplementaritäten, Wechselspiele usw. überwinden. Es scheint aber fast zwingend so zu sein (und die vorangegangenen Kapitel können das mindestens teilweise bestätigen und veranschaulichen), daß von einer ursprünglichen *Einheit* von Mystik und Vernunft auszugehen ist, daß Mystik in Vernunft, Vernunft in Mystik ganz grundlegend und authentisch-wurzelhaft angelegt ist, wenn man ein genügend weites, aber legitimes Verständnis dieser beiden Größen zugrunde legt. Dies zu zeigen, wird ein Zentralanliegen der jetzt folgenden Erwägungen sein.

Vernunft braucht und hat ganz wesensmäßig eine Mitte, und diese Mitte ist die Mystik. Mystik ist sozusagen das Herz der

Vernunft, die Intimität der Vernunft, ihre Innenseite. Das intime Bei-sich-Sein und In-sich-Sein der Vernunft, ihr (empfundenes und – im guten Sinne -genossenes) Subjekt-Sein ist Mystik. Vernunft kann ihrem Wesensanspruch, das volle Vernehmen der gesamten Wirklichkeit zu sein, nicht gerecht werden, sie ist nicht imstande, diese Wirklichkeit zu vernehmen, wenn sie nur diskursiv, gleichsam nur von außen her an die Dinge herangeht, um sie herumkursiert, «herumläuft» (discurrere), außen an ihnen herummißt. Jede Intuition, jedes Hineinschauen in das Innere eines Elements der Wirklichkeit ist schon erste keimhafte, beginnende Mystik. Dieses behutsame Eintreten in das Innere jeden Gegenstandes, jeder Teilwirklichkeit, um sie tiefer zu verstehen, setzt aber voraus, daß die Vernunft erst einmal zu sich selbst kommt, sich selbst vernimmt, sich selbst bejaht, ganz bei sich selbst ist und um dieses bei sich selbst Angekommensein in einer gleichsam ontologischen Liebe zu sich selbst weiß. (Wo sie diese liebende Bejahung, dieses positive Einlassen auf sich selbst nicht vollzieht, endet sie im Nihilismus![293]) «Intellectum valde ama» (Liebe den Verstand sehr), fordert Augustinus mit Recht. Und Max Scheler, den man den größten Augustiniker des 20. Jahrhunderts genannt hat, hat das rechte Lieben zur Grundbedingung des rechten Erkennens erklärt. Aber schon der alte Plato wußte um die Stufen des Eros und die Notwendigkeit seines Aufschwungs zur höchsten Seinsliebe, ohne die Philosophie als Erkennen der Wirklichkeit nicht möglich sei.

Es war ein willkürliches Verdikt, eine dogmatische Zwangstrennung, als man im Rahmen der Eruierung des neuzeitlichen und modernen Wissenschaftsbegriffs Vernunft und Mystik auseinanderdividierte. Diese Trennung der beiden Größen ist auch im und vom Menschen gar nicht aufrechtzuerhalten, weil sonst in ihm alles Leben erstarrte und erstürbe. Die wissenschaftliche Vernunft wurde kastriert, auf Quantitatives festgenagelt, vom (qualitativen) Sein abgeschnitten, ihr wurden willkürliche, wirklichkeitsfremde Normen und Grenzen gesetzt und oft war die Folge eine «strukturelle Heuchelei», denn wie oft wurde als strikt empirisch, streng positivistisch, als hartes, unumstößliches, experimentell getestetes Faktum etwas ausgegeben, das in Wirklichkeit lediglich Ideologie, verkappte Weltanschauung, Vorurteil, unbewiesene Voraussetzung, Gefühlssetzung oder Hypothese war.

Ein neuer Wissenschaftsbegriff müßte zumindest das gesamte Repertoire seiner methodischen Normierungen, Einschränkungen und Kastrierungen offenlegen und zugeben. Während das Gros der kleinen Geister unter den Naturwissenschaftlern noch immer im Dogma der Unvereinbarkeit von Mystik und Vernunft verharrt und sich oft gar nicht der willkürlichen Minimalisierungen und Reduzierungen des wissenschaftlichen Vernunftbegriffs bewußt ist, ahnten bzw. wußten die großen Pioniere der Naturwissenschaft des 20. Jahrhunderts um die Einheit bzw. Vereinbarkeit des mystischen und des rationalen Faktors[294] und um die Notwendigkeit der Erweiterung des Wissenschaftsbegriffs. Schon in der Einleitung des vorliegenden Buches hörten wir Albert Einstein sagen: «Das tiefste und erhabenste Gefühl, dessen wir fähig sind, ist das Erlebnis des Mystischen. Aus ihm allein keimt wahre Wissenschaft.»

Ein anderer Großer, Teilhard de Chardin, freut sich über «die wachsende Bedeutung, welche die besten Denker aller Kategorien dem mystischen Phänomen beizumessen beginnen».[295] Im «großen Körper» einer zur Noosphäre hin evoluierenden Menschheit sah er bereits das langsame sich Herausbilden «einer Seele», nämlich «einer Mystik der Forschung». Zwar habe diese Mystik in einer ersten, überschwenglichen Phase zu einer «Mystik des Fortschritts» geführt, einer «vereinfachten und heute überholten Form einer Art Anbetung der Wissenschaft», die sich «im Kult der Materie verirrt» habe und «die Mysterien (und ihre Lösung) in der Ebene unserer Erfahrungen und unseres sinnlichen Universums» suchte und «nicht in einem Bereich des Universums, der tiefer liegt ...» Aber dieser naturalistische Positivismus sei jetzt überwunden. Die mit

sinnlichen Vorstellungskategorien nicht mehr zu vereinbarenden subatomaren Strukturen und Vorgänge weisen deutlich auf diese tiefere Ebene der Wirklichkeit und der Vernunft hin. Aber bereits durch die «Entdeckung der Dimensionen und der Vorwärtsbewegung (marche en avant) des Universums» sei «eine mächtige Mystik in Bewegung gesetzt» worden. «Denn das ist gerade eine Mystik, daß wir, durch die Physik und Geschichte zum Bewußtsein einer greifbaren Unermeßlichkeit erwacht, Werte und Geschmack nur mehr in unserer mühsamen Identifikation mit der Vollendung letzterer erfassen.» Teilhard de Chardin erwartete im Rahmen der «Reifung» der Noosphäre auf unserem Planeten «eine einzige Physik», eine «einzige Ethik» und «sogar (durch Polarisierung der Geister und der Herzen auf ein endlich in Sichtweite befindliches Zentrum der evolutiven Konvergenz) eine einzige Leidenschaft, das heißt eine einzige ‹Mystik›». Nicht selten setzte er «Noosphäre» und «mystisches Milieu» direkt gleich und behauptete, daß dieses «allumfassende Milieu, das dem Milieu, wo sich das scheinbare und gewöhnliche Leben abspielt, übergeordnet ist», alles sammle, alles an sich ziehe, «was Energie ist. Nur das ist in der Welt ohnmächtig und verdammt, das der Einigung des Geistes den Rücken kehrt.»
So erkannte der französische Paläontologe und Philosoph der Evolution, Mystik als «die Wissenschaft der Wissenschaften» an, als «die große Wissenschaft und die große Kunst», als «die einzige Macht» der alles umfassenden Synthese. Für ihn waren «wissenschaftliche Forschung und ‹mystisches› Bemühen nur eine einzige vielgestaltige Kraft (puissance), die sich unwiderstehlich auszubreiten verlangt.» Mystik stelle «die Synthese und den geeinten Gipfel aller Aktivitäten des Geistes» dar.[296]
Steigen wir jedoch von diesen sublimen Höhen der Teilhardschen Interpretation des Wissenschaftsbegriffs der Naturforschung herab, so müssen wir trotzdem auch im Rahmen einer ganz anspruchslos-nüchternen Betrachtungsweise feststellen, daß mit der vermeintlich wissenschaftlich legitimierten Re-

duktion der Vernunft auch die Wirklichkeit, die sie erkennen sollte, reduziert und verfremdet wurde. Man hat der Vernunft im Rahmen ihrer wissenschaftlichen Begrenzung und Normierung das (mystische) Herz herausgeschnitten und brauchte sich dann nicht mehr zu wundern, daß diese auf das Prokrustesbrett gespannte Vernunft Wirklichkeit nun nicht mehr zu erfassen vermochte. «Die Naturwissenschaft handelt nicht von der eigentlichen Wirklichkeit der ursprünglichen Welterfahrung, sondern nur von einer bestimmten Projektion dieser Wirklichkeit», «von dem Aspekt, den man nach Maßgabe detaillierter Anleitungen in Experimental-Handbüchern durch gute Beobachtung (aus der Wirklichkeit) herausfiltern kann ... Meist beobachten wir nicht mehr direkt die Natur, sondern verwenden dazu immer komplizierter werdende Geräte. Sie wirken wie überlange Stöcke, die uns erlauben, weiter vorzufühlen, Entfernteres zu berühren, stärker auszuholen – die andererseits aber gerade wegen ihrer großen Länge sich zwischen uns und die Natur schieben und bewirken, daß uns der unmittelbar tastende Kontakt, das Fingerspitzengefühl für die Erfassung der Wirklichkeit im Ganzen verloren geht. Je feiner, differenzierter die Methoden der Naturwissenschaft werden, desto schwächer wird der Wirklichkeitskontakt; die Stangen werden immer länger.»[297]

Der eben zitierte Atomphysiker Dürr hat noch ein zweites, sehr anschauliches Bild für die reduzierte Wirklichkeitserfassung durch die wissenschaftlich reduzierte Vernunft geprägt:[298] Der Naturwissenschaftler gleiche einem Fischkundigen, der den Fischen bestimmte Normen und Bedingungen oktroyiert bzw. stellt: «Grundgesetz Nr. 1: Alle Fische sind größer als fünf Zentimeter; Grundgesetz Nr. 2: Alle Fische haben Kiemen.» Der immer das Ganze der Wirklichkeit (zu erfahren) suchende Metaphysiker bzw. Mystiker aber gibt zu bedenken: «Es gibt im Meer sehr wohl Fische, die kleiner als fünf Zentimeter sind; aber diese kannst du mit deinem Netz einfach nicht fangen, da dein Netz die Maschenweite von fünf Zentimeter hat.» Der

Ichthyologe erwidert: «Für micht gilt, was ich nicht fangen kann, ist kein Fisch.» Der (die Sache von einem höheren, noch theoretischeren Standpunkt aus betrachtende) Erkenntnistheoretiker erklärt: «Ja, warum nicht? Man kann durchaus als Realitätsprinzip aufstellen: Fisch ist nur, was fangbar ist mit dem 5-Zentimeter-Maschen-Netz. Nur muß man sich klar darüber sein, daß das kein Gesetz der Natur, sondern ein eigenes, menschengemachtes Gesetz ist. Denn vielleicht gibt es auch Fische ohne Kiemen und solche, die kleiner als fünf Zentimeter sind.»

Je dichter, gleichsam raffinierter das Netz der Methoden, Normen und Bedingungen geknüpft ist, das die Naturwissenschaft über die Wirklichkeit stülpt, um so inhaltsleerer, um so pragmatisch-funktionaler wird die zu erkennende Wirklichkeit. Um beim vorhin benutzten Beispiel zu bleiben: «Der Ichthyologe-Naturwissenschaftler erkennt immer weniger vom ‹Was› des Fisches (da bin ich ihm als Esser voraus), erreicht nur noch ein funktionales 'Wie'. Die 'Instrumente' des Naturwissenschaftlers (das Netz des Ichthyologen) sind zwar der Natur angepaßt (dem Zweck des Fangens). Und darauf beruht der Erfolg. Aber je feiner sie arbeiten, desto mehr wird aus dem 'Was' (ist die Welt) ein 'Wie' (gehe ich damit um).»

Es gibt einen gleichsam experimentellen Beweis dafür, daß es so nicht weiter gehen kann und darf, daß die Reduktion der Vernunft durch die neuzeitliche und moderne Wissenschaft in Bälde an ihre letzten Grenzen stößt und wieder einem legitim erweiterten und vertieften Vernunftbegriff Platz machen muß. Diesen Beweis liefert die Technokratie.[299] Sie ist nämlich die praktische, die in die Tat umgesetzte Anwendung der (natur-) wissenschaftlichen Vernunft und ihres immer verfeinerteren und raffinierteren Instrumentariums. Längst kümmert sich die technokratische Geisteshaltung nicht mehr um das Wesen oder gar die Würde der Dinge, um unantastbare Gesetze des Seienden. Das alles ist ihr nur Rohstoff, Rohmaterial. Ihr geht es nur noch um das «Wie» des Umgangs mit der Wirklichkeit, um so viel wie möglich aus ihr herauszuholen, um ihre Nützlichkeit, ihr «Wachstum» zum Zweck des Gewinns, des Profits, des Prestiges, des Einflusses und der Macht exponentiell zu steigern. Aber die damit gegebene grauenhafte Malträtierung und Ausbeutung der Erde und ihres Umfelds, der Pflanzen- und Tierwelt, gerät an ein heute schon voraussehbares definitives Ende. Die auf der verengten wissenschaftlichen Vernunft basierende technokratische Vernunft hat sich selbst ad absurdum geführt, führt zur Selbstvernichtung der Menschheit und allen höheren Lebens auf der Erde.[300]

Folgendes leuchtet wohl ohne weiteres ein: Wenn überhaupt noch Hoffnung besteht, wenn noch die Möglichkeit eines entscheidenden Kurswechsels realisiert werden soll, dann genügt es nicht, die Hybris der Technokraten zu stoppen. Dann muß noch tiefer angesetzt werden, müssen die Verengungen und Verarmungen des wissenschaftlichen Vernunftbegriffs abgebaut, muß der runde und volle Begriff der Vernunft wieder ans Tageslicht geholt werden und zur dominierenden Geltung kommen. Fragen wir also nach den Charakteristika einer umfassenden und wirklichkeitsentsprechenden Vernunft!

Ganz grundlegend ist es erforderlich, Vernunft wieder als das der Tendenz und Anlage nach *volle und ganze Vernehmen der universalen Wirklichkeit* zu konzipieren. Sie ist zwar in ihren jeweils gezeitigten Resultaten stets endlich und begrenzt, aber potentiell unendlich in ihrem unbegrenzten Ausgriff auf immer weiteres, noch zu erforschendes Neuland. Aber das in dem eben Gesagten implizierte Voranschreiten der Vernunft von einem Weniger zu einem Mehr (an Erkenntnis) ist nur zum Teil richtig. Denn es ist doch so, daß all unseren Teilerkenntnissen, unserem Vordringen in neue Sektoren des Seienden bereits ein keimhafter Urerfassungsakt des Ganzen der Wirklichkeit als «Welt» vorausgeht und zugrunde liegt. Im ersten Aufleuchten, Aufbrechen unserer Vernunft in der Kindheit haben wir «Welt» als ein noch ungeteiltes Ganzes. Mit Recht sagen uns Entwicklungspsychologen, daß schon das Gehirn des normalen Kleinkinds eine Einheit darstelle, die mit der fortlaufenden rhythmischen Einheit der Welt wesenhaft verschränkt sei. «Wenn ein Kind geboren wird, trägt es die Ordnung der Welt bereits in sich.»[301] Auch die philosophische Anthropologie ist sich ganz sicher: Aufgrund seiner Vernunft hat der Mensch *Welt* und ist er «unendlich gesteigerter Weltoffenheit» und universaler Welterfassung fähig (während das Tier nur *Umwelt* hat). Es findet sich «immer schon in einer auf es hin verengten – und zwar da jede Art wieder eigene Bedürfnisse und Gewohnheiten hat, findet jedes sich in einer qualitativ anderen – Umwelt vor. Es ist in sie so selbstverständlich eingefügt, daß es auch nicht einmal um die Ausschnitthaftigkeit seiner Umwelt weiß.»[302] Psychopathologie und Neurosenlehre erklären neuerdings neurotische Verhaltensänderungen und auch psychotische Umstrukturierungen der Persönlichkeit immer häufiger als Störungen der Kommunikation und Interaktion nicht nur mit den anderen Menschen, sondern auch mit der Welt, mit der Gesamtwirklichkeit, die im ersten Aufgang der kindlichen Vernunft ja noch ein ungeteiltes, harmonisches Ganzes war, sich dann aber immer mehr zersplitterte.

Den Grundzug der Vernunft,. «quodammodo omnia» zu sein, alles, aber auch alles vernehmen zu wollen, beweist selbst noch die «technokratische Vernunft». Denn auch sie hat die Tendenz auf *alles* hin, nichts auszulassen, nur will sie sich alles zum verfügbaren, beliebig manipulierbaren Objekt machen, womit sie dem stets größeren Geheimnis der die menschliche Vernunft überschreitenden, wiewohl von ihr auch stets angepeilten universalen Wirklichkeit nicht gerecht werden kann.

Wie gesagt: Wir haben zunächst einmal das noch nicht auseinandergefaltete Gefühl, die Grund gewährende Intuition, das gleichsam vor-bewußte Bewußtsein eines ganzheitlich Umgreifenden. «Was sagbar wird, tritt in die Subjekt-Objekt-Spaltung, und ein ins Unendliche vorandringendes Hellwerden im Bewußtsein erreicht nie die Fülle jenes Ursprungs ... Wenn wir uns in den Erscheinungen der Welt bewegen, werden wir uns bewußt, daß Sein selbst weder in dem immer verengenden Gegenstand, noch in dem Horizont unserer immer bechränkten Welt als der Gesamtheit der Erscheinungen zu haben, sondern allein in dem Umgreifenden, das über alle Gegenstände und Horizonte hinaus, hinaus über die Subjekt-Objekt-Spaltung ist ... Das Objekt als solches für eigentliches Sein zu halten, das ist das Wesen aller Dogmatik»,[303] auch – wie wir hinzufügen können – der wissenschaftlichen.

Aber das Vor-Bewußte muß zum Bewußten werden, d.h., aus der Wirklichkeit unserer Existenz heraus, nicht mithilfe des sich gegenüber dem Ganzen absperrenden analytisch-funktional-pragmatisch denkenden Verstands, müssen wir den mystischen Aufschwung in das Umgreifende schaffen, um dadurch das ganz bewußte «Innewerden des Umgreifenden» zu gewinnen. Trotzdem: Allein im Medium des sich allerdings nicht mehr verschließen dürfenden «gegenständlich bestimmten Denkens und nur in ihm erfolgt der Aufschwung des Menschen in das Umgreifende. Er bringt zur Wirksamkeit im Bewußtsein den Grund unseres Daseins im Sein selbst, die Führung von da, die Grundstimmung, die Sinngebung unseres Lebens und Tuns. Er löst uns aus den Fesseln des bestimmten Denkens, indem er dieses nicht etwa preisgibt, sondern bis zum Äußersten treibt.» Gerade durch eine solche gleichsam mystische «Wiedergeburt unseres Wesens im Philosophieren erwächst der je begrenzte Sinn und Wert aller endlichen Dinge, wird die Unumgänglichkeit der Wege durch sie hindurch gewiß, aber wird zugleich der Grund gewonnen, aus dem erst der freie Umgang mit diesen Dingen möglich ist.»[304]

Hier haben wir auch einen weiteren Hinweis auf die Einheit von Mystik und Vernunft. Denn ohne den (mystischen) Aufschwung der Vernunft, ohne eine Art (mystischer) Wiedergeburt hat die Vernunft nicht den Elan, sich vom Kleben an den einzelnen Gegenständen und ihren immer präziser festgelegten und georteten Teilaspekten zum Ganzen der Wirklichkeit zu erheben oder dieses auch nur versuchsweise in den Blick zu nehmen. Das meinte wohl auch Albert Einstein, wenn er betonte, daß allein aus dem Erlebnis des Mystischen wahre Wissenschaft hervorkeime, daß wer dieses Gefühl und Erlebnis des Mystischen nicht habe, «seelisch bereits tot» sei, weil Mystik eben die Seele der Vernunft ist. Der geniale Theoretiker der Physik spürte, daß ohne mystische Vorgabe, ohne das Ahnen, Spüren und keimhafte Wissen um die stets übersteigende Größe und das Geheimnis aller Wirklichkeit der Wissenschaft die Energie, der Elan ausgeht, in weitere und höhere Regionen vorzustoßen. In dieser Perspektive ist Mystik geradezu der *Pfeil*, die Speerspitze, der Leitstern der Vernunft, der diese bewegt, sich zum Ganzen und zum Grund alles Seienden auf den Weg zu machen, sich des Umgreifenden, das alle Details und alle Detailerkenntnisse erst möglich macht, bewußt zu werden, die grundlegenden und globalen Zusammenhänge alles Seienden in den Blick zu nehmen. Diese Funktion des Pfeils der Vernunft vermag Mystik auszuüben, weil eines ihrer Wesensattribute die Seinsliebe, die Empathie, also das Sich-Einfühlen, und die Sympathie, also das Mitfühlen mit dem Ganzen, Totalen und Universalen, das «Einlassen in den Grund» des eigenen Seins und des Gesamts aller Dinge, das Fühlen «der Anwesenheit absoluten Seins in unserem Wesensgrund»[305] ist. Wiederum stehen wir hier auch vor der Tatsache, daß Seinsliebe tiefere Seinserkenntnis anführt und möglich macht, daß «die Welt als Wille und Vorstellung» (Schopenhauer) nur durchschaut werden kann, wenn ein gereinigter Wille, der in dieser Tendenz als solcher ja Liebe ist, zu den richtigen Vorstellungen führt. Oder sagen wir's mit der genialen Einfachheit A. de Saint-Exupérys: «Man sieht nur mit dem Herzen gut.» Goethe, der Mystik einmal als «Scholastik des Herzens, Dialektik des Fühlens»[306] charakterisiert hat, sah ebenfalls eine Leitfunktion in der Mystik: «Es gibt eine zarte Empirie, die sich mit dem Gegenstande innigst identisch macht und dadurch zur eigentlichen Theorie wird.»[307]

Mystik als zu allem hin geöffnete Seinssympathie und -liebe, ahnt, spürt, fühlt die Verwandtschaft aller Dinge, die tiefe Entsprechung in und zwischen ihnen, ihre Tendenz und ihr sich Entwickelnwollen zu einer alles verbindenden, alles übergreifenden Super-Einheit. Mystik als grundlegende Disposition und Anlage im Menschen vermag oder versucht sich auch in die Dinge empathisch einzufühlen, hineinzuversetzen. Diese empathische und sympathische Seinsliebe als Wesensattribut der Mystik läßt in der Vernunft sogar erst die ursprüngliche *Vision* entstehen über die Art und Weise, wie das einzelne Seiende und die immer größeren Zusammenhänge immer größerer Teilgruppen des Seienden überhaupt zu denken und zu erkennen sein könnten. «Wie kommt beispielsweise der Wissenschaftler zu einer neuen Entdeckung? Macht er zunächst ein Experiment nach dem anderen, trägt er Tatsache um Tatsache zusammen, ohne eine Vision davon zu haben, was er zu finden erwartet? Nur selten ist auf irgendeinem Gebiet eine wichtige Entdeckung auf solche Weise gemacht worden, genausowenig wie man zu den wichtigen Schlußfolgerungen kommt, wenn man lediglich seinen Phantasien nachjagt. Der Prozeß kreativen Denkens beginnt in allen Bereichen menschlichen Bemühens oft mit etwas, das man als eine *rationale Vision* bezeichnen könnte... Die Geschichte der Wissenschaft ist voller Beispiele für den Glauben an die Vernunft und für solche Visionen der Wahrheit.»[308]

Zwischen Seinsmystik und Seinserkenntnis durch die Vernunft, scheint ein ganz ähnliches Ursprungsverhältnis zu bestehen wie zwischen Magie und technokratischer Vernunft. Faßt man Magie auf als «einen durch höchste Konzentration erlangten Rapport mit dem inneren Zentrum eines Naturdinges oder geistigen Wesens, und zwar unter Zuhilfenahme äußerer Entsprechungen zum Zwecke der Dienstbarmachung dieser Wesen»,[309] dann erscheint die von manchen Kulturphilosophen angenommene Entstehung der technokratischen Vernunft aus der Magie gar nicht so unplausibel. Aber das können wir dahingestellt sein lassen, es geht uns hier nur um die möglichst gut veranschaulichende Analogie: «hie Magie – Technokratie», da «Seinsmystik – Vernunfterkenntnis.» Denn auch die Seinsmystik ist ein durch höchste Konzentration erlangter Rapport mit dem inneren Zentrum der Dinge, freilich nicht wie die Magie zum Zwecke der Dienstbarmachung dieser Dinge. Allerdings geht es bei dem letztgenannten Verhältnis schon um mehr als eine Analogie lediglich zum Zweck der Veranschaulichung. Denn ohne konzentriertes Eingehen auf das einzelne Seiende und seine Zusammenhänge, ohne das Sympathiegefühl einer Verwandtschaft mit ihm, ohne die Tendenz, irgendwie mit der zu erkennenden (Teil-)Wirklichkeit zu konvergieren, zu verschmelzen und eins-werden zu wollen, also ohne die ganze anfanghafte Mystik erkennen wir eben nur Äußerlichkeiten, Quantitäten, Funktionalitäten, aber das zu erkennende Seiende und die Welt als Gesamtheit der Seienden entleert und entwertet sich, sie entschwindet unseren Händen und unseren Augen immer mehr. Die Welt wird zum gespenstischen Gefüge technokratischer Nützlichkeiten und monströser Apparaturen, aber die unsere Psyche stärkende, aufbauende, integrierende und harmonisierende Dignität, Ästhetik und Majestät des Kosmos und seiner Teile sind dahin.

Gerade hier – im Anblick der heute ja schon voll zu Tage tretenden erschreckend negativen Folgen der rein funktionalistischen Sicht der Dinge – zeigt sich wiederum die Unentbehrlichkeit und Unüberspringbarkeit des Faktors Mystik. Denn sie ist das der Vernunft erste Nahrung und Inhalte gebende, erste Visionen der Qualität und Tiefe der Welt eingebende Organ. «In sich ist das mystische Gefühl ein Sinn und eine Vorahnung der totalen und letzten Einheit der Welt, durch die gegenwärtige und fühlbare Vielheit hindurch: ein kosmischer Sinn der ‹Oneness›.» Sie ist sozusagen der erste seinsmäßige «Widerhall des Ganzen» in der Tiefe der menschlichen Psyche, eine «grundlegende Schwingung»[310] als primäre, grundlegende Resonanz auf den Kosmos alles Seienden.

Natürlich kann sich diese anfang- und keimhafte Mystik, wie sie als Grundlage, Vorstufe, Vorbedingung und Voraus-Licht echter und anspruchsvoller Vernunfterkenntnis der Wirklichkeit unentbehrlich ist, bis zu dem überwältigenden Höhepunkt eines mystisch-*kosmischen Bewußtseins* steigern. Jedoch müssen wir diese beiden Ebenen der Mystik streng unterscheiden, denn nur die erste ist für jedes Erkennen der Wirklichkeit, auch das wissenschaftliche, soweit es sich nicht funktionalistisch-quantitativ versklaven läßt, unentbehrlich. Andererseits inspiriert, motiviert, befruchtet, erleuchtet die höhere Ebene, also das mystische Erlebnis kosmischen Bewußtseins in einer alles in den Schatten stellenden Weise das Erkennen desjenigen, dem diese Erfahrung zuteil wurde.
Hier einige Schilderungen kosmischen Bewußtseins. Der indische Yogi Paramhansa Yogananda berichtet über sein Samadhi, sein kosmisches Erleben, u. a. folgendes: «Seele und Bewußtsein verloren ... ihre physische Begrenzung und entströmten wie eine Lichtflut jeder Pore. Ich fühlte meinen Körper nicht mehr, obwohl meine im höchsten Grad erregte Wachsamkeit niemals zuvor ein solches Gefühl der Lebensfülle empfunden hatte. Mein Ich war nicht mehr im Körper gebunden, sondern erfaßte alles, was mich umgab. Die Leute in den entferntesten Straßen schienen sanft durch mein schrankenlos gewordenes Sein hindurchzugehen. Die Wurzeln der Pflanzen und Bäume offenbarten sich mir in der Tiefe des durchsichtig gewordenen Bodens; ich verfolgte den inneren Fluß ihrer Säfte. Meine ganze Umgebung lag sichtbar vor mir ausgebreitet. Mein raumhaft gewordenes Blickfeld erlaubte mir, alles mit einem einzigen Blick zu umfassen ... ein einziges Meer leuchtender Wellen ... Das all-einende Licht, abgelöst von materiellen Formen, entschleierte in diesen Verwandlungen das Zeichen des Gesetzes von Ursache und Wirkung in der Schöpfung ... Ein immer stärker anschwellendes, inneres Leuchten umfaßte Täler und Kontinente, Erde, Sonne und Sterne, Nebelflecke, Sternhaufen bis zu den letzten Milchstraßen. Der

ganze, zart wie eine ferne nächtliche Stadt erleuchtete Kosmos verbreitete sich in meinem unbegrenzten Sein. Die klaren Umrisse zerfielen am äußersten Rand meines Blickfeldes; aber noch entfernter nahm ich ein unstoffliches Strahlen im nie sich vermindernden Glanz wahr: ein dichteres Licht zeigte das Bild der Planeten. Das göttliche Strahlenbündel, hervorbrechend aus der Ewigen Quelle, bildete die Milchstraßen und löste sich in tausend Strahlenkronen von unaussprechlicher Herrlichkeit auf. Immer wieder sah ich die schöpferischen Strahlen sich in Sterne verdichten und sich in Zungen durchsichtiger Flammen auflösen! Myriaden von Welten gingen in rhythmischer Umkehr wieder in ein durchsichtiges Lichtmeer ein, das ganze Himmelsgewölbe war nur eine einzige unendliche Feuersbrunst. Ich wußte, daß die Mitte dieser Feuerhimmel in meinem Herzen war, der Mittelpunkt wahrnehmender Schau. Strahlendes Licht entströmte meinen Zellen und durchdrang jeden Teil des Universums!»[311]
Der Ausdruck «kosmisches Bewußtsein» geht auf den kanadischen Arzt R.M. Bucke zurück. Er prägte für ein einschneidendes, außerordentliches Erlebnis, das er 1872 hatte, diesen Ausdruck. Er schildert diese Erfahrung in der dritten Person: «Jäh, ohne irgendwelche Vorzeichen, fand er sich wie von einer flammenfarbenen Wolke umhüllt. Einen Augenblick glaubte er an Feuer; im nächsten wußte er: das Licht war in ihm selbst. Gleich darauf überkam ihn Frohlocken, gewaltige Freude, begleitet von einer unbeschreiblichen intellektuellen Erleuchtung. In seinen Geist flutete ein flüchtiger Blitzstrahl des brahmanischen Glanzes; auf sein Herz fiel ein Tropfen brahmanischer Seligkeit, der einen bleibenden Nachgeschmack des Himmels hinterließ. Er sah und da wußte er, daß der Kosmos nicht tote Materie, sondern lebendige Gegenwart ist, daß die Seele des Menschen unsterblich, daß das Universum so gebaut und geordnet ist, daß alle Dinge ohne irgendeine Zufälligkeit für das Wohl von allen und allem zusammenwirken, daß das Grundprinzip der Welt das ist, was wir Liebe

nennen, und daß das Glück eines jeden auf die Dauer absolut sicher ist. Er behauptet, während der wenige Sekunden dauernden Erleuchtung mehr gelernt zu haben, als in den vorangehenden Monaten oder gar Jahren des Studiums, und vieles erfahren zu haben, was kein Studium je lehren könnte.»

Bucke hat auf der Grundlage seines eigenen Erlebnisses, aber auch nach dem Studium der Erfahrungen anderer mit dem kosmischen Bewußtsein die Merkmale zusammengestellt, die dieses Bewußtsein charakterisieren: Es ist das «Erlebnis des inneren Lichtes». – «Ohne irgendwelche Vorahnung fühlt man sich plötzlich wie von Flammen erfaßt ... im gewissen Sinne so, als würde ein Feuer aus seinem eigenen Inneren emporlodern». – «Dabei besteht eine unaussprechliche Freude, Seligkeit, eine Gewißheit, ein Triumphgefühl». – Alle Verstandes- und Geisteskräfte werden erleuchtet. – Der Kosmos ist keine tote Materie mehr. – Blitzartig enthüllt sich der Sinn, das Ziel der Weltschöpfung.»[312]

Wie direkt inspirierend und befruchtend für das naturwissenschaftlich-philosophische Denken das kosmische Bewußtseinserlebnis sein kann, beweist ein Synthetiker wie F. Capra, der selber von einer Erfahrung «kosmischer Mystik», die er im Sommer 1969 hatte, berichtet und gesteht, daß dieses Erlebnis ihn endgültig zur Einsicht in die «tiefreichende Harmonie zwischen zwei Weltanschauungen»,[313] nämlich der des Mystikers und der des Naturwissenschaftlers, führte.

Die inspiratorische, befruchtende, erleuchtende, bereichernde und vertiefende Wirkung des mystisch-kosmischen Erlebens für das wissenschaftliche Erkennen ist darauf zurückzuführen, daß dieses Erleben das *Überbewußtsein* des Menschen aktiviert und intensiviert. Das leuchtet ohne weiteres ein, wenn man bedenkt, daß im Grunde alle großen geistigen Leistungen der Menschheit in Wissenschaft, Philosophie, Kunst, Musik, Ethik und Religion ihren Quellpunkt im Überbewußtsein, in hellwachen und hochangeregten Bewußtseinszuständen hatten und haben. Echte Kreativität auf irgendeinem Gebiet mensch-

lichen Schaffens ist ohne das Supramentale, ohne dieses Überbewußtsein nicht möglich. Von ihm ist das Unter- und Unbewußte strikt zu unterscheiden. Dieses wird durch das Supramentale, Überbewußte allerdings keineswegs ausgeschaltet, denn eine Inkubationszeit, eine Verarbeitung, ein Ausgetragen-, gleichsam Ausgebrütetwerden jeder neuen großen Idee im Unbewußten bleibt stets notwendige Voraussetzung. Inkubation im Unbewußten und Illumination (Erleuchtung) im Überbewußtsein schließen sich nicht aus, sondern ein, worauf ja bereits in der Einleitung dieses Buches hingewiesen wurde. So ist das Überbewußtsein, das eine enorme Ausweitung des normalen Bewußtseins darstellt, «eine Art Gegenpol zu dem tiefen-psychologischen Begriff des Unbewußten, so daß in Analogie zu dem normalen Farbenbereich, der zwischen einem ultraroten und ultravioletten Nachbarbereich liegt, der normale Bewußtseinszustand zwischen dem unbewußten und dem überbewußten Bereich als ein Ausschnitt zu liegen käme.»[314]
Das Überbewußtsein ist auch nicht etwa mit dem Über-Ich der Psychoanalyse, also der vom Kind verinnerlichten Normenwelt der Eltern und der Gesellschaft gleichzusetzen. Es handelt sich dabei vielmehr um überkonzentrierte, überwache Zustände des Bewußtseins wie Hellwachsein, Entzückung (Exzitation), Entrückung (Exaltation), Außersichsein (Ekstase, Nirwana), eine höhere Qualität inneren Friedens, innerer Ruhe, um Gipfelerfahrungen auf dem Höhepunkt großer existentieller Erlebnisse oder Leistungen. Führende Religionswissenschaftler und Psychologen des 20. Jahrhunderts wie Th. Achelis, M. Buber, F. Heiler, W. Gruehn, R. Otto, A. Maslow haben sich mit zum Teil umfangreichen Abhandlungen in die Diskussion über das Problem des Verhältnisses zwischen Mystik und Überbewußtsein eingeschaltet. In methodischer Weise gerät man auf die Stufe des Überbewußtseins, indem man – etwa in der Meditation – die Konzentration der Aufmerksamkeit auf einige wenige Hauptinhalte des Bewußtseins willentlich-willkürlich hinlenkt und bei ihnen – durch nichts abbringbar – ver-

bleibt. Allmählich erfüllt nur noch ein Gedanke, eine Vorstellung das ganze Bewußtsein. Diese Vorstellung aber erfährt eine qualitative Veränderung. Sie eröffnet dem inneren Blick Tiefendimensionen und neue Bedeutungsebenen ihres vorher so normalen Verständnisses, sie scheint im Lichte des Überbewußtseins immer reicher, tiefer, bedeutsamer, einzigartiger, kraftvoller und gewisser zu werden. Sie strahlt Ruhe, Stärke, Sicherheit, Freude aus. Sie macht den Menschen schöpferisch, kreativ.

Im Überbewußtsein sind Vernunft und Mystik eine Einheit. Aber gerade dieses Überbewußtsein, ja schon die pure Vermutung der Existenz von etwas Supramentalem ist ein Stein des Anstoßes für die klassischen Schulen moderner Psychologie: die Freudsche Psychoanalyse und den Behaviorismus. Für sie ist das Überbewußtsein infantile Regression, Illusion, Autosuggestion, Selbsthypnose, endokrine Droge oder ähnliches.

Die Psychoanalyse Freuds unterlag der Versuchung der Reduzierung und Wegrationalisierung. Freud deutete die Hinwendung zu religiösen Werten, wie sie von so vielen Menschen vollzogen wird, als universale Neurose. Das Gefühl der Entgrenzung, das Empfinden von etwas Grenzen- und Schrankenlosem, wie es sich gerade bei der (mystischen) Einswerdung mit den höchsten oder absoluten Werten einstellt, bezeichnete er als «ozeanische» Empfindung und deutete diese als Symptom für infantile Hilflosigkeit und Geborgenheitssehnsucht, die ihm überhaupt als Grundlage aller religiösen Gefühle erschien. Wir haben hier das typische Modell einer Interpretationsschablone vor uns, die Freud auf alle «höheren Regungen» anwendet, die in sein Erklärungsmodell nicht hineinpassen wollten und die ihn, wie wir wissen, bisweilen auch selber beunruhigt, zumindest befremdet haben. In den Spuren des Meisters interpretierte die ganze orthodoxe Psychoanalyse alle höheren, über den Normalzustand eines menschlichen Individuums hinausgehenden höheren Werterfahrungen, insbesondere alle transzendenten Erfahrungen und mystischen Phänomene als im Grunde pathologisch, als psychotische oder fast psychotische Regressionen in undifferenzierte infantile Bewußtseinszustände. Meditation mit ihrem vor allem in fortgeschritteneren Stadien feststellbaren Effekt der tiefgehenden Beruhigung und Kräftigung des Nervensystems wurde z.B. als «selbstinduzierte Katatonie» hingestellt und noch 1976 sah die Group for the Advancement of Psychiatry in allen höheren Werterfahrungen «Formen des Verhaltens, die zwischen Normalität und Psychose liegen». Mit Recht hat man dagegen geltend gemacht, daß «solche Deutungen zur Zeit ihres Entstehens verständlich gewesen sein mögen, aber wer so etwas heute noch vorbringt, weiß offenbar wenig von paradigmatischen Verschiedenheiten und von dem inzwischen beträchtlich angewachsenen Material über die Psychologie und Soziologie transzendenter Erfahrungen.»[315]

Die folgende negative Feststellung D. Golemans trifft zwar nicht die Analytische Psychologie C. G. Jungs, auch nicht die neueren Schulen der Humanistischen und der Transpersonalen Psychologie, ist aber in bezug auf einige im 20. Jahrhundert dominierende psycholgische Strömungen der Psychoanalyse und des Behaviorismus absolut richtig: «Die Modelle heutiger Psychologie», sagt er, «verhindern die Anerkennung oder gar Erforschung einer Seinsweise, die zentrale Prämisse und höchstes Gut praktisch aller psycho-spirituellen Systeme des Ostens ist. Was dort je nach Tradition als ‹Erleuchtung›, ‹Buddhaschaft›, ‹Befreiung› oder ‹Erweckung› bezeichnet wird, kann von keiner Kategorie der gegenwärtigen westlichen Psychologie erfaßt werden.»[316]

Dem gegenüber bauen die auf der Jungschen bzw. der Humanistischen Psychologie basierenden Psychotherapien konsequent auf der Einsicht weiter auf, daß zur ganzheitlichen Gesundheit des Menschen die Anerkennung und Verwirklichung der spirituellen Werte gehören. Sie gehen davon aus, daß der Mensch auf die Dauer nur gesund ist, bleibt, wird, wenn er sich als integralen Organismus, als Zusammenhang von Körper, Psyche und Geist versteht und selbsterfährt; sie weisen darauf hin, daß viele Patienten nur deswegen krank sind, weil es ihnen nicht gelingt, diese drei Größen als gleichermaßen notwendige, lebenswichtige Komponenten des Gesamtorganismus Mensch zu akzeptieren und zu integrieren. Das Erbe der cartesianischen Trennung von res extensa und res cogitans, von Körper und Geist, hindert sie sowohl daran, sich ganz mit ihrem Körper, als auch daran, sich ganz mit ihrem geistigen Potential zu identifizieren, weil sie nicht sehen, daß der ungehemmte und vollentfaltete psychische Energiefluß beide Größen in sich vereint; daß die psychische Grunddynamik ebenso zur Entfaltung des spirituellen wie des körperlichen Potentials drängt. Als Folge der cartesianischen Spaltung von Körper und Geist in der Kultur des Abendlandes kommt es bei nicht wenigen Menschen im Einflußbereich dieser Kultur auch zu einer Trennung von Individuum und Umwelt, so daß man bereits von «Symptomen einer kollektiven psychischen Erkrankung» gesprochen hat, die dem größten Teil der westlichen Kultur eigen sei.[317]

Vertreter der vor allem in den USA beheimateten Transpersonalen Psychologie, die man besser Transzendentale Psychologie nennen sollte, haben sich ganz besonders intensiv mit den menschlichen Gipfelerfahrungen befaßt. Sie entdeckten in ihnen ein transzendentes Element, das sich u. a. in veränderten Bewußtseinszuständen, Empfindungen der mystischen Einheit aller Wirklichkeit, tiefen Einsichten in die Natur und das Wesen des Seins, Erfahrungen der Ausdehnung der Identität über den Bereich des Ich und der Persönlichkeit hinaus sowie in besonderen Einblicken in das eigene Selbst und seine Beziehungen zur Welt äußerte. Veränderte Bewußtseinszustände – das waren beispielsweise besondere Erfahrungen des Glücks, der Erfüllung, der Freude, der Bewunderung, des Staunens, Gefühle einer Art demütiger Achtung vor dem, was man als über jedes persönliche Verdienst hinausragend erfahren hatte.

Solche besonderen Zustände konnten sich von den verschiedensten Ausgangspunkten her entwickeln, sie konnten entstehen auf der Grundlage künstlerischer Kreativität, ethischer Willensleistungen, mystischer oder «ozeanischer» Erfahrungen, gewisser Erfolgserlebnisse als Gatten oder Eltern, sportlicher Höchstleistungen oder therapeutischer Intuitionen. Aber bei all diesen so menschlichen Aktivitäten und Leistungen kann eine Gipfelerfahrung eintreten, die zugleich den Einbruch der Transzendenz bedeutet: Der Dichter empfängt eine Inspiration, der Sportler erfährt seine Höchstleistung trotz seiner aktiven Maximalbeteiligung als Geschenk, der Liebende lebt durch die Liebe des Partners, der Mystiker empfindet sich als passiven Empfänger von Erleuchtungen, die Sexualpartner erfahren ihre Verschmelzung als Einheitserlebnis mit dem Kosmos und seinen Kräften usw.
Die transzendente Erfahrung, die bei solchen Gipfelerlebnissen gemacht wird, zeichnet sich durch einen besonders kraftvollen, intensiven Charakter aus, der sie von gewöhnlichen Erfahrungen stark abhebt. Aber nicht nur durch diese besondere Intensität, auch durch eine als eigenartig neu empfundene *Qualität* unterscheidet sie sich von der Alltagserfahrung. Beide – Intensität und Qualität – sind dafür verantwortlich, daß die transzendente Erfahrung den Personen, die sie gemacht haben, oft als *unbeschreiblich* erscheint. Trotzdem ist mit ihr ein Gefühl *größerer Klarheit* und *gesteigerten Verständnisses* verbunden. Man hat den Eindruck, jetzt durchzublicken und die Dinge in einem umfassenderen Bezugsrahmen zu sehen. In der Tat haben Psychologen und Psychotherapeuten sowohl der Jungschen wie der Transpersonalen Psychologie immer wieder festgestellt, daß Testpersonen, die Spitzenerfahrungen gemacht hatten, eine besondere Klarheit und Verzerrungsfreiheit in ihrem Wahrnehmen, Erkennen, Urteilen und Bewerten an den Tag legten. Der amerikanische Psychologe A. Maslow spricht von Plateauerfahrung und meint damit auch, daß man von einem gewissen Plateau aus und aus einer bestimmten

Distanz die Dinge deutlicher in den Blick bekommt. Die Gipfelerfahrung bewirkt nämlich u.a. eine Relativierung, Minderung, In-die-Schranken-Weisung des anspruchsvollen Charakters der Grundbedürfnisse, der primären Begierden und Triebe. Somit unterliegt der Transzendentes Erfahrende nicht mehr dem verzerrenden Einfluß derselben, den von ihnen hervorgerufenen Ängsten und Verhaftungen. Er kann daher die Dinge sehen, wie sie an sich sind, und nicht wie sie sich für uns, d.h. für unsere Wunschstruktur, darstellen. «Der vollständig Verwirklichte ist ein Mensch, dessen Pforten der Wahrnehmung durch nichts mehr blockiert sind.»[318]

Vor allem werden *Raum* und *Zeit* in der Gipfelerfahrung in gereinigter, veränderter, gleichsam verwandelter Weise wahrgenommen. Sie haben ihre in der Alltagserfahrung doch alles so beherrschende Stellung verloren. Die Zeit drängt nicht mehr, sie streßt einen auch nicht weiter, sie ist auch nicht mehr der automatische, oft als Leerlauf empfundene Ablauf monoton-gleicher Zeiteinheiten. Sie steht jetzt, ist erfüllter Augenblick, ist identisch mit ewig in sich ruhender Sinnfülle. Die Zeit ist transzendiert, ist im doppelten Hegelschen Sinn aufgehoben in die, in der Ewigkeit. Ähnliches geschieht bei menschlichen Spitzenerfahrungen mit dem Raum. Er ist Gegenstand immer weiterer Grenzüberschreitungen: zuerst wird der Raum der Persona (im Jungschen Sinn), dann der des Ego und des Organismus mit ihren normalen Beschränkungen überschritten. Schließlich weitet sich das menschliche Bewußtsein zum gesamten Kosmos hin aus. Es hat eine fortschreitende Disidentifikation oder Ablösung von den verschiedensten Raumsektoren stattgefunden, bis die eigentliche Expansion, nämlich die Identifikation des universalen Menschen mit dem Kosmos gelungen ist. In der Terminologie Maslows: «Metamotive sind nicht mehr *nur* intrapsychisch oder organismisch. Sie sind gleichermaßen nach innen und außen gerichtet. Dies bedeutet, daß die Unterscheidung von Ich und Nicht-Ich zusammenge-

brochen bzw. transzendiert worden ist. Zwischen der Welt und der Person wird immer weniger ein Unterschied gesehen; das Ich dehnt sich sozusagen aus. Und wenn man sein höchstes Selbst mit den höchsten Werten in der Welt dort draußen identifiziert, so ist das – zumindest in gewissem Umfang – eine Verschmelzung mit dem Nicht-Ich.»[319]
Infolge der eben beschriebenen Raum-Zeit-Transzendierung geschieht auch etwas mit dem kosmischen Bewußtsein des Menschen. Das normale Bewußtsein des Kosmos, das Menschen auf ihrer Ego-Stufe haben, ist neutral oder negativ gestimmt: das Universum erscheint als (für menschliches Schicksal) gleichgültige, unnahbare oder sogar eisig-zermalmende Größe. Wenn aber die Ebene der höchsten Klarheit des Bewußtseins oder das, was die großen Religionen mit Erleuchtung, Erwachtsein, mystischer Wahrnehmung usw. meinen, erreicht ist, wenn also die Fehlidentifikationen des Ich mit partialen Wirklichkeiten, mit ausschnitthaftem Sein aufgehört haben, so daß die Wirklichkeit nicht mehr durch die Ängste, Wünsche, selbstsüchtigen Berechnungen und Voreingenommenheiten in der Haltung des Beobachters verfälscht und verzerrt wird, dann werden die Seinswerte zu Seinsfakten, das Ideale und Sein-Sollende wird zur höchsten und letzten Wirklichkeit. «Wenn die höchsten Ebenen der Persönlichkeitsentwicklung, der kulturellen Entwicklung, der Klarheit, der emotionalen Befreiung (von Angst, Hemmung und Abwehrhaltung) und der Nichteinmischung zusammenfallen, dann wird ... die Welt ... als wahr, gut, vollkommen, integriert, lebendig, gesetzmäßig, schön usw. beschrieben ... Die übliche Entgegensetzung von *ist* und *sollte* erweist sich als kennzeichnend für die niederen Ebenen des Lebens und wird auf den höheren transzendiert, denn dort verschmelzen Faktum und Wert ... Die Kontemplation letzter Werte wird identisch mit der Kontemplation des Wesens der Welt.» Die objektivste Wahrnehmung der Gesamtwirklichkeit enthält nun trotz dieser rein auf Wahrheit ausgerichteten Objektivität des Erkennens auch qualita-

tive, axiologische, ethische, ästhetische und emotionale Elemente, worauf auch immer wieder große Philosophen, Naturforscher, Künstler und Mystiker hingewiesen haben, für die auf dieser höchsten Seins- und Bewußtseinsebene Naturwissenschaft mit Kunst, Philosophie und Religion verschmolz. Wahrheitssuche wurde für sie identisch mit dem Streben nach Schönheit, Ordnung, Einheit und Vollkommenheit, fundamentale naturwissenschaftliche Einsichten und darauf basierende Aussagen blieben nicht ohne spirituelle und axiologische Schönheit und Ausdruckskraft. Daraus folgt, daß die rein kognitive, logisch-rationale Haltung gegenüber der Wirklichkeit eine Abstraktion ist. Die echte Wirklichkeit ist viel reicher und mannigfaltiger, sie «verlangt auch nach einer warmen emotionalen Reaktion, sie regt an zu Liebe, Hingabe, Loyalität und sogar Gipfelerfahrungen. Sie ist nicht nur wahr, gesetzmäßig geordnet, integriert usw., sondern auch gut, schön und liebenswert... Und wenn wir auch nicht sagen können, daß das Universum den Menschen *liebt*, so nimmt es ihn doch ohne Feindseligkeit an, läßt ihn bestehen und wachsen und gewährt ihm – manchmal – große Freude.»[320]
Viele Testpersonen erlebten jedenfalls das Universum als ganzheitliche, durchgängig integrierte Einheit und als Vollkommenheit, mit der sie sich eins fühlten. Sie hatten den Eindruck, in dem Zentrum zu stehen, in dem alle Dinge «eins» sind, und ihr tiefes Einssein zu erfassen. Auch im Bereich der Transpersonalen Psychologie spricht man deshalb unter Berücksichtigung dieser Phänomene vom «kosmischen Bewußtsein». In ihm verschmilzt das Innerste mit dem Äußersten, das dem Menschen erreichbar ist, wird der ganze Kosmos identisch mit dem Selbst. «Eine Richtung, zu der wir immer mehr Zutrauen fassen, ist die Vorstellung, daß wir nicht Fremde des Kosmos sind, sondern zutiefst eins mit ihm», sagt Gardner Murphy.[321] Es ist gerade das Merkmal transpersonaler, transhumaner, also vom Ich und seinen (selbst höchsten) Interessen losgelöster und befreiter Spitzenerfahrung, daß dann der Kosmos

auch in seinen transzendentalen, symbolischen, poetischen, ästhetischen und wunderbaren Aspekten wahrgenommen wird. Überindividuelle Bewußtheit ist universale Erfahrung des Universums durch das Universum, d. h. durch den im mystischen Zustand mit dem ganzen Sein identifizierten, zum ganzen Kosmos ausgeweiteten Menschen. Aus dem Urdualismus von Subjekt und Objekt, aus dieser Urspaltung, die auch den Dualismus von Zeit und Raum, von Vergangenheit und Zukunft, von Leben und Tod einschließt, erwacht man wie aus einem Traum und geht über in die raum- und zeitlose Welt des Kosmischen Bewußtseins. Taoismus, Vedanta, Sufismus, die höheren Schulen des Hinduismus und Mahayana-Buddhismus sowie verschiedene Formen christlicher Mystik haben seit langem um diese Ebene des Bewußtseins gewußt, auf der der voll erwachte Mensch zum Grund seines Seins vordringt und eins mit allem Sein wird. Immer haben diese Richtungen aber auch betont, daß das, was hier als Transpersonale Erfahrungen bezeichnet wird (also Erfahrungen, die das Bewußtsein über die Grenzen des Ich hinaus ausweiten), an sich zum Potential eines jeden Menschen gehöre und lediglich geweckt werden müsse.
Meditation, meditative Entspannungs- und Konzentrationstechniken, Bewußtheitsschulung, Yoga u. ä. sind Wege und Methoden, um dieses Potential zu aktivieren. Am Anfang mag es nur darum gehen, erste Stadien der Wachheit des Bewußtseins zu erreichen: Loslösung etwa der Bewußtheit von ihren Objekten, Inhalten, Gedanken, Empfindungen; dadurch ermöglichte freie Beweglichkeit und Verfügbarkeit des Bewußtseins; immer tieferes Eindringen in die eigene Psyche, interesseloses Beobachten des Stroms psychischer Vorgänge, Durchschauung von Wahrnehmungsverzerrungen. Aber dieser Prozeß immer größerer Konzentration und Sammlung, der zu immer tieferen und feineren Formen wachster Aufmerksamkeit, zu immer mehr Klarheit und Deutlichkeit führt, ist zugleich die Vorbereitung für den «Seinssprung», für das Aufblitzen eines Seinszustands, der die absolute Stille und Weisheit der

von allen mentalen Verzerrungen und Wahrnehmungsstörungen befreiten Wirklichkeit erfahren läßt, den man als Tiefeneinsicht, Erleuchtung, Erweckung, Befreiung bezeichnen kann oder eben als universales, kosmisches Bewußtsein, von dem oben die Rede war.

Auf dieser Seinsstufe lächelt einem auch der Kosmos zu. Übereinstimmend berichten die Testpersonen, die Gipfelerfahrungen, spirituelle oder mystische Erlebnisse hatten, daß ihr Bewußtsein der Einheit mit dem Kosmos von einer reicheren, volleren, positiveren Wahrnehmung der Dinge und einem umfassenden, beseligenden Gefühl, teilweise sogar von einem höchsten Lustempfinden, einer paradiesischen Ekstase und Freude begleitet war. Gerade auch bei der Freude und ihrem «hierarchischen Kontinuum» (Maslow) stoßen wir auf das Phänomen der Transzendenz. Es gibt – auf den unteren Stufen – Freude als Befreiung von Schmerz oder als angenehmes, vor allem leiblich betontes Wohlgefühl, z.B. die Wohltat eines warmen Bades. Es gibt – auf den höheren Stufen – die Freude, mit guten Menschen zusammenzusein, große Musik zu hören, ein Kind zu bekommen usw. Schließlich aber kommt es zur Kosmisierung und Transzendierung dieser noch immer ich-betonten Freude, zur «Meta-Freude», zur Verschmelzung mit dem Kosmos, der nun als positive Geborgenheit und Urvertrauen schenkende, verhalten «lächelnde» Gesamtwirklichkeit erlebt wird, zur Ekstase höchster Liebeserfahrung usw. In all diesen «Meta-Freuden» ist die Subjekt-Objekt-Spaltung transzendiert. Ein neues übergreifendes Wir-Gefühl mit Natur, Universum, anderen Menschen, mit Tieren und Pflanzen nimmt vom Erlebenden Besitz. Das kleine Ich des Menschen löst sich im befreienden, beseligenden Erlebnis der Identität von atman und brahman, von Selbst und Urkern der Wirklichkeit auf bzw. verliert seine sonst dominierende Stellung. Zeit und Raum sind zur Einheit verschmolzen.

Natürlich können an dieser Stelle wieder die klassischen Einwände der orthodoxen Psychoanalyse ihr Haupt erheben.

Transzendente Bewußtseinszustände könne es nicht geben, sie seien lediglich pathologische Ego-Regressionen von beinahe psychotischen Ausmaßen, Erleuchtungserlebnisse seien Regressionen in den intrauterinen Zustand, mystische Erfahrungen stellten einen neurotischen Rückfall in die Vereinigung mit der Mutterbrust dar, ekstatische Zustände seien narzißtischen Neurosen gleichzusetzen usw. Aber was beweisen diese Einwände schon? Zunächst doch nur, daß das Modell der Psychoanalyse auf transzendente Erfahrungen nicht zugeschnitten ist, für diese also auch kein angemessenes Interpretations- und Erklärungsmuster bereithalten kann. Einfacher und trivialer ausgedrückt: Von keinem Vertreter der orthodoxen Psychoanalyse kann man annehmen, er habe echte transzendente Erfahrungen gemacht. «Hieran kann man erkennen, wie schwer es ist, einem Menschen Erfahrungen zu beschreiben, die er selbst nicht gehabt hat. Die Kommunikation zwischen verschiedenen Bewußtseinszuständen ist aus mehreren Gründen sehr schwierig. Solange diese Hindernisse nicht klar genug gesehen werden, wird es immer wieder zu naiver Ablehnung oder Verurteilung aller Berichte von tiefen inneren Erfahrungen kommen.»[322] Vermöge ihrer mehr oder weniger wirklichkeitskonformen, engeren oder umfassenderen «Theorien über die menschliche Natur haben es (also) die Psychologen in der Hand, diese Natur zu erhöhen oder zu erniedrigen» (Gordon Allport[323]).

Aber ausgerechnet vom strengsten und exaktesten Zweig der Naturwissenschaften, von der Physik, wird die in der mystischen Erfahrung erlebte Verschmelzung von Raum und Zeit zu einer übergreifenden kosmischen Einheit glänzend bestätigt. Hermann Minkowski führte 1908 die Vorstellung von der Raum-Zeit-Union in die Physik ein. Sie wurde zum Gemeingut der modernen Physik und war auch die Ausgangsbasis für Albert Einsteins Relativitätstheorie. Minkowski betonte, daß die Anschauungen über Raum und Zeit, die er entwickelte, «auf experimentell-physikalischem Boden erwachsen sind. Darin liegt ihre Stärke. Ihre Tendenz ist eine radikale. Von Stund an sollen Raum für sich und Zeit für sich völlig zu Schatten herabsinken und nur noch eine Art Union der beiden soll Selbständigkeit bewahren.»[324] Die Physik kann zeigen, daß die Wahrnehmung von Raum und Zeit als getrennte, voneinander isolierte Größen in Wirklichkeit eine Wahrnehmungsverzerrung darstellt. Genau zu dieser Erkenntnis aber gelangt auch der in immer tiefere Schichten der Einsicht und des Seins vordringende Meditant, der die höchsten Werte Erfahrende, der Mystiker. So kristallisiert sich «in der tiefsten und sensibelsten Schicht der modernen Naturwissenschaft ... ein *Bild* der Wirklichkeit heraus, das der Wirklichkeits*erfahrung* in den Bewußtseinsdisziplinen immer ähnlicher wird». Die «Speerspitze der Naturwissenschaft zeigt auf eine Wirklichkeit, die sich uns ... dann enthüllt, wenn unsere gewohnten Wahrnehmungsverzerrungen ausgeschaltet werden. Die Transpersonale Psychologie widmet sich dem Studium dieser Verzerrungen und dem Wesen des Selbst und der Wirklichkeit, wie sie sich einer von Verzerrungen befreiten Wahrnehmung darstellen.»[325]

Wir können diesem Forschungsstrang der Transpersonalen Psychologie, der sich mit den Verzerrungen der Wahrnehmung befaßt, hier nicht weiter nachgehen, obwohl einige auf diesem Weg erreichte Resultate geeignet zu sein scheinen, manche Probleme, mit denen sich die Erkenntnis- und Wissenschaftstheorie seit langem herumschlägt, einer Lösung entgegenzuführen. Ohnehin haben wir nur einen bestimmten Teil der Motive und Inhalte der Transpersonalen Psychologie behandelt, eben jenen Teil, der uns im Rahmen der Thematik des vorliegenden Buches besonders wichtig erschien. Auf jeden Fall dürfte deutlich geworden sein, daß diese psychologische Schule durch ihr Bestreben, das Feld der psychologischen Forschung um die ganze Palette veränderter und erhöhter Bewußtseinszustände zu erweitern, eine geeignete Basis für einen legitim erweiterten wissenschaftlichen Vernunftbegriff darstellt. Allerdings steht die Transpersonale Psychologie auch nach eigenem Selbstverständnis erst am Anfang jenes Weges, der zu einem veränderten Wissenschaftsbewußtsein und zu verbesserten Wissenschaftsmodellen führen soll, innerhalb welcher dann auch spirituelle, transzendente, mystische und kosmische Erfahrungen einen legitimen Platz einnehmen werden und nicht mehr als irrational und regressiv eingestuft und diskriminiert werden können. Auch sollte mit unseren Ausführungen nicht der Fehleinschätzung Vorschub geleistet werden, wir hätten es bei der Transpersonalen Psychologie mit einer in allem einheitlichen Schule zu tun. Diese Fehleinschätzung könnte freilich nur dadurch ganz widerlegt werden, daß wir hier – was im Rahmen dieses Buches nicht möglich ist – die verschiedenen Ansätze und originell-individuellen systematischen Ausführungen solcher Transpersonaler Psychologen oder dieser Psychologie nahestehenden Forscher wie St. Grof, K. Wilber, W. Harman, Ram Dass, J. Kornfield, J. Fadiman, J. Bugental, Ch. Tart, Th. B. Roberts, G. Globus, R.N. Walsh, F. Vaughan, D. Goleman, D. Elgin u. a. im einzelnen darlegen würden.

Besonders jene beiden Entwürfe einer Transpersonalen Psychologie, wie sie von Grof und Wilber entwickelt wurden, heben sich durch ihren wissenschaftstheoretisch gründlich fundierten, bisherige Errungenschaften der Psychologie integrierenden und weiterführenden Charakter besonders heraus. Aber auch in diesem Falle können wir die Reichhaltigkeit der beiden Entwürfe lediglich andeuten. Grofs Kartographie der menschlichen Psyche umfaßt im wesentlichen den *psychodynamischen* Bereich, den Bereich also jener Erfahrungen, die mit Ereignissen aus der Vergangenheit und im gegenwärtigen Leben der betreffenden Person in irgendeiner, aber nicht unwesentlich beeinflussender Weise verknüpft sind; den Bereich *perinataler* Erfahrungen, d.h. psychisch-biologischer Phänomene, die mit dem Geburtsvorgang in Beziehung stehen, und den Bereich *transpersonaler* Erfahrungen.

Wir gehen hier auf die beiden ersten Bereiche nicht näher ein, obwohl gerade Grofs Forschungsresultate auf dem Gebiet der perinatalen Erfahrung originell und bahnbrechend sind. Doch interessiert im Rahmen der Thematik des vorliegenden Buches vor allem Grofs differenzierte Aufgliederung erweiterter Bewußtseinszustände, wobei allerdings anzumerken ist, daß diese Zustände teilweise auch unter Anwendung psychedelischer Substanzen zustande kamen. Grof, der sich auf ein umfangreiches Beobachtungsmaterial stützt, unterscheidet zwischen zeitlicher und räumlicher Erweiterung des Bewußtseins. Zur ersteren Kategorie rechnet er z.B. embryonale und fötale Erfahrungen; Ahnen-Erfahrungen; phylogenetische oder Evolutionserfahrungen; Erfahrungen früherer Inkarnationen; Präkognition, Hellsehen, Hellhören und «Zeitreisen». Zur zweiten Kategorie gehören die Transzendierung des Ego in zwischenmenschlichen Beziehungen und in der Erfahrung der «Einheit in der Zweiheit»; die Identifikation mit anderen Menschen; mit Tieren und Pflanzen; die Einheit mit dem Leben und der gesamten Schöpfung; Gruppenidentifikation und Gruppenbewußtsein; planetarisches Bewußtsein; außerplanetarisches Bewußtsein; «Out-of-body»-Erfahrungen, Hellsehen und Hellhören bei diesen Reisen, «Raumreisen» und Telepathie. Eine dritte Kategorie stellt nach Grof die «räumliche Verdichtung des Bewußtseins» im Sinne von Organ-, Gewebe- und Zellbewußtsein dar. Alle Erfahrungen dieser drei Kategorien aber haben nach ihm gemein, daß sie Erweiterungen des Erfahrungsraums innerhalb des Bezugsrahmens der sogenannten «objektiven Wirklichkeit» sind. Zu den Erweiterungen des Erfahrungsraums über den Bezugsrahmen der «objektiven Wirklichkeit» hinaus zählt dieser Psychologe dagegen u.a. spiritistische und mediale Erfahrungen; archetypische Erfahrungen; intuitives Verstehen universaler Symbole; Erfahrungen von Begegnungen mit übermenschlichen spirituellen Wesenheiten; Aktivierung der Chakras und Erweckung der Schlangenkraft (Kundalini); Erfahrung des Kosmischen Bewußtseins; Erfahrung der suprakosmischen und metakosmi-

schen Leere. Auch wenn diese diversen Erfahrungsarten nicht alle in gleicher Weise abgesichert und gerechtfertigt erscheinen, so ist es doch Grofs Verdienst, eine übersichtliche Kartographie aller möglichen Formen von Bewußtseinserweiterung erstellt zu haben.[326]
Auch Ken Wilber, dem wir die wohl wichtigsten theoretisch-systematischen Arbeiten auf dem Gebiet der Transpersonalen Psychologie verdanken[327] und den man sogar schon als «Einstein der Bewußtseinsforschung» apostrophiert hat, hat eine Topographie menschlicher Bewußtseinsformen vorgelegt. Im breitangelegten Spektrum des menschlichen Bewußtseins ist die höchste Ebene die des *kosmischen* Bewußtseins. Auf dieser Ebene ist der Mensch mit dem Universum identisch. Er *ist* in gewisser Weise das All. Nach Wilber ist das auf dieser Ebene herauskristallisierte und verwirklichte «innerste» Bewußtsein des Menschen identisch mit der absoluten und letzten Wirklichkeit des Universums. Es handelt sich dabei Wilber zufolge keineswegs um einen abnormen Bewußtseinszustand, sondern den einzig *wirklichen* Bewußtseinszustand, an dem gemessen alle anderen bloße Illusionen seien. «Kurz gesagt, das innerste Bewußtsein des Menschen – genannt Atman, der Christus, Tathagatagarbha usw. – ist identisch mit der Höchsten Wirklichkeit des Universums. Die Ebene des *Geistes*, des Kosmischen Bewußtseins, ist also zugleich die Ebene des höchsten menschlichen Bewußtseins.» In dieser mystischen Bewußtseinsform sind alle Dualismen, alle Grenzen überschritten, sie besteht in einem universalen und ungeteilten Einssein.
In der zweithöchsten Bewußtseinsform, der *existentiellen*, hat eine Einengung der Identität stattgefunden: vom Universum zu einer Facette des Universums, nämlich dem Organismus. Auf dieser existentiellen Ebene identifiziert sich der Mensch mit seinem in Raum und Zeit existierenden psychophysischen Organismus als einer geistig-seelisch-körperlichen Ganzheit, unterscheidet er sein – noch ganzheitlich empfundenes – Ich von allem anderen, von der Umwelt. Der Dualismus von Geist

und Körper ist hier noch nicht aufgebrochen, wohl aber der von Subjekt und Objekt sowie der von Leben und Tod. Denn sobald der Mensch sich ausschließlich mit seinem Organismus identifiziert, den er als in Raum und Zeit existierend erfährt, wird ihm dieser Organismus so teuer, daß er Angst vor dem Nichtsein, vor dem Tod empfindet. Mit rationalem Denken und Wertentscheidungen seines persönlichen Willens versucht der Mensch nun, die mit den Dualismen Subjekt – Objekt, Leben – Tod verbundenen existentiellen Fragen anzugehen und zu lösen. Aber auf der existentiellen Bewußtseinsebene können diese Probleme nur erlitten und namhaft gemacht, nicht gelöst werden. Erst auf der höchsten Ebene, der des Kosmischen Bewußtseins, ist ein Geisteszustand erreicht, der individuelle existentielle Probleme und Bedrängungen in ihrem kosmischen Zusammenhang erfassen läßt und somit löst.

Ein Aspekt oder ein Bereich innerhalb der existentiellen Bewußtseinsebene ist der *biosoziale*. Das Grund-Daseinsgefühl des Organismus wird ja entscheidend von der sozialen Umwelt, von der jeweiligen Kultur, von Glaubensvorstellungen, sozialer Konvention, von familiären Beziehungen, von den alles durchdringenden sozialen Institutionen Sprache, Ethik, Recht usw. gefärbt, geprägt, geformt. Der Organismus hat die ganze Matrix soziokultureller Grundannahmen internalisiert.

Noch enger und ausschnitthafter als die existentielle und biosoziale Ebene ist die *Ego-Ebene* im Verständnis Wilbers. Gerade die auf der existentiellen Ebene erlebte Angst vor dem Tod läßt die dort noch erfahrene Geist-Körper-Einheit auseinanderfallen. Der Körper wird sozusagen aus der Ganzheit Mensch entlassen, wird als allein vergänglich und sterblich hingestellt, dem Todesengel als Opfer dargebracht, um das nun vom Körper getrennte Ich, das Ego als unsterbliche Idee seiner selbst, als idealisiertes Bild von sich selbst aus der Umklammerung durch den Tod zu retten. So setzt der Mensch aus fixierten und stabilen Symbolen das Bild seines Ego zusammen und identifiziert sich exklusiv mit ihm. Seine Identität «verlagert sich von seinem gesamten psychophysischen Organismus auf ein mentales Abbild dieses Organismus, woraus die nächste Hauptebene des Spektrums entsteht: die Ebene des Ego. Auf ihr identifiziert sich der Mensch mit einem symbolischen Abbild seiner selbst, das in Opposition zu seinem sterblichen Körper steht.» Er betrachtet sich nun als entleibte Psyche, die als «Geist in der Maschine», d. h. im Körper wohnt, als Reiter, der den «armen Bruder Esel» zu leiten hat. Er existiert *in* seinem Körper, nicht *als* sein Körper, was sprachlich darin zum Ausdruck kommt, daß er zu sagen pflegt: «Ich *habe* einen Körper» (anstatt: «Ich *bin* ein Körper»).

Eine Unterabteilung der Ego-Ebene des Bewußtseins ist die *Ebene des Schattens (der Persona* im Sinne Jungs). Hier identifiziert sich der Mensch nicht einmal mehr ganz mit seinem körperlosen Ich, sondern nurmehr mit einem Bruchteil desselben und seiner psychischen Prozesse. Die Identität eines Menschen ist hier noch weiter eingeengt, nämlich auf Teile seines Ego, auf die Persona im Sinne der Analytischen Psychologie C.G. Jungs. Alle psychischen Züge, die als negativ, bös, unangenehm, unvorteilhaft, schmerzhaft u.ä. empfunden werden, sind verdrängt und bilden im Unbewußten einen Fremdkörper, den *Schatten*, der allerdings immer wieder nach außen projiziert wird.

Schauen wir jetzt auf die eben charakterisierten Ebenen zurück, so erkennen wir, «daß von Ebene zu Ebene eine zunehmende Einengung der Identität stattfindet: vom Universum zu einer Facette des Universums, die Organismus genannt wird, vom Organismus zu einer Facette des Organismus, der Psyche, und von dort schließlich zu einer Facette der Psyche, der Persona».[328]

Es ist das Verdienst solcher Psychologen wie Jung, Grof oder Wilber, die höchsten Bewußtseinsebenen, die der Mensch erreichen kann, wissenschaftlich einigermaßen hoffähig gemacht, sie in ein umfassendes, logisch aufsteigendes System der Bewußtseinsformen und -zustände so eingebunden zu haben, daß der untere Teil dieses Systems (der die bekannteren und konventionellen Formen des Bewußtseins enthält, die die Psychologie und andere Wissenschaften seit langem zum Gegenstand haben) geradezu danach ruft, durch einen höheren Teil legitim ergänzt zu werden. Gerade die gegenwärtig immer mehr zur Geltung kommende Transzendentale Psychologie könnte man als den großangelegten Versuch bezeichnen, die geniale Intuition des zusammen mit Wilhelm Wundt als Begründer der modernen, wissenschaftlichen Psychologie geltenden William James wissenschaftstheoretisch und im Rahmen eines systematischen Begründungszusammenhangs zu erhärten. James hatte zwar bereits um die Jahrhundertwende versucht, eine «Psychologie des Bewußtseins» zu begründen, doch traten die nachfolgenden Generationen von Psychologen keineswegs in seine Fußstapfen, vielmehr wurde für mindestens ein halbes Jahrhundert introspektive Selbstforschung als mit objektiver wissenschaftlicher Psychologie unvereinbar abgewertet. Man suchte lieber den Zugang zum Bewußtsein über die «harten Tatsachen» des Verhaltens und der Physiologie und vernachlässigte den so viel wichtigeren direkten Zugang zum Bewußtsein. Erst seit einigen Jahrzehnten nehmen die Jungsche, die Humanistische und die Transpersonale Psychologie die großartigen Intuitionen und Ansätze James' zu einer umfassenden Bewußtseinspsychologie wieder auf, systematisieren sie und stellen sie in einen wissenschaftstheoretischen Legitimationszusammenhang.

Mit einigen Einsichten von James möchten wir deshalb die Ausführungen über die Brückenfunktion der Psychologie für die Akzeptanz und Legitimierung eines neuen, erweiterten, auch das Mystische integrierenden Vernunftbegriffs abschließen. Nach James ist «unser normales waches Bewußtsein, das rationale Bewußtsein, wie wir es nennen, nur ein besonderer Typ von Bewußtsein ..., während überall jenseits seiner, von ihm durch den dünnsten Schirm getrennt, mögliche Bewußtseinsformen liegen, die ganz andersartig sind. Wir können durchs Leben gehen, ohne ihre Existenz zu vermuten; aber man setze den erforderlichen Reiz ein, und bei der bloßen Berührung sind sie in ihrer ganzen Vollständigkeit da ... Keine Betrachtung des Universums kann abschließend sein, die diese anderen Bewußtseinsformen ganz außer Betracht läßt. Wie sie zu betrachten sind, ist die Frage ... Auf jeden Fall verbieten sie einen voreiligen Abschluß unserer Rechnung mit der Realität.»[329] James hatte «keinerlei Zweifel daran, daß die meisten Menschen in körperlicher, intellektueller oder moralischer Hinsicht nur einen sehr beschränkten Bereich ihres potentiellen Seins tatsächlich ausfüllen. Sie nutzen nur einen verschwindend kleinen Teil ihres möglichen Bewußtseins – etwa wie ein Mensch, der sich angewöhnt, von seinem gesamten körperlichen Organismus nur den kleinen Finger zu benutzen. Wir alle verfügen jedoch über Reservoire des Lebens, von denen wir nicht einmal träumen.»[330] Das Fortschreiten zu höheren und umfassenderen Bewußtseinsformen ist daher nur möglich, wenn ein Mensch die Grundüberzeugung in sich trägt, «daß es immer ein ‹Weiteres› gibt, das über die gegenwärtige Selbstbeschränkung unseres Begreifens der gegenwärtigen Wirklichkeit hinauswächst, das Hinfinden zu einer Offenheit, in der das keimende – oder noch nicht keimende – Potential zu neuen Wirklichkeiten sich entfalten kann ..., und zwar nicht nur ein Wirkliches, dessen Wirklichkeit sich durch voneinander unabhängige Beobachter nach heute anerkannten Modellen nachweisen läßt, sondern auch das Wirkliche, das mit dem Fortschreiten der Evolution erst ins Dasein tritt.»[331]

Was aufgrund aller Kapitel des vorliegenden Buches, gerade auch dieses Schlußkapitels, klar geworden sein dürfte, ist der immense Umfang der Vernunft. Sie ist nicht bloß jene sichtbare Spitze des Eisbergs, die wir Ratio nennen. Denn die nur empirisch-sinnliche Erfahrungsweise und die reine Logik bleiben stumm, wenn es darum geht, in die Tiefen der Wirklichkeit vorzudringen. Rationalität und Reflexion sind absolut notwendig. Sicher! Aber schon diese Reflexion wird ihrer ganzen Potenz und ihrem eigentlichen Sinn nicht gerecht, wenn sie glaubt, ohne meditativ-mystischen Tiefgang auskommen zu können. Sicher ist auch, daß man nicht mit «kopflosem Herzen gegen die Herzlosigkeit der Köpfe» anrennen darf, daß man «ohne systematische Reflexion leicht auch in vermeidbare Aporien gerät, in simple Widersprüche».[332] Aber, wie gesagt, eine wirklich systematische und umfassende Reflexion ist gerade nicht identisch mit dem reduzierten (natur-)wissenschaftlichen Theorieverständnis, geht vielmehr weit darüber hinaus.[333] Die Einheit der Wirklichkeit, auf die auch die große und ganze Vernunft hinsteuert, ist nicht die reduzierte Einheit, d. h. Eindimensionalität der immer noch dominierenden konventionellen naturwissenschaftlichen Einstellung und Methode.

Die Vernunft des Menschen schwebt nicht in der Luft, im abstrakten luftleeren Raum. Sie ruht auf dem ganzen Gefüge des Somatischen und Bio-Psychischen. Sie kann sich darüber willentlich-abstrahierend-reflektierend erheben, aber gefärbt davon bleibt sie immer. Und richtig, wirklichkeitsentsprechend denken kann Vernunft nur, wenn sie ihrem Aufruhen auf Soma, Bios und Psyche und deren unmittelbaren, natürlichen, instinkthaften Verbindungen mit dem Gesamt-Leben, der Gesamt-Natur, dem Gesamt-Kosmos Rechnung trägt. Vernunft bedeutet eben auch die Intuition, das einfühlende Schauen dieser gesamten Zusammenhänge.

Rechnung tragen, sich bewußt machen muß Vernunft auch die eigene Biographie und Geschichte. Denn so sehr sie auch Allgemein-Verbindliches, Erkenntnisse, die für alle gelten, anstrebt, sie bleibt als konkrete Vernunft immer die Vernunft eines bestimmten menschlichen Individuums mit einem ganz bestimmten Körper, einer spezifisch-individuellen Sinnlichkeitsnote, einer ganz bestimmten Psychodynamik. Und sie hängt ganz entscheidend ab von der Bewußtseinstiefe und dem Erfahrungsreichtum der Person. Vernunft muß sich sodann auch nach unten transzendieren, grenzüberschreitend: hin zum persönlich Unterbewußten, seinen Schatten und «Dämonen», wie zum kollektiven Unbewußten mit seinen Urbildern, seinen Archetypen. Und sie muß sich dabei auch, um zur Einsicht, zum Licht, zur Erleuchtung zu kommen, ständig *reinigen*, ihre eigenen Selbsttäuschungen und Vorurteile durchschauen und abbauen, ein Vorgang, der der ersten der drei klassischen Stufen der Mystik,[334] dem Weg der Reinigung, durchaus analog ist. Von daher leuchtet auch die Notwendigkeit einer *Ethik der Vernunft* ein. Ohne sie und die mit ihr verbundene Arbeit kann seinsgerechte, wirklichkeitsentsprechende Erkenntnis nicht gelingen, wird Vernunft immer dem Schein und Selbstbetrug ausgeliefert sein.

Daher kann es auch keine Vernunft ohne Gewissen, ohne das «Prinzip Verantwortung» geben. Sieht man von allen uneigentlichen Formen des Gewissens als Stimme des Über-Ichs der Gesellschaft, des Zeitgeistes, der Mode usw. ab, dann ist Gewissen die Stimme des Seins selbst in uns, unserer Seinstiefe, die den Menschen – auch seine Vernunft – zur Vereigentlichung, wahren Identität und Fülle ruft.[335] In mittelalterlichem Sprach- und Predigtstil, von dem wir ja hier abstrahieren können, drückt Meister Eckhart das Wesentliche, hier Gemeinte adäquat aus: «Die höchste Vollendung dieser Kräfte liegt in der obersten Kraft, die da Vernunft heißt. Die kann niemals zur Ruhe kommen. Sie erstrebt Gott nicht, sofern er der Heilige Geist ist und auch nicht sofern er der Sohn ist; sie flieht den Sohn. Sie will auch Gott nicht, sofern er Gott ist. Warum? Weil er da als solcher noch einen Namen hat. Sie will etwas Edleres, etwas Besseres als Gott, sofern er noch Namen hat. Was will sie denn? Sie weiß es nicht; sie will ihn, wie er Vater ist. Sie will ihn, wie er ein Mark ist, aus dem die Gutheit entspringt; sie will ihn, wie er eine Wurzel ist, eine Ader, in der die Gutheit entspringt; und dort nur ist er Vater.»[336]

Vernunft muß zu sich selbst kommen, wenn sie zum Ganzen der Wirklichkeit kommen und es erfassen soll. Ist sie doch der

Mikrokosmos, der dem Makrokosmos entspricht. «Der Mensch ist ja in seiner dreifältigen, pneuma-psycho-somatischen Ganzheit (Seele-Leib-Geist) gleich *kosmisch*, wie das aus *Geist*, *Leben* und *Materie* ganzheitlich zusammengefügte und gewachsene *Welt-All human* ausgerichtet ist. Ja in ihm – dem Menschen – vergeistigt sich die Materie und materialisiert sich der Geist.»[337] Bekanntlich ist die Vernunft-Welt-Entsprechung, die Mikrokosmos-Makrokosmos-Typologie die Überzeugung eines wichtigen Stranges der Philosophie seit der Antike, und der große Religionswissenschaftler Mircea Eliade hat systematisch aufgezeigt, daß diese analoge Weltsicht von Mikro- und Makrokosmos in fast allen Religionen auf fast allen ihren Entwicklungsstufen geradezu ein Strukturprinzip ist. Erinnert sei auch an die hinduistische Formel «tat tvam asi» («Das bist Du»), womit die Einheit von menschlicher Seele, Schöpfung und Gott ausgedrückt ist.

Heute ist eine ganze Reihe von Naturwissenschaftlern überzeugt: «Theoretisch könnte man an jedem Punkt des Universums eine Art von Superhologramm erstellen, welches Informationen über das ganze Universum von diesem Blickpunkt aus enthält.»[338] Es sind ebenfalls angesehene Vertreter der Naturwissenschaft, die darauf hinweisen, daß die Quantentheorie nicht wirklich funktioniert, wenn nicht jedes Elektron, umgangssprachlich ausgedrückt, «weiß», was alle anderen Elektronen im Universum tun, weil es sonst selbst nicht «weiß», was es tun soll. Insgesamt kann der Eindruck entstehen, «als ob sich an jedem Punkt jedes elektromagnetischen Feldes ein winziger Supercomputer befände, der ständig alles berechnet, was im Universum vor sich geht».[339] Und auch das menschliche Gehirn, die komplexeste bisher entdeckte Struktur, scheint in vielen Hinsichten nach dem Prinzip der Holographie[340] zu funktionieren. Das könnte darauf hindeuten, «daß unsere Verbundenheit mit der Welt über den Bereich des sinnlich Erfahrbaren hinausgeht; daß sie in unsere Struktur als solche bereits eingebaut ist».[341]

Dann wären im Rahmen des Bildes von der Mikrokosmos-Makrokosmos-Analogie diejenigen die am weitesten Fortgeschrittenen, die durch die höchsten Zustände der Kontemplation die mystische Einheit mit dem All, dem Gesamt aller Wirklichkeit verwirklicht haben und dieses All gleichsam in sich selbst «holographisch» widerspiegeln. «Mit dem Hologramm folgt die Wissenschaft wieder einmal den Spuren der Mystiker und bietet uns ein modernes Werkzeug, das zur Erklärung einer uralten Wahrheit beiträgt.»[342] Man könnte nämlich im Rahmen quantentheoretischer Überlegungen die Welt der Materie als ein Wahrscheinlichkeitswellen-Hologramm betrachten. Das klingt zwar zunächst unglaublich, aber tatsächlich werden Wahrscheinlichkeitswellen ständig in realen Versuchen, die zu realen Resultaten führen, verwendet.[343] Die Ereignisse des Universums könnten also aus Interferenzmustern von Wahrscheinlichkeitswellen bestehen. Dann stünden in einem solchen Universum die Informationen über das Ganze an jedem einzelnen Punkt zur Verfügung. Wie beim fotographischen Hologramm könnten die Informationen in den kleineren Fragmenten verschwommen und schlecht aufgelöst sein, aber sie wären vorhanden. «Diese Implikationen der Quantentheorie entsprechen der tiefsten Intuition früherer Zeitalter, der unmittelbaren Erfahrung der angesehensten spirituellen Meister und den Gedanken von Philosophen wie Leibniz, Spinoza und Whitehead. Unsere eigene kulturelle Konditionierung hat aus guten und durchschaubaren Gründen ... eine Konkretisierung und Partikularisierung unserer Wahrnehmungen bewirkt und dadurch unsere Chancen reduziert, auf irgendeine Weise dieses ‹Alles-in-Einem› wahrzunehmen. Aber diese Wahrnehmung ist doch nicht völlig unterdrückt und berührt selbst den profansten Bürger des Westens in Augenblicken unerwarteter Erleuchtung, Augenblicke, die oft mit extremem Streß oder dem Nahen des Todes verbunden sind. Und nun erleben wir zu unserer Verwunderung das unerwartete Zusammentreffen der modernen Naturwissenschaft mit diesen alten Weishei-

ten! ... Es wäre zu erwarten, daß sich auf jeder Stufe der Evolution, mit jeder Zunahme organisierter Komplexität immer deutlichere und schärfere Bilder des Alls ergeben, bis hin zu dem, was wir Gott nennen könnten und was einem Bewußtsein des lückenlos aufgelösten universellen Bildes entspräche.»[344]
Es ist de facto möglich, das Universum als großes umfassendes Informationsnetz aufzufassen. Als Teil des Netzes ist jeder von uns eine individuelle Identität, und diese Identität kann als Wellenfunktion ausgedrückt werden. Gleichzeitig aber ist jeder von uns auch «ein Holoid des Universums, und auch dieses Holoid drückt sich in Form von Wellenfunktionen aus. Wir sind mithin sowohl individuell als auch universell, und das Netz von Beziehungen schließt beide Aspekte unseres Seins ein. Obwohl alle Informationen des Universums letztlich ‹in› jedem von uns vorhanden sind, ist das Ausmaß dessen, was wir kodieren und ausdrücken können – in der Tat ein kleiner Bruchteil –, durch unsere Lebensgeschichte und Kultur, unsere Sprache und unser Nervensystem begrenzt. Für den Augenblick genügt die Feststellung, daß wir vollständig, unlösbar und absolut mit allem Existierenden verbunden sind und daß der nächste Schritt der Evolution zumindest darin bestehen wird, uns der Verbundenheit bewußt zu werden.»[345]
Man sieht auch hier wieder: Selbst wenn man von den rationalsten und präzisesten Disziplinen moderner Naturwissenschaft und deren hochabstrakten, diffizilen theoretischen Reflexionen ausgeht, gelangt man immer wieder zu demselben frappierenden und einfach nicht mehr abweisbaren Ergebnis, daß «schon das rational-denkerische Tun des Menschen Züge des Geheimnisses in sich trägt und das Geheimnis selbst Züge verstehbarer Rationalität behält»,[346] daß die Grenze zwischen sog. Rationalität und sog. Irrationalität gar nicht scharf gezogen werden kann. Es hat sich, glaube ich, auch gezeigt, daß Mystik unter anderem in seiner Funktion als Intuition des Umgreifenden und als gewisse Art der Widerspiegelung des Universums auch für die Vernunft ein «Weg zum eigentlichen

Sein» (Karl Jaspers) ist, daß Rationalität und rationale Reflexion ohne Mystik und mystische Erfahrung austrocknen, erstarren und leer werden. So ist die Mystik des systematischen Zugehens auf sich selbst, also der Innewerdung, ebenso wie die Mystik der Offenheit, Ehrfurcht und Hingabe an das Mysterium der uns umgreifenden Wirklichkeit auch der Weg der Vernunft, wenn und insofern sie heute bereit ist, sich zu transformieren, die engen Grenzen des bisherigen, letztlich sterilen und Leben abtötenden Wissenschaftsverständnisses zu überschreiten. Wenn menschliche Vernunft dazu bereit ist und die entsprechenden Operationen und Kooperationen in die Wege leitet, kann sie, um ein herrliches Wort Teilhard de Chardins zu bemühen, jenes zentrale «Atom» werden, «das auf dem Grunde seiner selbst das Antlitz des Universums entdeckt».[347]

Schließen möchte ich die Ausführungen dieses Buches mit dem (ideal-typischen, aber doch annäherungsweise realisierbaren) Manifest des «Universalen Menschen», der die schöpferische Synthese zwischen Rationalität und mystischem Elan, zwischen möglichst intensiver verstandesmäßiger Reflexion und sensibelster Spiritualität, also die Verschmelzung der beiden grundlegenden Pole des menschlichen Seins- und Weltverhältnisses verwirklicht. Dieser Universale Mensch wäre der das Universum der Natur zu seiner Selbsterkenntnis und sozusagen Selbsterfühlung bringende Mensch; der für die ganze Wirklichkeit offene Mensch, der sich nicht körperlich, seelisch oder durch Teilinteressen verklemmen, hemmen und einengen läßt und deshalb die Gesamtwirklichkeit auf sich einwirken lassen, sein Verankertsein in ihr unbehindert erleben und eine umfassende Sinngebung des Daseins durchführen kann; der gesammelt-schöpferische Mensch – der Mensch der Konzentration und Kreativität, der Spontaneität und Freiheit, der infolge seiner Gelöstheit und Gelassenheit den Geistesblitzen der Eingebung und Phantasie, den lebendigen Aufbrüchen des menschlichen Seins, den Regungen des Gemüts geöffnet ist, dem deshalb jene Energieströme von überall her zufließen, die kraftvolles ethisches Handeln in Selbstbestimmung ermöglichen, frei von Nervosität, Zerfahrenheit und seelischer Störungsanfälligkeit, den Symptomen des modernen Menschen; der Mensch der neuen Mitmenschlichkeit, der also eine neue Form der Verständigungsbereitschaft, Anteilnahme und Geschwisterlichkeit lebt, der einen unbestechlichen Gerechtigkeitssinn und eine besondere Feinfühligkeit bei ungleicher Behandlung von Einzelmenschen, religiösen, völkischen, rassischen, kulturellen und anderen Minderheiten entwickelt, somit eine tätige Toleranz für die Verteidiger andersartiger Lebensstile und Daseinsentwürfe entfaltet, der Freude und Teilnahme an Lust und Glück der anderen erlebt anstatt Mißgunst, Neid und Eifersucht; der Mensch der umfassenden Verantwortung für Umwelt und Welt, der im Namen und Rahmen dieser Verantwortung persönliche Einsatzbereitschaft, Charakterfestigkeit, Unbestechlichkeit, Mut, Zivilcourage, ja – wo es nottut – schöpferischen Ungehorsam aufbringt und dabei materielle Nachteile in Kauf zu nehmen bereit ist, der kritische Haltung und vernünftigen Protest gegen Druck und Nötigung durch wirtschaftliche, politische und religiöse Machthaber zeigt, der für die ökologische Rettung der Erde und aller ihrer Bewohner, nicht nur der Menschen, für Dezentralisierung von Wirtschaft und Verwaltung, für die wirtschaftliche Besserstellung und Sicherung der sozial Schwachen kämpft; der Mensch also, der klare Vernunft im Sinne der Bewußtmachung der für die heutige Menschheitssituation entscheidenden Tatbestände mit einem hohen Maß an Wärme und Tiefe des Gemüts zu einer lebendigen Einheit verbindet, der, um es etwas pathetisch zu sagen, das Universum da draußen mit dem Universum da drinnen zur Harmonie bringt, zu einer Harmonie, die angesichts der tragischen Zerrissenheit der Welt am Ausgang des zweiten Jahrtausends allerdings unendlich schwerer herstellbar ist als je zuvor in der Menschheitsgeschichte.

Anmerkungen

1 Vgl. *H.-P. Dürr* (Hg.), Physik und Transzendenz, München 1986.

2 Vgl. zum Folgenden besonders: *A. Einstein,* Mein Weltbild (hrsg. von C. Seelig), Frankfurt/M. 1957 (Ullstein Taschenbuch); *L. Barnett,* Einstein und das Universum, Frankfurt a. M. 1952 (Fischer Taschenbuch).

3 Vgl. zum Folgenden *J. Huxley* (Hg.), Der evolutionäre Humanismus, München 1964.

4 Vgl. zu diesem Aspekt meine Bücher: «Ökologische Religion», München 1986 (Goldmann Taschenbuch, 2. Aufl. 1990); «Die Vernunft des Universums», München 1988 (Goldmann Taschenbuch); «Die Kunst zu sein», Düsseldorf 1989 (Verlag Mehr Wissen).

5 Dazu ausführlicher *H. Mynarek,* Religiös ohne Gott?, München 1989 (Goldmann Taschenbuch). Dieses Buch gibt u. a. viele Erlebnisberichte bewußt erfahrenen Glücks wieder.

6 Eine lange Reihe von Beispielen unserer Einheit mit der Natur enthält mein Buch «Ökologische Religion. Ein neues Verständnis der Natur» (s. Anmerkung 4), S. 95 ff.

7 *Erich Fromm,* Die Kunst des Liebens, Frankfurt/M. 1980, 23.

8 *Goethe,* Metamorphose der Tiere, 1805.

9 *Goethe,* Werke. Hamburger Ausgabe in 14 Bänden (hrsg. von E. Trunz), München ^{10}1981; hier zit. aus Bd. XII, 98.

10 *Ken Wilber,* Halbzeit der Evolution, Bern 1984, 20.

11 *B. Russell,* Probleme der Philosophie, Frankfurt/M. ^{2}1967, 139–142.

12 Zit. nach *E. Bloch,* Das Prinzip Hoffnung, Bd. II, Frankfurt/M. 1967, 730.

13 *F. Nietzsche,* Also sprach Zarathustra, Leipzig 1941, 253.

14 Zit. nach *L. Barnett,* Einstein und das Universum 133 f.

15 *Plato,* Sophistes 244 a.

16 *M. Heidegger,* Sein und Zeit, Halle ^{2}1929, 1.

17 *A. Schopenhauer,* Einleitung in die Philosophie (Reclam-Ausgabe), 25, 27.

18 *M. Berman,* Wiederverzauberung der Welt, München ^{2}1984, 210 f.

19 *J. Hessen,* Wissenschaftslehre (Bd. I seines dreibändigen «Lehrbuchs der Philosophie»), München ^{2}1950, 33.

20 Näheres darüber in: *H. Mynarek,* Zwischen Gott und Genossen, Berlin 1981, 30–38.

21 Vgl. dazu: *H. Mynarek,* Religiös ohne Gott? (s. Anmerkung 5), passim.
22 *R. Rucker,* Die Wunderwelt der Vierten Dimension, Bern 1987, 11.
23 Bericht einer Umfrageteilnehmerin in «Religiös ohne Gott?» 175.
24 Wiedergegeben in: «Religiös ohne Gott?» 175.
25 Näheres dazu in «Die Vernunft des Universums» (s. Anmerkung 4).
26 Vgl. dazu ausführlich: *Berman,* a.a.O. 117 ff.
27 *Walt Whitman,* Grashalme, Stuttgart 1986; zit. nach H. Gruhl (Hg.), Glücklich werden die sein..., Düsseldorf 1984, 82 f.
28 Dazu ausführlich: «Ökologische Religion» (s. Anm. 4), 24 ff.
29 *J. Rifkin,* Genesis zwei. Biotechnik - Schöpfung nach Maß, Reinbek 1986, 226.
30 *R. Spaemann,* Technische Eingriffe in die Natur als Problem der politischen Ethik, in: D. Birnbacher (Hg.), Ökologie und Ethik, Stuttgart 1980, 194.
31 *L. Buscaglia,* Ganz Mensch sein, München ^{2}1986, 139.
32 *Goethe* in einem Brief vom 8. 2. 1792 an Heinrich Meyer.
33 Vgl. dazu ausführlich: *H. Mynarek,* Die Vernunft des Universums (s. Anm. 4).
34 Siehe auch dazu die entsprechenden ausführlichen Passagen in «Die Vernunft des Universums», vor allem S. 185 ff.
35 Im Buch «Ökologische Religion» habe ich das so ausführlich wie möglich getan.
36 Weitere Belege durch große Naturwissenschaftler bringt das von *H.-P. Dürr* herausgegebene Buch «Physik und Transzendenz».
37 *A. Schweitzer,* Kultur und Ethik, München ^{3}1923.
38 Zit. nach *Buscaglia,* a.a.O. 137.
39 *M. Scheler,* Vom Umsturz der Werte, Bern ^{4}1955, 26 f.
40 *G. G. Simpson,* The Meaning of Evolution, New Haven 1950, 15 f.
41 *M. P. Schutzenberger,* Algorithms and the Neo-Darwinian Theory of Evolution, in: *P. Moorhead/M. Kaplan* (Hg.), Mathematical Challenges to the Neo-Darwinian Interpretation of Evolution, Philadelphia 1967, 74 f.
42 *J. Rifkin,* a.a.O. 140 (vgl. überhaupt daselbst 139–143).
43 *A. Szent-Gyorgyi,* The Evolutionary Paradox and Biological Stability, in: *D. L. Rohlfing/A. I. Oparin* (Hg.), Molecular Evolution: Prebiological and Biological, New York 1972, 111.
44 Zu diesen Schranken s. z. B. *Rifkin,* a.a.O. 135 ff.
45 *A. E. Wilder-Smith,* The Natural Sciences Know Nothing of Evolution, San Diego 1981, 19 f.
46 *G. A. Kerkut,* Implications of Evolution, New York 1960, 150.
47 *A.S. Eddington,* «Wissenschaft und Mystizismus» in seinem Buch: Das Weltbild der Physik und ein Versuch seiner philosophischen Deutung, Braunschweig 1931, 310–335.

48 Die ausführliche Begründung dieser These in meinem Buch «Ökologische Religion», vor allem S. 78 ff.
49 *K. Lorenz,* Die Rückseite des Spiegels, München 1973, 33.
50 *J. Ortega y Gasset,* Der Aufstieg der Massen, Hamburg 1956, 23.
51 Vgl. «Das Bewusstsein unserer Einheit mit der Natur» in meinem Buch «Ökologische Religion» 95 ff.
52 *Rifkin,* a.a.O. 115.
53 *Simpson,* a.a.O. 18.
54 *A. S. Romer,* Vertebrate Paleontology, Chicago [3]1966, 15.
55 *P. P. Grassé,* Evolution of Living Organisms, New York 1977, 31.
56 *Rifkin,* a.a.O. 176.
57 Zur Sonderstellung des Menschen innerhalb der terrestrischen Lebensevolution, die trotzdem keinen Anthropozentrismus begründet, siehe die ausführliche Darstellung in meinem Buch «Ökologische Religion», 117 ff.
58 *Th. Dethlefsen/R. Dahlke,* Krankheit als Weg, München 1983, 81 ff. Ebenda auch die Angaben über die empirischen Untersuchungen von Arbeitern und Angestellten und das Zitat von E. Heim.
59 Ebd. 163–166.
60 *Tao-te-king,* 1. Buch, 3. Kap.
61 Bezüglich der Haltung der Weltreligionen zum Problem des Seins und Habens vgl. die längeren Ausführungen in meinem Buch «Ökologische Religion», 215 ff.
62 Zit. nach *H. C. Meiser* (Hg.), Lao-tse, München 1986, 18, 22.
63 *H. Hesse,* Lektüre für Minuten (hrsg. v. V. Michels), Frankfurt/M. [10]1981, 90.
64 Ebd. 59.
65 *Dethlefsen/Dahlke,* a.a.O. 17, 19.
66 *W. Gross,* Finde ich meinen Körper, so finde ich mich, Freiburg 1984, 133.
67 Beschreibungen von Atemmethoden und -übungen enthalten Bücher wie: *U. Derbolowsky,* Richtig atmen hält gesund, Düsseldorf 1978; *B. H. Geba,* Das Atembuch, Berlin 1976; *A. van Lysebeth,* Die große Kraft des Atmens, München 1975; *H. Lodes,* Atme richtig, München 1978; *I. Middendorf,* Der Atem und seine Bedeutung für den Menschen, Berlin 1977; *A. Wadullah,* Bewußt atmen – besser leben, Haldenwang 1979.
68 *Gross,* a.a.O. 133.
69 *Dethlefsen/Dahlke,* a.a.O. 159 f.
70 Vgl. damit die ausführlichere Darstellung in meiner «Ökologischen Religion», 139 ff. und 13 ff.
71 *W. Johnston,* Spiritualität und Transformation, München 1986, 67–71.

72 Vgl. dazu *Mynarek,* Ökologische Religion 98 ff.

73 «Rolfing» kommt vom Namen der Begründerin dieser Körpertherapieform, Frau Ida Rolf; vgl. *Ida P. Rolf,* Rolfing - The Integration of Human Structures, New York 1977; *D. Johnson,* Rolfing und die menschliche Flexibilität, Essen 1980.

74 *W. Reich,* Die Entdeckung des Orgons, Bd. I: Die Funktion des Orgasmus; Bd. II: Der Krebs, Frankfurt 1976; ders., Charakteranalyse, Frankfurt 1973; *C. Raknes,* Wilhelm Reich und die Orgonomie, Frankfurt 1983.

75 *A. Lowen,* Bioenergetik für Jeden - Das vollständige Übungshandbuch, Gauting 1979; ders., Bioenergetik, in: *R. J. Corsini,* Handbuch der Psychotherapie, Weinheim 1983.

76 Vgl. z. B. *F. Anders,* Das chinesische Schattenboxen Tai Chi, München 1977.

77 *H. Becker,* Konzentrative Bewegungstherapie, Stuttgart 1981.

78 *G. Alexander,* Eutonie - Ein Weg der körperlichen Selbsterfahrung, München 1981.

79 Damit beschäftigt sich ausführlich das Kapitel über die Interessen und Rechte aller Lebewesen in: *Mynarek,* Ökologische Religion 175 ff.

80 Vgl. dazu den I. Teil von: *Mynarek,* Die Vernunft des Universums.

81 S. dazu *Mynarek,* Die Vernunft des Universums, Teil II.

82 Eine ausführliche Kritik der latenten Dogmen des (Neo-)Darwinismus findet sich in meinen Büchern «Ökologische Religion» 42–92 und «Die Kunst zu sein», Düsseldorf 1989, 70–75.

83 Homo sapiens, Göttingen 1959, S. 26.

84 Automat und Mensch, Heidelberg 1963, S. 6.

85 Tractatus logico-philosophicus 6.44.

86 Der evolutionäre Humanismus 57, 59 f.

87 Zu einer besonderen Variante des Agnostizismus, nämlich einer die Möglichkeit von Metaphysik anerkennenden, vgl. meinen Beitrag «Gottesbild eines Ketzers» in: *K. H. Deschner* (Hg.), Woran ich glaube, Gütersloh 1990, 172 ff.

88 Vgl. dazu: «Die politische Strategie des Papstes Johannes Pauls II.» in: *H. Mynarek,* Verrat an der Botschaft Jesu - Kirche ohne Tabu, Rottweil a. N. 1986, 115 ff.

89 Vgl. die systematische Durchführung der These vom durchweg autoritären, antiemanzipatorischen Charakter der katholischen Amtskirche in meinem in der vorigen Anmerkung genannten Buch. Zu dem damit zwangsläufig gegebenen sexualrepressiven Charakter dieser Kirche vgl. *H. Mynarek,* Eros und Klerus, München 1980. Zur selben Thematik vgl. *E. Drewermann,* Kleriker, Olten [3]1989.

90 Dazu ausführlicher das Kapitel: «Die Kunst des Alterns und des Sterbens. Die grenzüberschreitende Perspektive unseres Seins» in meinem Buch «Die Kunst zu sein» 293 ff.

91 *H. Mynarek,* Religiös ohne Gott? 28 ff.

92 *E. Fromm,* Die Kunst des Liebens, Frankfurt/M 1980 (Ullstein-TB), 133 f. Vgl. mit dieser These auch die Standpunkte, die *H. von Ditfurth* in «Wir sind nicht nur von dieser Welt» (Hamburg 1981) und *E. Ch. Hirsch* von der Position eines evangelischen Theologen aus in «Vorsicht auf der Himmelsleiter. Auskünfte in Glaubensfragen» (Hamburg 1987) einnehmen.

93 *J.-P. Sartre,* Das Sein und das Nichts, Hamburg 1966, 49, 61, 64, 90.

94 *F. Nietzsche,* Der Wille zur Macht, Leipzig 1923, 14 f., 156, 213 (= Nr. 25, 27, 263, 384).

95 Alle zuletzt zitierten Stellen bei *W. Müller-Lauter,* Zarathustras Schatten hat lange Beine..., in: *J. Salaquarda* (Hg.), Philosophische Theologie im Schatten des Nihilismus, Berlin 1971, 88–112.

96 *W. Weischedel,* Von der Fragwürdigkeit einer philosophischen Theologie, in: *J. Salaquarda,* a.a.O. 185.

97 *W. Pannenberg,* Brief an Herrn Weischedel, in: *Salaquarda,* a.a.O. 179 f.

98 *H.-P. Dürr* im Vorwort des von ihm herausgegebenen Buches «Physik und Transzendenz» 13.

99 *J. Jeans,* «In unerforschtes Gebiet», Kapitel aus seinem Buch: Der Weltenraum und sein Rätsel, Stuttgart 1931, 165–211.

100 So *H.-P. Dürr,* Direktor des Münchner Max-Planck-Instituts für Physik und Astrophysik und alternativer Nobelpreisträger, gegenüber dem Spiegel-Redakteur P. Brügge. Siehe diesen Artikel «Vom Gefühl her trotzdem» in: Der Spiegel, Nr. 49/1987, 226 ff.

101 *D. J. Bohm,* Die implizite Ordnung, München 1985, 19 ff.

102 *Werner Heisenberg,* Der Teil und das Ganze, München [4]1972, 285.

103 *Dürr,* in: Brügge, a.a.O. 230.

104 Dazu ausführlich: *Mynarek,* Die Vernunft des Universums 185 ff.

105 *B. Nitzschke,* Die helle und die dunkle Vernunft, in: «Die Zeit», Nr. 43/1987, 63.

106 Dazu z. B. *P. Davies,* Gott und die moderne Physik, München 1986, 224 ff.

107 *D. Jones,* Was die Welt zusammenhält, in: «Die Zeit», Nr. 42/1987, 31.

108 *Davies,* a.a.O. 191; zur Ordnung im physikalischen Kosmos siehe die ausführlichen Darlegungen und Begründungen in meinem Buch «Die Vernunft des Universums», 2. Teil.

109 Zit. nach *Ferguson,* a.a.O. 16 f.

110 *Ferguson,* a.a.O. 17.

111 Im letzten, d. h. dem 14. Kapitel dieses Buches werden wir sehen, daß diese beiden Erkenntniswege noch sehr viel enger zusammenhängen. Zum folgenden Zitat s. W. Heisenberg, Die mathematische Gesetzmäßigkeit in der Natur, in: *W. Dennert* (Hg.), Die Natur, das Wunder Gottes, Bonn [6]1957, 63.

112 *Harvey Cox,* Stadt ohne Gott?, München 1966, 32.

113 Zit. nach *Cox,* a.a.O.

114 *N. Greinacher,* Strukturwandel der Kirche heute, in: Theologie der Gegenwart 2 (1968) 64.

115 Von weiteren Eigenschaften der ontologisch-metaphysischen Weltauffassung wird in diesem Kapitel noch im Zusammenhang mit der Aufklärung als einem wesentlichen Faktor der Säkularisierung die Rede sein. Es dürfte aber schon jetzt klar sein, dass wir die ontologisch-metaphysische Weltsicht, wie sie in diesem, der *gesellschaftlichen Realität* der Säkularisierung gewidmeten Kapitel dargestellt wird, nicht schlechthin mit der Denkleistung der großen Metaphysiker identifizieren. Uns interessiert hier primär nur der soziologische Gesichtspunkt, also die Frage, wie sich diese Denkleistung faktisch im Bewußtsein der Gesellschaft, der breiten Masse niedergeschlagen und damit vulgarisiert und zum Teil trivialisiert hat.

116 Ich habe aus m. E. sachlich geforderten Gründen zwischen *methodischem* und *ontologischem* Säkularismus unterschieden. Normalerweise wird in der philosophischen und theologischen Literatur ausschließlich als Säkularismus, also als Absolutsetzung einer Welt ohne Gott, das bezeichnet, was ich im vorliegenden Kapitel ontologischen Säkularismus genannt habe.

117 *A. E. Loen,* Säkularisation, Köln 1965, 34 f.

118 Vgl. die Kritik dieses Standpunktes in meinem Buch «Ökologische Religion» 42 ff, 118 ff.

119 *C. H. Ratschow,* Säkularismus, in: K. Galling (Hg.), Die Religion in Geschichte und Gegenwart, Bd. V, Tübingen [3]1961, Sp. 1291.

120 Ebd., Sp. 1291.

121 Ebd., Sp. 1293.

122 Vgl. zum Wachstumsfetischismus *H. Gruhl,* Das irdische Gleichgewicht, Düsseldorf 1982, 22 ff., und *W. Heidt* (Hg.), Abschied vom Wachstumswahn, Achberg 1980.

123 *J. Ortega y Gasset*, Der Aufstieg der Massen, Hamburg 1956, 23.

124 Zit. nach *A. Hardy,* Der Mensch - das betende Tier, Stuttgart 1979, 10 (Titel der englischen Originalausgabe: The Biology of God - A scientist's study of man the religios animal).

125 *A. Hardy, a.a.O. 9, 12, 16.*

126 *B. Staehelin,* Urvertrauen und zweite Wirklichkeit, Zürich 1973, 46, 62, 77, 112, 155.

127 *H. v. Ditfurth,* Wir sind nicht nur von dieser Welt, Hamburg 1981, 301.

128 *A. Schweitzer,* Kultur und Ethik (Kulturphilosophie, 2. Teil), München [3]1923, 234 f.

129 *A. Schweitzer,* Aus meinem Leben und Denken, 1931, 204 (diese Schrift erschien nochmals 1952, und zwar im S. Fischer Verlag, Frankfurt/M).

130 *A. Schweitzer,* Die Weltanschauung der indischen Denker, Bern 1965, 208.

131 «Bisher war es mein Prinzip, in Philosophie nicht mehr zu sagen, als was absolut logisches Erleben des Denkens ist. Darum rede ich in Philosophie nie von ‹Gott›, sondern von dem ‹universellen Willen zum Leben›» (Schweitzer in Antwort auf einen Brief von *O. Kraus,* zit. in: O. Kraus, Albert Schweitzer. Sein Werk und seine Weltanschauung, Bern ^{2}1929, 38).

132 *Ortega y Gasset,* a.a.O. 58.

133 *Gruhl,* a.a.O. 19.

134 Der Politologe *Graf Kielmannsegg* in: «Die Welt» vom 7.4.1979.

135 *Maynard Keynes,* zit. nach *P. Samuelson,* Volkswirtschaftslehre, Bd. II, Köln 1972, 539f.

136 *K. M. Meyer-Abich,* Wege zum Frieden mit der Natur, München 1984, 108.

137 Siehe voriges Kapitel.

138 *G. Altner,* Operation Erbsünde, in: Evang. Kommentare 17/3 (1984) 120.

139 *Meyer-Abich,* a.a.O.

140 *J. Weizenbaum,* Interview für die Wochenzeitung «industrie», zit. nach dem Abdruck in der Frankfurter Rundschau, 30.11.1983, Nr. 278, 13; vgl. auch Weizenbaums 1976 erschienenes Buch «Die Macht der Computer und die Ohnmacht der Vernunft».

141 Dazu ausführlich *W. G. Haverbeck,* Die andere Schöpfung. Technik ein Schicksal von Mensch und Erde, Frankfurt/M. 1983.

142 *W. Hädecke,* Die Welt als Maschine, in: Scheidewege 10 (1980) 308.

143 *J. Herbig,* Der Geruch von Verbranntem, in: Merkur, Heft 380, Januar 1980.

144 *M. Heidegger,* Vorträge und Aufsätze, Bd. I, Pfullingen 1954, 19, 26.

145 *Schweitzer,* Aus meinem Leben und Denken 204.

146 *Schweitzer,* Kultur und Ethik 243.

147 Ebd. 241f., 243, XVII–XX.

148 Dazu ausführlich *Mynarek,* Ökologische Religion 54ff.

149 *Schweitzer,* a.a.O. 242.

150 *P. Teilhard de Chardin,* Der Mensch im Kosmos, München ^{2}1959, 258f.

151 *A. Müller,* Das naturphilosophische Werk Teilhard de Chardins, Freiburg 1964, 127, 129, 138, 140, 190.

152 *Teilhard de Chardin,* a.a.O. 258.

153 *Müller,* a.a.O. 140.

154 Vgl. zu dem nachfolgend in diesem Absatz Gesagten: *Meyer-Abich,* a.a.O. 164ff.

155 Ebd. 165 und 166.

156 *W. L. Long,* Friedliche Wildnis, 1923 zum erstenmal erschienen, jetzt: Berlin 1959.

157 Vgl. dazu das Kapitel: «Das religiös-ökologische Bewußtsein unserer Einheit mit der Natur» in: *Mynarek,* Ökologische Religion 95 ff.

158 Siehe hierzu *E. Drewermann,* Über die Unsterblichkeit der Tiere, Olten 1990.

159 *G. Th. Fechner,* Nanna oder über das Seelenleben der Pflanzen (1848), Hamburg/Leipzig ^{2}1899, 10. Auf S. 294 spricht Fechner vom «Seelenleuchten der Blumen», einem Phänomen, auf das er wohl als erster aufmerksam gemacht hat.

160 *Meyer-Abich,* 186.

161 Ebd. 187.

162 Ebd. 174.

163 *L. Nelson,* Gesammelte Schriften in 9 Bänden, hier: Bd. V: System der philosophischen Ethik und Pädagogik, Hamburg ^{3}1970, 162 f.

164 Näheres bei *P. Tompkins/C. Bird,* Das geheime Leben der Pflanzen, Bern ^{3}1975, 16 ff.

165 *A. Neuhäusler,* Der Mensch und die Abstammungslehre, München 1958, 113, 115.

166 *Meyer-Abich,* a.a.O. 174.

167 *Aristoteles,* Politik 1253 a 3.

168 *I. Kant,* Idee zu einer allgemeinen Geschichte in weltbürgerlicher Absicht, in: ders., Werke in 6 Bänden (hrsg. von W. Weischedel), Darmstadt 1960, Bd. VI, 45, 39 f.

169 *Meyer-Abich,* a.a.O. 161.

170 Zit. nach *A. Müller,* a.a.O. 141; *A. Schweitzer:* Der Satz: «Ich bin Leben, das leben will, inmitten von Leben, das leben will» ist «nicht ein ausgeklügelter Satz. Tag für Tag, Stunde für Stunde wandle ich in ihm. In jedem Augenblick der Besinnung steht er neu vor mir. Wie aus nie verdorrender Wurzel schlägt fort und fort lebendige, auf alle Tatsachen des Seins eingehende Welt- und Lebensanschauung aus ihm aus. Mystik ethischen Einswerdens mit dem Sein wächst aus ihm hervor» (a.a.O. 239).

171 Dazu ausführlicher *K. H. Deschner,* Kriminalgeschichte des Christentums, Bd. I, Reinbek 1986, 71 ff.; *H. Mynarek,* Moses, in: *R. Niemann* (Hg.), Liebe Eva, lieber David!, Gütersloh 1989, 48 ff.

172 Vgl. *L. I. J. Stadelmann,* The Hebrew Conception of the World, Rom 1970.

173 *E. Drewermann,* Der tödliche Fortschritt, Regensburg 1981, 73 f.

174 *M. Klöcker/U. Tworuschka* (Hg.), Umwelt, Göttingen 1986, 30; vgl. mit anderen, gegensätzlichen Akzentuierungen: *B. Keil,* Ökologie - Die Wissenschaft des neuen Zeitalters? Berlin 1990, 111–150.

175 Ebd. 10 f.

176 A.a.O. 100.

177 *S. M. Daecke,* Christentum, in: *Klöcker/Tworuschka* (Hg.), a.a.O. 34 f.

178 Dazu ausführlicher: *H. Mynarek,* Ökologische Religion 9ff. (s. Anmerkung 4).

179 *F. Bacon,* Novum Organum scientiarum, 1620; derselbe, De dignitate et augmentis scientiarum, 1623.

180 Vgl. z. B. *S. R. Dunde* (Hg.), *Vater im Himmel - Seine Söhne auf Erden.* Männer und Religion, Reinbek 1986.

181 Weitergehende Begründungen dieser Zusammenhänge bei *H. Mynarek,* Eros und Klerus, München [3]1987.

182 Aus: *Giordano Bruno,* Della causa, principio et uno (Von der Ursache/ Dem Anfangsgrund/und dem Einen), Venedig 1584.

183 *J. Jeans,* The Growth of Physical Science, Cambridge 1951, [2]1960.

184 *A. Kaiser, Giordano Bruno,* in: *K. H. Deschner* (Hg.), Das Christentum im Urteil seiner Gegner, München 1986, 59.

185 *Giordano Bruno,* Die Kabbala des Pegasus mit der Zugabe des Kyllenischen Esels.

186 Vgl. dazu neben dem in Anmerkung 178 genannten Buch auch *H. Mynarek, Die Vernunft des Universums.* Lebensgesetze von Kosmos und Psyche (s. Anmerkung 4).

187 Vgl. auch die Denkschrift der Kammer der Evang. Kirche in Deutschland für soziale Ordnung u. d. T. «Landwirtschaft im Spannungsfeld zwischen Wachsen und Weichen, Ökologie und Ökonomie, Hunger und Überfluß», Gütersloh [4]1984; oder auch die im Auftrag der Kirchenleitung der Evangelischen Kirche von Westfalen herausgegebene Schrift «Verantwortung für Gottes Schöpfung angesichts von Umweltzerstörung, Arbeitslosigkeit, Hunger in der Dritten Welt, Rüstungseskalation», Bielefeld 1986.

188 Die vier letzten Zitate bei: *E. v. Wedel,* Radiobotschaft der Kirche, in: «Publik-Forum», Nr. 2/1989, S. 17–20. Zum Thema siehe auch: *E. Drewermann,* Kleriker - Psychogramm eines Ideals, Walter 1989.

189 *H. J. Stehle,* Wie ein Ruf in der Wüste, in: *G. Denzler* (Hg.), Papsttum - heute und morgen, Regensburg 1975, 196.

190 *K. H. Deschner,* Das Kapital der Kirche in der Bundesrepublik, in: *G. Szczesny* (Hg.), Club Voltaire, Bd. IV, Reinbek 1970, 300 f.; vgl. ebd. 310, wo Deschner die stattliche Zahl der Großunternehmen in der ehemaligen BRD aufzählt, an denen die katholische Kirche beteiligt ist; vgl. auch *Nino Lo Bello, Die Milliarden des Vatikans.* Das Wirtschaftsimperium der Römischen Kurie, München [2]1970.

191 Zu den neueren Finanzskandalen der Spitze der römisch-katholischen Kirche vgl. z. B. *Nino Lo Bello,* Vatikan im Zwielicht, Düsseldorf 1983.

192 Das wird ausführlich behandelt in: *H. Mynarek, Die Kunst zu sein.* Philosophie, Ethik und Ästhetik sinnerfüllten Lebens, Düsseldorf 1989 (Verlag Mehr Wissen).

193 Vgl. dazu meine in Anmerkung 4 und 5 genannten Bücher.
194 Zu David Hume sehe man aber das differenzierter über ihn in der Einleitung dieses Buches Gesagte.
195 Dazu ausführlich: *Mynarek,* Die Vernunft des Universums 188–244.
196 Auch dazu ausführlich: *Mynarek,* Die Vernunft des Universums 250–316. Vgl. *Willy Obrist,* Archetypen. Natur- und Kulturwissenschaften bestätigen C. G. Jung, Olten 1990.
197 *M. Eliade,* Ewige Bilder und Sinnbilder, Freiburg 1958, 10f.
198 *G. van der Leeuw,* Phänomenologie der Religion, Tübingen 1956, 470; das Zitat im angeführten Text stammt von G. K. Chesterton.
199 *Mircea Eliade,* a.a.O. 17.
200 Zum Beispiel hat einer der versiertesten Kenner der modernen Naturwissenschaften, *H. v. Ditfurth,* stets die Unableitbarkeit des geistigen Prinzips aus der materiellen Evolution betont; vgl. seine Bücher: «Wir sind nicht nur von dieser Welt», Hamburg 1981, 250ff., und «So laßt uns denn ein Apfelbäumchen pflanzen», Hamburg 1985, 358ff.
201 *Eliade,* a.a.O. 26.
202 Die grundlegende, systematische Begründung dieser These ist durchgeführt in *H. Mynareks* Buch «Verrat an der Botschaft Jesu – Kirche ohne Tabu», Rottweil 1986 (Verlag: Das Wort). *Drewermann* selbst bietet in seinem Buch «Kleriker» (Olten ^{3}1989, Walter Verlag) eine schonungslose psychoanalytische und soziologische Entlarvung des Machttriebs der kirchlichen Hierarchen.
203 So *Drewermann* mehrfach, vor allem in seinem Buch «An ihren Früchten sollt ihr sie erkennen», Olten 1988 (Walter Verlag).
204 So der Titel meines 1973 bei Kiepenheuer & Witsch, Köln, erschienenen Buches.
205 *E. Drewermann,* Der tödliche Fortschritt, Regensburg 1981, und: Milomaki oder vom Geist der Musik. Eine Mythe der Yahuna-Indianer, Olten 1991.
206 *E. Drewermann,* Der Krieg und das Christentum, Regensburg 1982, 198.
207 Das Zitat stammt von *N. Copray:* «Galilei in Paderborn?, in: Publik-Forum, Nr. 2/1988, 31.
208 Eine umfassende Darstellung der Lehre *C. G. Jungs* findet sich in dem psychologischen Teil meines Buches «Die Vernunft des Universums» (s. Anmerkung 4).
209 *A. Laun,* Träumereien ohne Grenzen?, in: Christ und Welt, Nr. 40/1989, 24.
210 Vgl. *H. Herrmann,* Ketzer in Deutschland, Köln 1978.
211 Die diesbezüglichen Ergebnisse, Erkenntnisse, Hypothesen und Theorien der Naturwissenschaften sind in meinem Buch «Die Vernunft des Universums», S. 91–183, an- und ausgeführt.

212 Zur Oikos-Theorie, die uns das Universum lehrt, vgl. die ausführlichen Darlegungen in meinem Buch «Ökologische Religion».

213 Wie sehr man das Wissen darum auch in seiner persönlichen Innenwelt existentiell *realisiert* haben muß, um integral-gesund zu werden, zeigt der dritte, psychologische Teil meiner in Anmerkung 211 genannten Schrift sowie mein Buch «Die Kunst zu sein», 2. Teil.

214 RGG, Bd. III, 626.

215 Dazu mehr im 13. Kapitel.

216 Vgl. das Kapitel über Freud in *Mynarek:* «Die Vernunft des Universums» 188 ff.

217 Vgl. das schon in der Einleitung dieses Buches über Einstein Gesagte.

218 Dazu ziehe man vor allem *E. Blochs* «Das Prinzip Hoffnung», 3 Bde., Frankfurt/M. 1959, heran.

219 Zu diesen beiden letztgenannten Aspekten vergleiche man die vielen diesbezüglichen Aussagen von Umfrageteilnehmern in: *Mynarek,* Religiös ohne Gott?, München 1989 (Goldmann Taschenbuch Verlag).

220 Vgl. das im 2. und 3. Kapitel über den Nihilismus Gesagte.

221 Ausführlich behandelt habe ich die ganze Skala und Rangordnung ethischer Werte im Buch: «Orientierung im Dasein», München 1979.

222 Sittliche Selbstverwirklichung als *Lebenskunst* habe ich ausführlich dargestellt im Buch: «Die Kunst zu sein» (s. Anmerkung 192).

223 *K. H. Deschner* hat alle einschlägigen Aussagen von Exegeten und Theologen zu diesem Punkt gesammelt; vgl. sein Buch: «Abermals krähte der Hahn», Düsseldorf 1980, 268 ff. (Neuauflage des 1962 zum erstenmal erschienenen Buches). Vgl. aber auch *H. Rahner,* Griechische Mythen in christlicher Deutung, Basel ^{2}1984.

224 Vgl. damit auch *A. Holl* (Hg.), Taufschein Katholisch, Frankfurt/M. 1989. Zum weiteren Hintergrund: *G. Weiss,* Elementarreligionen. Eine Einführung in die Religionstheologie, Wien 1987.

225 Siehe dazu das bereits im neunten Kapitel Ausgeführte.

226 *Drewermann,* Kleriker 733 f.

227 Vgl. dazu z. B. das sehr umfängliche Buch von *J. Dvorak, Satanismus,* Frankfurt/M. 1989; außerdem: *C. Weis,* Begnadet, besessen oder was sonst? Okkultismus und christlicher Glaube, Salzburg 1986.

228 Die allgemeinste, umfassendste, der universalen Daseinssteigerung der Lebensevolution entsprechende Definition religiösen Verhaltens könnte lauten: «Religion ist ganzheitlicher, umfassender, grenzüberschreitender Vitalimpuls, der sich auf immer größere und höherwertige Wirklichkeiten ausrichtet und sie verehrt»; vgl. dazu *Mynarek,* Verrat an der Botschaft Jesu (s. Anmerkung 202), 239 ff., 250 ff.

229 RGG, Bd. I, Sp. 385.

230 *I. Kant,* Kritik der reinen Vernunft, A 613 bzw. B 641.

231 *J. Monod,* Zufall und Notwendigkeit, München 1971, 211; vgl. 219.

232 Alle jetzt folgenden Zitate *Heideggers* befinden sich in seinem Buch «Sein und Zeit», Halle a. d. S. ²1929, § 40 und 41, S. 184–192.

233 RGG, a.a.O. 386.

234 Vgl. dazu und zum Folgenden vor allem *Kierkegaards* Bücher: «Der Begriff der Angst» (1844); «Furcht und Zittern» (1844); «Die Krankheit zum Tode» (1849); «Entweder - Oder», 2 Bde. (1843); «Einübung im Christentum» (1850); «Stadien auf dem Lebensweg» (1845). Zitiert wurde nach der seit 1950 im Eugen Diederichs Verlag erschienenen, zum größten Teil von E. Hirsch besorgten Ausgabe der zwölf Bände von Kierkegaards Gesammelten Werken.

235 Genauer müßte es heißen: «seine Existenzerhellung und Existenzwerdung», wie ja auch Jaspers seine ganze philosophische Konzeption als «Existenzerhellung» im Unterschied von *Heideggers* «existenzialer Daseinsanalytik» und Sartres «phänomenologischer Ontologie» versteht. Im Zusammenhang des hier über Jaspers Ausgeführtem vergleiche man vor allem seine folgenden Schriften: «Einführung in die Philosophie» (Serie Piper), München ²⁸1989; «Die geistige Situation der Zeit», Berlin 1960 (Abdruck der 1932 bearbeiteten 5. Auflage); «Vom Ursprung und Ziel der Geschichte», Frankfurt/M. 1957 (Fischer TB); «Psychologie der Weltanschauungen», Berlin ⁴1954; «Wahrheit und Leben» (Ausgewählte Schriften, darunter «Vernunft und Existenz», «Über meine Philosophie», «Philosophie und Wissenschaft», «Nietzsche und das Christentum» u. a.), Stuttgart o. J.; «Die maßgebenden Menschen», München 1964 (Piper TB); *K. Jaspers/R. Bultmann,* Die Frage der Entmythologisierung, München 1954.

236 Herders Kleines Philosophisches Wörterbuch, Freiburg 1958, 67.

237 Vgl. das im dritten Kapitel zu Sartre Gesagte.

238 An sich wird in der Theologie ziemlich strikt zwischen Schöpfung und Erlösung unterschieden, so daß die Heilsangst in dieser theologischen Sicht nicht der geschöpflichen Angst untergeordnet werden kann. Andererseits weiß die Theologie, daß die Schöpfung als Produkt Gottes auch zu ihrem Ziel, also Heil, gelangen soll. Ohne das Faktum der Geschöpflichkeit, der Kontingenz, damit auch der Freiheit und schwebenden Zweideutigkeit zwischen Gut und Böse keine Sünde und damit auch keine Erlösung, kein Heil. Somit ist die Heilsangst logisch in der geschöpflichen Angst impliziert.

239 *Drewermann,* Der Krieg und das Christentum 232, Anm. 48.

240 *Mynarek,* Verrat an der Botschaft Jesu - Kirche ohne Tabu.

241 Detailarbeiten liegen natürlich vor. Vgl. z. B. «Das Gewissen der Könige» und «Die Beichtväter Ludwigs des XIV.» in: *R. Fülöp-Müller,* Macht und Geheimnis der Jesuiten, Berlin 1929, 438 ff., 446 ff.

242 Vgl. die Zusammenstellung von *H. J. Fischer,* Die katholische Lehre über die Ehe, in: FAZ, 27. 10. 1980, 12.

243 *Drewermann,* a.a.O. (s. Anmerkung 239) 232–234.

244 Vgl. *H. Mynarek,* Eros und Klerus, München ³1987 (Knaur-TB), 168 ff.

245 «Viele von diesen Morallehrbüchern umfassen bis zu zehn Folianten und sind in Hunderte Paragraphen mit römisch bezifferten Abteilungen und zahllosen arabisch numerierten Unterabteilungen gegliedert. Alle Probleme und Begebenheiten des Lebens, vom harmlosen Tanz der Jugend bis zum Meuchelmord, sollten ja hier gesammelt und vom sittlichen Standpunkt beleuchtet werden.» Man verstand es, das «empirisch gesammelte Material durch selbsterdachte Kombinationen zu ergänzen. Mit bürokratischem Ordnungssinn und Registriereifer wurden nun alle die unzähligen ‹casus conscientiae› eingehend behandelt...» (*Fülöp-Müller,* a.a.O. 217). Das eben Gesagte bezieht sich keineswegs nur auf die moraltheologischen Lehrbücher der Vergangenheit. Man denke da im Gegenteil nur an das moraltheologische Lehrbuch von Pater Heribert Jone mit dem Titel «Katholische Moraltheologie», das mit kirchlicher Druckerlaubnis bis heute in schon weit über 20 Auflagen in deutscher Sprache und in hohen Auflagen in fast allen europäischen Sprachen erschien.

246 Zitiert nach *Fülöp-Müller,* a.a.O. 223.

247 *Drewermann,* a.a.O. (s. Anmerkung 239) 236.

248 Zum Folgenden ausführlich: *S. R. Dunde,* Aids – Was eine Krankheit verändert, Frankfurt 1986 (Fischer-TB). Darin auch die folgenden, nicht gekennzeichneten Zitate.

249 *E. Kunz/L. Fischer,* Aids – eine Herausforderung an die Kirchen, in: *Dunde,* a.a.O. 125. In diesem Beitrag finden sich auch weitere Belege für die Einstellung der Kirchen zu Aids.

250 So der von *Dunde* zitierte *U. Hedinger.*

251 Zum Folgenden siehe: *Deschner,* Abermals krähte der Hahn 594–597. Dort auch die Zitate der Theologen zur atomaren Aufrüstung.

252 Zum Folgenden siehe das Interview, das Erzbischof Hunthausen dem «Spiegel» gegeben hat («Der Spiegel», Nr. 16/1982, 173 f).

253 Die Zitate dieses Absatzes bei *K. H. Deschner,* Kriminalgeschichte des Christentums, Bd. I, 74 f.

254 *Drewermann,* a.a.O. (s. Anmerkung 239) 198–201.

255 Ausgeführt ist diese Harmonielehre umfangreich in meinen Büchern «Ökologische Religion», «Die Vernunft des Universums» und «Die Kunst zu sein» (s. Anmerkung 4).

256 Im Zusammenhang des jetzigen Kapitels müßte auch *Freuds* psychoanalytische Erklärung der Religion behandelt werden. Doch wird das erst im nächsten Kapitel geschehen.

257 *L. Feuerbach,* Das Wesen des Christentums, Leipzig 1841 (zit. nach dem Reclam-Stuttgart-TB, das sich an die dritte Auflage, die 1849 erschien, hält), 10; vgl. S. 23, 26 und passim.

258 Ebd. 53.
259 Ebd.
260 Ebd. 54f., 83, 279ff.
261 Ebd. 38f., 47, 53, 59, 76.
262 *K. Marx,* Zur Kritik der Hegelschen Rechtsphilosophie, Einleitung, in: *A. Ruge/K. Marx* (Hg.), Deutsch-Französische Jahrbücher, Paris 1844 (zit. nach der Reclam jun. Ausgabe, Leipzig 1973).
263 *Feuerbach,* a.a.O. 80.
264 *Marx,* a.a.O. 162.
265 Ebd. 162f.
266 Ebd.
267 Ebd. 163.
268 Ebd. 171f.
269 Ebd. 179.
270 Ebd. 178f.
271 *S. Freud,* Massenpsychologie und Ich-Analyse (Fischer-TB, Bd. 851), Frankfurt/M. 1967, 81, 32f.
272 Vgl. meine Studie über Thomas Müntzer in meinem Buch «Religion – Möglichkeit oder Grenze der Freiheit?» 23–111. Dort auch die Quellenangaben für die eben zitierten Aussagen Blochs und Engels'.
273 *Marx,* a.a.O. 172.
274 Ebd. Zu Luther nimmt meine in Anmerkung 272 genannte Studie ebenfalls ausführlich Stellung.
275 *C. Torres,* Revolution als Aufgabe des Christen, 1969, 26f.; zit. nach *H. Missalla,* Theologie der Revolution und Autorität, in: *H. J. Türk* (Hg.), Autorität, Mainz 1973, 253.
276 *M. L. King,* Aufruf zum zivilen Ungehorsam, 1969, 107; zit. ebenfalls nach *Missalla,* a.a.O. 253.
277 Zu Gandhi vgl. *Mynarek,* Die Kunst zu sein 218ff.
278 *Marx,* a.a.O. 163.
279 Vgl. dazu *Mynarek,* Verrat an der Botschaft Jesu 270ff.
280 Auch dazu nimmt das in der vorigen Anmerkung genannte Buch (S. 31ff.) ausführlich Stellung.
281 Zur spezifischen Art der polnischen Religiosität vgl. mein Buch «Zwischen Gott und Genossen», Berlin 1981 (Ullstein Verlag).
282 In «Verrat an der Botschaft Jesu» 250.
283 *E. Fromm,* Haben oder Sein, Stuttgart 1976, 133.
284 *K. Marx* (Brief an seinen Vater vom 10. 11. 1837).
285 *Marx,* Zur Kritik der Hegelschen Rechtsphilosophie 171f.
286 Ebd. 175.
287 Ebd. 163.
288 *K. Marx,* Die Frühschriften, hrsg. von S. Landshut, Stuttgart 1955, 235.

289 *E. Bloch,* Naturrecht und menschliche Würde, Frankfurt/M. 1961, 310f.
290 *H.-P. Dürr* im Vorwort zu dem von ihm hrsg. Buch: Physik und Transzendenz, 7.
291 *F. Capra,* Wendezeit, Bern [7]1984, 46.
292 Ebd. 330f.; vgl. *Capra,* Das Neue Denken. Aufbruch zum neuen Bewußtsein, Bern 1987, 32, 46.
293 Siehe dazu die Ausführungen über das Seinsvertrauen im zweiten und über den Nihilismus im dritten Kapitel.
294 Siehe dazu die in der Einleitung genannten bzw. behandelten Naturwissenschaftler.
295 So in seiner Konferenz «Vie et Planètes», zit. nach *A. Haas,* Teilhard-de-Chardin-Lexikon, Bd. II, Freiburg 1971, 181.
296 Alle Teilhardschen Aussagen bei *A. Haas,* a.a.O. 178–188; dort auch die entsprechenden Quellenangaben; vgl. auch meine Habilitationsarbeit «Der Mensch – Sinnziel der Weltentwicklung» (München 1967), in der ich auf der Basis des «Modernisten» Hermann Schell und Teilhard de Chardins eine Philosophie und Theologie der Evolution zu eruieren versuche.
297 *H.-P. Dürr,* Naturwissenschaft und Wirklichkeit. Zum Selbstverständnis der heutigen Naturwissenschaft (Münchner Vortrag vom 21. 3. 1987); zit. nach *J. Sudbrack,* Mystik, Mainz [2]1988, 117–119.
298 Ebd. 118.
299 Siehe die Kapitel 4, 5, 6, 7 dieses Buches.
300 Vgl. dazu nochmals die in der vorhergehenden Anmerkung genannten Kapitel.
301 Diese Aussage stammt von *Dr. William Condons* von der Medizinischen Fakultät der Universität Boston, der auf dem Gebiet der Resonanz und Rhythmik der Kommunikation wichtige Pionierarbeit geleistet hat; vgl. auch *J.-E. Berendt,* Nada Brahma. Die Welt ist Klang, Reinbek 1985.
302 *M. Landmann,* Philosophische Anthropologie, Berlin 1955, 208f.
303 *K. Jaspers,* Einführung in die Philosophie 28–30.
304 Ebd. 30f.
305 *W. Massa,* Kontemplative Meditation, Mainz 1975, 7.
306 Zit. nach *Sudbrack,* a.a.O. 14.
307 *J. W. Goethe,* Sprüche in Prosa, Naturwissenschaft IV; zit. nach *W. Gruehn,* Religionspsychologie, Breslau 1926, 5.
308 *E. Fromm,* Die Kunst des Liebens, Berlin 1980 (Ullstein-TB), 134.
309 So der Sozial- und Religionsphilosoph *Othmar Spann* in: *H. E. Miers* (Hg.), Lexikon des Geheimwissens, München 1979.
310 So *Teilhard de Chardin,* zit. bei *Haas,* a.a.O. 180f.
311 *P. Yogananda,* Autobiographie eines Yogi, München 1950, 156ff.
312 *R. M. Bucke,* Kosmisches Bewußtsein, Celle 1925; zit. nach *C. Albrecht,*

Das mystische Erkennen, Bremen 1958, 42, und *R. G. Zaehner,* Mystik, Harmonie und Dissonanz, Olten 1980, 57.

313 *F. Capra,* Das Neue Denken 32, 46.

314 *Albrecht,* a.a.O. 40.

315 *R. N. Walsh, D. Elgin, F. Vaughan, K. Wilber,* Paradigmen im Zusamemenstoß, in: *Walsh/Vaughan* (Hg.), Psychologie in der Wende, Bern 1985, 53.

316 *D. Goleman,* Die Frage des Blickwinkels, in: *Walsh/Vaughan* (Hg.), a.a.O. 35.

317 *Capra,* Wendezeit 413.

318 *H. Smith,* The Sacred Unconscious, in: *R. N. Walsh/D. Shapiro* (Hg.), Beyond Health and Normality, New York 1983.

319 *A. Maslow,* The Farther Reaches of Human Nature, New York 1971, 82.

320 *Maslow,* Eine Theorie der Metamotivation, in: *Walsh/Vaughan* (Hg.), a.a.O. 149–151.

321 Zit. nach *Maslow,* a.a.O. 151.

322 *Walsh/Vaughan* (Hg.), a.a.O., Einführung 21.

323 Zit. nach *Walsh/Vaughan* (Hg.), a.a.O. 5.

324 *H. Minkowski,* Raum und Zeit, in: *H. A. Lorentz, A. Einstein, H. Minkowski,* Das Relativitätsprinzip, Leipzig ^{4}1922.

325 *Walsh/Vaughan,* a.a.O. 24.

326 So in Grofs Buch «Topographie des Unbewußten», Stuttgart 1978; vgl. auch vom selben Autor: «Die Begegnung mit dem Tod», Stuttgart 1980.

327 Gedacht ist hier besonders an solche Arbeiten wie: «The Spectrum of Consciousness», Wheaton/III, 1977; «The Ultimate State of Consciousness», in: Journal of Altered States of Consciousness, 1975, 2, 231–242; «The Atman Project», Wheaton/III, 1980; «Eye to Eye: Transpersonal Psychology and Science», in: Revision, 1979, 2, 3–25; «Psychologia Perennis», in: Journal of Transpersonal Psychology, Bd. 7, 1975; «No Boundary», Los Angeles 1979.

328 Die in dieser Darstellung der vier Bewußtseinsebenen angeführten Zitate befinden sich in ihrer deutschen Fassung in: *Wilber,* Psychologia perennis und das Spektrum des Bewußtseins, in: *Walsh/Vaughan* (Hg.), a.a.O. 85, 87, 89.

329 *W. James,* Die Vielfalt religiöser Erfahrung, Olten 1979, 366. (Titel der amerikanischen Originalausgabe: «Varieties of Religious Experience»).

330 Zit. nach *Walsh/Vaughan,* a.a.O. 5.

331 *W. James,* Psychology: Briefer Course, New York 1910; vgl. mit dem zuletzt von James Gesagten meine im Buch «Religion – Möglichkeit oder Grenze der Freiheit?» entwickelte Definition der Religion als eines umfassenden, ganzheitlichen, grenzüberschreitenden Vitalimpulses, der sich auf immer höhere und größere Wirklichkeiten richtet. Diese Defi-

nition wird auch der Dynamik der Entwicklungsstufen bei Wilber (von der Schatten- und Ego-Ebene zur existentiellen und von dort aus zur kosmischen Bewußtseinsebene) gerecht. In den Büchern «Orientierung im Dasein» und «Religiös ohne Gott?» habe ich die psychologisch-pädagogischen Entwicklungsstufen und die religiöse Entwicklung des Menschen unter dem Gesichtspunkt dieser Definition ausführlich dargestellt.

332 *S. Heine,* Wiederbelebung der Göttinnen? Göttingen 1987, 15; vgl. dagegen zum «totalen Leerwerden des Bewußtseins» *J. Zeisel,* Entschleierte Mystik, Freiburg 1984, 164, 173 f. 204.

333 Vgl. *A. J. Deikman,* Die Erweiterung des menschlichen Bewußtseins, Reinbek 1986; *S. Grof,* Heilung durch veränderte Bewußtseinszustände, München 1987; *H.-P. Dürr,* Das Netz des Physikers. Naturwissenschaftliche Erkenntnisse in der Verantwortung, München 1988; *M. Abe,* Zen and Western Thought, London ²1986; *W. Obrist,* Die Mutation des Bewußtseins. Vom archaischen zum heutigen Selbst- und Weltverständnis, Frankfurt/M. 1980.

334 Vgl. *L. Bouyer,* Mysterion. Du mystère à la mystique, Paris 1986; *A. Louf,* Art. Mysticism, in: A Dictionary of Christian Spirituality, London 1983; *O. Lacombe,* L'Expérience du Soi. Etude de Mystique Comparée, Paris 1981.

335 Zum Gewissen vgl. die Problematik eines inneren Lebensplans in meinem Buch «Die Kunst zu sein» 119–169.

336 Zit. nach *J. Sudbrack,* a.a.O. 152 f; zu Sudbracks manchmal zu engem Mystik-Verständnis vgl. auch seine Bücher: «Neue Religiosität – Herausforderung für die Christen», Mainz ³1988; «Die vergessene Mystik», Würzburg ²1988.

337 *C. v. Korvin-Krasinski,* Trina Mundi Machina, Mainz 1986, 460 f.

338 *G. Leonard,* Der Rhythmus des Kosmos, Bern ²1983, 103.

339 Ebd. 106.

340 Wir können im jetzigen Rahmen die Methode der Holographie, die mit Laserlicht operiert und zum Ergebnis führt, daß im kleinsten Detail eines fotografierten Objekts noch das Ganze enthalten ist, abgebildet, gespiegelt wird, hier nicht weiter ausführen; vgl. aber die sehr anschauliche Beschreibung dieser Methode bei *Leonard,* a.a.O. 100 f.

341 A.a.O. 90.

342 Ebd. 103.

343 Eine Wahrscheinlichkeitswelle ist «eine mathematische Formulierung, die in einem n-dimensionalen Raum existiert – das heißt, einem Raum mit so vielen Dimensionen, wie man sich nur wünscht. Dieser Raum, könnte man sagen, gleicht demjenigen, in dem unser Bewußtsein operiert. Nach der Quantentheorie kann jede Partikel als eine Wellenfunktion beschrieben werden, die drei Dimensionen des Raumes und drei des

Impulses hat – insgesamt sechs Dimensionen in diesem n-dimensionalen Raum. Zwei Partikeln können in zwölf Dimensionen beschrieben werden, drei in achtzehn usw. Nach dieser Konzeption hängt jede Partikel mit jeder anderen zusammen, und das ganze Universum kann vom ‹Standpunkt› einer einzigen Partikel beschrieben werden» (*Leonard,* a.a.O. 107).

344 Ebd. 109, 112.

345 Ebd. 115.

346 *Sudbrack,* Mystik 76.

347 Zit. nach *H. de Lubac,* Teilhard de Chardins religiöse Welt, Freiburg 1969, 230f.